让法律被信仰

法之治

新时代创新司法保障丛书

杨临萍 总主编

行政审判热点与难点

理论探索·实务指引·案例参考

杨临萍/主编

法律出版社
LAW PRESS·CHINA

编辑委员会

总　序

国无常强，无常弱；奉法者强，则国强，奉法者弱，则国弱。党的十八大以来，以习近平同志为核心的党中央高度重视法治工作，将全面依法治国作为战略布局的重要组成部分，形成了习近平总书记关于全面依法治国新理念新思想新战略。人民法院公正司法作为全面推进依法治国的重要环节，具有举足轻重的意义。党的十九大发出了夺取新时代中国特色社会主义伟大胜利的动员令，开启了社会主义现代化建设的新征程。在习近平同志为核心的党中央的坚强领导下，我们解决了许多长期想解决而没有解决的难题，办成了许多过去想办成而没有办成的大事，党和国家事业取得了新的历史性成就，全面推进依法治国取得显著成效。

昨夜江边春水生，此日中流自在行。法院审判执行工作是充满政治智慧的技术工作，也是需要高超司法技术的政治工作。重庆法院全体干警以习近平新时代中国特色社会主义思想为指引，认真学习习近平总书记视察重庆重要讲话精神，围绕“努力让人民群众在每一个司法案件中感受到公平正义”的要求，积极发挥司法职能，为经济社会发展大局贡献司法智慧与力量，用实际行动将习近平总书记的殷殷嘱托全面落实在重庆大地上。我们根据中央、最高人民法院、重庆市委部署，推进司法体制综合配套改革，落实司法责任制改革，完善各项单项改革，发挥“制度优势＋技术优势”，构建人力与科技深度融合的司法运行新模式，推动司法质效和公信力全面提升。

习近平总书记指出:"实践决定认识,是认识的源泉和动力,也是认识的目的和归宿。"重庆法院全体干警深学笃用习近平新时代中国特色社会主义思想,坚持总体国家安全观,推进平安重庆建设;坚持贯彻新发展理念,服务保障中心大局;坚持以人民为中心,满足群众多元司法需求;坚持深化改革创新,主动拥抱智慧时代,为实现"两点"定位、"两地""两高"目标贡献力量,为推动高质量发展,创造高品质生活提供司法保障。全面依法治国是国家治理的一场深刻革命。重庆法院全体干警在这场气势磅礴的革命实践中形成了大量经验、方法和技术,这些经验、方法和技术经过理论升华,生动诠释了中国特色社会主义法治理论。

法,国之权衡也,时之准绳也。审判执行是法院的核心业务,但不是唯一业务。作为国家审判机关,法院在维护宪法法律尊严的前提下,必须充分发挥审判职能,参与社会治安综合治理,服务经济社会发展大局,服务党和国家中心工作,履行好维护国家政治安全、确保社会大局稳定、促进社会公平正义、保障人民安居乐业的职责任务。法律是对权利义务的确认与分配,司法案件往往体现了各种社会利益的冲突。法院在审判执行工作中能够较直接地了解法律问题背后的社会问题。法院受理的案件往往由法律问题和社会问题交错,法官们需要通过解决法律问题实现对社会问题的化解,为人民群众的行为提供预期,从司法角度实现法的指引、评价、预测和教育功能。重庆法院的法官们在法院审判、执行、管理、改革等各方面表现出卓越智慧与丰富经验,并取得了喜人成绩。

一花独放不是春,万紫千红春满园。为及时总结审判经验与司法规律,指导司法实践,更好地发挥新时代司法保障发展的功能,我们编辑出版了这套"新时代创新司法保障丛书"。首批推出《新时代司法促进良法善治的实践》《人民法院法律适用与司法政策审判指导与参考》《司法体制改革与智慧法院的实践与探索》《基本解决执行难理论探索与实务指引》《供给侧结构性改革司法实践——破产重整与和解最新理论及实务》《行政审判热点与难点:理论探索 · 实务指引 · 案例参考》,旨在反映人民法院在审判实务、司法体制改革、智慧法院建设、基本解决执行难、司法服务中心工作等方面的一些实践与思考。丛书既有对重大司法问题的宏观考量,也有对具体规则的微观分析。"新时代创新司法保障丛书"是锻炼人才、发现人才的重要平台,是进一步促进法院队伍革命化、正规化、专业化、职业化建设的重要手段。我们衷心希望这些成果能够对促进我国司法工作发展起到一定作用。

实践无止境,理论创新无止境。“新时代创新司法保障丛书”是开放式文丛,我们将及时总结法院工作中的司法智慧,并纳入丛书出版,为我国审判理论的丰富和发展添砖加瓦,为法学研究、法学教育和司法实务提供参考。

2019 年,正值中华人民共和国成立 70 周年,“新时代创新司法保障丛书”是重庆法院全体干警对中华人民共和国 70 华诞的隆重献礼。祝福祖国繁荣昌盛,国泰民安!

是为序。

2019 年 1 月

序

“官民关系定则天下定。”1989 年 4 月 4 日第七届全国人民代表大会第二次会议通过的《行政诉讼法》标志着我国“民告官”制度建立的先河，标志着中国特色社会主义法治建设进入一个崭新的发展阶段。颁布 30 年来，我国《行政诉讼法》和行政审判有力保障了公民、法人或其他组织的合法权益，有力推动了法治政府建设，有力维护了社会稳定发展大局。

党的十八大以来，以习近平同志为核心的党中央高度重视法治建设，习近平总书记指出：推进国家治理体系和治理能力现代化，要高度重视法治问题，采取有力措施全面推进依法治国，建设社会主义法治国家，建设法治中国。党的十八届三中、四中全会对全面推进依法治国作出了整体战略部署，对行政审判工作提出了新要求。这些要求主要是：严格规范公正文明执法，强化对行政权力的制约和监督，健全行政机关依法出庭应诉，支持人民法院依法受理行政案件，完善行政诉讼体制机制，合理调整行政诉讼案件管辖制度，切实解决行政诉讼立案难、审理难、执行难等。为贯彻落实党的十八届三中全会、四中全会精神，助推法治政府建设，强化人权的司法保障，2014 年 11 月 1 日第十二届全国人民代表大会常务委员会通过了新修订的《行政诉讼法》，这是我国《行政诉讼法》自 1989 年颁布以来第一次修改，也是党的十八届四中全会后第一部修改的法律。从此，行政诉讼迈入

"2.0时代"。①

近年来,重庆法院以"行政诉讼2.0"为契机,以破解行政审判热点难点问题为重要抓手,坚持问题导向,注重实证的研究方法,以实事求是的研究态度,在实践的基础上总结经验,形成了一批优秀的在理论和实务领域具有重要参考意义的成果,为"行政诉讼2.0"贡献了智慧,为行政审判实践贡献了经验。这些成果主要体现在以下几个方面:一是行政诉讼体制机制改革的探索。在修法之前,重庆法院主动承接了最高人民法院行政案件简易程序、行政附带民事诉讼、交叉指定管辖试点工作,并取得了阶段性成果,为新《行政诉讼法》中简易程序制度、行政附带民事诉讼制度的建立提供了实践经验。面对大数据时代的来临,重庆法院在全国率先实现与人社部门的信息互联互通,建立了工伤认定案件智审平台,实现了"大数据+司法"的融合,为智慧司法贡献了重庆经验。二是新《行政诉讼法》的研究和落实。新《行政诉讼法》规定了集中管辖、简易程序、行政附带民事诉讼、规范性文件合法性审查等制度,重庆法院总结经验和教训,提出改进方法,更好地促进了新《行政诉讼法》各项规定的落实。三是行政案件审判实务的研究。以常见多发案件为调研重点,组织专门机构和人员针对政府信息公开、土地房屋征收、行政协议等常见多发案件开展课题攻关,形成具有可操作性的经验模式,指导法官办案。四是典型案例的研究和指导。重庆法院在行政审判中坚持"一个案例胜过一沓文件"的工作理念,注重典型案例的挖掘和研究,以指导法律适用,并取得了较丰硕的案例成果,其中"重庆市涪陵志大物业管理有限公司诉重庆市涪陵区人力资源和社会保障局见义勇为视同工伤行政确认案"及"罗某某诉重庆市彭水苗族土家族自治县地方海事处政府信息公开案"两个行政案例被评选为最高人民法院指导性案例,为全国法院审理类似案件提供了规则指引。

当前,党的十九大再次强调"坚持全面依法治国",确定了到"2035年,法治国家、法治政府、法治社会基本建成"的新目标,法治和法治政府建设受到前所未有的重视。在推动法治和法治政府建设的征程中,人民法院行政审判职能作用不可替代,人民法院行政审判司法经验弥足珍贵。《行政诉讼法》实施30周年、《行政诉讼法》修正6周年的重要时刻,我们本着提高行政执法水平、提高行政案件审理水平、

① 参见殷泓:《"民告官"迈入2.0时代——解读新修改的行政诉讼法》,载《光明日报》2014年11月6日,第7版。

提高行政案件诉讼代理水平的良好愿景，通过研究《行政诉讼法》修改完善和行政案件的热点难点问题，将重庆法院2009～2018年近10年来的行政审判理论和实务成果分类汇编成书，以期本书中的一些观点和思考，能为行政执法人员、行政审判人员、行政诉讼代理律师和社会公众提供借鉴，能为人权的司法保障和法治中国建设贡献力量。

是为序。

2020年9月于重庆

目 录

第三章　行政案件审判实务研究

第四章　行政审判案例指导与参考

充分发挥行政审判职能 助推法治政府如期建成

杨临萍*

党的十九大提出“坚持全面依法治国”,确定了“到2035年,法治国家、法治政府和法治社会基本建成”的新目标。法治和法治政府建设受到前所未有的重视,迎来史无前例的重大发展机遇。推动法治政府建设,人民法院的司法职能作用不可替代。人民法院应深刻把握新时代对法治政府建设和行政审判工作的新要求,围绕“努力让人民群众在每一个司法案件中感受到公平正义”目标,进一步发挥行政审判职能作用,加大对行政权运行的监督力度,有效回应人民群众日益增长的司法需求,为如期建成法治政府贡献力量。

一、以习近平新时代中国特色社会主义思想为指引,共同推进法治政府建设向纵深发展

人民法院与行政机关共同推进法治政府建设,是严格对标对表落实党中央精神的必然要求。党的十九大强调“坚持依法治国、依法执政、依法行政共同推进,坚持法治国家、法治政府、法治社会一体建设”,提出全面深化依法治国实践,特别明确了法治政府建设的目标和时间表。人民法院和行政机关虽然各自职能定位不同,但在法治事业上肩负着共

* 重庆市高级人民法院党组书记、院长。

同的使命,需要我们更好地把握共同推进法治政府建设的着力点,一同扛起这个沉甸甸的历史重任。

人民法院与行政机关共同推进法治政府建设,是深入践行以人民为中心发展思想的重要体现。习近平总书记指出,人民群众对美好生活的向往,就是我们的奋斗目标。全面建成小康社会进入决胜阶段,全面深化改革进入攻坚期,人民群众对新时代法治政府建设的期望和要求越来越高。民有所呼,我有所应。我们必须始终坚持公正司法,充分保障人民群众各项合法权益,努力让人民群众在每一个司法案件中感受到公平正义。

人民法院与行政机关共同推进法治政府建设,是主动适应新时代社会主要矛盾变化的基本路径。新时代,人民群众不仅对物质文化生活提出了更高要求,而且在民主、法治、公平、正义、安全、环境等方面的要求也日益增长。人民群众不仅希望吃饱、穿暖、住好,而且期待食品更安全、生态更美好、服务更均等、社会更和谐;不仅希望人身权、财产权不受侵犯,而且期待个人尊严、情感得到更多尊重,隐私、名誉、荣誉等人格权得到有效保护。人民群众开始更加关注改革发展大局、民主法治建设,期待权利有保障、权力受制约、公正可预期的良法善治,对严格执法、公正司法提出更高要求;更加关注共商共建共治共享,更加重视保障自身的知情权、参与权、表达权、监督权。人民群众的这些美好要求,蕴含着对法治的期盼。要充分发挥司法作为维护社会公平正义最后一道防线的作用,推动促进法治政府建设,让人民群众在法治政府建设进程中享有更多的获得感、幸福感和安全感。

人民法院与行政机关共同推进法治政府建设,是促进国家治理体系和治理能力现代化的题中应有之义。法治政府与司法审判在国家治理体系中虽然分工不同,但目标同一、相辅相成。人民法院既要通过行政审判发现问题、规范行政行为、促进依法行政,又要为政府依法行政、依法管理、依法改革提供有力的司法支持,共同推动治理能力提升。同时,人民法院需要政府为其依法独立公正行使行政审判权创造良好环境,共同建设稳定可期的市场秩序、公平正义的法治环境、规则之治的社会体系。

二、充分认识司法实践反映出的法治政府建设成效,切实增强推动法治政府建设的信心决心

重庆法院依法履行行政审判职能,公正高效审理行政案件,化解了大量行政争议。2013～2017年,重庆法院审结一审行政诉讼案件34,295件,调撤结案9292件,判决行政机关败诉3311件。行政审判工作中反映出重庆法治政府建设工作,特别是2017年7月以来,取得了显著成效。

一是依法行政的意识和能力不断增强。主动制定权力清单,厘清行政职权范围,法无授权不可为、法定职责必须为的职权法定意识逐渐形成。坚持在法治下推进改革,及时制定、清理规章及行政规范性文件,以良法促进发展、保障善治。重庆市人民政府适时废止《主城区路桥通行费征收管理办法》等政府规章,从立法层面为民减负。严格规范行政规范性文件的制定、公布和备案程序,确保了行政规范性文件的高质量,请求一并审查行政规范性文件的案件数保持低位运行。主动推进政府信息公开,政府信息公开案件逐年下降。

二是依法应诉的能力不断提高。重庆市人民政府出台《重庆市行政机关行政应诉办法》《加强和改进行政应诉工作的实施意见》,为提升行政应诉水平提供制度保障。行政机关普遍做到依法自觉应诉,严格履行生效裁判,主动维护司法权威。将行政机关负责人出庭应诉纳入年度综合目标考核,实施行政机关负责人"零出庭"督查、约谈制度,行政机关负责人出庭应诉案件数逐年增长,出庭应诉效果逐渐显现。

三是依法支持行政审判的措施不断增多。行政机关认真听取人民法院提出的司法建议,根据司法建议妥善化解行政争议、优化行政执法机制,取得良好社会治理效果。一些行政机关大力支持"智慧法院"建设,将行政执法信息系统与审判信息系统互联互通,既方便了群众诉讼,又提升了行政应诉和行政审判效率。一些区县人民政府积极配合法院非诉行政执行案件"裁执分离"改革,加强权力监督与制约,防止权力滥用。

四是依法化解社会矛盾的水平不断提升。贯彻落实"诉访分离"要求,深入推进分类处理信访诉求工作。不断加强和改进行政复议工作,充分发挥行政复议监督纠错、实质化解行政争议的功能,行政复议机关纠正原行政行为的案件日益增多。行政机关自觉接受司法监督,积极支持配合法院开展和解、调解等工作。重庆市人民政府法制办等部门定期与人民法院召开联席会议,统一法律共识,共同预防和化解行政争议。

同时,行政审判工作也反映出重庆法治政府建设与新时代新要求、人民群众新期待相比,还存在一些不适应的问题。例如,个别行政机关工作人员政绩观有偏差,以发展为由突破法律底线,作出超越职权、损害群众合法权益的行政行为;少数行政机关工作人员处理新情况、新问题的能力不足,预防和化解行政争议的意识和能力有待提升等。这些问题既影响了我国新《行政诉讼法》的贯彻实施,更影响了法治政府的建设进程,必须切实加以解决。

三、充分发挥新时代行政审判职能作用,努力推动法治政府建设目标如期实现

一是以权利保障为根基,依法监督行政机关依法行政。我国新《行政诉讼法》开宗明义地指出权利保障与监督权力是行政诉讼的基本功能,要求人民法院对行政权力的制约和监督要有新力度,不仅要对具体行政行为进行审查,也要对抽象行政行为进行审查;不仅要对行政行为进行审查,也要对相关民事争议进行审查;不仅要对行政行为合法性进行审查,也要对行政行为的适当性进行审查等。要把诉权保障放在首位,巩固立案登记制改革成果,严禁以任何理由随意限缩受案范围、违法增设受理条件,为人民群众通过司法途径维护合法权益敞开大门。同时,也要依法规制以滋扰行政机关为目的等的明显没有诉讼利益而起诉的行为,引导当事人合法合理表达诉求。要加强对人民群众实体权利的保护,落实"保障人权、保护产权"的法治要求,坚持人民立场,加强对涉及公民人身权、财产权、受教育权、劳动权、公平竞争权等相关案件的审理,依法保护新兴权益,着力增进人民福祉。要坚持合法性审查原则,监督行政权力依法行使,有效保证宪法法律统一正确实施,维护法制统一。对行政行为的职权依据、事实认定、法律依据、行政程序、行政裁量的合法性进行全面审查,对违法行政行为予以纠正。依法一并审查行政规范性文件,监督行政机关按照权力清单、责任清单、负面清单行使权力,实现政府活动全面纳入法制轨道。要抓住法治建设的"关键少数",深入推进行政机关负责人出庭应诉制度,依法解决"告官不见官"问题,积极发挥行政机关负责人出庭应诉的示范引领作用和实质化解行政争议,提升执法水平的功能。

二是以良法善治为追求,依法促进经济社会健康发展。良法善治是法治政府建设与公正司法的共同追求,维护法制统一、促进规则之治、服务改革发展是行政执法和司法审判的共同价值取向。要树立"规范公权,保障私权"的法治理念,严格公正司法,促进行政机关严格规范公正文明执法。要正确处理依法审判与支持行政的关系,坚持在合法性审查基础上,支持行政机关依法履行经济社会管理和公共服务职能。要发挥行政审判推动全面履行政府职能的作用,依法妥善审理土地房屋征收、

招商引资、环境资源等领域的案件，为落实国家重大发展战略提供司法支持。要准确把握行政机构及行政执法体制改革、政府职能“放管服”改革的要求，有效监督政府对市场的调控、监管和服务行为，维护正常的市场交易秩序，助推“政府职能科学”改革目标的实现。

三是以实质化解行政争议为目标，切实维护社会和谐稳定。要坚持依法裁判与调解、和解相结合，做到诉前引导、诉中协调、判后关注，将预防和化解行政争议工作贯穿行政审判全过程。要聚焦当事人的实质争议进行审理、协调和裁判，在裁判文书中对争议焦点加强释法说理，使当事人服判息诉。要在查明事实的基础上促成当事人达成调解，或建议行政机关自行纠正违法行政行为后原告撤诉，调解、和解不成的及时依法裁判。要积极探索行政附带民事诉讼案件的审理方式，妥善化解民事、行政交织的复杂争议。要继续探索行政争议多元化解机制，加强行政诉讼与行政复议、行政调解等解纷方式有机衔接，形成预防和化解行政争议合力。

四是以正当程序为保障，提升司法公信与执法公信。公开透明、程序意识、权利告知、平等对待等正当程序原则，是行政活动与司法活动应遵循的基本规则。要深化司法公开，推进阳光司法，进一步加大审判流程公开、裁判文书公开、庭审直播公开、执行信息公开力度，切实增强行政审判透明度，保障当事人知情权、参与权、表达权和监督权，让正义以人们看得见的方式实现。要坚持公开理念，依法审理政府信息公开案件，促进“公开公正”的法治政府建设。要坚持程序正义，通过审理案件促进行政机关提升程序意识，充分保障行政相对人及利害关系人的陈述、申辩等程序性权利，推进行政程序完善。要推动“裁执分离”改革，发挥审判机关与行政机关各自的职能作用，规范运行程序，将权利保护、程序公正要求落到实处。

五是以共建法治为方向，深化行政与司法良性互动。要畅通人民法院与行政机关定期交流渠道，积极就应诉机制、法律适用、争议化解等问题进行交流，共同提升行政执法和行政审判水平。要对经济发展、社会建设和行政执法中的重大法律适用问题进行深入研究，发布行政审判白皮书和典型案例，就可能存在的法律风险提出司法建议，为党委和政府科学决策建言献策。要推动现代科技与行政执法、行政审判深度融合，推动行政争议解决的在线化、智能化、便利化。要推动生态文明，保障绿色发展，促进环境司法和环境执法有机衔接，依法审理环境公益诉讼案件，监督和支持行政机关依法履行环境保护职责，推进生态文明法治建设。要支持配合行政机关对行政执法人员的法律培训和考评，提高行政执法人员的法治观念、德治意识和执法能力。

六是以弘扬社会主义核心价值观为导向,积极履行法治宣传职责。认真落实党中央“谁执法,谁普法”的要求,发挥行政审判在普法方面的自身特色与优势,深度挖掘行政审判普法价值,讲好法治故事、传播法治精神。既要通过案件审理明是非、定纷争,普及法律知识、提高法治意识、彰显法治力量,又要通过案件审理传播社会主义法治文化,弘扬社会主义核心价值观,将“法安天下”的规范价值和“德润人心”的道德风尚融为一体,使行政审判的过程成为弘扬社会主义道德的过程,从更深层次推动和助力法治政府建设进程。

第一章　行政诉讼体制机制改革的探索

论行政诉讼结构运行的失衡及矫正

黄明耀[*]　乐　敏[**]

在司法实践中，不少法官感叹行政案件办理难度和办案压力越来越大，当事人矛盾激烈、协调难度大、案外工作多，办案效果却不理想，原告频繁申诉上访；原告则感叹行政案件经历多次诉讼都不能解决问题，这表明行政诉讼制度运行出现了问题。笔者认为，其中有两个问题最突出：一是司法权对行政权监督力度较弱，直接影响实体公正；二是行政诉讼程序运行失范，诉讼行为随意性大，诉讼结构松散失衡，严重影响程序公正进而影响实体公正。笔者拟通过对行政诉讼结构运行样态进行分析，提出解决行政诉讼程序突出问题的修法建议。

一、实践之惑：不当诉讼行为演变为行政诉讼“隐性规则”

在行政审判实践中，原告希望获得更多关注以谋求更多利益，法官不愿触碰矛盾等。这些不良诉讼心理外化为不当诉讼行为，因缺乏法律规制且“效果较好”而演变成行政诉讼“隐性规则”。

---

* 重庆市高级人民法院党组副书记、副院长。

** 重庆市高级人民法院行政审判庭审判员。

(一)部分原告坚信"多闹多得"

1. 部分原告滥用诉权

部分原告为了寻求救济或获得额外利益,寻找各种理由提起大量诉讼。(1)明知会败诉,仍坚持走完一审、二审和申诉程序,并在诉讼中以过激方式向法院施压。比如,某职业公民代理人明知某类案件已被裁定驳回起诉,仍陆续代理3个拆迁片区50余名被拆迁人提起同类诉讼并缠诉缠访。(2)为解决一项诉求连续提起多起诉讼,部分诉讼与原告真实诉求毫无关系或明显无理。(3)为解决甲非法诉求而提起乙诉讼,甚至对已经平息的行政争议再次起诉。(4)原告明知判决正确仍上诉、反复申诉。

2. 部分原告通过"法庭表演"向法院施压

部分征地拆迁、劳动教养、行政赔偿等类型案件出现"表演式"庭审。比如,在部分征地拆迁案件庭审中,原告力求充分陈述,并伴以哭闹、辱骂等行为;从征地拆迁案件中"成长"起来的职业公民代理人负责发表煽情"演讲",恶言攻击法官和被告。原告和职业公民代理人注重"表演"和泄愤,往往对被告举示证据全盘否定,却忽视或不能提交反证,不能准确发表法律意见。

(二)部分被告固守"法律工具论"

"法律工具论"在部分行政机关负责人及行政执法人员观念中根深蒂固。(1)行政机关积极引导争议进入诉讼后又消极应对。在行政纠纷发生后,部分行政机关经过简单处理或未经处理即引导相对人起诉,诉讼中又消极应对。比如,当庭审中"民意汹涌"时,被告代理人为避免自己成为攻击焦点,即使能够当庭对原告进行有力反驳也保持沉默,庭审很容易变成原告和法官之间的"辩论"。部分行政机关对违法行政行为既不自行纠正,又不配合和解,反而认为行政行为只是存在一点瑕疵而已。(2)行政机关在诉讼外向法院施压。又如在征地案件中描述征地项目的公益性、案件败诉会产生严重后果等。因在我国法律制度中国家利益和公共利益优于个人利益,这种干扰往往"奏效"。

(三)部分法官滥用审判权回避矛盾

面对当事人的缠诉缠访和政府压力,部分法官运用其法律专业优势,选择"最优"路径将办案的法律风险和社会风险降至最低。(1)追求"案结事了",促成和解。(2)运用诉讼程序决定权回避矛盾。(3)进行"秘密心证"。法官除判决结果外的心证过程一律不公开,极少释明,任由当事人因诉讼能力较弱而承受不利后果。(4)在法律适用上回避矛盾。比如,以诸多理由裁定不予受理或驳回起诉。

二、理论反思:行政诉讼结构运行失衡

行政诉讼"隐性规则"正侵蚀着行政诉讼制度,其成因复杂,为"隐性规则"的生长留下了空间。对诉讼行为的法律规范体现为有关审判权和当事人诉讼权利义务的规则,这也是诉讼结构的主要内容。若要消解"隐性规则",就有必要对我国行政诉讼结构及其运行样态进行反思。

(一)应然状态下的动态"小三角形"行政诉讼结构

"所谓'诉讼',即法学家们所称的'三方组合'。在这一组合中,原告和被告形成一定的诉讼对抗,法官则是居于其间、居于其上的仲裁者,由此而形成一个正三角形结构。"[①]诉讼结构反映了法院、原告、被告三方在诉讼中的法律地位和相互关系,是对诉讼制度的中观描述,由诉讼目的所决定,以审判权和诉讼权利义务为内容。三大诉讼的诉讼结构均以三角形结构为基础展开。我国行政诉讼法学并不重视对诉讼结构的研究,有限的研究成果主要借鉴民事诉讼结构理论。图1中A、B、C 3条实线构成了应然状态下的"小三角形"行政诉讼结构,其具有以下特征。

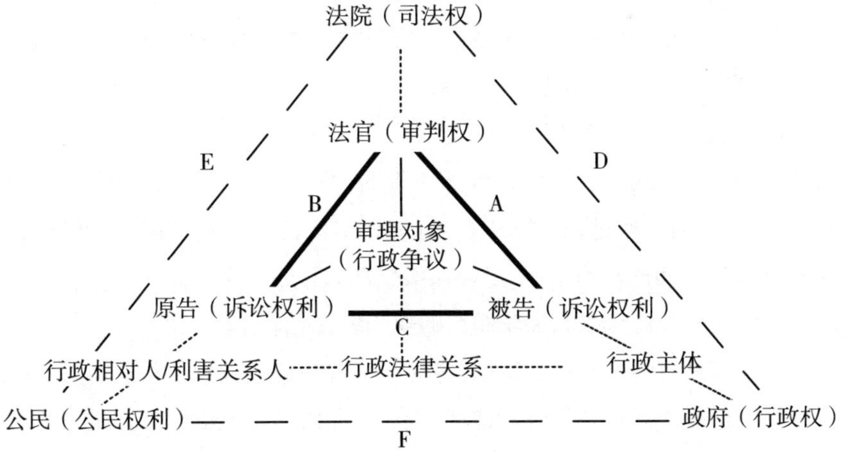

图1 A、B、C 3条实线构成的"小三角形"行政诉讼结构

① 龙宗智:《刑事诉讼的两重结构辨析》,载《现代法学》1991年第3期。

1. 行政审判权具有双重属性

行政诉讼不仅具有司法特性,也是监督行政权的方式,行政审判权兼具司法权和监督权的特性。因此,行政审判权不同于民事审判权可以进行居中裁判,其除能够裁判纠纷外,兼具超职权主义对行政行为进行全面审查、对公民权利进行全面救济的功能,如采取"纠问式"庭审、全面审查原则等。

2. 原、被告诉讼权利不对等

在我国行政诉讼中,被告恒定,行政主体不具有起诉权、反诉权。"学者们围绕行政诉讼的立法目的提出了多种观点,但优先保障公民合法权益渐成共识或应成共识。"①这决定了行政诉讼结构的价值取向是优先保障原告的诉讼权利,比如,在证明责任的分配上,偏向加重被告的证明责任。仅就诉讼结构而言,行政诉讼结构并不形成等腰三角形,但结合行政实体法律关系中原告的弱势特征,此种诉讼结构符合实质意义的等腰三角形标准。

3. 行政诉讼结构的主要关系是法官与被告之间的关系

实体法律关系特性会影响诉讼结构。在民事法律关系中,双方法律地位平等、权利义务对等,因此,在民事诉讼结构中,原、被告之间的关系是主要关系,这也是当事人主义诉讼模式的基础。行政诉讼体现了司法权对行政权的监督及对原告权利的保护,因此,诉讼结构中的主要关系是法官与被告之间的关系,其次是法官和原告之间的关系,最后才是原被告之间的关系。

4. 行政诉讼结构处于动态平衡状态

行政诉讼结构形式上表现为原告强被告弱,而实质上是被告强原告弱。因此,审判权需要适时调整,通过行使释明权、分配证明责任等方式平衡原、被告的"诉讼武器",达到诉讼结构的动态平衡,以确保实质性的程序正义。

5. 行政审判权和诉讼权利关联制衡的规则缜密

行政审判权具有强职权主义特征,容易产生审判权被滥用、诉讼权利行使受限、部分诉讼程序价值空洞化等弊端。这就要求,一方面要赋予法官充分的审判权以保障诉讼权利,另一方面要赋予当事人更细密的诉讼权利以制约审判权。

---

① 莫于川、雷振:《我国〈行政诉讼法〉的修改路向、修改要点和修改方案——关于修改〈行政诉讼法〉的中国人民大学专家建议稿》,载《河南财经政法大学学报》2012 年第 3 期。

（二）“小三角形”诉讼结构运行失衡

“行政诉讼的特点决定了民众诉讼能力、诉讼技巧一般低于行政机关。”①在司法实践中，因诉讼成本高等原因，大部分原告选择自行或委托公民代理人进行诉讼，其诉讼能力明显低于被告。比如，被告熟知应收集证据，行政相对人却少有证据意识，即使之后律师介入，也错过了最佳取证时机。法官本应积极行使审判权以弥补原告的弱势地位，进而平衡诉讼结构，但法官因诸多原因怠于行使或滥用审判权以回避矛盾，致使原告很难在“小三角形”诉讼结构中通过行使诉讼权利影响判决结果，“小三角形”诉讼结构运行失衡。

（三）司法实践中的“大三角形”诉讼结构

法院、公民和政府三者之间的相互关系形成“大三角形”结构（见图2）。“大三角形”结构，一方面，直接影响实体判决结果；另一方面，是诉讼结构运行的背景，似乎只作为“影子”而存在，不会直接对诉讼结构产生影响。由于“小三角形”诉讼结构中的原告过于弱势，加之其在行政程序中累积的弱势感，其变得焦虑且很容易选择最简单的闹访方式以弥补其弱势地位，迫使法官充分审查行政行为，或者协调解决其诉求。协调、维稳、信访化解等案外工作而非案件审理成为法官工作的重点，法院被嵌入“大三角形”结构。而法院案外协调各方利益的资源和能力又非常有限，法院由“小三角形”诉讼结构中的强势方转变为“大三角形”结构中的弱势方，法官本能地回避矛盾。至此，隐形的“大三角形”结构凸显成为实然的诉讼结构。“大三角形”诉讼结构偏离了司法轨道，法院承担起行政监查或信访机构的职能，其司法功能被部分消解。法官因有了自身利益考量，司法的独立性和公正性受到影响。行政诉讼制度所起到的“官民矛盾”缓冲带的功能逐渐丧失，个案中不再是当事人的纠纷，易引发社会不稳定因素。

---

① 李广宇、耿宝建：《行政审判如何实现公正》，载《人民司法》2011年第19期。

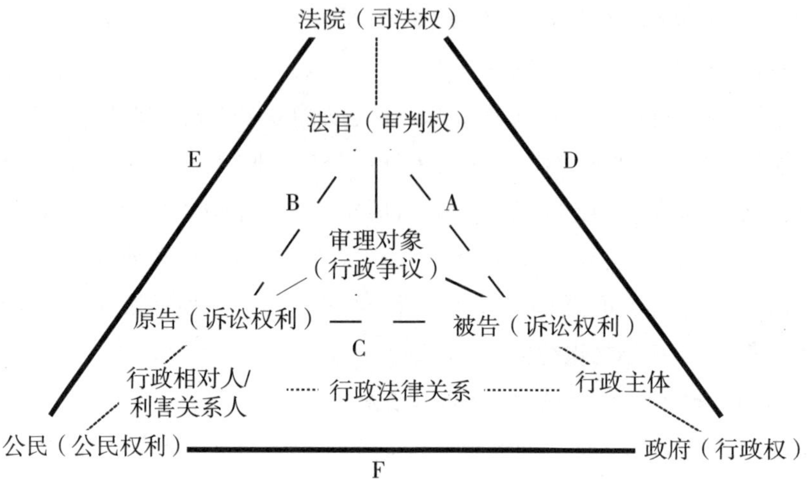

图2　D、E、F 3条实线构成的“大三角形”行政诉讼结构

三、制度检视:行政审判权和诉讼权利关联制约的规则粗疏

在“小三角形”诉讼结构中,行政审判权与诉讼权利之间的关联制约本应非常细密,审判权和诉讼权利的关联制约内容遍布在诉讼程序各阶段的细小制度中,这些细小制度看似散乱又无足轻重,学界对此也不够重视,但在实践中其却直接导诉讼行为失范,诉讼结构松散失衡。审判权和诉讼权利通常相互依存、此消彼长,下文从诉讼权利的角度展开论述。

(一)当事人行使处分权受限

1. 原告诉讼请求功能缺失,法官依职权决定审理内容及判决方式

诉讼请求的唯一作用是确定审理对象,此后法官即依职权进行审理,帮助原告确定正确的被告、对行政行为进行全面合法性审查、根据自己的判断确定庭审重点、根据法律规定决定判决方式,而对于原告的真实诉讼目的、争讼焦点、裁判诉求等则较少虑及。因缺乏诉讼类型化规范,原告对诉讼请求的选择权受限。原告变更诉讼请求权缺乏法律依据,除变更被告后可继续诉讼外,在大量本可继续进行的诉讼中,原告被迫撤诉或被驳回起诉。

2. 法院立案审查裁量权过大,原告起诉权保障不力

行政诉讼“立案难”问题长期存在,根源在于实行缺乏程序规制的立案审查制。立案审查采取不公开的书面审查方式,缺少程序规制,加之行政案件受理的法律“门槛”较高,有关行政行为、适格原被告等法律问题复杂,法院立案审查裁量权较大,易

被滥用。比如,法官不当释明损害原告起诉权;对起诉条件审查过严或设置隐形“门槛”,反复要求起诉人补充材料;拖延或拒绝受理敏感案件;不接受起诉状,不说明理由,也不出具书面材料;等等。

3. 当事人程序选择权欠缺,法官程序决定权不受制约

行政案件一旦立案,诉讼进程几乎完全由法院依职权决定,在和解、中止等问题上尤为明显。和解制度缺乏具体法律规定,在实践中,当事人不能决定和解的起始或期限,即使当事人不同意和解也可能进入和解程序,部分法院对因和解而中止审理的事项不告知当事人,和解期限由法院决定。在个别案件中,法院以案情重大复杂等为由中止审理长达数年,个别法官甚至期待以中止时限换取纠纷的自行化解,当事人对此毫无救济途径。

(二)当事人诉讼义务缺乏法律规制

当事人不当或恶意的诉讼行为缺乏法律后果。(1)在实践中,证据失权规则仅适用于被告,法院对原告及第三人超期举证非常“宽容”,导致了证据“突袭”及无限期举证。(2)对当事人虚假陈述、隐瞒对其不利的证据或事实、前后陈述不一致、拒绝答辩或质证等行为缺乏明确的自认、禁止反言等诚实信用规则予以规制。(3)对当事人恶意拖延诉讼行为缺乏法律制裁。比如,经第一次合法传唤后不到庭;无正当理由一再申请法官回避并对回避决定申请复议;拒绝告知送达地址或告知错误地址,告知的电话联系方式不畅通,故意造成法律文书送达困难等。(4)我国《行政诉讼法》对妨碍诉讼行为缺乏轻重适度且有效的制裁措施,法官维持法庭秩序容易陷入“两难境地”:若采取较重的罚款、拘留措施,会激化矛盾、拖延诉讼;若采取较轻的制止、训诫方式,当事人根本不予理会。

(三)原告行使诉讼权利的效果缺乏法律保障

1. 行政诉讼代理制度不足以保障原告有效行使诉讼权利

由于案件少、胜诉难、收费低等原因,行政诉讼法律服务欠缺,律师收费相对于原告来说仍显较高,少有原告委托律师代理案件。行政案件法律援助范围限于国家赔偿和社保待遇案件,在实践中获得法律援助的极少。刑事、民事案件法律援助专项规定相继出台,行政案件法律援助制度却仍是“被遗忘的角落”。在实践中,大部分原告自行或委托公民代理人诉讼,其诉讼能力较弱,大量诉讼权利对于原告来说却“看得到,用不了”。

2. 欠缺完备的法定释明制度,当事人难以清楚明白地诉讼

在行政诉讼中,"释明"一词只出现在司法文件中,而在我国《行政诉讼法》及其司法解释中仅以少量"告知"义务等形式出现。行使释明权是法官用以平衡原、被告"诉讼武器"的重要方式。在实践中,释明权行使存在以下问题:(1)释明权行使不规范,法官释明与否、如何释明的裁量权大,缺乏不当释明的法律后果。(2)重"自为释明",轻"使之释明"。法官释明时注重程式化表达意思,而不顾当事人是否真正清楚明白。(3)重普遍性释明,轻个案释明。普遍性释明如发放格式化诉讼须知等,效果不佳,释明未落实到个案和具体事项中。(4)忽视"除去不当之释明"和法官临时心证的释明。当事人对法律认识错误时,法官不对临时心证和法律见解进行释明,导致当事人按照错误思路进行诉讼,判决结果形成裁判"突袭"。

3. 法院怠于依职权调查取证,原告因举证能力弱而承受不利后果

我国行政诉讼证据制度脱胎于民事诉讼,其对依职权调取证据持谨慎态度。这在民事诉讼中是恰当的,但适用于行政诉讼却脱离实际。因为在行政诉讼中,原告举证能力明显弱于被告,即使法官充分释明,原告也不一定能有效取证、举证。部分法官为回避矛盾,只是简单告知举证责任而不具体释明,或者怠于分配举证责任,更不主动调取证据,任由原告因举证不能而承担不利后果。

四、修法矫正:回归"小三角形"行政诉讼结构

我国《行政诉讼法》修法的重点集中在关涉实体公正的制度修订上,对关涉程序公正的诉讼规则修订似显薄弱,此类规则欠缺是审判实践中遇到最多的问题,小规则可能引发"大问题"。为此,修法时有必要全面充实行政审判权和诉讼权利关联制约的内容,筑实应然的"小三角形"诉讼结构,减少实然的"大三角形"结构对诉讼的影响,以平衡稳固的"小三角形"诉讼结构以保障程序公正。

(一)矫正诉讼结构的修法原则

1. 修法与行政审判体制改革相结合

大陆法系国家的行政审判体制和行政诉讼密不可分,"可以说,行政审判体制和行政诉讼是同一个问题的两个方面"。[①] 我国行政管理区域和司法管辖区域高度一致为"大三角形"诉讼结构运行提供了动力。"实践已经证明,现行的地方化严重、附

---

① 龚祥瑞:《比较宪法与行政法》,法律出版社2012年版,第238页。

从于政府的司法监督机制必须从根本上进行改造。”在改造方案中，设立行政法院的呼声最高，“甚至可以说，只要设立行政法院，其他问题几可迎刃而解”。[①] 笔者认为，设立行政法院可以作为修法内容，即使时机不成熟也应调整管辖制度，如在中级人民法院辖区内实行相对集中管辖，在一定限度内赋予起诉人对管辖法院的选择权等。

2. 大量充实行政审判权和诉讼权利义务内容

审判权和诉讼权利义务内容越充实，诉讼结构越稳固，实现程序公正的条件越充分。德国《行政法院法》有 195 条，法国编撰有《行政诉讼法典》，而我国 1989 年通过的《行政诉讼法》及其司法解释（法释〔2000〕8 号）分别只有 75 条、98 条，其中有关诉讼程序的条文更少，部分还是照搬我国民事诉讼法，已远不能满足司法实践的需要，修法中应大量充实程序性诉讼规则。鉴于该类规则较多，可先写入成熟和重要的内容，其余内容再通过司法解释等方式逐步完善。

3. 对准用我国《民事诉讼法》的条文应予以明确

大陆法系国家行政诉讼法对参照民事诉讼法的处理模式有两类，德国将准用的民事诉讼法条文载于行政诉讼法文本；日本《行政事件诉讼法》第 7 条规定，“对于本法中未规定的事项，依据民事诉讼之例”，我国的处理模式与日本相似。我国民事、行政诉讼经过 20 年的发展已发生很大变化，目前行政审判实践中除参照民事诉讼送达、庭审、证据形式等少量规定外，其余程序参照适用得很少，法官参照适用时也疑虑重重。笔者认为，可参考德国模式使行政诉讼法完全独立于民事诉讼法。

4. 以制约审判权保障诉讼权利为修法方向

世界各国职权主义和当事人主义“两大行政审判模式绝对分野已经不再，而是出现了相互借鉴、相互融合的新趋势”，[②]修法中可结合我国实际综合两大审判模式的优点。在保障当事人重要权利方面采当事人主义，在查明案件事实方面采职权探知主义，总体修法方向是限制审判权、保障诉讼权利。

（二）充实当事人诉讼权利义务内容的重要制度

1. 当事人对主要诉讼权利享有处分权

诉讼的提起、和解、撤诉等均是最重要的诉讼权利，德国行政诉讼的“处理原则”

---

① 梁凤云：《〈行政诉讼法〉修改八论》，载《华东政法大学学报》2012 年第 2 期。

② 黄学贤、陈仪：《行政诉讼若干问题研究》，厦门大学出版社 2008 年版，第 169 页。

是其行政诉讼法的基本原则,修法中可借鉴赋予当事人更多的处分权。(1)建立立案登记制度,①完善"飞越"起诉制度,保障相对人起诉权。立案庭收到诉状时应进行登记并出具回执,法院逾期不受理又不作裁定的,起诉人持立案登记回执向上级法院起诉。(2)当事人可在法律规定的适当期限内变更被告或诉讼请求;修法确立诉讼类型,规定当事人可对诉讼类型进行选择,诉讼请求对审理和判决方式产生约束。(3)原、被告均同意和解才能启动和解程序;法院应将和解及审限扣除等情况告知当事人;一方当事人请求终止和解的,法院必须恢复审理。

2. 完善行政诉讼代理制度

完备的诉讼代理制度可有效弥补原告的弱势地位,大陆法系国家普遍规定原告代理人须由具有一定法律知识的人担任,如法国完全管辖之诉中"原告原则上不能自己提起诉讼;诉状必须由一位司法助理人员署名,该人是原告的诉讼代理"。② 德国行政法院还可依职权"裁定命令必须委托1名全权代理人或辅佐人"。③ 我国行政诉讼职业公民代理现象较突出。在民事诉讼中,为了解决类似问题,2012年修正的《民事诉讼法》删除了"经人民法院许可的其他公民"的规定。我国《行政诉讼法》可参考《民事诉讼法》对此予以修订,同时应积极解决原告代理人问题。可参考法国"正在考虑援用'法律援助',这是由政府免费提供法律代理人的制度",④在修法时借鉴法律援助制度和原则,具体内容由配套规定进行细化。

3. 确立诚实信用原则

我国《行政诉讼法》对当事人的不当诉讼行为缺乏规制,当事人滥用诉权、拖延诉讼、缠诉缠访等现象时有发生。针对民事诉讼中的类似问题,我国2012年修订的《民事诉讼法》写入了诚实信用原则及相关制度。诚实信用原则的适用情形非常广泛,包括当事人负有真实陈述和促进诉讼义务、禁止以欺骗方法形成不正当诉讼状态、禁反言、诉讼权能的滥用和丧失等。大陆法系各国虽未在其行政诉讼法条文中明确表述诚实信用原则,但前述内容却多有体现。笔者认为,可修法确立诚实信用原则并建立相关制度,比如,不答辩视为承认、自认和禁反言、当事人负有及时准确告知相关情况包括送达地址的义务、对明显无理诉讼可不经开庭径行裁判、当事人

① 我国现行《行政诉讼法》第50条已规定实行登记立案。
② [法]让·里韦罗、让·瓦利纳:《法国行政法》,鲁仁译,商务印书馆2008年版,第838页。
③ 参见德国《行政法院法》第67条第2款的规定。
④ 龚祥瑞:《比较宪法与行政法》,法律出版社2012年版,第483页。

对其恶意诉讼行为产生的额外费用予以负担等制度。同时,应赋予法官更多的程序制裁权以制止不当诉讼行为。比如,在保留原有庭审指挥权基础上,增设责令代理人退出法庭、取消代理资格、禁止发言等措施,对原告恶意破坏庭审秩序情节严重的,可裁定"终止诉讼"。

(三)规制行政审判权的重要制度

1. 建立法定释明制度

释明义务法定化,可使法官仔细听取当事人意见并适时释明,如此一来,当事人举证、辩论的针对性和有效性会明显提高。大陆法系各国行政诉讼法均对释明权进行了概括规定,笔者认为,我国进行概括规定还不足以满足司法需求,可将关涉当事人重大权利的释明义务法定化,具体如下:(1)对起诉条件应释明;(2)对个案中举证形式、证明责任、证明标准应释明;(3)当事人对行政行为性质认识错误时,法官应主动释明;(4)对其他重大问题如撤诉的法律后果等应释明。怠于释明、错误释明等不当释明的法律后果应当法定。除法官在诉讼程序中自行纠正且未造成实质影响外,不当释明均可成为上诉理由,并可导致改判或发回重审、允许当事人补充举证或重新起诉、合理扣除起诉期限等后果。

2. 适度强化依职权调取证据制度

大陆法系各国普遍赋予了法官几乎无限制的依职权调取证据权。[①] 在我国原告举证能力弱、诉讼代理制度不完备的情况下,更应适度强化法院依职权调取证据权。例如,(1)以当事人举证为主,以法院调取证据为辅;(2)案件主要事实不清,当事人非因自身原因举证不能时,法院应依职权调取证据;(3)法院对依职权调取证据享有完全的决定权,当事人负有配合义务,否则将承担不利后果;(4)调取的证据应经庭审质证;(5)法院滥用审判权调取证据应承担责任。

① 如德国《行政法院法》第86条第1款规定:"法院依职权调查案情……调查不受参与人提供的陈述及查证申请的约束。"日本《行政事件诉讼法》第24条规定:"法院认为必要时,可以依职权进行证据调查。"

“充分说理”如何得以实现

——以行政裁判文书说理为考察对象

孙海龙*

加强裁判文书说理这一实践目的,一直伴随中国司法改革进程,[①]其“正当性”及其现实“必要性”已达成共识。围绕“裁判文书说理”这一论题,在廓清问题之根源,探寻说理之路径以及类型裁判文书说理研究等方面已有较多研究。[②]然而,裁判文书说理问题与方法还处于割裂状态,说理功能与说理尺度还未深度耦合,因循这一问题,本文以行政裁判文书为研究对象,以期修正说理路径与功能之偏差,寻求方法与问题之统和。

一、行政裁判文书说理研究式微

一个较大反差在于:无论民商事裁判文书说理还是刑事裁判文书说理均早已进入学者与法官的研究范畴,而行政裁

* 重庆市高级人民法院党组成员、副院长。

① 就说理目标而言,1999 年要求展示公正,2005 年要求胜败皆服,2010 年要求胜败皆明,2014 年要求感受公正。参见最高人民法院发布的一五、二五、三五、四五改革纲要。

② 刑事裁判文书量刑说理、民商事裁判文书说理等方面已有专著。参见王利荣:《量刑说理机制》,中国人民公安大学出版社 2012 年版;周晓霞:《民事判决理由研究:以一审判决为中心》,法律出版社 2014 年版。

判文书说理几乎不见踪影。① 其原因在于对行政裁判文书说理存在的两个认识误区。

一是对"行政裁判文书说理相对充分"的反思。这一判断来自我们对基层法官的直观感受,其大都认为行政案件少,因此行政法官有更充分的时间撰写裁判文书,但是这个判断的准确性却并未得到证明。一方面,仅从裁判文书内容的多少来看,行政裁判文书说理与其他裁判文书并未有明显差别,依然满足裁判文书说理强弱的"二八定律"。② 另一方面,从裁判文书说理的共性问题来看,类型裁判文书说理均存在类似问题,比如,抽象概括、照本宣科、逻辑混乱、简单粗暴。没有理由证明行政裁判文书说理在论证方法以及修辞言语上与其他裁判文书有本质差异。

二是对"行政裁判文书说理相对次要"的纠正。有学者认为,"行政裁判文书说理很重要,但在有限的笔墨中只能先抓主要矛盾"。③ 这一论断也为行政裁判文书说理研究式微给出了一个初步的答案。行政裁判文书说理相对次要的原因来自对行政裁判案件数量的比较上,这一客观数据非常直观地传达了行政裁判文书较之于民刑裁判文书之弱势,如果民事裁判文书说理与刑事裁判文书说理得以加强,行政裁判文书说理也应该在共通问题上得到相似解决,即使效果不佳,也不能反映裁判文书说理的整体面貌。然而,对于类型化裁判文书说理来说,为什么要强化说理并不来自行政裁判案件数量的多少这一表征,而在于:说理的背后具有正当化要求以及不可替代的功能意义。如果行政裁判文书说理功能与刑民裁判文书基本一致,那么,对刑民裁判文书说理的研究论证改革实际上已经包含了行政裁判文书说理,也就没有独立研究的意义了。然而更重要的是,行政裁判文书说理与刑民裁判文书说理具有重大不同,其在"功能意义"上存在显著差别。

二、说理追求什么?

强化裁判文书说理到底要达到何种效果?这一根本问题并未得到较好的解决,

---

① 从知网上搜索专门论述行政裁判文书说理的论文仅有 1 篇。参见闫尔宝、王勇:《行政裁判文书说理水平尚待提高——"焦志刚诉和平公安分局治安管理处罚决定案"判决评析》,载《行政法学研究》2009 年第 2 期。

② 20%左右的裁判文书在说理上相对较强。参见庄绪龙:《裁判文书"说理难"的现实语境与制度理性》,载《法律适用》2015 年第 11 期。

③ 李滇、樊华中:《刚弱两需分野下我国判决说理模式新探——以 S 市 F 区法院判决书为样本的研究》,载《法制与社会发展》2015 年第 3 期。

目标决定了行动理由及路径选择,但类型裁判文书说理之目标并非全然一致。

裁判说理较为基础的目标。裁判文书说理的意义在于"增强裁判可接受性"这一不证自明的基础目标,"理由构成之目的有二:一为说服自己;二为取信他人,可供复制,克制恣意及专擅"。[①] 无论是"法民关系"还是"刚弱两需",均是预设了裁判说理直接目的在于裁判文书结论能被当事人、社会公众、上级法院、学者等所接受,[②]而其他效果正是在满足"裁判可接受性"的基础上衍生而来,一方面是在强化说理过程中对说理主体的约束,树立司法之权威;另一方面是为英美法系创制法律提供契机。笔者认为,裁判文书说理与普通意义上的说理最主要的不同之处在于其追求的最直接目的就是说服,只不过,在说服对象、说服方式、说服程度上呈现差异。然而,需进一步追问,裁判文书说理仅有这一基本的说服功能吗?或者说,在说服的意义背后有没有更高的追求?

裁判说理更为上层的目标。比利时哲学家佩雷尔曼认为,论证通常是向特定的听众提出的。"听众就是演说者想通过其论证来影响的人的总称。"[③]同时,"在涉及什么更可取的起点时则是针对特殊听众的偏好,这种出发点包括价值、价值位序和论题。"[④]说服对象不同其追求的目标不一,说服民事当事人,是为了定分止争、案结事了,让每一位当事人在司法中感受到公平正义。说服法官,是为了塑造法律共同体,统一司法尺度,彰显社会公平正义。说服社会公众,是为了提升司法公信,塑造司法权威。说服学者,是为了理论与实践之互证,发现问题,推进法治(见表1)。尽管任何一份法律文书都可能要接受以上各种不同角色的审视,但是,其强弱有别、轻重有度,这一结果成为诸多研究当下裁判文书说理困境的主因之一。[⑤]

---

① 王泽鉴:《法律思维与民法实例:请求权基础理论体系》,中国政法大学出版社2001年版,第301页。

② 对裁判文书说理不充分的反思,尤其表现在"法民关系""刚需两弱"以及制度传统上。参见凌斌:《法官如何说理:中国经验与普遍原理》,载《中国法学》2015年第5期;李滇、樊华中:《刚弱两需分野下我国判决说理模式新探——以S市F区法院判决书为样本的研究》,载《法制与社会发展》2015年第3期;苏力:《判决书的背后》,载《法学研究》2001年第3期。

③ [德]罗伯特·阿列克西:《法律论证理论——作为法律证立理论的理性论辩理论》,舒国滢译,中国法制出版社2002年版,第198页。

④ [荷]伊芙琳·T.菲特丽丝:《法律论证原理》,张其山等译,商务印书馆2005年版,第48页。

⑤ 参见凌斌:《法官如何说理:中国经验与普遍原理》,载《中国法学》2015年第5期。

表1　说理对象及说理功能

说理对象	说理说服功能	说理法治功能
诉讼当事人	裁判可接受性	感受公平正义
上级法院	裁判可接受性	统一裁判尺度
社会公众	裁判可接受性	提升司法公信
学者	裁判可接受性	理论实践统一

目标客观化。从说理对象上来看,说理对象不一自然导致说理的程度相异,这一界分具有重要意义,比如,行政裁判文书说理需要针对行政机关,由此体现说理的特殊性。然而,这一衡量标准太过主观,并没有有效的标准去衡量,最重要的是裁判文书的受众并非恒定。因此,应当寻求一种行之有效的方法,将"说理对象"这一主观性客观化。由此,将视角从整体裁判文书说理转向类型裁判文书说理即可发现,行、民、刑说理标准不一致之根本原因在于其诉讼法本身的功能所具有的特殊性,并且尤为重要的是说理对象与说理功能互为印证(见表2)。

表2　行、民、刑三大诉讼说理对象及说理功能

诉讼程序	说理说服功能	特殊对象	说理诉讼功能	说理难点
行政诉讼法	裁判可接受性	行政机关	监督依法行政	司法与行政
民事诉讼法	裁判可接受性	平等当事人	实现平等保护	情理与法理
刑事诉讼法	裁判可接受性	公诉人	保障社会安全	惩罚与保障

三、何为充分说理

裁判文书说理目标多样,决定说理饱和度不一致。厘清说理标准与目标的对应,能更清晰地界定何谓充分说理。

裁判说理的两种表现方法。用美国、德国以及我国的裁判文书进行比较,可以看出其在说理部分的论证呈现不一样的面貌,但不能当然认为说理内容越多就证明说理越充分,"被引为经典的美国判决说理,也并非所有判决都详细说理"。① 说理是一个交往行为,涵盖两对关系:一是说理主体与说理客体;二是说理过程与结论。从这两个方面向出发,说理就必然存在两种思维类型:一是如何得出一个裁判结论,

① 李滇、樊华中:《刚弱两需分野下我国判决说理模式新探——以S市F区法院判决书为样本的研究》,载《法制与社会发展》2015年第3期。

也就是法律推理的过程;[①]二是针对说理对象的问题进行解释,也就是对争点的澄清,这一过程即是法律论证。[②]

说理程度不同的相应体现。充分说理与最低限度的说理之区别正体现在以上两个方面。在法律推理方面,一个最低限度的说理即保证从论证到结论的逻辑一致性,它是一个刚性要求,一种形式主义的推理。然而“在涉及法律阴影地带的案件中,规则的适用就不是一个逻辑演绎过程”,[③]充分说理则要“从形式主义推理到实质主义推理、从纯粹理性推理到实践理性推理、从个人独断式推理到开放性论辩推理”。[④] 在法律论证方面,尤其表现在法律解释[⑤]以及事实与证据的采信上,法律论证遭遇“明希豪森困境”,但其对事实真伪的探讨只能是更加接近真实,对证据采信上的说理则需要不断游走于采信规则与内心确信之间,以上说理客体均能实现说理程度之不同。

功能作为说理充分的唯一标尺。以上仅仅说明了充分说理有其自身的延展空间,而并未指出其中的限度到底在哪里。与最低限度说理的刚性要求相比,充分说理是一种具有弹性的说理,其本身所欲求的功能目标是衡量说理是否充分的唯一标尺。其追求的功能目标越宏大,其说理是否充分的标准就应该越高。单纯为解决当事人纠纷的民事判决说理,并不需要作出多么丰富的说理,“无争议事实+无争议证据+无争议法律适用”得出结论的过程是最低限度的说理,同时也达到了充分说理的要求。同样,一份仅为解决当事人纠纷的相对复杂的民事案件裁判文书,但是当这份裁判文书说理能够获得当事人的认可,在适用法律上没有错误,它已然实现了充分说理。相反,当一份民事裁判文书能够成为指导性案例时,其说理部分肯定要

---

① 这是内部证成的过程:判断是否从为了证立而引述的前提中逻辑地推导出来。参见[德]罗伯特·阿列克西:《法律论证理论——作为法律证立理论的理性论辩理论》,舒国滢译,中国法制出版社2002年版,第273页。

② 法律论证是以事实、逻辑和规范为论据,在“主张—反驳—再反驳”的“主体间”的论证过程中,通过说服和共识的达成来解决法律争议。参见焦客乾:《当代法律方法论的转型——从司法三段论到法律论证》,载《法制与社会发展》2004年第1期。

③ [英]H. L. A. 哈特:《实证主义和法律与道德的分离》(上),翟小波、强世功译,载《环球法律评论》2001年第2期,第189页。

④ 骆志鹏:《法学方法论视野中的法官说理》,载《河北法学》2012年第4期。

⑤ 法律解释具有多样性,且扮演着波斯纳所说的“变色龙”的角色。参见[美]理查德·A. 波斯纳:《法理学问题》,苏力译,中国政法大学出版社2002年版,第343页。

相应加强，审级说理因其终局性之不同，充分说理之标准也有所区别。[①] 当一份裁判文书说理所要追求的不仅是定分止争，还要求案结事了的时候，其说理充分的标准就相应拔高。由此，笔者认为，一份裁判文书说理是否充分与其说理背后负担的功能目标相关联，大多数裁判文书的目标如果仅仅在于满足形式推理以及普遍经验，那么保持在最低限度的说理也就达到了充分说理的要求。同样的案件，当其追求的目标不一致时，其说理充分的标准就不一样，说理的丰富程度亦有所不同。充分说理即是说理之深度与广度与说理功能目标相匹配的最低限度的说理。在裁判文书说理的背后，蕴含着法治的精神，如何有效回应法的目的，乃说理是否充分的衡量尺度，而一旦脱离这一衡量基准，则难以真理领悟裁判文书说理的精髓。

四、行政裁判文书充分说理进路考察

就行政裁判而言，在裁判说理中，充分说理就是要突出行政裁判文书在功能面向上的不同，与此相应，在裁判说理中得以体现。

（一）行政诉讼功能定位

1. 监督功能特殊且重要

从功能反映这一角度探求行政裁判文书的说理之标准，需要准确定位行政诉讼法之功能。法是公平与善良的艺术，作为司法的"最终产品"，裁判文书说理在"最低限度的说理要求"的基础说理目标上并无二致。与此同时，各诉讼法存在显著差异，对于行政诉讼法来说，监督行政机关依法行政是其自身独有的功能，[②]比如，民事诉讼的目的在于解决纠纷和权利保障，而行政诉讼除解纷及救济的基本功能外，还具有监督行政的根本属性，正缘于此，行政诉讼在立法目的、诉讼类型、举证责任、诉讼模式、受案范围、判决种类等方面与民事诉讼有本质区别，"最主要的是民事诉讼一般来说都是主观之诉，而行政诉讼更多的情形是客观诉讼"。我国新《行政诉讼法》

---

① 初审法院之法官意在解决当事人的纠纷。上诉审法院担负审理上诉人不服初审法院裁判之上诉请求和监督下级法院审判工作的职能。再审判决不仅需回应原审当事人的再审诉求，还需向原审法院解释和说明原审判决存在的错误。参见王合静：《民事判决理由范围及功效之考察》，载《公民与法》（法学版）2013 年第 2 期。

② 解纷是行政诉讼首要的功能和作用，监督是行政诉讼的重要功能和作用，而救济则是行政诉讼最基本的功能和作用。参见姜明安：《行政诉讼功能和作用的再审视》，载《求是学刊》2011 年第 1 期。

在修改之时,也对这一问题进行了重点讨论,认为行政诉讼法的监督功能只能加强,[①]并确立了行政诉讼之功能在于解纷、监督、救济。

2. 监督的逻辑在于塑造模范政府

依法行政作为对行政机关进行充分说理而要达到的目标,也就体现了司法与行政之关系。司法介入行政的深度与广度是一个经久不衰的理论难题,但毋庸置疑的是,推动模范政府是一种理想的追求,这种追求是将行政行为的形式合法化逻辑拓展至"通过理性的合法化"以及"参与的民主合法化"。[②] 从而实现依法行政、民主行政、科学行政。司法在其中可以也应该扮演积极的作用,比如,"滥用职权"与"明显不当"与民主行政、科学行政有天然的照应。行政裁判文书之说理的逻辑由此相应延伸。从我国行政法的发展来看,依法行政的目标在于推进法治政府,其更高的目标在于创建一种模范政府。由此,其间的行动逻辑是:行政裁判文书说理—行政诉讼—依法行政—法治政府—模范政府。

(二)监督说理的内容及其限度

1. 司法审查的说理即为监督说理

从我国《行政诉讼法》第69条至第78条所规定的各种判决方式来看,对应的说理均可称为监督说理。比如,驳回原告诉讼请求的判决方式就要求对行政行为合法性进行全面审查。在撤销判决中需要对行政行为的6类不合理或不合法的行为进行充分说理。在确认违法但不撤销的判决中,需要对为何违法以及不撤销予以释明。在无效判决、给付判决、变更判决、补救判决中同样如此。另外,在规范性文件附带审查中,[③]最高人民法院2015年发布的《关于适用〈中华人民共和国行政诉讼法〉若干问题的解释》第21条明确规定,"规范性文件不合法的,人民法院不作为认定行政行为合法的依据,并在裁判理由中予以阐明"。对行政行为合法性审查与合理性审查就是监督行政行为的说理内容。

2. 监督充分说理的具体要素

从裁判文书说理的要素上来看,按照胡云腾法官将"理"分为事理、法理、学理、

---

① 参见邓刚宏:《行政诉讼依诉请择判原则之局限性——依行政行为效力择判原则的可行性分析》,载《法学》2008年第9期。

② 参见王锡锌:《行政法治的逻辑及其当代命题》,载《法学论坛》2011年第2期。

③ 参见江必新主编:《中华人民共和国行政诉讼法及司法解释条文理解与适用》,人民法院出版社2015年版,462~518页。

情理、文理的分类，[①]其中的学理（法学理论）、情理（法的精神）、文理（语言技巧）实际上已经超脱了说理的“最低限度”。当我们将“塑造模范政府”这一目标作为监督说理的充分标准之后，与“最低限度的说理”在说理程度与偏重均有所不同。在法律推理上，应当将纯粹形式推理导向形式推理与实质推理的结合，丰富说理的内涵；在法律论证上，特别需要注重对合理性审查的把握。按照说理五要素的分类，事理、法理是裁判文书逻辑融贯性的必然要求，即一种“最低限度的说理”。情理、学理更能体现在“最低限度之外”的说理，是充分说理的必要表现形式。笔者随机在中国裁判文书网上抽取了100份裁判文书来作具体分析。将事实说理与法理说理作为裁判文书之必要构成，那么对事实的引述以及对法律、法规的援引，均认为运用了事理与法学。这里，仅就学理与情理进行统计，二者的区别在于，前者是对行政法理论的评述或引述，后者则是围绕合理性进行的论证。

（三）说理方法与功能的统一

充分说理即在于加强学理、情理在行政裁判文书说理中的运用。其积极效果正是在于最大化塑造模范政府这一功能。第一，行政诉讼法学中的诸多学理支撑了行政法学的大厦，行政法律法规浩如烟海，一份保持在最低限度的说理的行政裁判文书对行政机关的作用是相当有限的，以个案解决为目标的说理也大都止于个案，其效果大打折扣。虽然行政诉讼案件少，但申诉率极高的事实需要我们认真对待，行政行为之违法的普遍性并没有得到根治，行政机关败诉率低，但并不代表多数行政行为合法，相反，违法行政行为普遍存在。仅以个案说理为目的的说理目标贬低了行政裁判文书说理的品质，而唯有将代表普遍性的学理纳入其中方能对行政机关的行政行为起到良好的导向与警示作用。第二，行政诉讼中的情理往往表现在司法的合理性审查之中，“为了实现法律秩序的社会整合功能和法律的合法性主张，法庭判决必须同时满足判决的自洽性和合理的可接受性这两个条件”。[②] 比如，在“明显不当”的判决中对“不当”的充分论证，在“滥用职权”中对“滥用”的充分阐释，这种带有批评性的判决类型不仅能维护行政相对人的正当利益，而且对行政机关亦是一种较有力的导向，模范政府的行政行为当然要保证其“合法性”与“合理性”的统一。

---

① 参见胡云腾：《论裁判文书的说理》，载《法律适用》2009年第3期。

② ［德］哈贝马斯：《在事实与规范之间——关于法律和民主法治国的商谈理论》，童世骏译，生活·读书·新知三联书店2003年版，第245页。

五、行政裁判文书充分说理实现路径

行政裁判文书说理应当树立导向意识,以推动模范行政充分说理,在这一过程中,应当适度强化司法审查强度,综合运用行政法原则与理论、有效引入教育型言辞说理、灵活运用法律修辞强化说理效果,促进行政行为"合法性"与"合理性"之统一。

(一)说理路径:从合法性说理延伸至合理性说理

尽管司法审查往往采取自我克制的态度,对行政机关的判断给予较高的尊重并保留应有之谦抑,①然而在事实上,"中国的司法权与立法权、行政权相比还太弱",②而"公共选择理性"告诫我们,"任何形式的政府都必然具有自利性的要求和冲动"。③ 因此,在司法审查强度上应当发挥司法的功能,具体来说,可分别从五个方面对行政行为是否达到"模范"这一标准进行评价(见表3)。

表3 行政行为是否达到"模范"的评价标准

审查方式 审查对象	合法性审查说理	合理性审查说理
行政主体	是否依据机构法定和职权法定	是否属特殊情况的行政应急权力
适用条件	是否采用法定主义	对不确定概念的解释是否合理
事实根据	证据的收集和采纳是否合法	事实认定是否清楚、有足够根据
行政程序	是否符合法定的程序要求	是否符合正当程序原则的要求
处理结果	是否符合法律规定	是否符合一般法律原则的要求

(二)说理内容:引入行政法原理提升模范行政意识

法律原则具备道德妥当感与制度化的双重属性,④在合法性审查中,对违法行政行为的评述是刚性的,加入行政法原理起到强化说理效果的作用,而在合理性评价中,行政法原理成为评价行政行为是否在合理限度内的理由。

---

① 参见[美]伯纳德·施瓦茨:《行政法》,徐炳译,群众出版社1986年版,第541页;[德]哈特穆特·毛雷尔:《行政法学总论》,高家伟译,法律出版社2000年版,第137页。

② 季卫东:《合宪性审查与司法权的强化》,载《中国社会科学》2002年第2期。

③ 王敬波:《基于公共选择理论分析〈行政诉讼法〉的修改》,载《法学杂志》2015年第3期。

④ 参见陈景辉:《实践理由与法律推理》,北京大学出版社2012年版,第107页。

1. 在合法性审查中运用行政法原理强化论证效果

行政裁判文书说理中的学理主要针对的是关涉合法性审查的原则,它们往往起到加强论证的效果。一方面,原则性的理论强调具有普遍性,行政法治理念有提纲挈领之功用,能凸显行政法治的基本精神,从而在行政意识上引领推动模范政府的建设。另一方面,行政裁判文书要接受理性公众的检验,"为了获得法律(理性)听众的认同,论辩者(法官)可以运用可被接受的普遍法律价值作为论题"。[①] 在恰当的时机将行政法治原则引入裁判文书说理中,能使原则"入脑入心"。申言之,以上学理均需要在具体的案件运用中才能促使行政机关深化理解,而不能仅仅停留在纸面。在裁判文书说理中引入行政法基本原则是循环理解的过程,对原则的反复理解适用能促进某一原则真正影响行政行为思维。比如,在违法行政行为的说理中引入"法律保留原则""越权无效原则""职权法定原则""不得反言原则"等,必将潜移默化地影响下一次行政行为,尽管行政行为具体而不同,但其原理相通,在行政法原则的引领下,行政意识的提升能推动模范政府的建立。

2. 在合理性审查中运用行政法原理作出裁判结论

"行政法治的发展史,在一定程度上就是不断确立原则、规则,不断控制自由裁量权的历史。"[②]行政正当性原则具有两个方面:一是程序正当,二是实体正当。在行政诉讼法上对应"滥用职权"与"明显不当",但以上两种判决理由在行政裁判文书中并不多见。一方面,由于"滥用职权"一词具有语义上的贬义而较少运用,其能被撤销判决中的其他理由替代,"不是'滥用职权'涉案少,而是法院审查标准'转移率'高的缘故"。[③] 另一方面,由于我国《行政诉讼法》明确规定仅对行政行为进行"合法化",明显不当的判决理由极少。然而,情理往往体现在合理性审查之中,"应当更多地直接运用合理性原则对行政行为进行审查并强化裁判文书说理,避免将本属于合理性范畴的问题'隐匿'于合法性审查标准之下"。[④] 表4列举了部分合理性说理与原则的对应关系。

---

① [荷]伊芙琳·T.菲特丽丝:《法律论证原理》,张其山等译,商务印书馆2005年版,第51页。

② 江必新:《行政程序正当性的司法审查》,载《中国社会科学》2012年第7期。

③ 余凌云:《对行政机关滥用职权的司法审查——从若干判案看法院审理的偏好与问题》,载《中国法学》2008年第1期。

④ 谭炜杰:《行政合理性原则审查强度之类型化——基于行政诉讼典型案例的解析与整合》,载《法律适用》2014年第12期。

表4 合理性说理与原则的对应关系

说理内容 说理价值	合理性说理
立法目的	行政行为的目的是否与立法目相冲突
平等原则	行政裁量同样情况同样对待,不同情况不同对待
相关考虑	行使裁量权时是否考虑了与行使裁量权不相关的事由
比例原则	行政行为是否符合成本—收益原则
程序正当	“排除偏见、听取意见和说明理由”①
信赖保护	行政行为是否反复无常,符合既往惯例

(三)说理形式:有效运用语言修辞推动模范行政意识

1.运用教育言辞提升模范行政意识

为追求行政裁判文书说理对行政机关行政意识的影响,应在一定程度上强化行政裁判文书说理的语言效果。教育型言辞具体表现在,对违法行政行为作出判决的同时给予负面评价,在语句形式上可采用加强语效的祈使句。比如,对行政行为明显不当、行政行为无效、行政机关不作为等案件的说理中,可以表达出对行政机关违法行政的失望与责备。例如,可以在裁判文书中写到“行政机关本应……但未……”“作为行政机关工作人员应当具备较强的法治思维……然而……”“希望该行政机关高度重视,在今后行政中避免再度发生”等类型的表述,此类语言的引入是司法权对行政权的适度引导,一个违法行政行为本身就应该受到负面评价,敦促行政败诉机关引起重视,在裁判文书公开上网的今天,行政机关势必会更加重视,将会以法治思维与理念贯穿行政行为始终。

2.运用语言修辞增强裁判可接受性

可接受性,是指理想听众或普遍听众基于正当化的理由对判决最终结果的信服。“说服就需要修辞,修辞是一种论辩的艺术,也是一种沟通的艺术。”②在行政裁判文书中,注重语言修辞的运用能有效提高裁判的可接受性。

首先,行政裁判文书说理中的语言修辞要尽量保证通俗性。“司法系统中语言运用的方式可以使那些历来权力较弱的人群或者已处于不利地位的人群再次陷入

① 刘东亮:《什么是正当法律程序》,载《中国法学》2010年第4期。

② 葛洪义:《法律方法讲义》,中国人民大学出版社2009年版,第230页。

不利地位。"①行政相对人在行政审判中处于相对弱势的地位,因此,说理要尽量站在行政相对人一方,在语言概念上要避免使用过于专业的法言法语,或者对其作出必要解释,要善于运用法律修辞明强化论证效果,以"如果""那么""假设"等连接词引入后果考察,增强裁判论证的说服力。

其次,建立"类案检索制度",强化案例指导在说理中的运用。指导性、参考性案例具有更强的权威性意义从而使裁判理由在正确推理的前提下更具说服力。类推不仅作为发现、发展法律的重要手段,而且也尊重了固有法律传统,而现实中运用类比推理加强论证效果的裁判文书并不普遍。而通过检索类案提炼出裁判要点能够增强说理效果,统一裁判尺度,并能引导法官在推理论证中周全考虑,防止错案发生,推动法律共同体的建立。

最后,在说理中稳妥内化我国的普遍价值观念。根植的优秀传统文化具有亲和感、说服力与普遍性,运用正面的典故、引据俗语均能起到较好的说服效果,实现法的社会导向效用。随着"互联网+"时代的到来,裁判文书已经成为一种公共产品,一份优秀的裁判文书在说理部分理当树立法治精神、体现司法温度、彰显司法价值。

六、结语

"法律是'理'与'力'的结合,有'理'无'力'乃道德;有'力'无'理'乃强权政治。"②加强裁判文书说理这一目标一直伴随中国司法改革进程,其"正当性"及其现实"必要性"已经达成共识。围绕"裁判文书说理"这一论题,在廓清问题之根源、探寻说理之路径以及类型裁判文书说理研究等方面已有较多研究。然而,对行政裁判文书说理的关注过少,忽视了裁判文书充分说理与功能定位的综合考察。而说理功能与方法的统一才能真正体现出行政裁判文书说理的重大意义。由此,行政裁判文书说理在追求模范行政这一目标之上,将会更自觉主动地运用语言的力量,把握行政裁判说理的尺度与深度,进而从外部推动行政机关模范行政。即使模范行政更加依赖行政机关的自控与自制,然而,对每一处细节的把握都将起到关键作用,因为这些细流必将汇集成汪洋大海,从而推动中国法治的持续进步。

---

① [澳]约翰·吉本斯:《法律语言学导论》,程朝阳等译,法律出版社2007年版,第251页。

② 陈界融:《论判决书内容中的法理分析》,载《法学》1998年第5期。

行政诉讼类案智能专审平台的价值取向与路径选择

王　彦[*]　许　鹏[**]

为落实习近平总书记重要指示和中央政法委、最高人民法院相关文件精神,促进以人工智能、大数据、互联网为核心的现代科技与司法体制改革的深度融合,重庆法院坚持“类型化、要素化、智能化”原则,以工伤认定案件为突破口,集中攻关研发了行政诉讼工伤认定案件智审平台,通过对类型化案件要素的分析提取,形成智能立案、智能审判、智能服务、智能研判多位一体的智审平台架构。同时,在全国率先实现与人社部门的信息互联互通,通过与人社部门信息共享形成的大数据分析,引导案件分流、类型推送、电子送达、智能评估、优化智慧办案、强化执行协助,构建起“大数据+”“人工智能+”“互联网+”三位一体、协同推进的新型智慧法院建设格局。

一、以服务群众诉讼、服务法官办案为价值取向

需求导向和问题导向,是人民法院信息化建设乃至智慧法院建设的“牛鼻子”,共同构成人民法院信息化建设的价值取向。最高人民法院院长周强强调:要坚持需求导向,顺

---

[*] 重庆市高级人民法院审判委员会委员、行政审判庭庭长。

[**] 重庆市高级人民法院行政审判庭法官助理。

应大数据时代要求，积极运用互联网思维，不断加强和完善法律数据智能化开发与应用，加快“智慧法院”建设，服务法官办案、服务人民群众，为实现审判体系和审判能力现代化，促进司法为民、公正司法提供有力支持。人民法院的信息化建设历程，随着时代的发展和科技的进步，经历了价值取向的不断更新。

1996 年 5 月召开的全国法院通信及计算机工作会议标志着人民法院信息化工作的正式起步。2002～2012 年法院信息化进入到普遍推进阶段，其间，最高人民法院印发了一系列关于人民法院信息网络系统建设的规定、规划、技术规范、基本要求和实施方案等，并将其作为人民法院改革的一项主要任务。随着党的十八大，尤其是党的十八届四中全会的召开，人民法院信息化建设步入战略发展的新时期，截至 2015 年，全国法院信息化基础设施建设基本完成，核心应用系统日益成熟，司法信息资源的搜集整合及管理使用初见成效，信息化保障体系不断完善，基本建成了以互联互通为特征的人民法院信息化 2.0 版。与此同时，在全国法院信息化建设的浪潮中，重庆法院勇立潮头，通过不断努力，逐步建成以重庆法院数据云中心为核心，以审判、队伍、政务三大管理系统为基础，以“服务人民群众、服务审判执行、服务管理决策”应用系统为拓展的重庆法院信息化体系，实现了司法审判与信息化的深度融合，全面建成了人民法院信息化 2.0 版。

但必须看到，重庆法院乃至全国建成的人民法院信息化 2.0 版，主要立足于信息化基础设施建设、数据资源集中管理、审判业务及流程管理等框架性、基础性工作，其价值取向主要集中在完善法官绩效考核、加强审判监督管理，以信息化手段提升法官办案质效等目标的实现，因此，存在以下几方面的“短板”：一是数据信息共享性不足，存在“信息孤岛”现象。在信息化建设过程中，数据与数据、数据与系统、系统与系统之间不相关联、不能兼容，信息资源的共享性不高。以行政审判为例，法院内部的信息共享已经初见成效，但与行政机关的跨部门共享机制尚不健全，影响了数据资源共享应用的整体效能。二是服务效能不明显，无法充分调动法官使用的积极性。信息化建设是一种科技手段，其目标是服务群众诉讼、服务法官办案，但目前还存在信息化操作较机械、烦琐，界面设计不够友好等技术性障碍，导致法官使用系统的积极性不高。三是信息化平台双向交流能力不足，不能充分满足人民群众的司法需求。目前的格局是，法院主动利用信息化技术，能够自动将案件信息等推送给群众，但接受群众反馈的信息平台还不够完善，实现信息的双向来回工作模式还未形成。

在现阶段,人民群众多元化的司法需求、司法体制改革的客观要求、人民法院自我完善的内在动力,迫切要求我们进一步厘清发展思路,明确发展目标,在更高层次、更高水平上推进信息化建设。重庆法院加快促进现代科技与司法体制改革的深度融合,以工伤认定案件作为类案智能专审平台建设的突破口,主要基于以下的价值导向:第一,近年来,全市劳动和社会保障类案件持续增多,且呈现出快速增长的态势。2013~2016年重庆法院新收劳动和社会保障一审行政诉讼案件数分别为1078件、1192件、1822件、2029件,均约占一审行政诉讼新收案件数的1/4,且新收案件大多集中在工伤认定及工伤保险待遇支付领域。因此,以工伤认定案件作为智审平台的专案类型更具有普遍性意义,亦更具有实用价值。第二,此类案件被告恒定为人社部门,重庆市人社部门于2017年年初建成了独立运行的复议应诉系统,该办案系统具有规范精细、预警提示、知识共享、数据分析、跟踪督促、操作便捷等优势,已经初步具备了一定的智能化办案能力。因此,以工伤认定案件为突破口有利于在较短时间内实现人民法院在线智能辅助系统与人社部门复议应诉系统的对接,能较好地实现与行政机关数据资源共享应用的整体效能,并为智审平台的智能辅助提供案件基础信息、司法审判信息和其他相关信息的数据仓库,有助于打造"大数据+司法"的智慧法院运行模式。第三,工伤认定案件作为行政诉讼传统类型案件,与其他类型案件相比,法律关系相对单一、事实较为明晰,有利于审理过程的要素式提取和类型案件要件式解构,亦有利于形成标准化的文书自动生成系统。对于形成机器认知个案、以要素的对应关系精准推送类案,实现由"案件—案件"转向"要素—要素"的辅助等平台功能,具有先天性优势。第四,工伤认定案件中原告一般均委托律师应诉,其应诉能力普遍较强,一般亦具有支持法院要素化审理的意愿,且与征收征用、信息公开等类型案件相比,工伤认定案件极少出现滥诉现象和敏感案件。

同时,重庆法院在行政诉讼工伤认定案件智审平台研发及建设过程中,紧紧围绕"服务群众诉讼、服务法官办案"的价值取向,不做表面文章,不搞"花拳绣腿",以法官使用是否便利、群众诉讼是否便捷作为平台建设成功与否的唯一评价标准。应该说,面对即将来临的大数据、人工智能新时代,以审判管理、法官考核为需求导向的信息化及平台建设标准已不能完全满足新时代司法体制改革的内在要求以及人民群众的司法需求。从人民法院信息化建设需求导向更新的层面着眼,辅助法官办案的类案智能专审平台建设有助于减轻司法人员的工作负担,同时有助于提高其办案效率，进而为法官发挥司法智慧提供良好的外在条件。总而言之，类案智能专审平台不仅可以满足法官在办案过程中对法律、案例、专业知识的精准化需求，而且有助于统一裁判尺度，促进类案同判，提升审判质效。

二、以大数据、智能化实现规则之治

重庆法院在信息化建设发展中确立了同一系统、同一平台、同一标准的信息化体系，特别是2017年以来，依托大数据、人工智能、机器学习等技术，升级打造以“智搜、慧析”为核心的重庆法院法智云中心、智能办案系统，并以类案智能专审平台为突破口，选取重复劳动多、案情共性强的类型案件，采用标准化、批量化、流程化的工作方式，利用智能化、信息化手段缩短办案周期，全面推进司法数据资源的开发利用，更加有效地服务群众诉讼、服务法官办案、服务司法管理、服务国家治理。在重庆市高级人民法院党组的统一部署下，由行政庭牵头，重庆市高级人民法院于2017年8月正式启动行政诉讼工伤认定案件智审平台研发工作，该平台于2017年年底初步建成并全面上线运行。智审平台坚持“类型化、要素化、智能化”原则，充分发挥人工智能与大数据在便利当事人参与诉讼、规范司法权力运行、减轻法官工作负担、引领实现规则之治等方面的积极作用。

（一）以信息互联共享实现大数据智能储备、智能分析

现代信息科技在司法中的应用，尤其是人工智能对法官裁判的辅助，必须以大数据为基础。大数据的智能储备不仅是智慧法院建设的重要内容，更是人工智能等新兴技术应用的前提条件。行政诉讼工伤认定智审平台通过数据网络专线将法院案件管理系统与人社部门行政复议应诉信息管理系统无缝连接，打破“信息孤岛”，实现工伤认定案件相关数据信息的共享互通（见图1）。法院通过平台研发的电子送达系统，可快速实现受案通知书、起诉状副本、开庭传票、裁判文书等法律文书的网上即时送达。同时，对各种送达流程进行信息化再造，使之完全嵌入案件流程管理系统，让送达不再游离于办案节点管控之外；送达信息自动生成，送达过程清晰可见，送达提醒实时反馈，让类案网上送达全程留痕、公开透明。人社部门通过其行政复议应诉系统及平台系统共有模块，可将案件要素信息、答辩状、诉讼证据等材料形成电子数据向法院推送，大幅提升全市法院、人社部门的工作质效，同时为平台辅助法官办案奠定信息基础。该平台既可自动抓取人社部门提供的相关案件信息中的关键数据，如工伤认定决定书内容、是否存在劳动关系、认定工伤、视同工伤以及认

定工伤的例外等情形,通过系统判断,对案件事实法律框架进行构建;又可以开展人社领域专项业务智能分析,获取精确的数据关联及预测分析支持;同时,还可将工伤认定案件败诉情况分析、判决类型等结案数据向人社部门自动推送,不断提升法院及行政机关决策管理科学化水平,在更高层次上推进智慧法院以及法治人社的建设与完善。

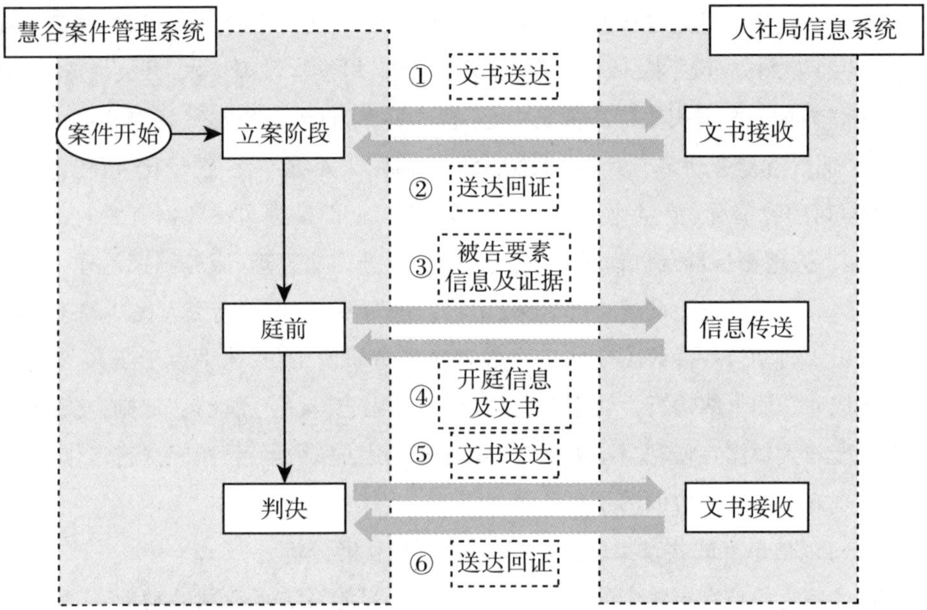

图1　人民法院与人社部门信息互联共享

(二)以要素化审理确立智能辅助裁判规则

人工智能的生成以大数据为基础,由机器对大数据进行深度学习,实现大数据的智能化运用。而深度学习的前提在于裁判规则的类型化、标准化与要素化。行政诉讼工伤认定案件智审平台,将工伤认定案件审判规则要素化,并自动嵌入案件审理全过程,确保法官办案更加标准、规范,为下一步人工智能的运用创造条件。在立案阶段,平台搭建了起诉条件审查模块,通过一键式勾选的方式辅助法官完成对案件起诉条件的审查。一旦法官对起诉条件中的任意一项进行否定性选择,系统会自动识别并直接进入结案环节,在法官简单填写相关结案信息后系统将自动适用简易程序并生成表格化的裁判文书,裁判文书的相关内容通过立案阶段相关信息的填录以及结案信息的填录内容自动抓取,可有效实现工伤认定案件的繁简分流、简案快审,提高司法效率,缓解现阶段行政诉讼案多人少的矛盾。

在开庭审理环节，平台通过对人社部门传输数据进行智能分析，围绕是否存在劳动关系、是否认定工伤以及是否存在例外情形等事项进行要素化整理，形成原、被告诉讼要素对比，总结出双方当事人的争讼焦点，生成法官庭审指引，辅助法官完成开庭审理，以智能化提升办案效率。在裁判文书撰写阶段，平台运用裁判文书智能生成系统收集、整理庭审阶段的所有确认信息以及结案信息内容，自动生成格式化裁判文书，法官仅需核实关键信息以及简单说理即可形成类型化裁判文书。

（三）以办案系统智能推送确保类案研判精准高效

大数据与人工智能是智慧法院建设的核心，平台的重要功能即是将海量大数据进行智能化运用，实现大数据与人工智能的融合发展，以达到强化司法智能应用、加强案例分析研究、提升类案推送精准度的总体目标，有效提高服务法官办案的智能化水平。现阶段已实现平台系统与重庆市高级人民法院案例云中心的无缝对接，法官只需输入关键字进行搜索即可获取全市范围内所有相似度较高的案例，为法官拟作出的裁判提供智能参考，可有效统一裁判尺度，实现类案同判。下一步，平台将对工伤认定案例资源动态数据进行机器学习，系统根据前期各环节收集的要素，不断缩小搜索范围，自动完成类案推送。同时，依托重庆市高级人民法院法智云中心，已初步建成涉工伤认定案件相关法律法规的数据仓库，通过大数据的智能化运用，可有效为法官筛选、推送审理案件所涉相关具体法条，甚至就某些简单个案可自动生成裁判主文，为法官研判案件提供智力支持和智能辅助。

三、以现代科技加快推进智慧法院建设

信息化建设永远在路上。最高人民法院院长周强在出席全国法院第四次信息化工作会议时强调：人民法院信息化建设取得的成果，为总体建成信息化 3.0 版、加快推进智慧法院建设奠定了坚实基础，创造了有利条件。同时也要注意，人民法院信息化建设还存在薄弱环节，与实践需求相比还存在差距，有巨大的提升空间和发展潜力，尤其是人工智能的发展给智慧法院建设带来前所未有的机遇和挑战，人民法院必须顺应时代趋势，适应人民群众日益增长的司法需求，坚定不移推进信息化建设，促进人民法院工作不断发展。

现阶段行政诉讼工伤认定案件智审平台在大数据信息的互联共享、汇聚存储，以及通过系统逻辑对数据信息进行智能分析、科学研判等方面取得了一定的成果，但在综合运用云计算、大数据等技术构建智慧法院人工智能系统方面，特别是在机

器认知个案、对司法大数据进行深度学习方面与人民法院信息化3.0版全面覆盖、移动互联、跨界融合、深度应用、透明便民、安全可控的总体要求还有不小差距。面向未来,重庆市高级人民法院将以大数据为基础,始终坚持信息化"服务群众诉讼、服务法官办案"的价值取向,继续推进人工智能司法应用,从深度与广度两个方面不断提升类案智能专审平台的科技水平及实用价值。

一是在深度方面,要积极拥抱现代科技,提供全方位智能服务。深入运用庭审语音识别转录和OCR信息抽取等技术,在立案环节、庭审环节实现智能录入,提升审判工作质效;借助智能搜索、文字识别、语义分析等人工智能技术,为法官、诉讼参与人、社会公众和政务部门按需提供智能化服务;通过机器深度学习技术,不断提高办案系统案例和法条智能推送、法律文书自动生成及智能文字纠错能力,并实现同类型案件的自动搜索与实时推送,为重庆法院践行司法为民宗旨和实现公平正义目标提供智能支撑;加大人工智能运用力度,扩展裁判结果预测功能,当社会公众在手机、法院一体机中输入相关争议要素后,即可从智审系统获得裁判结果预测,从而把法治意识和法治规则传递给社会公众,发挥司法在良法善治中的积极作用。

二是在广度方面,要加快平台推广速度和扩展案件类型。全市法院应按照"两个100%"的原则参与平台运行,即100%基层人民法院行政审判都要参与工伤认定案件智审平台的实践,100%工伤认定案件都通过智审平台完成审理,做到边实践、边完善、边总结。同时,还应在条件成熟时适时扩展案件类型,将智审平台审理的案件类型由工伤认定行政案件推广至社会保险、劳动保障监察等社会保障案件,甚至进一步将其他领域体量大、案情共性强、重复劳动多的行政案件类型逐步纳入,开创行政审判智能化的新局面。

行政诉讼简化研究

重庆市高级人民法院、重庆市沙坪坝区人民法院课题组*

行政诉讼法作为公法体系的核心法律，常被冠为“公法之钥匙”，是保障国家实现依法治国和保护人权之宪法目的的极重要的规则。我国《行政诉讼法》颁布及施行以来，在改善我国法治环境，保护公民、法人和其他组织合法权益，监督行政机关依法行使职权等方面起到了极大的推进作用。但随着国家经济社会发展水平的提高和法治理念的确立，1989 年颁布的《行政诉讼法》所彰显的诸多立法理念和制度模式已逐渐显现其局限性，其化解行政争议的功能亦在下降。究其原因大致有二：一是社会发展引发的公权纠纷范围不断扩大，行政法律关系日趋复杂，1989 年《行政诉讼法》以解决行政处罚纠纷为圭臬的撤销诉讼模式思路已无法再囊括其他类型行政纠纷的救济解决。二是伴随诉讼法理论的发展，对行政诉讼制度本身的规律性探索在深入；1989 年《行政诉讼法》功在立宗旨、定规矩，解决了行政审判之有无问题，但确乏于司法技术操作层面的优化设计，肇使我国行政诉讼制度体系较粗疏和散乱，不利各类诉讼行为的进行。解决此困境的思路总体来说有两个方向：一是推进行政诉讼类型化制度设计，二是推进行政诉讼审判行为优化制度设

---

* 课题主持人：黄明耀。课题组成员：王彦、许勇、罗华国、谭秋勤、陈克梅、秦湛毅。

计。而在行政诉讼体制未作根本变动之前,推进行政诉讼审判行为优化制度设计无疑是一个更具可操作性的思路。

“审判行为”理论源于民事诉讼理论,是民事诉讼四大基础理论之一——诉讼行为理论的重要组成部分。理论上一般将法院的审判行为分为三大类:一是裁判行为,二是诉讼指挥行为,三是证据调查行为。从诉讼模式发展变迁的角度来看,强化和规范法院审判行为的目的在于解决民事司法效率低下的问题,在法院诉讼行为的三类行为中,又以诉讼指挥行为与此问题最为关联。行政诉讼起源于民事诉讼,其理论发展的动向也时时引导着行政诉讼制度构建的路径选择,在提高司法效率的层面,行政诉讼面临的问题意识相较民事诉讼可能有过之而无不及。适逢重庆市高级人民法院“行政诉讼简化研究”课题立项,结合重庆市高级人民法院近几年指导中级、基层人民法院开展的几项试点工作实践,本课题组决定以优化法院行政审判行为,特别是以优化诉讼指挥行为为纲,统领“行政诉讼法官释明问题研究”、“行政诉讼简易程序研究”和“审判方式优化问题研究”3 个子课题。之所以将 3 个子课题统领在优化诉讼指挥行为理论角度下,主要原因有三:首先,审判方式优化、法官释明和行政诉讼简易程序等制度设计的背后都有一个共同的问题导向,即通过强化法院的诉讼指挥能力进而提高行政诉讼的效率。审判方式优化旨在理清行政审判制度关键节点,强化法官审判驾驭的制度功能;法官释明本身即是法院诉讼指挥行为行使的重要体现;行政诉讼简易程序的启动和行使都建立在当事人诉讼行为和法院指挥行为的合作与分配之上,其目的也在于去繁就简,提高行政审判的效率。其次,在司法实践中,审判方式优化、法官释明和简易程序改革三者之间往往是交互影响、互为参照的,无论是审判方式优化还是简易程序改革,都非常强调法官释明引导的作用,甚至将法官的指挥行为作为实施程序优化、简化的主要领劲和抓手;而对于法官释明的目的来说,又往往是以优化审判方式、提高司法效率、降低当事人和法院诉讼成本为圭臬。最后,在我国《行政诉讼法》未进行根本性修改之前,以强化法院诉讼指挥能力为目的的制度创新的可操作性很强,与基本法抵牾的风险较小、制度成本不高,比如,法官释明问题在行政诉讼法律条文中亦有体现,只是未作系统性规定而已,制度创新的空间很大;审判方式优化和行政诉讼简易程序近来早已成为实践和理论部门探讨行政诉讼创新实践的热点命题,特别是后者,更有最高人民法院《关于开展行政诉讼简易程序试点工作的通知》的明确授权,授予的实验空间很大,理论与实践相结合的空间亦很大。3 个子课题按照课题调研计划,设计了 20 多种表格,采样了60多个数据指标;收集裁判文书样本100份,试点法院制定的各类规范行政诉讼简易程序诉讼工作文件30份,形成总结报告32份;本课题组在试点法院进行庭审观摩和调研座谈10次,召开专题研讨会6次,发表相关理论文章3篇,其中1篇——《论行政诉讼简易程序"适用范围"的困局及司法厘定》获全国行政法学会特等奖。3个子课题在调研的基础上,分别起草了3份规范性意见,即《行政法官行政诉讼指南》《关于适用行政诉讼简易程序工作规程(试行)》《行政案件的审判方式优化规则(试行)》,调研工作已经取得了一定成果。

一、审判行为优化的主观视角——法官释明问题研究

(一)构建行政诉讼释明制度的理论界定

1. 关于法官释明权性质的界定

释明是法院诉讼指挥行为的重要体现平台,是法官为弥补当事人诉讼能力之不足,基于法律正当程序和司法资源合理配置的理念,以探明当事人真意的角度,通过提示、启发、引导的方式,适当提醒当事人对不明了、不充分或不正当的主张、举证和陈述予以澄清、补充或者修正的诉讼行为。目前,对于法官释明行为的法律性质的有如下3种学说:(1)"权利说",即认为释明是法律赋予法官的一项诉讼权利,法官可以自由决定是否行使或放弃。(2)"义务说",即认为释明是法律明确规定法官应当行使的一项诉讼义务,如果法官在应当行使释明的范围内不予行使,就应当承担相应的法律后果。(3)"权利义务说",释明既被视为法官的一项诉讼权利,又被视为法官的一项诉讼义务。本课题组采纳目前的通说,认为释明兼具权利和义务性质,它既是审判权的一项重要内容(诉讼指挥权的一部分),也是依法保护当事人诉讼权利的法定义务,规定"释明是法官的一项审判职责"。基于当前行政审判面临的各种实际情况,本课题组认为,对于法官释明应从履行职责和义务的层面去实践,而不应当随意选择和处分。

2. 释明主体的界定

法官有要求当事人释明的权限,即发问权;实施解释、说明行为的是当事人而不是法官。究竟谁才是释明权的主体,本课题组认为,释明制度研究的出发点是法官在何种情况下享有要求当事人解释、说明的权限。因此,无论是立法上还是理论上,在探讨释明权问题时,所说的释明权主体实际上是发问、质询的主体,也就是法官。

3. 释明客体的界定

释明的客体也即释明的对象和范围,是释明制度研究中最复杂的问题。释明范围的界定和各国的司法现状、立法倾向密切相关,释明范围的界定没有统一标准。对释明在行政诉讼中的作用、地位认识的不同,对司法目的、价值认识的不同都影响着各国对释明范围的态度。本课题组综合各种理论和各国的实践提出释明的范围既不能超越法官中立原则和当事人对自己权利处分原则的上限,也不能低于对当事人的司法救济这一底线。即如果法官不进行释明,当事人就可能因此丧失最终的救济机会,这是法官进行释明的下限,法官的释明不能违反中立和权利处分原则,这是行使释明权的上限。介于二者之间都是可以释明的内容。因此,《行政法官行政诉讼指南》(以下简称《指南》)规定释明应中立、规范、适当行使,引导当事人正确诉讼,给予当事人及时救济的原则,释明的内容一般限定于解释法律规定、提示诉讼风险及诉讼相关事项的解答,不得干预当事人对实体权利和诉讼权利的处分。

4. 释明方式的界定

释明的方式解决的是怎样释明才合法的问题,即使在释明范围内,如果释明方式不恰当,释明仍有可能违法。从宏观的范畴来看,就是释明须掌握一定的度,在释明方式上掌握一定的度不仅体现法官的语言技巧、职业水准,也是对法官职业道德的要求。从微观的范畴来看,释明的方式是指对释明的方法具体有所指,一般多从书面或口头进行说明、告知、询问。一是法官以说明、告知的形式"向当事人释明";二是法官通过询问、发问的方式使当事人释明。

(二)构建行政诉讼释明制度的制度参考

1. 域外诉讼释明制度的考察

1877 年的德国《民事诉讼法》第 130 条规定,审判长应当向当事人发问,阐明不明确的申明,促使当事人补充陈述不充分的事实,声明证据,进行其他与确定事实关系有必要的陈述。法官释明制度在该法中第一次作规定,且规定释明适用于整个诉讼程序。此后的德国民事诉讼法典分别在 1909 年、1924 年、1976 年、2001 年的修订中对法官释明的内容进行强化,最终形成完整的释明制度。德国民事诉讼是以辩论主义审理为主导的,即使法官释明制度不断强化和扩大仍不能撼动辩论主义原则的基础性地位。释明只是基于平衡诉讼中的价值冲突而设立的,是辩论主义审理原则的补充或是修改。法国 1906 年修改了《民事诉讼法》,为克服诉讼程序完全由当事人控制、诉讼效率低下的弊端,对当事人和法院在民事诉讼中的地位和作用进行调整,设立了法官释明制度。如在审前准备程序中,法官须提请律师对他们可能未加陈述的理由作出答复,也可以要求律师提供解决争议所必要的事实和法律上的说明。1890年日本《民事诉讼法》,1895年奥地利《民事诉讼法》都借鉴了德国的规定,都有关于法官释明权的明确规定。澳大利亚、加拿大、意大利、芬兰、瑞典的民事诉讼法也都有关于释明制度的规定。在英美法系,尽管当事人主义的观念根深蒂固,他们的诉讼法没有像大陆法系那样对"释明"有明确的规定,但在不断扩大的法官诉讼指挥权或程序管理权中,仍然可以找到法官释明权的影子。传统的对抗制当事人主义诉讼模式效率低下的缺陷使英美法系各国在各自的民事诉讼制度发展和变革过程中开始重视法官对案件的管理、引导作用,同时,英美法系国家还通过建立一系列相关的制度来保证法官在一定程度上介入案件审理的职责,这些制度主要集中在审前阶段和相对比较简易的案件中,如审前会议中法官的引导作用,法官介入当事人争点和证据的整理等。① 比较其他各国和地区释明制度建立的背景,我国大陆与他们有很大不同。其他国家和地区建立释明制度的背景是在当事人主义向职权主义过渡的时期,用释明制度来弥补完全当事人主义诉讼模式的不足。而我国大陆现在的背景是反对过去超职权主义的诉讼模式,因此,我国大陆的释明制度是在一个不同的历史语境下进行的。在这样一个背景下,我国大陆构建的释明制度,绝不是超职权主义的"复活",而是建立在我国大陆的国情和法律文化传统之上的对域外国家和地区释明制度的扬弃和本土化。它的主要功能在于对原来超职权主义传统下的法官的职权内容进行"修剪",给法官的职权划定一个明确的界限,以弥补当事人诉讼能力的不足并有效提高诉讼效率。

2. 我国民事诉讼释明制度的借鉴

我国的行政诉讼起步较晚,其脱胎于民事诉讼,将民事诉讼领域的释明制度运用于行政诉讼,构建行政诉讼释明制度非常有必要。一般认为,我国民事诉讼立法对释明权的最初规定是我国1991年的《民事诉讼法》第111条中关于人民法院向起诉的当事人告知案件的主管、管辖等情况的规定。接着的是1993年以来最高人民

---

① 英国法官丹宁勋爵在其《法律的正当程序》中认为法官介入案件的时机,包括"在需要澄清任何被忽略的或不清楚的问题时,在需要促使律师行为得体以符合法律规范时,在需要排除与案情无关的事情和制止重复时,在需要通过巧妙的插话以确保法官明白律师阐述的问题以便作出评价时,以及最后在需要断定真相所在时"。参见[英]丹宁:《法律的正当程序》,李克强等译,清华大学出版社1999年版,第214页。

法院发布的关于民事经济审判方式改革一系列"若干规定"中围绕庭审的一些规定，主要是审判长通过询问、提醒、制止等方式引导当事人进行辩论的规定。2001年最高人民法院《关于民事诉讼证据的若干规定》(以下简称《民诉法证据规定》)首次明确地引入了法官释明权的规定,其第3条规定了人民法院向当事人说明举证的要求及法律后果,第8条规定了审判人员应充分说明并询问当事人对另一方当事人所陈述的案件事实的态度,其第33条规定了人民法院通过送达举证通知书告知当事人举证责任、举证期限等内容,其第35条规定了人民法院应当告知当事人可以变更诉讼请求。2003年最高人民法院《关于适用简易程序审理民事案件的若干规定》第20条就回避、自认、举证责任等相关内容的审判人员释明职责进行了规定。因此,有学者认为,最高人民法院出台的《民诉法证据规定》搭建了法院释明规制的初步框架，其相关规定主要涉及诉讼证据的释明、诉讼请求的释明、自认的释明(事实主张释明的一部分),以及法院释明的方式等。目前,尝试对民事诉讼释明制度进行制度化规范的只有上海市高级人民法院于2006年5月31日颁布的《上海市高级人民法院民事诉讼释明指南》和浙江省高级人民法院于2009年12月出台的《关于规范民商事案件中法官释明的若干规定(试行)》。

3. 我国行政诉讼释明制度的相关法律规范和政策依据的梳理、分析

在我国的行政诉讼中,未形成完善的释明制度,有关条文零散地分布在一些行政诉讼法律规范中。对释明问题的规定主要有最高人民法院《关于执行〈中华人民共和国行政诉讼法〉若干问题的解释》第23条的规定,即"原告所起诉的被告不适格,人民法院应当告知原告变更被告;原告不同意变更的,裁定驳回起诉",以及最高人民法院《关于行政诉讼证据若干问题的规定》第8条的规定,即"人民法院向当事人送达受理案件通知书或者应诉通知书时,应当告知其举证范围、举证期限和逾期提供证据的法律后果,并告知因正当事由不能按期提供证据时应当提出延期提供证据的申请",另外最高人民法院在《关于依法保护行政诉讼当事人诉权的意见》中指出,要大力推行行政诉引导和指导、权利告知、风险提示等措施,由于起诉人法律知识不足导致诉状内容欠缺、错列被告等情形的,应当给予必要的指导和释明,不得未经指导和释明即以起诉不符合条件为由予以驳回。

(三)构建行政诉讼释明制度的构想

在释明制度的具体构建上,本课题组以审判流程为主线,分析在这些流程的各个阶段可能需要释明的事项,大致将需要释明的事项从释明的方式和时间、主体资

格的释明、诉讼请求及法律问题的释明、证据及举证责任分配问题的释明、庭审以及裁判的释明、释明的禁止等几个方面进行了归纳。

1. 关于释明的方式和时间

法官释明,可以采取书面或口头形式进行,但对于可能使当事人权利发生失权效果,或者影响案件处理结果的情形必须记录在案。必须记录在案的情形包括但不限于以下几种情形:(1)诉讼主体错误、瑕疵或者有遗漏的;(2)当事人主张的具体行政行为的性质和效力与法院根据案件事实作出的认定不一致的;(3)指定举证期间及告知逾期举证的法律后果;(4)举证责任的分配;(5)重新指定举证期间的。在《指南》中没有一一列举的原因,是本课题组考虑规定得过细不方便办案人员在实践中的操作。

法官释明的目的在于平衡当事人诉讼能力,更好地保障当事人的诉讼权利。因此,法官释明应当根据案件审理的需要贯穿于诉讼全过程,并无时间上的特殊限制。在当事人不能理解相关法律用语、概念及法律事项时,应当作合理释明。为保障当事人的诉讼权利,按照最高人民法院《关于以法院专递方式邮寄送达民事诉讼文书的若干规定》第 11 条的规定,因受送达人自己提供或者确认的送达地址不准确、拒不提供送达地址、送达地址变更未及时告知人民法院、受送达人本人或者受送达人指定的代收人拒绝签收,导致诉讼文书未能被受送达人实际接收的,文书退回之日视为送达之日。人民法院应当告知当事人拒不提供送达地址、送达地址不准确、送达地址变更未及时告知人民法院、受送达人或者其所指定的代收人拒绝签收的法律后果。送达作为本课题组调研过程中基层人民法院反应比较强烈的一个问题,《指南》第 5 条予以特别强调。

2. 关于诉讼主体资格和代理资格的释明

行政诉讼的被告一般是行政机关,但由于行政机关是一个庞大、复杂的组织系统,其内部组成机构繁多,因而在不同的行政诉讼中,具体被告的确定也有所不同,这给原告准确判断被告的主体资格带来一定难度,对原告所起诉的被告不适格应当先予以释明,再根据情况处理。《指南》第 6 条的这几项是法律已经明确规定的,对此进行释明是法官的一项义务。

对行政诉讼的代理人资格尤其是公民代理资格的审查在实践中较严,重庆市规定,公民代理除近亲属和工作人员外的公民代理必须是当事人所在的社区、单位以及有关社会团体推荐的公民,且被推荐的公民也须是该社区、单位以及有关社会团体的成员。对代理资格的释明一方面是为了引导当事人正确地选择代理人,方便诉讼,另一方面也是为了畅通法官与当事人的沟通渠道,避免当事人产生误解、服判息诉。

3. 关于诉讼请求及法律问题的释明

在审判实践中,当事人所提出的诉讼请求往往不明确,进而影响法院审判以及当事人实体权利的最终实现。《指南》针对当事人诉讼请求可能存在的两种不同情形,分别提出释明指引:一是当事人的诉讼主张不明确时,法官应当要求当事人将诉讼主张陈述清楚;二是当事人主张的具体行政行为的性质和效力与法院根据案件事实作出的认定不一致的,法官应当告知其本诉的诉讼风险。通过法律观点的释明,使当事人不仅就事实问题,而且对法律问题也能充分知晓诉讼风险,从而使其对自己案件的胜负作出比较理智的判断。在实践中,多数基层人民法院的做法是动员当事人撤诉,当事人拒绝撤诉的告知其本诉可能败诉的风险。

4. 证据及举证责任分配问题的释明

在审判实践中,法院通常采取举证通知书的形式对当事人进行举证指导,但举证通知书一般仅告知当事人最基本、最原则的举证事项。有些当事人不能根据具体个案来判断自己的举证责任,因此,应向当事人作出必要释明,促使其积极、全面地完成举证责任。举证规则对当事人实体权益影响巨大,而当事人未必都知道或者理解这些规定,如果当事人误认为自己没有举证义务,或者误认为其提供的证据已经充分,法官此时应当对当事人进行一定程度的启发,促使当事人在合理期限内积极、全面、正确地完成举证。因此,《指南》要求法官对举证责任分担应当向当事人充分说明和解释。

在有些案件中,各方当事人对证明案件事实的关键证据争议较大的,法官可以提示当事人是否需要鉴定、评估、审计,以此作为平息当事人讼争的一种方式。

人民法院主动调取证据的情形包含依申请和依职权调取,对当事人申请后法院未同意调取证据的情形要及时告知当事人以便其通过其他途径获得该类证据。法院依职权主动调取证据的应当向当事人释明。①

5. 庭审以及裁判的释明

为引导诉讼进程,提高诉讼效率,《指南》要求法官在庭审中加强对庭审的指挥

---

① 最高人民法院《关于行政诉讼证据若干问题的规定》第 22 条规定:"……有下列情形之一的,人民法院有权向有关行政机关以及其他组织、公民调取证据:(一)涉及国家利益、公共利益或者他人合法权益的事实认定的;(二)涉及依职权追加当事人、中止诉讼、终结诉讼、回避等程序性事项的。"

权。一是在质证过程中，法官应当加强引导和释明，使当事人围绕证据的关联性、合法性和真实性，证据的证明效力进行质证；二是庭审辩论阶段的掌控，包括在当事人的诉辩意见不明确或者自相矛盾，而无法理解其真实意思时，可要求当事人陈述清楚，或者经法官归纳、总结后，由当事人确认或者补充；一方当事人的答辩或辩论意见未涵盖对方当事人的全部诉讼主张或辩论意见的，法官应当提示该方当事人对对方当事人所提出的要点予以答辩。

在庭审中遵守法庭纪律，向当事人释明不遵守法庭纪律的后果也是法官庭审指挥权的重要组成部分。本课题组认为，应当将违反法庭纪律的法律后果进行罗列，例如，对中途退庭的按撤诉处理法律有明确规定；对拒绝回答问题的可视为否认或认可对方的陈述法律尚无明确规定；其他妨害法庭秩序的行为根据程度的轻重不同后果也不同；等等。

当法院作出追加当事人的决定、裁定中止诉讼或裁定终结诉讼后，当事人无其他救济渠道，因此应当向当事人作必要的释明。

帮助当事人全面认识法院判决的公正性、合法性是法官的责任，为确保当事人权益的最终实现和法院裁判的有效执行，《指南》对裁判提出相应的释明要求。在案件依法作出具体裁判后的一定时间内，如当事人对法院判决内容有异议，审理案件的法官应当向当事人解释法院判决内容、说明判决的合法性和公正性，以使当事人自觉接受法院判决、履行判决确定义务。

6. 关于释明禁止

为划定释明范围限度，《指南》规定了两种释明禁止情形：一是法官不得以释明的方式帮助当事人组织辩论理由；二是不得作出与合议庭评议结论或者审判委员会决定不同的释明。

（四）问题讨论与建议

对释明效力及法律责任的规定在《指南》中没有体现出来，原因在于对此问题进行突破有一定难度，这也是《指南》有所欠缺的地方。但本课题组建议，对释明问题的效力及法律责任可以从以下两方面进行构建。

1. 释明对当事人的效力

当事人对法官的释明有两种选择，接受或者不接受。在不接受的情况下，法院如何裁判？在调研过程中，许多基层人民法院的办案法官反映应当对当事人释明施加一定的法律责任，即当事人不接受法官的释明应当承担一定的后果，以提高诉讼效率并让一些明显属于滥诉的案件无法进入诉讼程序。本课题组认为,其他各国或地区建立释明制度的背景是在当事人主义向职权主义过渡的时期,用释明制度弥补完全当事人主义诉讼模式之不足。而我国现在的背景是反对过去超职权主义的诉讼模式,在这样一个背景下,构建的释明制度,绝不是超职权主义的"复活",本课题组认为,释明权对当事人来说并非是需要强制遵守的,否则就超越了释明权的范围,而进入"职权探知"的领域。

2. 释明对法院的效力

本课题组认为,释明权的行使是法院行使司法权性质的行为,法院不得为不当诉讼行为,否则原则上为无效,但基于各种原因,具体进行释明的法官可能会出现认识上的偏差,而为不当释明。因此,对法官因释明不当导致当事人承担不利后果的情形,是否应规定相应的责任和救济途径?

大陆法系国家关于释明制度的救济主要有异议和上诉两种途径,本课题组认为,可以参考这两种方式,具体的做法如下:(1)赋予当事人书面异议和上诉权,在诉讼进行过程中,当事人对法官行使释明权有不同意见的,可以在法庭辩论终结前提出异议,法官应当以裁定的形式作出答复,基于诉讼经济的考虑,原则上当事人对该释明裁定不能上诉,但可以提出复议。如果在一审裁判作出后,当事人对法官释明仍有异议,并认为其影响了判决结果,当事人可以就此提出上诉。由于释明权属于法院的诉讼指挥权之一,因此不当行使可以说违反了法院职权,即程序违法。因此,如果上级法院认为法官释明不当且使当事人受到较大损害,影响公正判决的,可以裁定撤销原判,发回重审。(2)法官对释明不当自行补正。在一审过程中,法院未按照规定告知当事人有关举证的事项,造成当事人遗漏举证或逾期举证,在第一审程序尚未结束前发现的,应当允许当事人补正;如果法官主动发现原释明有误,应当向当事人说明原因并在一审审理期限内作出补正,但如果裁判文书已经作出并已向当事人送达,则只能通过法定程序即二审或再审程序予以纠正。

二、审判行为优化的客观设计——行政诉讼简易程序制度研究

(一)如何理解行政诉讼简易程序

1. 域外的经验

目前大多数国家的行政诉讼制度中都存在简易程序,但因为在英美法系国家,行政诉讼和民事诉讼适用相同的法律和程序,所以对域外立法经验的探究基本上以

大陆法系国家和地区为主,主要涉及法国、德国。

在有"行政法母国"之称的法国,由于行政诉讼程序建立较早,并没有明确的法律意义上的简易程序概念,虽然并未规定简易程序制度,但在其行政诉讼程序的设计中已体现了对简化行政诉讼程序、提高行政审判司法效率的关注。可以说,法国是世界上最早在行政诉讼制度中体现简易程序理念的国家。法国 1973 年《行政诉讼法典》中规定,每个行政庭设 1 名审判长,3 名行政法官,对于行政案件的判决原则上由 3 名行政法官合议作出,对于某些简单的案件则可由 1 名行政法官单独判决。并在全国设立了 33 个地方行政法庭,规定在其辖区内可委派行政法官代表单独判决简单的行政诉讼案件。在这种简易程序中,一般通过书面审查的方式进行,由法官通过审查案卷材料和双方的诉状及答辩状审理并裁判行政案件。法官对于何谓"简单的行政案件"拥有广泛的自由裁量权。法国行政诉讼简易程序的设置倾向正当性,故其赋予了当事人充分的程序选择权,简易程序的启动与否完全由当事人自由选择。

由于德国的行政诉讼程序过于冗长,大量行政诉讼案件在行政法院被挤压下来。为了保护行政相对人的合法权益和提高行政诉讼效率两种价值的平衡,在 1997 年修改《行政法院法》时,德国建立了"法院裁决"和"范例诉讼"两种简易程序制度。法院裁决,是德国 1997 年修改《行政法院法》时引进的一种判决方式,也称"简易判决",根据德国《行政法院法》第 84 条的规定,法院裁决适用于在事实上和法律上并无特别困难或事实之内容已臻明确的行政诉讼案件。范例诉讼,也称标准诉讼,是为解决性质或内容相同的大宗诉讼的问题所规定的审理和裁判方式。这两种略式诉讼程序的适用具有明显的特点,包括不限审级、独任制和合议制并用、实行书面审理、排除当事人的选择权、诉讼过程的简化、上诉与言词审理救济方式的选择等。此外,德国还存在一种独任制简易程序。根据德国《行政法院法》第 6 条的规定,当案件中未显示出法律和事实上的困难,并且案件不具有原则上的意义时,由法庭指定独任法官使用简易程序进行审理,当事人并不具有选择权,即使法院决定不适用独任制简易程序进行审理,当事人也不能提出异议。但这一简易程序只能适用于初等行政法院。

2. 中国大陆司法实践

早在最高人民法院发布《关于开展行政诉讼简易程序试点工作的通知》以前,全国已经有部分基层人民法院率先开展了试点工作,并取得了较好的法律效果和社会效果,如山东省青岛市南区人民法院、浙江省温州市鹿城区人民法院以及海南省海口龙华区等基层人民法院。基层人民法院的实践得到了最高人民法院和高级人民法院的积极回应。2009年3月17日最高人民法院在《人民法院第三个五年改革纲要(2009—2013)》(法发〔2009〕14号)中首次明确提出完善行政诉讼简易程序,明确适用简易程序的案件范围,制定简易程序审理规则。此乃人民法院司法改革任务中优化职权配置的内容之一。2010年3月11日公布的《2009年最高人民法院工作报告》中指出,应当探索建立化解行政争议新机制,完善简易案件速裁机制,提高审判效率。在此之前,湖南省、河北省以及山西省等高级人民法院在各自的《2009年法院工作报告》中也指出,为积极回应人民群众对审判工作的新要求和新期待,应当大力推行简易审、普通程序简化审和速裁程序等措施,全面实行繁简分流,尽可能缩短案件审理期限、提高审判效率、减轻当事人负担。在对近年来司法实践中所采行的行政诉讼简便程序进行分析和研究的基础上,2010年11月17日最高人民法院发布了《关于开展行政诉讼简易程序试点工作的通知》(法〔2010〕446号,以下简称《行诉简易程序试点通知》),对简易程序试点工作的具体运作提出了若干意见。随后,行政诉讼简易程序的试点工作逐步在全国有关基层人民法院展开。可以说,我国行政诉讼简易程序经历了“部分基层人民法院先行实践—最高人民法院和高级人民法院积极回应—最高人民法院以司法文件形式最终确立试点”这样一个发展过程,而有关司法改革文件和年度工作报告无疑奏响了行政诉讼简易程序建构的主旋律,建立并完善行政诉讼简易程序逐渐成为行政审判改革的主题词。通过基层人民法院的试行以及相关经验的探索和总结,简易程序无疑会走进我国《行政诉讼法》,成为与普通程序相对应而并列存在的独立程序制度。

(二)对最高人民法院《行诉简易程序试点通知》的解读

《行诉简易程序试点通知》要求符合法治环境较好、行政审判力量较强以及行政案件较多的有关基层人民法院开展行政诉讼简易程序的试点工作。《行诉简易程序试点通知》相较原行政诉讼法框架体系具有创新性和先进性。首先,其指出了简易程序的适用范围,规定了两类基于案件性质和涉讼金额的案件,在符合“基本事实清楚、法律关系简单、权利义务明确”的情形下可以适用简易程序,同时赋予当事人一定的程序选择权,并将发回重审以及按照审判监督程序再审的案件排除在外。其次,其规定了经当事人同意,适用简易程序审理的行政案件可以适用独任审理,这样多元化的审理模式有助于提高司法效能,消除“合而不议”“陪而不审”等浪费司法资源的现象,体现出当事人主体意识的回归。最后,其就简易程序的具体程序规则作出了规定,如起诉方式多样化、传唤与送达方式简便化、庭审环节简易化、程序转换灵活化等。《行诉简易程序试点通知》对于行政审判实践中无规范可作依据的情形具有一定的缓解作用,但不可否认,《行诉简易程序试点通知》中简易程序的适用范围、审判组织、审理规则等内容过于原则,缺乏可操作性。在某些具体建构上存在一定的不合理之处,尚需进一步完善。在《行诉简易程序试点通知》的推行过程中,一些法院的试点工作也因此类原因遇到了不小的困难。

《行诉简易程序试点通知》第 1 条规定的简易程序,适用标准并不明确且范围过于狭窄。自《行诉简易程序试点通知》公布之日起,学者们均认为其通过采取"概括—列举—排除"的方式规定了简易程序的适用范围,但本课题组认为这是对通知内容的部分误读。《行诉简易程序试点通知》第 1 条规定:"下列第一审行政案件中,基本事实清楚、法律关系简单、权利义务明确的,可以适用简易程序审理:(一)涉及财产金额较小,或者属于行政机关当场作出决定的行政征收、行政处罚、行政给付、行政许可、行政强制等案件;(二)行政不作为案件;(三)当事人各方自愿选择适用简易程序,经人民法院审查同意的案件。"由此观之,"基本事实清楚、法律关系简单、权利义务明确"仅适用于上述三类案件,并不如学者们所言,是简易程序适用范围的概括规定,它将大量可以适用简易程序的案件排除在外,也就是说,《行诉简易程序试点通知》对于简易程序的适用具有极强的限缩性。但相反,若以大部分学者理解的角度而采概括的认识,其适用范围的规定又被认为弹性过大,如部分学者所举的行政不作为案件,其中涉及的一部分案件"基本事实清楚、法律关系简单、权利义务明确",而另一部分则不是。而采行前后两种理解之角度得出的解释并不相同,从本课题组的视角出发,对于此类问题,因已经附上了"基本事实清楚、法律关系简单、权利义务明确"的条件,所以并不存在问题,而从大部分学者的角度出发则对此提出了责难。但若以"基本事实清楚、法律关系简单、权利义务明确"为限缩条件进行理解,也许会使《行诉简易程序试点通知》陷于体系混乱的批判之中,因为这一条件对于"(一)涉及财产金额较小,或者属于行政机关当场作出决定的行政征收、行政处罚、行政给付、行政许可、行政强制等案件"并不发生作用,因为该项规定本身就完全符合要求,并不需要将之纳入需要限制的案件范围之内。而对于"当场作出决定的"行政案件是否可以扩大解释为行政机关依照简易程序作出决定的案件也存在疑问。由此可见,《行诉简易程序试点通知》第 1 条的规定以及其所表现出来的立法思想并不能为大众所正确理解,这在实践中容易造成混乱。

《行诉简易程序试点通知》第 3 条规定:"适用简易程序审理的案件,经当事人同意,人民法院可以实行独任审理",但这一规定的审判主体过于原则。首先,其没有明确独任审理和简易程序之间的关系。从域外经验来看,简易程序与独任审判之间并不存在绝对的对应关系,独任制审理只是一种庭审审判组织形式,简易程序可以适用独任审判,也可以适用合议庭审判。将是否采取独任制审理与构建有差别的诉讼程序进行简单相连并不具有科学性,且并不能看出《行诉简易程序试点通知》对这一问题的态度。其次,对独任制审判如何启动的问题,《行诉简易程序试点通知》规定"经当事人同意",但在现实的行政诉讼中,因为当事人双方的力量相差悬殊,独任制审判很有可能加剧原告的诉讼风险,而难以获得其同意。而对于在当事人并不同意实行独任制审理时应该如何处理的问题,《行诉简易程序试点通知》并没有相关规定。

除适用范围以及审理组织外,《行诉简易程序试点通知》还对简易程序中起诉与传唤方式、庭审程序规定了具体规则,但相关规定缺乏科学性。首先,就被告提交答辩状与提供作出行政行为时的证据、依据的时间与普通程序并没有差别,此外,《行诉简易程序试点通知》在庭前准备中只规定了被告提交答辩状等期间,并没有就法院立案审查期限作出规定。其次,在司法实践中,大量的案件是通过原告撤诉的方式结案的,但《行诉简易程序试点通知》中并没有规定简易程序中的和解或调解程序。再次,《行诉简易程序试点通知》第 5 条规定庭审环节可以简化或者合并,但并没有细化哪些环节可以简化,变相增加了庭审程序的随意性。最后,《行诉简易程序试点通知》规定当事人就适用简易程序提出异议且理由成立的,或者人民法院认为不宜继续适用简易程序的,应当转入普通程序审理,但没有规定已经适用普通程序的刑侦案件是否能够转化为简易程序以及如何操作等问题。这与我国司法审查体制具有不可分割的联系,在实行立案登记制度的我国,在案件受理阶段,法院(立案庭)无法知晓被告和第三人的意思表示,及原告是否自愿选择适用简易程序,而且也无法判断行政诉讼案件是否属于"基本事实清楚、法律关系简单、权利义务明确",无法确定是否适用简易程序。若在立案阶段通过适用普通程序受理后,在审理过程中可否征得各方当事人同意而转入简易程序,制定者对此并没有给出说明及理由。因此,在《行诉简易程序试点通知》的基础上对行政诉讼简易程序进行再构建成为必然与可能。

(三)进一步完善我国行政诉讼简易程序的构想

由于《行诉简易程序试点通知》将简易程序的适用范围确定为案件事实清楚、法律关系简单、权利义务明确的案件,但并未厘清行政诉讼简易程序案件立案和审理的界限,后来部分试点法院在开展试点工作中便引发了简易程序究竟是“独立的程序”还是“审理中程序简化措施”的争论。于是在行政诉讼简易程序的制度构想上也面临两种不同的思路。一种思路认为,“简易程序”应当参照民事诉讼简易程序一般是一套与普通程序完全分离的封闭式的制度,也就是说,从简易程序案件的立案受理,到移送审查、开庭审理,直至裁判送达,都应该在一个独立的制度系统内实施。另一种思路认为,简易程序并非一套完全封闭的制度体系,而是审判人员在办理特定案件中采取的一系列提高审判效率的手段措施的总称,它并不独立于行政诉讼一般程序,而只是一般程序在具体案件中的简化。

在课题组认为,若打造一套与普通程序完全分离的封闭式制度,必然在案件受理阶段即应明确适用简易程序审理行政案件的受案范围,但《行诉简易程序试点通知》中设定的案件事实清楚、法律关系简单、权利义务明确的标准比较模糊,如何界定“事实清楚”和“法律关系简单”,往往须通过具体审理才能判断,因此,在案件立案时通过主观判断即对案件予以分类其实并不具有科学性。另外,还有一种观点认为,可以参照民事诉讼制度对诉之要素的分类来界定简易程序的范围,比如,以行政诉讼的诉讼标的或诉讼请求的分类为标准,但这种分类仍然存在问题,以前者为例,诉讼标的(可诉行政行为)的类型与案件事实清楚、法律关系简单、权利义务明确的要求并没有法理上的逻辑联系,通过对行政诉讼诉讼标的的分类来判断是否适用简易程序缺少法理支持;以后者为例,虽然诉讼类型化是未来行政诉讼改革的方向,但诉讼类型化本身与“案件事实清楚和法律关系简单”的要求同样没有法理上的必然联系,且我国行政诉讼法并未设定诉讼类型确定之诉,对具体案件中诉讼类型的判断往往仍然需在案件审理中予以确认。基于上述观点,在案件未审理之前,很难明确是否属于“案件事实清楚和法律关系简单”,因而行政诉讼简易程序的启动显然无法像民事诉讼简易程序一样从案件立案时开始。另则,从实践操作层面来看,若简单将案件事实清楚、法律关系简单、权利义务关系明确确立为立案条件,将给立案部门带来很大的困惑。行政诉讼的一般举证原则为被告承担举证责任,原告起诉时递交的往往为稀少的证据材料甚至仅凭一纸诉状,而要求立案部门仅凭非常少的资料即判断是否适用简易程序是非常不切实际的;另外,还可能增加部门间相抵触的风险,因为对是否适用简易程序最有判断资格的应是审判业务庭,若立案部门立为简易程序,而业务部门认为不应立为简易程序,而重新启动“简转普”程序,无疑另增加了司法负担。基于以上理由,本课题组认为,应将简易程序的制度构建模式设定为审判人员针对特定案件所采取的提高审判效率、简化诉讼成本的一系列手段措施的总称。

1. 行政诉讼简易程序的适用范围

简易程序的适用范围是构建简易程序制度的核心问题,如何选择适当的标准,以便用简易程序处理那些真正适用处理的案件,这是构建简易程序的核心课题。

(1)简易程序适用范围的标准选择与规定方式。从域外有关简易程序的规定和实践来看,如前文所提及的法国、德国和我国台湾地区,简易程序适用范围的确定标准与规定方式不尽相同。法国行政诉讼法虽没有简易程序的法律概念,但在诉讼制度中体现了简易程序的思想,而简易程序的适用事实上采取由法官对行政案件简易程序的适用范围进行自由裁量,法官针对“简单的行政案件”可以适用简易程序。德国有“法院裁决”、“范例诉讼”以及“独任制简易程序”,“法院裁决”和“独任制简易程序”采用实质标准,而“范例诉讼”则采形式标准,其中主要是概括式规定。我国台湾地区则采形式标准,主要以涉诉金额,辅以案件的性质作为确定标准,用列举的方式详细规定了适用简易程序的案件范围。总而言之,就确定标准而言,存在实质标准、形式标准和混合标准 3 种形式;就规定方式而言,存在概括式、正面列举式、排除列举式和混合式 4 种方式。一般而言,概括式以实质标准为表述内容,对适用范围进行原则、抽象的规定,留给法官的自由裁量权过于宽泛,不同的法院和不同的法官对实质标准的理解千差万别,容易随意适用简易程序的乱象,这种模式的建立需要高度的司法独立、司法公正以及司法信赖感作为支撑,在司法权威尚未建立的情形下匆忙适用可能会适得其反。正面列举式则将形式标准予以归纳总结作为简易程序适用的案件范围,具有清晰明了、易于操作的优点,但因为此种规定方式的限制性无法与行政案件的多样性形成良好互动,难以适用现实需要且可能阻碍简易程序功能的发挥,单纯采用此标准和方式的也不多。混合式的规定方式与混合式的确定标准因为兼具了前两种方式和标准的优势而得到了大多数学者的支持。在构建行政诉讼简易程序时,究竟采何种形式和标准则成为必须首先解决的问题。

(2)我国行政诉讼简易程序适用范围的规定方式和确定标准。以域外的经验以及我国《民事诉讼法》及相关司法解释为参照依据,就现阶段我国建构行政诉讼简易程序而言,宜采“概括—正面列举—排除列举”这一混合方式,详言之,对正面列举的案件法院应当可以适用简易程序,而对排除列举的案件则不应当适用,除此之外的案件则可以由法院依裁量决定是否适用。这样既可以保证简易程序适用范围的开放性,又可以合理限制法官自由裁量,更具可操作性。

2. 行政诉讼简易程序的启动方式

就理论而言,简易程序的启动有法院依职权决定和当事人选择适用两种方式,而基于公正和效率的权衡可能作出不同的选择。为解决案件的积压,德国的简易程序侧重效率而未赋予当事人选择适用简易程序的权利;但法国在未受到案件数量激增的压力下则更注重公正的追求和简易程序的正当性,赋予了当事人选择适用的权利。当事人的程序选择权使其有机会决定对实体利益或程序利益的优先追求方向,符合当事人意思自治和处分权原则,有利于提高当事人参与诉讼的积极性。符合我国建构行政诉讼简易程序保护行政相对人合法权益的初衷,同时可以扩张当事人程序主体性并且能够使当事人提高对简易程序的可接受度。但就当事人选择适用而言,存在当事人的绝对选择权和相对选择权。前者是指简易程序的启动完全由当事人决定,即使法院认为可以适用也应当以当事人同意为条件;后者是指当事人虽然可以选择适用简易程序,但是否适用简易程序的最终决定权在于法院,也就是说,法院可以依职权就法理正面列举的案件决定适用,在当事人提出申请适用简易程序时,也必须经法院审查同意后方可适用。可以说,为了兼顾公正与效率,赋予当事人相对选择权是比较适宜的。但应当说明的是,即使当事人不享有绝对选择权,但当事人仍然享有在法院依职权决定适用的情形下提出异议的权利。对于当事人提出异议的期间,考虑行政诉讼被告负证据提出责任的特征,不宜仍以民事诉讼法的举证期限届满为限,以开庭审理前为界限是值得考虑的选择。

此外,就法院依职权决定和法院审查决定究竟由立案庭还是行政庭作出决定,此问题涉及法院立案庭和行政庭的设置和分工。这虽不涉及简易程序立法时的内容,却可能影响简易程序的适用,有必要予以说明。在我国,当事人提起诉讼必须由立案庭首先审查是否符合我国《行政诉讼法》规定的起诉条件,然后再决定是否分配给行政审判庭审理。但因为我国长期以来将起诉条件和诉讼要件混在一起而赋予了立案庭审理具体诉讼请求和事实根据的权利,这一现象对于简易程序的启动也产生了不小的影响。从目前实行立审分离的状况出发,似乎意味着立案庭享有决定权。但从实践角度来说,立案庭和行政庭均可以决定适用简易程序,并且行政审判庭具有修正立案庭决定的权利。立案庭作为受理机关，其并不享有实体审查权，立案时虽可以对案件的类型和请求金额等作出判断，但就涉及的事实或法律关系等问题并不能保证判断的正确性，即使其告知当事人以简易程序审理，若嗣后发现不属于适用范围，行政庭也可以将案件转入普通程序审理；反之，若行政庭发现可以适用简易程序而立案时并未决定，也可以决定适用简易程序并告知当事人，若符合实质标准而当事人在立案时并未提出选择适用，而在审前准备阶段作出选择，经行政庭审查也可以决定适用。这引出了这样的启示，为了简易程序在实践中顺畅运行，必须就立案庭与行政庭的分工与协作问题制定相关的程序规则，这样才能让简易程序的适用从起诉受理阶段开始就能得以实现。

3. 行政诉讼简易程序的适用法院

关于行政诉讼简易程序适用主体的争议主要是中级人民法院审理的第一审行政案件能否适用的问题。有学者指出，简易程序只能由基层人民法院在第一审程序中适用。因为我国基层人民法院审理的案件一般案情简单、事实清楚、法律关系明确，而中级以上人民法院管辖的案件，案情一般比较复杂、重大，或影响较大，或被告的级别较高，对这类案件必须审慎处理，不具备适用简易程序迅速审结的条件。但近年来，提高行政案件级别管辖层级的呼声越来越高，甚至可以说是大势所趋。中级人民法院开始承担大量行政诉讼初审工作，其审理的行政案件中时常存在简易程序适用范围内的案件，尤其是在以被告行政机关的级别为划分标准的中级人民法院的受案范围中，这些案件一部分是案件性质轻微、基本事实清楚、主要法律关系明确、争议不大、社会影响面小的，将其排除在简易程序适用范围之外仍存疑义。应当说，中级人民法院审理的案件只要满足实质标准和形式标准，仍然应当将其纳入简易程序的适用范围，也就是说，中级人民法院也应当成为简易程序的适用法院。或者说，未来的立法和修法应当作此方面的考虑。

4. 行政简易程序的审判组织形式

行政诉讼简易程序究竟适用合议制还是独任制，各国和地区的规定不尽相同。法国行政诉讼法规定对于行政案件的审判原则上实行合议制，但行政法庭在其管辖范围内，可以委派 1 名行政法官作为代表，单独判决简易的行政诉讼案件。德国在行政诉讼简易程序的操作中采取独任制和合议制并用的形式，一审适用简易程序由 1 名法官进行独任审理；二审适用简易程序，一般由 1 名法官审理，例外的情况下由 3 名以上法官组成合议庭审理。而我国《民事诉讼法》和《刑事诉讼法》也规定简易程序由审判员独任审理。因此,大部分学者认为,行政诉讼简易程序也理所应当适用独任制审理。本课题组认为,从简易程序设计的价值序列来看,由于适用简易程序案件的条件即为法律关系比较清晰、事实比较清楚、争议不大,比较简单的案情决定了办理该类案件的难度并不会太大,因而对该类案件需要多名合议庭成员通过思考合力从而保证案件得到恰当处理的要求也相应较小,故对于此类案件,更重要的价值需求是效率问题。独任审判对于现行诉讼程序的效率意义主要表现在两个方面:首先是确保灵活性,独任制开庭安排无须考虑合议庭其他成员的时间,可以根据当事人的需要安排开庭时间;其次是确保即时性,相对合议庭制,独任制法官更容易也更愿意径直当庭裁判。

5. 行政诉讼简易程序的具体程序设计

行政诉讼简易程序的设计应体现在起诉、传唤、开庭审理、程序转换和审限等各个方面。

在起诉、答辩、传唤方面,应该活用起诉方式并且缩短立案受理期限以及答辩期限。具体应当规定适用简易程序审理行政案件,原告既可以诉状起诉,也可以口头起诉。原告口头起诉的,书记员应当将当事人的基本情况、联系方式、诉讼请求、事实及理由予以准确记录,并将相关证据予以登记。笔录内容应交由原告核对无误后签字确认。在传唤方面,人民法院可以采取电话、传真、电子邮件、委托他人转达等简便方式随时传唤当事人和证人,通知其他诉讼参与人到庭参加诉讼不受普通程序有关规定的限制。

在开庭审理方面,应当将简化的阶段和环节具体化,首先,对于一些比较烦冗但审判功能并不大的程序予以删减,以实现优化庭审的效果。诉讼权利义务的告知本应是一个前置的开庭职责,不应纳入庭审程序中占据开庭资源;书记员在开庭前核对了到庭当事人身份的,开庭后经审判人员确认即可,没有必要再逐一核对到庭当事人身份;各方当事人已经知悉对方诉讼意见的,没有必要再于开庭时诵读书面意见,因为对于一个诉来说,最重要的是明确诉讼标的,当原告起诉标的明确以后,被告及第三人的意见可以在举示证据和发表质证意见的过程中完成。其次,对于不同的案情,审判人员在简易程序中可以灵活使用不同的审理模式,比如,针对诉权争议纠纷的审查,法院需要查明的并不是实体案件的事实,而仅是涉及法院是否适用裁驳条款的要件事实,且该事实的证明责任往往不由被告承担(起诉期限除外),因此,承办法官可针对关键事实,主动以纠问式方式了解关键事实,也就是《指南》第 8 条所称依职权查明案件事实。针对诉讼各方对案件的要件事实并无争议,且对案件处理有一定共识的案件,其争议焦点主要是法律适用部分,体现在观念分歧、定性分歧及法律解释分歧上,对于此类案件,沟通交流应是实现解决观念分歧很重要的方式,因此,对于此类争议的开庭,其审判方式应力求增加双方沟通交流和辩论商议的频率和意愿,促进双方有效沟通和管控分歧,有助于达成妥协实现双赢的功能。此种审理模式,形式上表现在法庭摆设的圆桌化,庭审模式的会议性、商讨性和参与性。当然这只是表达一种理念,试点法院可以秉持该理念进行尝试。至于其他依简易程序审理的案件,因为双方仍然存在事实争议,因此开庭举证质证环节仍不能省略,但由于双方举示证据较少、事实分歧也不大、争议焦点明确,可以不受普通程序庭审各阶段顺序的限制,法庭调查和法庭辩论可以同步或交替进行。必须强调的是,对于简易程序开庭模式来说,虽然庭审方式相较普通程序有所改变,但对诉讼模式基本框架仍然应予以确立,审判人员应对双方无争议的证据和事实予以确认,并总结双方争议焦点。

在程序的转换方面,程序的转换包括简易程序向普通程序的转换和普通程序向简易程序的转换。目前,通说认为,若当事人就适用简易程序提出异议且理由成立的,或者人民法院认为不宜继续适应简易程序的,应当转入普通程序。但对当事人提出异议的期间未作规定,本课题组认为若当事人对适用简易程序审理行政案件有异议的必须在第一次开庭审理前提出,经审查异议成立的,应当将案件转入普通程序审理,并将合议庭的组成人员及相关事项依书面形式告知双方当事人;异议不成立的,口头告知当事人并将上述内容记入笔录。审判人员发现不宜继续适用简易程序的,应当在审限届满之前及时作出决定并将合议庭的组成人员及相关事项用书面形式告知双方当事人。转入普通程序审理的,审理期限自立案之次日起计算。而就普通程序审理的行政案件在审理过程中可否转入简易程序进行审理,《行诉简易程序试点通知》并未作出任何规定,不同学者对此问题也存在明显分歧。有学者认为,已适用普通程序审理的行政案件,考虑审判的严肃性以及程序的安定性等因素不能转为简易程序;也有学者认为,对于本属于简易程序适用范围的案件,由于法院认识不清而使用了普通程序,既然在审理过程中对案情的认识发生了变化,就不能将错就错,而应当允许将其转换为简易程序,但必须在开庭之前提出。对于此问题,本课题组认为,其在司法实践中的意义在于,业务部门在受理案件后如何将按普通程序案件立案的案件转化为简易程序审理案件的问题。若适用普通程序审理的行政案件属于简易程序适用范围中正面列举的案件类型,法院可以在第一次开庭审理前转入简易程序并告知双方当事人,当事人对此享有异议权。若已经适用普通程序审理的行政案件仅被认为符合简易程序适用的实质标准,那么为了维护程序的安定性,仍应当适用普通程序进行审理。

关于审理期限的问题,虽然不少学者和试点法院对简易程序的审理期限有不同意见,但因《行诉简易程序试点通知》明确规定了45日的审理期限,且本课题组认为此规定既满足了提高审理期限、提高审判效率的要求,又考虑了诉讼实践的现实需要,没有必要对此另行异议,故适用简易程序审理行政案件,应当在立案之日起45日内审结。

三、审判行为优化的个案适用——审判方式优化实例

(一)审判方式优化实例的研究原则

1. 合法性原则

行政诉讼优化的范围是在审理程序或审理方式上进行优化,以提高案件审理的效率。但在现行法律体系下,优化并没有明确的法律依据,因此,在强调行政诉讼优化效率价值的同时,必须坚持合法性原则,尊重当事人的自由选择权,充分保障当事人最基本的诉讼权利。否则,就是突破了行政诉讼法的规定,即是违法。

2. 以解决具体问题为导向的原则

行政案件千差万别,不是每一个行政案件都能进行优化。而是要根据案件的个案情况,区别对待。例如,由不同原告针对同一被告作出的同类具体行政行为而提起的共同诉讼,法院就可以选取其中一件作为示范案件先行审理。法院认为其他当事人提起的诉讼案件在事实与法律上同示范案件并无差异的,可以裁定先行作出的示范裁判适用于其他案件。又如,原告就相互有关联关系的多个行政行为提起行政诉讼的,主审法官可以选择对涉及基础行政法律关系的行政案件优先审理。在主审法官对先行审理案件作出裁决之后,应及时征询原告对其他案件是否撤诉或者继续审理。如果不符合上述条件,就不能采取上述优化审理方式。

3. 便捷原则

优化的目的在于便捷高效、提高效率。如在审理前的准备阶段,人民法院在收到被告提交的答辩状与证据后,经与原告协商,可以在组织庭前证据交换或者开庭审理前将答辩状副本与证据复印件当面发送原告;被告在期限届满前提交答辩状与

证据的,人民法院可以提前安排开庭日期;庭审程序可以不受普通程序各阶段顺序的限制,法庭调查与法庭辩论可以同步或交替进行。这些优化方式以便捷为原则。

(二)优化的具体实例

本课题组将优化实例研究的范围明确为审理程序中,包括一审、二审程序和再审程序。优化实例研究的内容主要放在法官在审理程序各环节的指挥行为上。具体包括以下几个方面。

1.在审理程序上的优化设计实例

(1)在审理前的准备阶段,人民法院在收到被告提交的答辩状与证据后,经与原告协商,可以在组织庭前证据交换或者开庭审理前将答辩状副本与证据复印件当面发送原告。

被告在期限届满前提交答辩状与证据的,人民法院可以提前安排开庭日期。

(2)书记员在法定期限内向当事人送达《行政诉讼当事人权利义务须知》等法律文书时,应一并送达《当事人身份确认书》《送达地址确认书》《适用简便方式通知、传唤、送达确认书》,由当事人确认其身份及提起诉讼的真实性,确认人民法院送达地址的有效性,确认人民法院所使用的电话、传真、电子平台信息、电子邮件、委托他人转达等简便方式通知、传唤、送达的有效性。

(3)在案件开庭审理前,由书记员核对到庭当事人的身份及委托代理人代理资格与代理权限、确认当事人是否收到权利义务须知等法律文书。在开庭后,由审判长对上述事项予以确认,告知当事人申请回避的权利,并征求是否申请回避意见。

(4)主审法官在庭审中可归纳当事人各方均无争议的事实和案件争议焦点,对当事人各方均无争议的事实无须举证、质证和辩论,主官法官可在听取当事人意见后径行予以确认。主审法官应重点指导各方当事人围绕案件争议焦点进行举证、质证、辩论。

庭审程序可以不受普通程序各阶段顺序的限制,法庭调查与法庭辩论可以同步或交替进行。

(5)主审法官就起诉状、答辩状以及当事人提交的证据进行审查,按下列情形分别处理。

经审查符合最高人民法院《关于执行〈中华人民共和国行政诉讼法〉若干问题的解释》第44条规定情形之一的,可以在提请合议庭研究后不经开庭径行裁定驳回原告起诉。但原告与被告对事实根据等方面的问题有异议、双方提供的证据不一致的,应对有关证据进行质证、认证的除外;审查认为涉案证据多,案情重大复杂,可以组织当事人通过庭前证据交换、法官释明、争点整理等方式,确认有异议证据与无异议证据,确认无争议事实与争议焦点,并记录在案。

2. 对特殊情形下优化设计实例

(1)不同的行政机关因同一事项或关联事项从不同行政管理领域分别对同一原告作出数个不同具体行政行为,原告对具体行政行为均不服且在同一法院分别提起行政诉讼的,主审法官可以组织原告与所有被告集中进行庭前证据交换。

(2)不同原告针对同一被告作出的同类具体行政行为而提起的共同诉讼,主审法官可以在提请合议庭研究后选取其中一件作为示范案件先行审理。

合议庭认为,其他当事人提起诉讼的案件在事实与法律上同示范案件并无差异的,可以裁定先行作出的示范裁判适用于其他案件。

(3)原告就相互有关联关系的多个行政行为提起行政诉讼的,主审法官可以选择涉及基础行政法律关系的行政案件优先审理。

在主审法官对先行审理案件裁决之后,及时征询原告对其他案件是否撤诉或者继续审理。

(4)原告对同一行政机关实施的行政强制措施与行政处理决定一并提起行政诉讼的,人民法院法院可以将这两个不同的诉并案审理。根据审理情况,在一份判决中分别对两个具体行政行为的合法性作出判决。

(5)审理涉及行政赔偿、行政补偿、行政裁决、行政确权以及行政机关行使法律、法规规定的自由裁量权的案件,为实质性化解争议,可以组织各方当事人进行多主体、多角度、多对象、多方式的协调。达成合意的,可以通过裁定准许撤诉方式结案。

3. 需要注意的几个问题

众所周知,我国是一个经历了长期封建制度的国家,传统思想的影响还比较深。从"民不告官"到"民敢告官",无论是老百姓还是行政机关、人民法院,都有一个观念更新、逐步适应的过程。加上法制的配套完善、人民法院的承受能力也都需要有个过程。因此,我国《行政诉讼法》规定的受案范围逐步扩大。原则上只要涉及行政相对人人身权、财产权的案件,均得提起行政诉讼。时代发展到今天,行政诉讼保护的公民权益范围不断扩大,与《行政诉讼法》刚制定时的情形不一样了。社会转型,大量矛盾涌入法院。党的十八届四中全会通过的《中共中央关于全面推进依法治国若干重大问题的决定》对行政诉讼给予了高度重视并寄予厚望,特别指出完善行政诉讼体制机制,合理调整行政诉讼案件管辖制度,切实解决行政诉讼立案难、审理难、执行难等突出问题。

最高人民法院江必新副院长也指出,必须紧紧围绕行政案件案结事了的目标,使抽象的法律规则得到明确宣示;力争实现相关行政争议不再发生或者大幅度减少。这是顺应世界法治发展潮流,遵循由形式法治主义向实质法治主义转变的内在规律的需要;是适应我国所处转型时期法律不确定性增强而社会对法律效果及社会效果要求多元之间存在张力的需要;是社会主义法律体系形成之后提升法律实施效果的需要;是应对我国行政审判当前所面临服判息诉率低、申诉上访率高的突出问题的需要。

行政纠纷的实质解决必须与行政审判方式的改良紧密结合:一是要全面准确把握行政审判合法性审查原则,充分合理运用对抽象行政行为进行合法判断权和选择适用权,明确对基础性行政行为进行合法性审查的范围、标准与强度,准确定位行政行为合理性审查的权限和范围,坚持对行政行为合法性进行全面审查,而不局限于当事人的主张或诉求。二是要正确处理好行政诉讼与民事诉讼的关系,准确把握好民事纠纷与行政纠纷交织案件中的管辖、先后顺序、效力衔接以及争议解决机制问题,确保裁判统一,减轻当事人诉累,提升裁判的纠纷解决效果。三是要改革庭审结构与方式,坚持能动的审查原则,行政诉讼不宜过分强调当事人主义,合理安排法庭审查中事实审查与法庭辩论的关系,将两者有机结合,提高庭审质量和效率。四是要合理分配举证责任,综合考虑有利于发现证据、有利于解决纠纷、有利于实现行政审判价值导向等因素,在坚持行政诉讼举证责任一般原则的基础上,灵活掌握和运用举证责任转移方式。五是要加大行政案件协调和解力度,对于有协调和解空间,协调和解对行政相对人权益的救济更有利,以及协调和解效果更好的情形,要加大协调和解力度,同时要避免因协调而"久拖不结"以及无原则迁就等不良现象。六是要探索多元化行政纠纷裁判方式,准确理解和把握行政审判变更判决的条件,探索一并裁判民事纠纷的判决方式,同时在一定条件下尽可能将判决具体化、确定化,提升解决纠纷功能,防止反复诉讼以及裁判"翻烧饼"现象。当前,行政争议实质化解必须与建立良性息诉罢访工作机制结合起来,切实解决实践中多头申诉、多头处理等突出问题。

第二章　新时代行政诉讼制度的实践

论行政诉讼简易程序"适用范围"的困局及司法厘定

王　彦[*]　谭秋勤[**]

行政诉讼简易程序的司法实践在各地早已陆续展开,①并取得了较好的成效。在重庆市的行政诉讼简易程序试点工作中出现比较多的案件类型有工伤、行政撤销等,重庆市高级人民法院在积极推进试点实践工作的基础上,逐步开展了行政诉讼简易程序适用情况及实效的调研,在查阅分析适用简易程序案件的卷宗时发现,最高人民法院《关于开展行政诉讼简易程序试点工作的通知》(以下简称《行诉简易程序试点通知》)设定的简易程序的适用范围在大部分试点法院均得到了有效的遵行。有些基层人民法院为提高操作性,在《行诉简易程序试点通知》设定的适用范围的基础上作了细化处理,对比较宽泛的类型以列举的方式进行阐释,但根据调查反馈意见,大多数基层人民法院认为《行诉简易程序试点通知》规定的适用范围稍显笼统、宽泛,欠缺实践可操作性。我国新修改的《行政诉讼法》对简易程序的适用范围

---

* 重庆市高级人民法院审判委员会委员、行政审判庭庭长。

** 重庆市高级人民法院行政审判庭审判员。

① 其实,早在最高人民法院《行诉简易程序试点通知》出台以前,部分地区就已开始先行试点简易程序,如较早的上海市始于2004年3月,较晚的海南省则始于2010年3月,更晚的浙江省也于2010年6月开始试点;而在《行诉简易程序试点通知》颁布后,简易程序的试行已经较为广泛地开展于各个地方的基层人民法院。

作了框定,但较之《行诉简易程序试点通知》也未有实质性突破。由此可见,对我国新修改的《行政诉讼法》和《行诉简易程序试点通知》所规定的行政诉讼简易程序适用范围,亟须进一步明晰和细化,这有利于解决司法操作不顺畅以及简易程序与普通程序之间界限模糊等问题。

一、我国行政诉讼简易程序"适用范围"的问题剖析

我国新修改的《行政诉讼法》和《行诉简易程序试点通知》①规定了简易程序的具体适用范围,这是行政诉讼简易程序适用的主要依据,笔者认为,我国行政诉讼简易程序适用范围的规定存在以下四个方面的问题。

(一)行政诉讼简易程序适用层级不明、审级保守

我国新修改的《行政诉讼法》和《行诉简易程序试点通知》在简易程序的适用规定中只提及了案件的审级,并没有明确适用法院的层级。具体而言,基层人民法院作为行政诉讼简易程序适用的法院当无异议,而中级人民法院能否适用简易程序并不明确。② 而依据我国新修改《行政诉讼法》,③中级人民法院的一审行政案件有本辖区内重大、复杂的案件,也有县级以上人民政府为被告的案件。④ 鉴于法院层级的规定不明,中级人民法院一审程序是否能够适用简易程序需要明确。

依据我国新修改的《行政诉讼法》和《行诉简易程序试点通知》的规定,二审行政案件不能适用简易程序。笔者认为该规定较保守,具体理由阐释如下。

第一,一审适用简易程序的案件一般具有事实清楚、法律关系简单、争议不大等

---

① 《行诉简易程序试点通知》对此有两款规定,其第1条第1款划定了简易程序的法定适用范围,首先概括规定了简易程序适用的审级与实质标准,即"第一审行政案件中,基本事实清楚、法律关系简单、权利义务明确"的可以适用简易程序审理,同时具体列举了可以适用简易程序审理的案件类型,包括涉及财产金额较小,或者属于行政机关当场作出决定的行政征收、行政处罚、行政给付、行政许可、行政强制等案件;行政不作为案件;当事人各方自愿选择适用简易程序,经人民法院审查同意的案件。第2款确定了简易程序的法定排除范围,即发回重审、按照审判监督程序再审的案件不适用简易程序。

② 我国《民事诉讼法》第142条明确排除了中级人民法院适用简易程序的情形。根据我国《民事诉讼法》的规定,中级人民法院管辖的案件包括重大涉外、专业性较强以及在本辖区有重大影响的案件,这些案件都不属于"简单"的民事案件,故不宜适用简易程序。

③ 我国新修改的《行政诉讼法》第15条规定:"中级人民法院管辖下列第一审行政案件:(一)对国务院部门或者县级以上地方人民政府所作的行政行为提起诉讼的案件;(二)海关处理的案件;(三)本辖区内重大、复杂的案件。(四)其他法律规定由中级人民法院管辖的案件。"

④ 此类案件虽涉诉部门行政级别较高,但并非都属"重大、复杂"案件。

特征，判决后上诉率往往也较低，事实上也主要是由一审法院适用简易程序，[①]从案件量上分析，二审法院对一审适用简易程序的二审案件适用简易程序对简易程序的制度设计和运行的影响不大。

第二，根据我国新修改的《行政诉讼法》的规定，行政案件的二审存在不开庭审理的情形。[②] 而在实践中，行政二审案件开庭率一般比较低，从程序上分析，二审法院对一审适用简易程序的二审案件适用简易程序对简易程序的制度设计和运行的影响不大。

第三，二审法院对一审适用简易程序的二审案件适用简易程序可以保证整个诉讼程序的内在统一性。二审时从简易程序转化为普通程序审理需要恢复一审中简化、优化的程序，比如，一审裁判文书的写作可能比较简化，对双方认可、无争议的证据可能不再一一列举进行质证认证。倘若简易程序的适用完全排除二审，二审中的裁判文书制作，无论事实认定是否有争议，都必须恢复这部分简化的内容，这将导致诉讼程序不统一。

（二）行政诉讼简易程序适用的实质标准界定不清

实质标准是判断案件能否适用行政诉讼简易程序的基本尺度，直接关系简易程序的适用与否，从《行诉简易程序试点通知》的规定来看，行政诉讼简易程序适用的实质标准界定不清，[③]具体表现如下。

第一，在简易程序适用实质标准中，“法律关系简单”的表述不准确。[④]《行诉简易程序试点通知》中所规定的“法律关系简单”究竟是从主体角度进行的界定，解释为当事人单一、不涉及共同诉讼，还是在“简单”的外延中囊括了法律关系的客体和法律关系的内容，这在实践中容易产生争议。

---

① 董越姣:《论行政简易程序的适用范围》，载《法制与社会》2011年第6期。

② 我国《行政诉讼法》第86条规定:“人民法院对上诉案件，应当组成合议庭，开庭审理。经过阅卷、调查和询问当事人，对没有提出新的事实、证据或者理由，合议庭认为不需要开庭审理的，也可以不开庭审理。”

③ 《行诉简易程序试点通知》第1条规定的实质标准为“基本事实清楚、法律关系简单、权利义务明确的案件”，此实质标准与我国民事诉讼简易程序适用的实质标准“事实清楚、权利义务关系明确、争议不大”相似，借助最高人民法院《关于适用〈中华人民共和国民事诉讼法〉若干问题的意见》第168条对民事诉讼简易程序适用之实质标准的解释，可以理解“基本事实清楚”是指当事人对被诉行政行为的事实陈述基本一致，并能提供可靠的证据，无须人民法院调查收集证据即可判明被诉行政行为是否违法。

④ 法律关系是以权利义务为内容的当事人之间的关系，具体包括法律关系的主体、法律关系的客体和法律关系的内容。

第二，对简易程序适用实质标准中“权利义务明确”的理解有歧义。《行诉简易程序试点通知》规定的“权利义务明确”中的“权利义务”有两种理解：一是权利义务关系，这一点在我国新修改的《行政诉讼法》中得到了印证，即规定了“权利义务关系明确”；二是当事人所享有权利和承担义务的内容。如此一来，若按照不同的理解，势必会出现实质标准不统一的现象。

综上所述，《行诉简易程序试点通知》规定的“法律关系简单”与“权利义务明确”，无论从语义表述上还是逻辑上都会导致行政诉讼简易程序适用实质标准界定的不清。我国新修改的《行政诉讼法》对行政诉讼简易程序适用实质标准方面的规定进行了调整，弥补了《行诉简易程序试点通知》规定的不足。但在司法实践中，要真正解决行政诉讼简易程序“适用范围”的界定问题，尚需在法院层级审级、法定范围以及适用除外等方面进行详细规定。

（三）行政诉讼简易程序的法定适用范围列举模糊

我国新修改的《行政诉讼法》和《行诉简易程序试点通知》均对适用简易程序的案件范围进行了列举。[①] 我国在新修改的《行政诉讼法》中，可适用简易程序的行政案件除政府信息公开案件以案件类型作为标准进行列举外，其他案件是以“当场作出”的行政行为和以涉诉金额“二千元以下”作为主要标准。笔者认为，这些形式标准存在以下 3 个问题。

第一，“当场作出”这一表述能否概括所有简单的行政案件有待商榷。我国新修改的《行政诉讼法》和《行诉简易程序试点通知》的立法考虑在于，行政程序的繁简与行政争议处理的难易程度是正相关关系，但在实践中，不同的法律法规和规章对案情简单、性质轻微的案件适用程序规定存在用语不统一的情况，譬如，有的用语是“当场作出程序”，[②]有的用语是“简易程序”，[③]“当场作出程序”能否等同于“简易程序”，不同的理解显然会导致不同的认定结果。

第二，我国新修改的《行政诉讼法》确定了“二千元以下”的涉案金额标准，但我国各地区存在经济社会发展不平衡的现象，确定固定统一的涉诉标的额有失偏颇，

---

① 《行诉简易程序试点通知》第 1 条正面列举了三类案件：一是涉及财产金额较小的案件，或者属于行政机关当场作出决定的行政征收、行政处罚、行政给付、行政许可、行政强制等案件；二是行政不作为案件；三是当事人各方自愿选择适用程序，经人民法院审查同意的案件。

② 如《治安管理处罚法》《行政处罚法》《道路交通安全法》。

③ 如《公安机关办理行政案件程序规定》《湖南省行政程序规定》。

能否确定一个指导标准，尚需进一步实践探索。此外，对符合“当场作出”和涉诉金额“二千元以下”两个标准的案件类型需要进一步解释和细化，比如，当场作出的人身强制措施，如果符合适用简易程序的实质标准是否可以纳入简易程序的适用范围。

第三，信息公开案件是否一律适合简易程序审理，在《政府信息公开条例》颁布以后，政府信息公开行政案件成为行政诉讼中新出现的案件类型。在实践中，处理信息公开行政诉讼案件面对很多棘手问题，比如，政府信息不公开范围的界定，如何理解和把握国家秘密、商业秘密、个人隐私的标准是非常不容易的；又如，行政机关经申请向当事人提供了第三人的相关信息，第三人知晓后认为行政机关侵害其隐私而将行政机关作为被告，对行政机关提供信息的行政行为的性质如何定性的问题；再如，当事人申请公开政府信息不存在的举证责任分配问题。这些问题的解决都需要进一步研究和探讨，现阶段将信息公开案件一律纳入简易程序审理的时机尚不成熟。

（四）行政诉讼简易程序适用范围排除标准单一

我国新修改的《行政诉讼法》和《行诉简易程序试点通知》中评判简易程序的适用秉承的标准相对单一，即仅按照“程序”标准进行了适用类别的划分，只有一审案件可以有条件的适用，发回重审以及按审判监督程序再审的案件一律不适用，该种排除方法比较单一，对实践中某些特定类型的案件缺少明确规定和说明，诸如，人身自由权、生命健康权方面的案件，涉及人数众多的案件，涉外、涉我国港澳台地区的案件，需公告送达的案件等，①这些案件能否适用简易程序缺乏明确规定，容易造成司法的不统一。

二、行政诉讼简易程序“适用范围”司法厘定的价值诉求

行政诉讼简易程序的价值具有两面性，即司法效率与程序公正，其适用范围的科学厘定能对两种价值的追求起到平衡作用。而要对行政诉讼简易程序的“适用范围”进行厘定，必须秉承上述价值。

与民事、刑事案件相似，行政诉讼案件也有繁简之分，适当地按照案情繁简对案件进行区别是我国行政诉讼制度改革的重要方向之一。行政诉讼在我国已实行多

---

① 常晓云：《我国行政诉讼简易程序适用范围评析》，载《湖北行政学院学报》2012 年第 1 期。

年,行政审判人员对许多简单而争议不大的行政诉讼案件积累了丰富成熟的经验,可以迅速针对相关案件作出公正而准确的判决。设置行政诉讼简易程序的价值之一就是司法效率,它有利于司法资源的优化配置,可以节约诉讼成本,提高诉讼效率。按照此思路,事实清楚、权利义务关系明确、当事人争议不大的行政案件适用简易程序,既能保证案件质量,又能简化诉讼程序,缩短诉讼周期,减少当事人诉讼成本负担,也会节约人力资源,将资源集中于疑难、复杂的案件中,从而使人民法院的职权配置得以优化。

我国的行政诉讼制度在原来的设计中,之所以没有像刑事诉讼、民事诉讼一样规定简易程序的内容,一方面是基于当时有限的理论研究和观念因素的考量;另一方面是因为行政诉讼在多数情况下是一种复审程序,因而更多注重的是程序范围内的正义。关于简易程序审理案件的范围,德国在法律上采用了"实质标准+形式标准"的模式,在此过程中法官有较大的自由裁量权。简易程序很显然在程序上不如普通合议制所提供的程序保障严谨、充分。虽然广大群众对司法公正的要求是绝对的,但并不代表所有的行政案件都必须恒定地按照统一的程序标准来审判才能保证司法程序的绝对正义。简易程序虽然在一定程度上对程序加以减省,但并不会缺失正当程序所必须具备的条件。如果简易程序在程序正当上没有瑕疵,并且达到了当事人提起诉讼所期望获得的判决结果,对于审判人员和当事人来说,这样的审判程序应该也符合他们心中满意的标准。①

三、行政诉讼简易程序"适用范围"司法厘定的对策

要科学、合理地厘定行政诉讼简易程序"适用范围",必须从适用标准的划定方式、法院层级和审级范围、适用范围的确定三个方面进行设计和完善。

(一)行政诉讼简易程序适用的法院层级和审级范围

在适用简易程序的法院层级上,我国新修改的《行政诉讼法》和《行诉简易程序试点通知》只明确了案件的审级,即一审案件,并没有明确适用法院的层级。我国新修改的《行政诉讼法》中关于简易程序适用层级除基层人民法院外,似乎又可以扩大到中级人民法院。笔者认为,中级人民法院审理的一审行政案件可以有条件地适用

---

① 徐昐:《设置行政诉讼简易程序的可行性再认识》,载《长春工业大学学报》(社会科学版)2012年第4期。

行政诉讼简易程序。[①] 比如,土地登记类案件,根据我国相关法律的规定,当事人的土地登记申请,最终由县级人民政府登记造册,核发土地使用证。土地登记行政诉讼案件的被告为县级人民政府,该类案件只要符合简易程序的适用标准,即使一审在中级人民法院,也应当可以适用简易程序。

如前所述,当前我国新修改的《行政诉讼法》和《行诉简易程序试点通知》对于简易程序适用审级的规定过于保守,二审中可以有条件地适用简易程序。而从世界范围来看,一审、二审中都可以适用行政诉讼简易程序的代表国家是德国和荷兰。行政诉讼简易程序的适用和推广在我国尚处于试点阶段,但基于前述理由以及多年试点积累的经验来判断,笔者建议,二审法院对一审适用简易程序审理的案件可以有条件地适用简易程序审理。

(二)行政诉讼简易程序适用标准的划定方式

综观国内外现有立法例,简易程序适用标准的划定方式主要有3种:实质标准、形式标准和混合标准(实质标准与形式标准相结合)。实质标准严格来讲不是某个案件是否适用简易程序的判断标准,而是一个总体的概括性归纳,具有兜底作用。换言之,实质标准可以作为一个基本条件框定适用简易程序的大致案件范围。当前我国行政诉讼简易程序适用标准的划定宜采用混合方式,其中,实质标准体现了适用简易程序的基本条件,形式标准明确了适用简易程序的具体案件类型。此外,还应当对适用除外的情形进行列举。

总而言之,我国行政诉讼简易程序适用标准的划定方式可以被归纳为“综合概括+正面列举+反向排除”。详言之,“综合概括”是对适用基本条件的内涵阐释,“正面列举”是对具体适用案件类型的呈现,“反向排除”是对简易程序适用的限制。该划定方式的优势在于,既可以保证适用范围厘定的开放性,又可以合理限制法官的自由裁量权,便于法官在司法实践中进行操作。[②]

(三)行政诉讼简易程序适用范围的确定

按照前述划定方式,我国行政诉讼简易程序适用的具体范围可以采取“综合概括+正面列举+反向排除”的方式确定,具体阐释如下。

---

① 中级人民法院管辖的一审行政案件中专业性较强的案件及本辖区重大复杂的案件不能适用简易程序。

② 常晓云:《我国行政诉讼简易程序适用范围评析》,载《湖北行政学院学报》2012年第1期。

1. 行政诉讼简易程序适用实质标准的概括

综观域外行政诉讼简易程序适用的实践,法国和德国用"简单的行政案件"这一概括式用语赋予了法官在行政诉讼简易程序操作中较大的自由裁量权;荷兰将没有必要进入正式审判程序的案件适用简易程序;我国台湾地区以涉案金额和处分轻微为适用案件的判定标准,同时辅以法律明文规定的案件。综合考量行政审判简易程序试点工作的开展情况,借鉴其他国家和地区的经验,笔者认为,"简单行政案件"可以参照案件的专业性、技术性复杂程度,案件的影响大小等标准来判定。此外,适用简易程序的实质标准还需要考虑对相对人利益影响的大小。①

2. 行政诉讼简易程序适用的案件列举

根据归纳的上述实质标准,结合重庆市的试点经验,笔者认为以下案件可适用行政诉讼简易程序。

第一,部分信息公开行政案件。该类案件如果案情简单,争议焦点仅仅涉及涉案信息是否属于公开的范围这样一个法律问题,较少涉及事实问题,法院容易判断,可以纳入简易程序审理。② 反之,如果该类案件涉及前述提到的一些棘手问题,就不应当纳入简易程序审理。

第二,不涉及劳动关系认定的工伤行政确认案件。将这类案件纳入简易程序主要是考虑这类案件法律关系比较简单、事实部分相对容易查清楚;且重庆市各试点法院均将该类案件作为主要的案件类型予以试点,积累了丰富的经验。但在当事人对劳动关系是否存在争议的情形下,劳动关系认定就成为工伤认定需面对的首要问题。在实践中,对工伤认定与确认是否存在劳动关系纠纷通常需分开解决,从而避免行政认定与仲裁(及民事诉讼)认定结果发生冲突,对涉及劳动关系认定的工伤确认案件不宜纳入简易程序审理。

第三,在程序上可能被驳回起诉的案件。该类案件不涉及实体问题的审查,法院裁判不会影响当事人的实体权利与义务,笔者认为,依据我国新修改的《行政诉讼法》第 49 条、最高人民法院《关于执行〈中华人民共和国行政诉讼法〉若干问题的解释》第 44 条的规定,明显可能被裁定驳回起诉的行政案件可以适用简易程序。

第四,起诉行政机关不作为的案件。笔者认为,行政相对人要求行政机关履行

---

① 如在行政处罚中,警告和处以较少数额的罚款等适宜用简易程序,而拘留、吊销证照、大额罚款等行政处罚不宜适用简易程序。

② 如美国的绝大部分信息自由法的诉讼以简易判决结束,不用正式开庭审理。

颁发许可证、发放抚恤金、保护人身权、保护财产权等法定职责，行政机关拒绝履行或不予答复的案件适用简易程序审理可以提高效率，及时保障相对人合法权益。

第五，行政机关给予通报批评、警告等轻微行政处罚行为不服的案件。笔者认为，该类案件涉及轻微的行政处罚措施，对相对人的利益影响较小，可以适用简易程序审理。

第六，标的额较小的案件。以重庆市为例，根据重庆市经济社会发展的实际情况，可以把金额进行差异化区分，将行政机关与法人的争议数额在2000元人民币以下与公民争执数额在200元人民币以下的行政征收、行政给付、行政处罚等具体行政行为的案件纳入简易程序适用范围。

第七，行政机关在行政程序中当场作出的行政处罚、行政许可、行政征收、行政给付类行政案件。[①] 我国新修改的《行政诉讼法》将行政机关当场作出的行政案件全部纳入简易程序的适用范围不太妥当，笔者认为，当场作出的限制公民人身自由的行政强制措施案件不宜适用简易程序，因为限制公民人身自由对相对人影响重大。

第八，当事人就事实清楚、权利义务关系明确、争议不大的案件达成适用简易程序的合意后经人民法院审查同意的案件。我国新修改的《行政诉讼法》规定，除符合适用简易程序的实质标准和列举的几种标准外，其他案件当事人各方对适用简易程序达成合意的可以适用简易程序。笔者认为，当事人合意选择适用简易程序应经人民法院审查符合简易程序适用的实质标准，即事实清楚、权利义务关系明确、争议不大的方可适用简易程序。

3. 行政诉讼简易程序适用范围的除外

笔者认为，下列行政案件不宜适用简易程序：复杂的新型案件；人数众多的案件；社会影响重大、媒体关注度高的案件；涉外或涉我国港澳台地区的案件；发回重审和按照审判监督程序审理的案件；其他人民法院认为不宜适用简易程序审理的案件。

---

① 有学者建议将行政机关在行政程序中适用简易程序作出的行政行为纳入行政诉讼简易程序，"当场作出"是否可以扩大解释为行政机关适用简易程序作出决定的案件有待探讨，本文认为应采取谨慎的态度，采用最高人民法院《行诉简易程序试点通知》中"当场作出"这一说法。

从修法亮点谈我国《行政诉讼法》的实施

王　彦*　乐　敏**

我国《行政诉讼法》自制定之日起,其修改问题就引起了学界的广泛关注。各类机构提出了多个版本的修法建议稿,其中寄托了大量的行政法治理想。在党的十八届四中全会对全面推进依法治国作出重大战略部署的背景下,我国《行政诉讼法》终于在施行 24 年后完成了首次大修。行政诉讼法修订不易,但实施起来可能将遇到更多的问题和困难,本文对此略作评述。

一、《行政诉讼法》修改的亮点和进步

有关我国《行政诉讼法》修改的评价不一,多数观点认为,这次修改对行政诉讼中的问题进行了回应,为行政审判解决了不少问题。笔者认为,本次修法虽离社会各界的热切期望尚有距离,但其立足于审判实践和司法环境的现实,对 1989 年《行政诉讼法》进行了大量修改和完善,对完善行政诉讼制度具有里程碑意义。

(一)破除行政案件受理障碍以畅通行政争议司法救济途径

在审判实践中,不予受理行政案件的常用裁判理由有 3

* 重庆市高级人民法院审判委员会委员、行政审判庭庭长。
** 重庆市高级人民法院行政审判庭审判员。

项，即不属于受案范围、原告不适格和超过起诉期限。为解决审判实践中行政案件立案难、受案数停滞不前、大量行政争议进入信访渠道等问题，修法着重对前述3项受案条件和立案制度进行了修改。一是扩大受案范围。将具体行政行为修改为行政行为；将受保护权利范围扩展到人身权、财产权以外的其他权利，如知情权、劳动权、社会保障权等。以上修改为在司法实践中逐步扩大受案范围提供了开放的法律解释空间，符合对公民权利进行无遗漏保护的法治要求。二是放宽原告资格。基于行政案件受理难的现实，将原告资格要件从法律上的利害关系调整为利害关系，为对原告资格作更宽理解提供了空间，有利于进一步保障当事人诉权。三是延长诉权保护期限，将3个月起诉期限延长至6个月。四是针对部分法院不接收诉状、不出具书面凭证、不受理的问题，对立案制度进行了大幅修改和详细设计，确立了立案登记、飞跃起诉、立案不当行为投诉、禁止非法干预立案等制度，可待实现有状必收的效果。

（二）强化行政诉讼的公民权利救济和纠纷化解功能

针对行政诉讼定分止争功能较弱的问题，修法中将解决行政争议作为立法目的之一，回归诉讼制度化解行政争议的基本功能，并设置了配套制度。一是对规范性文件可附带审查。行政诉讼制度比较完善的法治国家都将抽象行政行为纳入了司法审查范围，修法过程中将规范性文件作为司法审查对象的呼声较高，但我国新《行政诉讼法》最终确立了附带审查制度。二是确立有限调解制度，规定一般情形不得调解，行政赔偿、行政补偿及行政机关有裁量权的案件可以调解，突破了我国行政诉讼不适用调解原则，承认了行政机关在自由裁量权范围内具有对行政权的处分权。同时，也否定了无原则的调解，对实践中长期存在的行政诉讼和解制度作出了回应。三是扩大司法变更权适用范围，将适用情形从行政处罚显失公正扩展到还包括其他行政行为涉及对款额的确定、认定确有错误的情形。四是确立民行交叉争议处理机制，在行政许可、登记、征收、征用、裁决诉讼中，当事人申请一并解决民事争议的，可一并审理，行民交叉争议反复诉讼现象可待缓解。五是弱化行政诉讼客观诉讼特性，取消了维持判决，强调主观诉讼特性，增加裁判方式，注重对原告诉讼请求进行正面回应。

（三）加重被告诉讼义务以提升行政审判司法权威

对行政诉讼程序进行修改的一大亮点是加重行政机关诉讼义务。一是确立行政机关负责人出庭应诉制度，从法律层面终结了“民告官”不见“官”的现象，即使行政机关负责人不出庭,也应委托工作人员出庭。这在各国行政诉讼制度中尚属首例,完全源于我国审判实践。二是确立行政复议机关作共同被告制度。复议机关即使维持原行政行为也作被告,可期解决行政复议“维持会”的问题。三是加大对行政机关不履行诉讼义务的制裁力度,如对被告不出庭或中途退庭的予以公告并提出司法建议,对拒不履行裁判的行政机关进行公告并对负责人处以罚款等,对树立行政审判司法权威具有积极意义。四是完善管辖制度。取消上级法院可指定下级法院审理本院管辖案件的规定,压缩了地方保护主义压制、掩盖矛盾的腾挪空间;确立跨区域管辖制度,为行政审判体制改革提供了法律依据,可期以此解决地方干扰问题。

二、《行政诉讼法》修改的逻辑路径

本次修法讨论不仅涉及大部分法律条文和相关制度,而且相关争议分歧较大,部分重要条文,如有关起诉期限、规范性文件附带审查、复议机关为共同被告制度的修改意见达到10余项。最终的修正案增加了33条,修改了45条,删除了5条,只有25条没有修改。如此大量的修改内容及相关争议体现出如下逻辑。

(一)以解决“三难”问题为修法出发点

修法讨论的焦点之一,便是行政诉讼立案难、审理难、执行难。全国人大常委会法制工作委员会在《关于〈中华人民共和国行政诉讼法修正案(草案)〉的说明》中指出:“人民群众对行政诉讼中存在的‘立案难、审理难、执行难’等突出问题反映强烈,为解决这些问题……有必要对行政诉讼法予以修改完善”。立法机关有的放矢,以解决“三难”问题作为修法问题导向的特征明显。主要修法内容中的畅通救济渠道、完善立案制度主要解决立案难问题,加大审查力度、完善裁判方式主要针对审理难问题,加大对行政机关不履行裁判义务的制裁力度主要针对执行难问题。

(二)更加注重吸收本土内生法律资源

由于我国本土行政法资源不足,我国1989年《行政诉讼法》借鉴德国、法国等大陆法系国家行政法概念和制度,并比照我国《民事诉讼法》立法体例进行立法。在行政诉讼法施行的24年间,在司法实践中对协调和解、行政机关负责人出庭应诉等相关制度进行了大量探索,最高人民法院也适时出台了有关撤诉、简易程序、相对集中管辖等问题的司法解释或司法政策,形成了行政诉讼法法条之外的司法实践话语体系。修法中对大部分实践做法作出了回应,吸收了跨区域管辖、简易程序、有限调解、行政机关负责人出庭应诉等实践经验,颇具创造性地确立了复议机关作共同被告、不当立案行为投诉等制度。部分创新制度，如复议机关作共同被告制度虽突破了传统行政法理论，与大陆法系国家传统做法相异，但仍被修法所采纳，反映出修法更加重视吸纳本土法律资源，以务实的态度解决实际问题。

（三）在原有行政诉讼制度框架下逐步完善诉讼程序

本次修法采取开门立法方式，全国人大常委会进行了广泛调研和征求意见，一审修正案更是在网站上公开征集意见。部分观点认为，一审修正案除将司法解释的规定和司法实践的经验上升为法条外，缺乏新意，许多应该扩展的内容没有在修正案中得到反映。为此，二审、三审修正案中分别进行了9项、10项修改，其中包括复议机关作共同被告、行政协议诉讼等重要创新制度。此次修法毕竟不是重新立法，修改条文虽多，但多是对单项制度的修改，主要解决实践可操作性问题，大量涉体制机制性问题的意见未被采纳，如建立行政法院、类型化诉讼、受案范围扩大至规范性文件和内部行政行为、行政机关具有原告资格等，体现了修法所采取的循序渐进思路，即在现有行政诉讼体制机制下，试图解决司法实践中出现的问题。

三、《行政诉讼法》修改的缺憾和实践隐忧

（一）管辖制度防范地方干扰功能有限

行政审判的独立性问题历来备受关注，修法过程中设立行政法院的呼声很高，但我国新《行政诉讼法》最终只确立了跨区域管辖和单向移送上级法院管辖两项制度。两项制度的调整范围均仅限于省级以下，虽可期直接解决中级、基层人民法院受地方干扰的问题，但不能有效解决高级人民法院受省级行政机关干扰的问题。跨区域管辖、相对集中管辖和交叉指定管辖制度在短时间内防范地方干扰效果可能较明显，但随着区县行政机关与中级人民法院所辖各基层人民法院或集中管辖法院的普遍联系，其边际效应递减的可能性增大。加之我国行政法文化重视各权力部门之间的协调配合，行政审判工作中注重能动司法，行政审判职能发挥较类似于同时具有诉讼职能和行政职能的法国行政法院，但又未区分审判机构和服务机构，此种文化传统和机构设置并不利于防止行政机关对行政审判的干扰。

（二）受案门槛降低较谨慎

修法虽致力于放宽受理条件，但放宽程度却较有限。一是受案范围的修改几乎未实际扩大受案范围。随着司法解释的不断拓展，在司法实践中，事实行为、侵害人身权、财产权之外其他权利等行政行为均已实际纳入受案范围。除行政协议外，我

国新《行政诉讼法》对不可诉事项并无大的突破,如对奖惩任免等内部行政行为仍不受理,即使作为其理论依据的德国特别权力关系理论早已被德国和一些发达国家所废弃。作为不予受理理由的内部行政行为、不产生实际影响的行为等有争议的概念仍在沿用,为解释不予受理范围留下了较大的裁量空间,修法前不予受理的绝大部分案件仍将不予受理。二是如何解释利害关系标准以判断适格原告的裁量余地很大,对此积极解释固然有利于诉权保护,但亦为消极解释提供了空间。尤其在我国新《行政诉讼法》实施初期,部分法院可能会保守地将利害关系标准等同于法律上的利害关系标准。三是起诉期限虽然从3个月延长至6个月,但仍沿用了起算点为知道行政行为作出之日的规定,并未采纳司法实践中将起算点确定为知道权利受到侵害之日的做法,不利于非损益性行政行为中的当事人诉权保护。

(三)行政诉讼纠纷化解功能仍然受限

出于对司法权边界的考虑,修法仍沿用合法性审查原则。撤销判决适用情形中的明显不当情形宜理解为畸轻、畸重达到违法程度,仍属合法性审查范畴。对易产生循环诉讼的行政裁决类案件,我国新《行政诉讼法》并未明确法院能否径行变更行政裁决对所涉民事争议的判定,司法变更权本应最具用武之地却无实质性突破。行民交叉争议的妥善化解需要行政、民事审判领域的相互配合,本次修法及有关司法解释均表现为行政诉讼领域"单兵突进",因在实践中不能完全得到民事审判领域的认同,相关规定的落实效果受到影响。修法中确立的行民关联争议的审理规则较原则,对适用范围、审理规则、庭审程序等均未作规定,将可能导致实践分歧。

四、新修改《行政诉讼法》实施难点预判及应对

我国《行政诉讼法》修法大幕落下之后,法律即委身于法官之手。部分学者及社会公众对我国新修改的《行政诉讼法》的实施效果寄予很高期望,认为新《行政诉讼法》施行后行政案件数量会大幅上升,行政机关败诉率会有所上升,"信访不信法"情况将有所缓解。笔者认为,我国新修改的《行政诉讼法》存在大量的新条文、新制度,加之前文所述的修法遗憾和实践隐忧,在实施初期很可能出现大量的新情况、新问题,以下事项的实施情况将对新法实施效果产生重大影响。

(一)规范性文件附带审查制度

对规范性文件的附带审查是修法中首次确立的一项重要制度,对于充分保障公民权利极其关键。可以预见,将有大量原告对规范性文件提出附带审查请求,尤其

是在征地拆迁、社会保障等存在较多规范性文件且与公民权益密切相关的行政领域。我国新《行政诉讼法》中相关条文较粗略，行政审判要充分发挥对规范性文件的监督效果，需在司法实践中对相关问题进行探索细化。如因原告提出规范性文件审查请求的法律定位类似于诉讼请求还是起诉理由不明确，由此可能出现以下问题：原告提出审查要求的，规范性文件合法与否是否必须在裁判文书中回应；规范性文件不合法时，应在判决理由还是在司法建议中表述；此类司法建议的性质是具有法律效力的裁判文书附件，还是仅为法院和制定机关之间的流转文件；制定机关对司法建议有异议或不采纳时如何处理；如何避免对同一规范性文件重复审查等。修法中未规定对规范性文件的审查方式、审查标准等内容，在实践中可能出现以下问题：以对行政行为的审查方式进行审查，还是以此为基础结合《立法法》进行审查；审查深度仅限于合法性审查，还是包括合理性问题；当被告非制定机关时，欠缺制定机关提供的制定依据情况下如何审查等。笔者认为，最能有力实现监督效果的做法是对规范性文件全面进行合法性审查，包括对是否具有明显不合理性的情形进行审查；法院可依职权调取规范性文件制定的相关证据和依据；对不合法的规范性文件在裁判文书说理部分载明违法理由及建议行政机关作出处理的具体内容。

(二)行政复议机关作为共同被告制度

行政复议机关作为共同被告制度可能导致大量行政相对人或利害关系人选择先复议再诉讼，可以预见，在大量案件中将对原行政行为和行政复议决定一并审理，直接导致审理内容的增加及审理程序的繁杂。修法中除在审理判决对象上对行政复议机关作共同被告制度有所呼应外，在起诉期限、证据规则、管辖制度、判决方式等方面均无配套规定，将可能导致实践分歧。首先，在级别管辖上，由县级以上人民政府复议的案件若允许起诉人选择由中级人民法院管辖，则大量行政案件将由中级人民法院一审，基层人民法院行政审判职能不可避免地被弱化，且造成行政案件审级普遍提高；若新出台司法解释规定由基层人民法院一审，则有违县级以上人民政府行政行为由中级人民法院管辖的立法原意。其次，在起诉期限上，应以原告知道原行政行为之日起算，其间扣除行政复议期间，还是以行政复议决定作出之日起算。再次，在审查方式上，对复议决定是否作为一个独立的行政行为全面审查，是否要求行政复议机关全面举示作出行政复议决定的证据和依据，并对相关证据和依据进行全面审查。最后，在裁判方式上，原行政行为合法但行政复议决定存在程序违法等违法情形时应如何判决，对原告请求撤销行政复议决定的诉讼请求是判决驳回，还是判决确认行政复议决定违法。笔者认为,以上问题应从节省行政和司法资源的角度出发,审查重点仍为原行政行为,只对行政复议决定作附带性审查,即不以审查原行政行为的方式对行政复议决定进行全面审查。经审查认为原行政行为合法的,判决驳回原告对原行政行为和行政复议决定提出的诉讼请求;原行政行为违法的,一并撤销原行政行为和行政复议决定。

(三)行政协议的审理

行政协议纳入受案范围是行政诉讼受案范围的一大突破,但因修法中未以行政法律关系取代行政行为概念来表述受案范围,未赋予行政机关原告主体资格,导致行政协议即使纳入受案范围也并不会带来颠覆性影响。此类案件若审理不好,不但不能有效化解纠纷,反而会将相关问题复杂化。因修法中对行政协议案件的审理方式和证据规则等未作配套规定,在实践中可能出现仍以撤销诉讼或不履行法定职责诉讼的审理方式对行政协议案件进行审理的情形,如此将完全异化行政协议案件的审理模式。因行政机关不具有原告主体资格,可能导致同一行政协议引发的争议分别由民事审判庭和行政审判庭审理的情况。如在土地或房屋征收补偿安置协议签订后,行政相对人拒绝履行的,行政机关仍提起民事诉讼,此时若行政相对人对同一行政协议提起行政诉讼,两件关联案件应当如何审理?另外,在法律适用问题上,是否可以直接适用民法通则、合同法等民事法律规定。笔者认为,行政协议和传统的单方法律行为区别很大,对行政协议的审理应形成独有的审理模式,审理规则上更多地适用民事诉讼规则;法律适用上应优先适用行政法律规定,在缺乏相关行政法律规定情形下适用民事法律规定;在出现行政民事关联案件时,宜由行政审判庭一并审理。

(四)裁判方式的适用

此次修法体现了从撤销诉讼向其他诉讼类型的扩展,看似向类型化诉讼前进了一步,但法条逻辑并未真正贯彻类型化诉讼的精神,仅规定了具有类型化样态的判决方式。因缺少不同案件类型起诉和审理的配套规定,判决方式的"单兵突进"式调整可能导致不同类型案件审理思路的混乱。如撤销诉讼、确认违法诉讼和确认无效诉讼的相互关系如何确定,能否直接提起确认无效诉讼,还是需先提起撤销或确认违法诉讼,若直接提起确认无效诉讼,是否受起诉期限限制;给付判决与课以义务判决的关系不明确,应以何种标准区分适用两种判决种类;对原告提出的诉讼请求存在法律认识错误,经释明后仍不变更诉讼请求的应如何处理等。笔者认为,应在实践中理顺不同判决方式之间的关系，并以此带动不同类型案件审理规则的完善。

（五）裁量性条款的理解适用

修法中使用了大量不确定的法律概念，部分条款赋予法官的裁量余地较大，需在司法实践中对其理解与适用以不断形成共识，较有效的办法是由最高人民法院总结审判经验，通过制定司法解释、发布指导案例等方式统一司法尺度，以避免我国新《行政诉讼法》实施初期容易产生的司法尺度不统一等问题。如对利害关系、明显不当等概念如何理解适用；新《行政诉讼法》规定行政机关负责人不能出庭的应委托相应工作人员出庭应诉，法院应如何认定是否属于不能出庭的情形，如何判定是否为相应工作人员；新《行政诉讼法》规定二审应开庭审理，但经阅卷询问认为不需开庭的也可以不开庭，法院应如何确定可以不开庭的情形；新《行政诉讼法》规定以非法手段取得的证据不予采信，法院对非法手段应如何界定；新《行政诉讼法》第101条规定关于期间、送达等程序性问题，其无规定的适用民事诉讼法的规定，但法院对该条未列举的程序性问题中哪些可以适用民事诉讼法的规定，以及对行政诉讼与民事诉讼存在差异之处如何适用民事诉讼法的规定等问题。

回归测试:行政案件跨区域管辖制度的追求与衍化

——以异地交叉指定管辖的区域性实践为样本

刘之玮[*]　黄　晨[**]

在现有行政审判框架内,管辖权被赋予了维护案件公正受理与裁决的重要作用。基于排除行政干预的实现需要,最高人民法院在地方法院"先行先试"的基础上,以司法解释的形式对行政案件管辖权的确定进行了多次改革,试图从根本上解决行政案件受理难、审理难等问题,但实践表明,以上改革举措未能达到彻底隔离行政干预的目的。修改后的我国《行政诉讼法》规定,"高级人民法院可以根据审判工作的实际情况,确定若干人民法院跨行政区域管辖行政案件",这一变化无疑是在具体改革举措未有最终定论的情况下,为管辖制度进一步完善预留了空间。既然如此,回到本轮行政诉讼管辖制度改革起点——异地交叉管辖,重新检视多年改革实践得失,找准行政案件跨区域管辖改革的新目标与出路,仍是一个值得再议的话题。

一、起点:行政案件异地交叉管辖的实践扫描

最高人民法院于2008年实施的《关于行政案件管辖若

---

* 重庆市第一中级人民法院行政审判庭庭长。

** 重庆市第一中级人民法院研究室副主任。

干问题的规定》(以下简称《规定》),将排除非法干预、保障行政案件依法独立公正审理作为管辖制度改革的方向,由此,以异地交叉管辖为重点的改革陆续展开。为充分考察改革实际情况,本文选取C市Y中级人民法院(以下简称C市Y中院)及辖区10个基层人民法院异地管辖案件为样本进行分析,总结出如下特点。

(一)交叉管辖案件公正指标高于普通案件

为落实《规定》要求,C市Y中院于2009年年底制定了行政案件异地交叉指定管辖的程序规定,随后开始实施异地交叉管辖。迄今已审理异地交叉管辖案件789件,约占全部收案的6%,其中2015年我国新《行政诉讼法》实施后达到高峰,全年受理295件,2016年1~6月审理76件,上升势头放缓。从能够反映案件公正审理的相关指标来看,异地交叉管辖案件优于一般案件(见表1)。

表1 2010~2015年C市Y中院行政案件上诉率、被告败诉、原告撤诉率

单位:%

年份	上诉率		行政机关败诉率		原告撤诉率	
	交叉管辖	一般案件	交叉管辖	一般案件	交叉管辖	一般案件
2010	28.30	53.80	38.60	18.10	31.40	38.20
2011	33.60	51.20	43.50	23.10	25.10	35.30
2012	36.90	57.60	44.90	22.60	27.20	32.60
2013	35.20	48	41.80	25.40	23.10	25.60
2014	39	41	34.30	22.30	29.20	27.80
2015	43.30	58.60	6.10	22.70	27	26.30

(二)程序启动主体多元原因多样

在程序启动上,C市Y中院的规范性文件规定了当事人申请、当事人飞越起诉后依职权指定、基层人民法院报请指定交叉管辖和中级人民法院发现并主动指定4种情形(见图1)。2014~2015年,除C市Y中院发现并主动指定的情形外,其余3种方式是程序启动的主要原因。其中,原告申请异地交叉管辖的理由是可能存在地方干预、不相信受案法院能公正处理案件、案件复杂要求提级管辖等因素;基层人民法院报请指定交叉管辖主要是由于行政权在当地影响大、"熟人"规避、防止案件当事人的合理怀疑、当事人对受案法院存在对立情绪等。

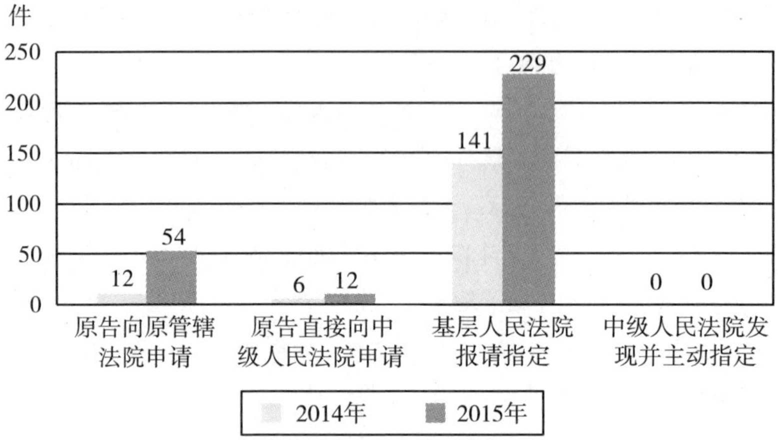

图 1　异地交叉管辖启动主体

(三)管辖权设置兼顾多重功能

异地交叉管辖突破了“原告就被告”和“行政纠纷属地基层法院管辖”的基本原则,具有暂时、不固定的特点,且地域管辖变化会直接影响相关基层人民法院的行政审判资源配置,对于“小体量、非主流、边缘化”的法院尤为明显。为减少对行政审判秩序的破坏,C 市 Y 中院在设定异地交叉管辖权时遵循了 3 个原则:排除行政干扰促进公正审判,方便当事人诉讼,兼顾辖区基层人民法院受案数量的均衡和审判队伍的整体发展。为实现前两项目标,C 市 Y 中院确定了“邻近 + 新增距离原则上不超过 50 公里”的指定原则,以寻求公正与诉讼经济的最佳结合点。为合理配置审判资源,C 市 Y 中院的做法是根据每周各基层人民法院受案数量情况,将部分异地交叉管辖的案件指定到被告辖区以外案件数较少的基层人民法院,以维持各法院行政审判资源的稳定。

(四)案件集中于行政干预多发领域

C 市 Y 中院确定的异地交叉管辖案件范围,包括以财政、人事部门为被告的案件;涉及农村征地补偿、城市房屋拆迁安置补偿的案件等 6 类。① 从实践运行情况来看,适用异地交叉管辖的案件集中于行政权干预多发领域,如土地房屋征收、治安管理等(见图 2)。这类案件具有两个特点:一是当事人个人利益与公共利益冲突明显;二是被告方在行政管理中处于强势地位,原告认为当地法院在审理中难以抵制

---

① 具体案件范围见表 2。

行政机关干预,或是当地法院"先例"裁判对其存有不利影响。

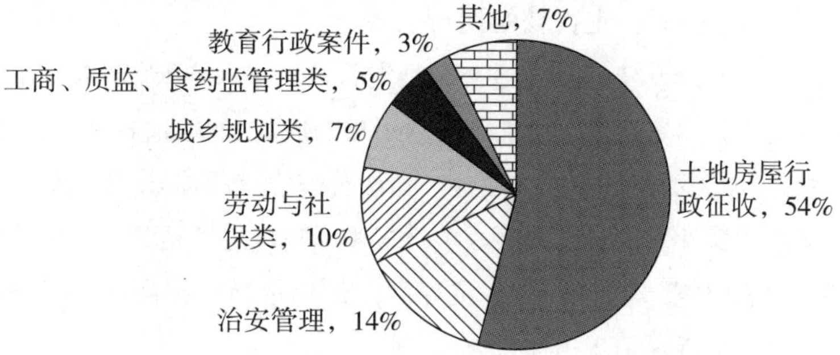

图 2 C 市 Y 中院异地交叉管辖案件类型分布

(五)环节增加延长办案周期

尽管 C 市 Y 中院所有异地交叉指定管辖案件均在法定审限内审结,但由于指定管辖程序的介入,办案周期不可避免地受到影响。为减少程序环节增加带来的负面影响,C 市 Y 中院对交叉指定管辖所涉程序事项办理设定了 2 ~ 7 天不同周期,但仍无法避免审理周期的绝对延长。据统计,抛开申请、裁定等案卷材料的移送在途时间不计,2014 年 C 市 Y 中院从受理异地交叉管辖申请到作出裁定的审查时间平均为 9.9 天,最短 1 天,最长 21 天;2015 年平均处理时间为 18.9 天,最短 2 天,最长 48 天。①

(六)异地审判提升诉讼成本

异地交叉指定管辖新增了当事人申请(或基层人民法院主动报请)异地管辖、上级法院审查决定、决定送达及裁定后案件移送等环节,由此对诉讼成本带来的影响包括:一是时间成本提高,前已讨论,此不赘述。二是审判资源配置增长,异地交叉指定管辖案件涉及移出、移进以及中级人民法院的立案、审查环节,与一般行政案件比较,至少需新增 4 个合议庭的人力进行处理,而异地诉讼文书送达、宣判、执行等也需更多审判资源得以完成。三是当事人诉讼成本提高,虽个案耗费未作区分统计,但跨地域导致当事人交通成本增加是确定无疑的。即便按"邻近 + 新增距离原则上不超过 50 公里"两个标准确定管辖法院,与一般行政案件相比,各方当事人仍可能面临至少 2 次往返约 100 公里的新增交通成本。

---

① 2015 年审理期限较 2014 年延长的原因是,当事人对基层人民法院主动报请异地管辖案件有争议的,C 市 Y 中院新增了指定管辖裁定的审批程序。

二、评估:异地交叉指定管辖的运行实效

C 市 Y 中院自 2009 年试点异地交叉指定管辖以来,该项改革取得了一些明显成效,如物理隔离在一定程度上增加了行政干预的成本和难度,特别在征地、拆迁等与政府利益密切相关的案件中尤为明显。司法公信力有所提升,原告对法院的信任度、参与诉讼的积极性和配合度提高。中级人民法院指定管辖的方式可均衡不同基层人民法院行政案件受理数量,在一定程度上优化审判资源配置。但随着时间推移,异地交叉管辖也逐渐呈现出一些弊端。

(一)排除行政不当干预效益递减

部分代表行政案件审判公正性的正向评价指标逐年回落的趋势表明(见表 1),地域和空间上的隔离效果并不稳定,甚至出现效益递减的端倪。部分受访法官也表达了对异地交叉管辖排除行政干预的担忧,认为制度运行时间越长、行政机关投入越多,越有可能降低异地交叉审理的效果(见图 3)。例如,有的基层人民法院担心产生风险,借异地管辖之名推诿案件审理;有些行政机关基于保护地方利益的考虑将干预提前,要求所在地法院尽量减少移出案件;有的行政机关在交叉管辖后,通过上级或受理法院所在地行政机关干预案件审理的情况也发生过。这足以说明长期的博弈以及在异地政府之间形成互惠性干预,可以减少甚至消弭纯物理隔离的效果。而相对固定的异地管辖还可能形成新的"司法—行政"关联和新的干预方式,进一步衍化为制度性的失衡。①

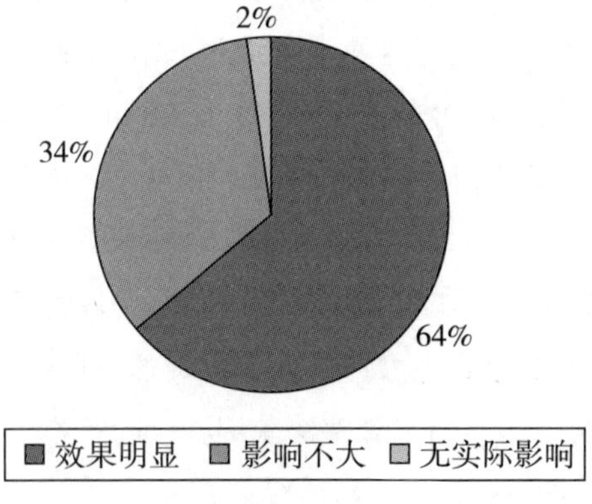

图 3 异地交叉管辖对排除行政干预的影响

① 浙江省高级人民法院课题组等:《行政案件管辖问题的调研报告》,载《法律适用》2007 年第 1 期。

(二)运行成本提升减损诉讼经济

诉讼经济原则要求在确保公正的前提下,以较小的人力、物力、财力消耗实现诉讼目的。通过调整司法管辖区域提升行政机关干预司法成本,减少当事人因审判不公而引发的上诉、申诉,本是异地交叉管辖的题中之意。但不可否认的是,地域隔离的做法本身就凸显了公正与效益的紧张关系:对当事人来说,异地交叉管辖必然会带来交通费用、时间成本的增长;对法院来说,增设程序环节所需的人员配置、办案周期延长、生效裁判异地执行都意味着更多资源的消耗。尽管成本增加在短期内并不足以突破“公正比路远更重要”的论断,①但从长远来看,尤其在司法供需两侧尚不平衡的现实之下,过高的诉讼成本将是当事人和法院不能承受之重。

(三)当事人程序权益保障不足

私权与公权对抗的本质特征,决定了行政诉讼必然要通过程序设计修复原、被告双方失衡的诉讼地位,以达到公正审理案件、保障当事人诉讼权益的目的。无论是C市Y中院或是其他异地交叉管辖试点法院,改革过程中均表现出对当事人的程序权利保障的不足:第一,指定管辖过程缺乏当事人参与。受访当事人表示,在基层人民法院主动报请交叉指定管辖和中级人民法院管辖决定两个环节,原告基本不知情,且处于被动接受地位,其意见无法陈述表达(见图4)。第二,缺乏指定管辖的异议、救济程序(见图5)。在异地交叉管辖样本案件中,当事人提出异议的案件虽然不超过总数的

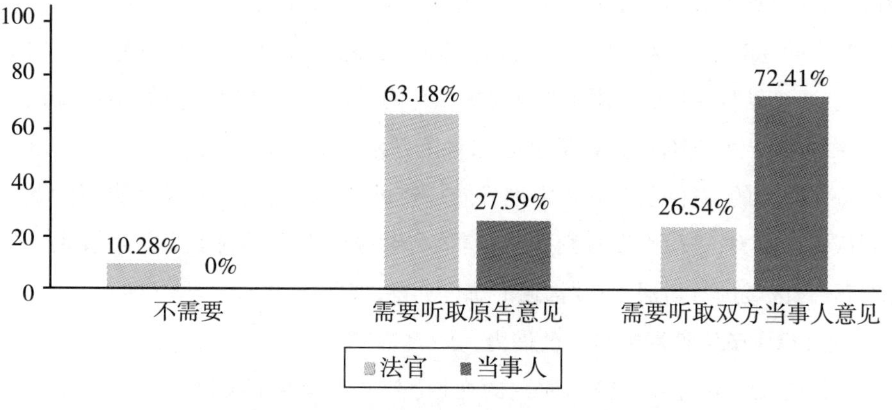

图4 异地交叉管辖决定有无必要征求当事人意见

---

① 浙江省台州市、山东省济宁市等异地交叉管辖试点法院对此均有共识,认为法院在不受干扰的情况下作出较高的裁判质量,减少二审、再审等程序适用,可减少当事人讼累。

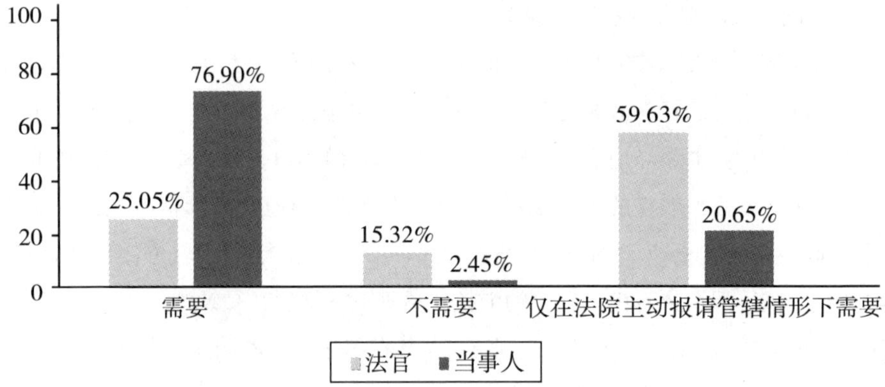

图5　有无必要设置异地交叉管辖的异议、救济程序

3%,但不能因案件基数不大而剥夺当事人应有的救济途径。由于指定管辖裁定不能上诉、不可复议,送达即生效,一旦当事人不接受法院裁定或释明理由,不仅难以解决纠纷,还易引发新的信访争议。

(四)优化审判资源配置作用有限

首先,可交叉案件数量不稳定的特点限制了审判资源再配置的功能。原受理案件数量多的法院因案件被移出,可能影响该院对行政审判资源的判断与安排;而原案件少的法院,因移进案件数量不稳定,不会促使其从长远角度考虑行政审判资源的调配,导致难以长期接受案件的增量移进。① 其次,异地交叉管辖也易造成上、下级法院之间原有审级权限关系的扭曲。中级人民法院对行政案件管辖权流向的掌控,易造成管辖权集中,加剧司法行政化。有的基层人民法院因担心难以抵抗行政干扰而主动"规避"案件,这种推诿心态对审判水平的提升无利有弊。此外,就一些地域特征突出的案件而言,异地审理可能打破司法机关与行政机关在类似问题上的共同认识和默契,进而引发裁判统一性争议;对一些不宜一判了之的当事人实体利益纠葛,跨区域进行司法、行政沟通的难度亦随之增大。

(五)程序随意性影响审判公信力

异地交叉管辖对基本管辖原则的变通,在一定程度上突破了诉讼程序的安定性,表现为:首先,适用标准缺乏客观评价依据。如被告提出交叉管辖异议的理由多为影响诉讼便利,但何为诉讼便利,因人因案而异。又如,原告提出交叉管辖异议除

① 参见叶赞平等:《关于改革和完善行政诉讼管辖制度的调研报告》,载《山东审判》2014年第1期。

认为不便利外,多为受案法院的管辖级别低或其审判水平不足以公平处理争议,其判定亦具有浓厚的主观色彩。其次,受案范围不统一。在实践中,各地法院掌握的受案范围差异较大,易出现扩大干预预期的情况,如将有些与行政机关利益关联不紧密,行政干预可能性小的案件也纳入异地交叉管辖范围,致使诉讼成本无益增长(见表2)。

表2 不同法院异地交叉案件受案范围

法院名称	具体内容
台州市中级人民法院	被告为县人民政府和10人以上集团诉讼、共同诉讼案件,由原告直接向中级人民法院起诉
济宁市中级人民法院	(1)被告为县级人民政府的行政诉讼案件;(2)被告是政府职能部门的集团诉讼案件;(3)行政争议复杂且在本辖区内有重大影响的案件;(4)被告为市级人民政府的案件
C市Y中院	(1)以财政、人事部门为被告的案件;(2)涉及农村征地补偿、城市房屋拆迁安置补偿的案件;(3)涉及企业改制的案件;(4)工伤性质认定外的社会劳动保障案件;(5)有关社会公共基础设施的重大工程项目招、投标案件;(6)其他可以申请指定管辖的案件

三、反思:异地交叉管辖功能异化的根源探究

(一)异地管辖未实质触动行政审判体制

异地交叉管辖的尝试是在行政审判体制改革时机尚不成熟的背景下,对现行立法指定管辖的变通适用,利用既有制度资源进行适当技术改造以实现司法公正的目的。① 就根本而言,行政干预是任何管辖模式都无法彻底解决的问题,如完全将这一问题的解决对应于管辖制度,非但不能从根本上使法院摆脱行政干预,反而会将法院体制对地方党政机关的依附性弊病进行强化。② 作为行政诉讼管辖制度改革的一个缩影,异地交叉指定管辖改革的局限性,恰恰表明管辖改革并无足够的制度容量彻底解决行政审判体制的痼疾。只要审判体制不发生根本性变革,借助行政系统内部密切联系以及人情社会的文化传统共同造就的沟通网络,干预动机很容易转化为

① 参见孙洪坤:《论建立与行政区划适当分离的司法管辖制度》,载《东方法学》2014年第6期。

② 参见董皞等:《独立而公正:行政案件跨区域审理改革的价值追求与制度设计》,载《法律适用》2015年第2期。

具体的干预行动。[①] 这也是以"权力制约权力"的行政诉讼屡屡遭受地方化挑战的根源所在。

(二)司法地方化削弱法院权威

行政干预司法源于法院与地方政府千丝万缕的联系,从行政诉讼法实施开始,司法环境对行政审判的消极影响逐步显现。长期困扰行政审判的"四高两低",使大量客观存在的行政争议无法通过诉讼程序得以化解,司法监督行政权的目的随之落空。各地法院特别是中级以下人民法院在行政案件立案、审理和执行等各个环节都可能受到当地行政机关的干预。审判中立性不足,不仅削弱了法院行政审判的公正性,也降低了民众对行政审判的信任度。

(三)管辖层级过低难以抵抗行政干预

行政诉讼与民事诉讼审查对象的差异,决定了二者对一审案件管辖权要求的不同。民事争议在进入诉讼程序前未经权威机关处理,法院适用法律的前提是依据证据对事实进行认定,因此一般以基层人民法院管辖为原则。而在行政争议进入法院之前,行政机关已对相关事实和法律问题作出了处理,行政诉讼是对行政机关认定事实和适用法律正确与否进行审查,属于第二次法律适用,故由上级人民法院管辖较适宜,这是由司法审查制度的逻辑所决定的。[②] 异地交叉管辖仅是对地域管辖的灵活变通,并不以提高管辖级别为直接目标,在实践中,除极少数案件由中级人民法院提级审理外,大多数案件仍由同级别的异地基层人民法院审理,这也决定了其排除干扰的力度和范围较有限,并会随时间推移而消减。提高行政案件管辖层级,或应成为管辖制度改革的一个基本方向。

四、衍化:异地交叉管辖改革的路径选择

从多年改革试点的经验来看,异地交叉管辖似乎已走到力图求变之时,审判实践对管辖制度改革亦寄予了更多的期待。

(一)诉讼公正的实现——地域隔离效果递减之改善

异地交叉管辖的初衷旨在借助地域隔离,从局部切断或阻隔行政对司法的不当影响,实践经验表明,有效克服因时间推移导致防止干预效益的递减,是需要首先解

---

① 参见王振宇:《行政审判体制改革应以建立专门行政审判机构为目标》,载《法律适用》2015年第2期。

② 参见吕艳滨:《行政诉讼法的新发展》,中国社会科学出版社2008年版,第17页。

决的难题。完善思路有两种方案(见表3)。

表3 防止行政干预的完善路径

	思路	主要内容
方案一	提级管辖	在行政审判体制不变的情况下,将一部分案件提高管辖级别由中级人民法院审理,提高审判权的抗干扰能力。需要注意的是: (1)及时充实中级人民法院的行政审判资源,确保审判力量能够与提级管辖后的工作量增加情况相适应; (2)合理界定提级管辖范围,以行政干扰大、基层人民法院不宜审理案件作为界定标准
方案二	实行省以下地方法院人财物统一管理	结合司法改革有关推动省以下地方法院人财物统一管理的改革思路,省级以下地方各级人民法院的经费由省级财政统筹保障,法官由省统一提名,并按照现行法律规定由对应的人大按法定程序任免

以上两种方案的比较如下所示。

1. 防止行政干预效果

提级管辖后由上级法院审理行政案件,可提高行政审判的司法审查力度。与异地交叉管辖相似,提级管辖并未突破立法而仅是对现行行政诉讼管辖制度的变通,在适用范围上仍只针对个案,不具有普适性,这也决定其对行政审判外部环境的改进非常有限。推动省以下地方法院人财物统一管理,将改变当前地方法院人财物主要按行政区域实行分级管理、分级负担的机制,有助于法院摆脱地方政府的制约和影响,通过权力结构合理化有效地化解司法地方化的顽疾,其改革效果提级管辖难以企及。但也要看到,人财物统一管理在摆脱外部行政干预羁绊的同时,也存在上级法院对下级法院管理控制加强的隐忧,由此将对下级法院依法独立审判带来的新挑战。因此,法院人财物统一管理并不能一蹴而就,达到行政审判权排除各方干预的目标。

2. 实施成本

提级管辖虽会打破案件原有的分布状态,重新配置审判资源,但本质上是针对特殊情况对现有审判资源进行的局部调整,投入成本相对较低。法院人财物统一管理最终指向的是,回归司法权是中央事权的根本属性,对权力结构重新调整,其中涉及诸多复杂因素相互统筹,需要在局部进行充分试点的基础上逐渐推开,成本相对较大。

总而言之,在行政诉讼体制不发生根本变化的前提下,综合改革成本和实施效果考虑,提级管辖应是较优方案。

(二)诉讼成本的削减——效益与公正之平衡

"公正比路远更重要"并不意味着舍弃诉讼效益的合理考量,以超出可承受范围的诉讼成本作为换取"昂贵的公正"。效益与公正的平衡是诉讼经济性和便利性的应然之意,有学者指出,倘若人民因诉讼成本过高无力负担而放弃形式诉权,则有违行政诉讼之正义性及司法为民之宗旨。降低诉讼成本的有效方式主要有表4所示方案。

表4　降低诉讼成本的有效方式

	思路	主要内容
方案一	按照"就近"原则确定交叉管辖法院	维持现有交叉管辖做法,指定管辖时尽量依照就近原则确定管辖法院
方案二	一定区域内实行集中管辖	根据一定区域的地理特点和交通条件,按照便民原则,以处于相对中心的法院管辖周边县市,形成一定辐射效应为目标,确定交通便利的法院集中管辖相邻区域行政案件
方案三	跨区域设立行政法院	按照"探索建立与行政区划适当分离的司法管辖制度"改革构想,选取审判资源富足、硬件配备和信息化条件较好的法院,建立跨区域行政法院统一受理行政诉讼案件

以上3种方案的比较如下所示。

1. 降低当事人诉讼成本

对当事人而言,3种方案都可能因地域疏远而增加诉讼支出费用,①降低诉讼成本主要是从有效防止行政干扰,减少因审判不公引起上诉、申诉的层面考虑。跨行政区域行政法院不受县、市党委领导,甚至无须向县、市级人大负责,权力结构的调整无疑更有利于保障行政审判的独立性,且因地理阻隔、人际关系相对疏远,其独立性自然优于普通法院。对于跨区域法院管辖带来当事人支出成本增长,可借助信息化进行电子送达、远程立案等方式予以解决。

2. 降低法院司法成本

无论是交叉管辖还是集中管辖,都要在相应有管辖权的法院设置行政庭和审判

① 距离的增加并不必然带来交通成本的增长,有的地区交通便利,即便跨区域审判,相较在交通不发达地区就地诉讼,当事人支出的成本不必然就高。

人员,配备相应物质保障,难免有资源重复配置之嫌。设立跨区域行政法院可以将审判业务水平较高的法官集中于一个法院,同时,将原来分散设置行政庭的财政支出着力用于同一法院,可实现资源的集中与优化配置。

总而言之,从降低诉讼成本的角度考虑,寻求当事人诉讼成本和法院诉讼资源耗费二者之间的平衡,建立跨区域的行政法院应是最优方案。

(三)审判专业化的提升——资源配置之优化

审判专业化的程度关乎行政争议的解决质量。专业化的提升涉及审判队伍的稳定、审判水平改进和裁判尺度统一性等多方面因素。通过管辖制度改革提升行政审判专业化的思路有表5所示3种方案。

表5 审判资源优化整合之路径

	思路	主要内容
方案一	在现有交叉管辖的情况下逐步加强单个法院的审判力量	按照目前各基层人民法院资源配置情况,将异地交叉管辖案件制定到行政审判法官配置较多、案件体量较大的法院,使行政案件由案件数量少、办案经验缺乏的法院,逐步集中到具备审判优势的法院审理
方案二	实行相对集中管辖	将一定范围内的部分行政案件集中到一个或几个法院审理,即实现案件向同级法院的相对集中。 具体操作方式为:将A、B、C 3地的案件集中到D法院集中审理,E、F、G 3地的案件集中到H法院集中审理,同时D法院与H法院受理的以本地行政机关为被告的案件进行交叉审理
方案三	设立跨行政区域法院	在相对集中管辖的基础上,打破传统的司法辖区和行政辖区重合的法院机构设置原则。集中管辖特定行政案件。如北京市第四中级人民法院集中受理北京市区(县)人民政府为被告的一审行政案件,上海市第三中级人民法院集中管辖市政府为被告的一审案件和市级机关为上诉人、被上诉人的二审案件

以上3种方案的比较如下所示。

1. 提升审判专业化的效果

审判资源越集中、专业化程度越高,就越有利于拓展管辖制度的综合功能。就此而言,设立跨行政区域法院可以极大提高行政审判的独立性和专业化,提高行政审判资源的配置效率,有助于建立专业化的行政审判队伍,统一案件裁判标准和司法尺度,提升案件裁判质量,其所具备的功能更为丰富且多元。由此可知,从异地交叉管辖到相对集中审理，再到设立跨行政区域法院，随着审判资源的不断集中，裁判专业化的程度也逐渐提升。

2. 实施成本

3 种方案均体现了促进资源集中、优化的改革思路，交叉管辖和相对集中改革调整范围较小，成本相应较低。设立跨行政区划法院涉及司法管理体制、司法权力运行机制等深层次问题，目前，仅在上海市、北京市试点，能否全面推行还有待试点运行的评估情况。相较成本投入而言，提升审判专业化、实现案件公正审判应是更高层级的价值，故对成本的考量也应围绕公正这一价值而展开。

总而言之，从提升行政审判专业化的角度来看，设立跨行政区域法院在优化资源资源配置、统一裁判尺度、提升审判专业化方面更具优势。

（四）程序安定的实现——变动之中寻求稳定

异地交叉管辖在适用“原则性与灵活性”的管辖权确定原则时，更倾向灵活性，而突破基于原则性所带来的程序安定。缓和这一矛盾的路径如表 6 所示。

表 6　程序安定的实现路径

	思路	主要内容
方案一	由个案随机指定方式向固定交叉管辖转变	异地交叉管辖现有做法主要有两种：一是通过中级人民法院直接指定管辖法院，代表法院如浙江省台州市中级人民法院、山东省济宁市中级人民法院、C 市 Y 中院；二是直接指定异地交叉法院，如河南法院即采用“结对”和“推磨”的方式。“结对”是指 2 家法院互相审理以对方地区政府机关为被告的案件，“推磨”是指 3 家或 3 家以上法院，由 A 法院审理 B 行政区的案件，B 法院审理 C 行政区的案件，C 法院审理 A 行政区的案件，依此类推。另外，固定交叉管辖的做法，即在纠纷发生之前就确定交叉管辖法院，在纠纷发生后根据固定的法院提起诉讼
方案二	在现有法律规定中寻求交叉管辖合理依据	新修订的《行政诉讼法》关于管辖制度的规定新增了两项内容：一是扩大中级人民法院管辖案件范围，增设了兜底条款；二是增设了跨行政区域管辖行政案件的规定。立法上的修改和调整，为当前试点探索与行政区划适当分离的司法管辖制度预留了空间，也是实施异地交叉管辖的依据之一。 此外，参照回避制度理论，在现有行政审判体制下，法院人财物受制于地方政府，以地方政府为被告的行政诉讼，由当地法院审理当然也会存在有碍公正司法之嫌

以上两种方案的比较如下所示。

1. 对程序安定性的维护

方案一虽然可在一定程度上解决指定管辖法院不确定的问题,明确当事人诉讼预期,但仍无法解决当事人平等参与诉讼的程序性权利保障不足的问题,排除了当事人特别是处于相对弱势的原告在指定管辖过程中的知情权和意见表达渠道,难以防止审判机关与行政机关在指定管辖过程中"强强联手",对原告造成另外的不公。方案二是在既有法律规定内寻求相应规定,法律明文规定无疑增强了程序安定性,明确当事人合理预期的有效方式,同时也是推进管辖制度改革的合理性依据所在。

2. 实施成本

方案一涉及相关法院审判资源重新配置,也会增加当事人的诉讼成本,方案二是按照既有法律规定推进诉讼程序,诉讼成本亦随之降低。

总而言之,改革意味着对现有制度的调整,即使采用固定交叉管辖的方式,也会破坏程序的稳定。从维护诉讼制度的稳定性来看,第二种方案是较优选择。

五、回归:异地交叉管辖改革的出路与归依

经过若干年的实践探索,异地交叉管辖改革已利弊尽显,重新检视多年改革实践得失可知,个案意义上的异地交叉管辖仅是治标之策,而非治本之方。预防行政干预、保障审判独立、提高裁判公信力等问题,并非管辖制度的技术性调整,或是对个案实施异地交叉管辖所能解决,而应置于更宏大的视野下寻找新的理论基础。

(一)回归当事人程序权利的保障与救济

异地交叉管辖改革是行政审判体制内部的自我调适,在现有程序设计中,法院承担了积极推进的主导者角色,司法权在管辖确定中的决定作用,可能为行政干预开辟新的渠道,使当事人合法权益面临新的威胁,当事人程序参与不足是个案异地交叉管辖受到诟病的原因之一。因此,从遵循司法规律的角度出发,管辖制度改革应以回归司法保守为方向,即注重对当事人程序性权利的保障,应充分考虑当事人诉权行使过程中主体地位和诉权本身的独立性和可选择性,并对现行行政诉讼管辖制度的相应内容作出修改。

第一,增加管辖选择条件。由于行政相对人处于相对弱势的地位,异地交叉管辖应赋予原告在确定管辖法院时的选择权,对此可参考美国行政诉讼关于当事人起诉选择权的做法。即规定原告可根据自身需要选择管辖法院,以防止行政机关在法

院指定管辖时再次施加行政干预,“变相”侵害当事人合法权益。

第二,增加当事人异议提出、裁决机制。在管辖异议处理程序中增加当事人陈述、申辩环节,特别是针对原告因管辖指定提出异议的,应充分给予其陈述、申辩的机会,同时,设置对管辖指定异议的裁决机制。通过增加程序的透明度,充分保障原告的程序选择权,避免其因对管辖指定有异议而转变为对案件裁判结果不服,引发上诉、信访。

第三,限制法院主动改变管辖的案件范围。应实行管辖范围法定,同时严格规定法院改变管辖的条件,减少因管辖随意变化而导致诉讼程序的不可预测性。

(二)回归行政审判体制改革的本来目标

以排除行政权力不当干预、提高行政审判公信力为重点的行政管辖制度改革,本身就是行政审判体制改革框架之内的一项子制度,这也决定了其目标与内容与行政审判体制改革具有高度的重合与关联。具言之,无论是隔离行政干预为法院公正审判创造良好的司法环境,还是优化配置行政审判资源,提升行政审判专业化水平,异地交叉管辖所要解决的问题,也与行政审判体制改革的方向不谋而合。

可以说,异地交叉管辖制度改革为明晰行政审判改革方向进行了有益探索,在一定限度内对行政审判体制进行了突破或修正,从而阻断了审判机构与行政机构设置的对应性,促成了体制上的变化。① 但与此同时,行政审判体制的主导性地位,决定了管辖制度的改革探索会受到现行行政审判体制的强大约束,成为管辖改革举措进一步深化和完善的障碍。行政审判机构设置、审判区域划分等体制性的问题,无法通过管辖制度的改革得到彻底解决;相反,只有在行政审判体制框架得以重构的情况下,异地交叉管辖所面临的“瓶颈”与困难才会迎刃而解。经过若干年的实践探索,异地交叉管辖所积累经验如何固化,改革成果如何长效落实,最终将落脚于行政审判体制改革的初衷,而行政审判体制的改革也将重新成为行政诉法制度发展必须正视和解决的问题。

(三)回归司法改革的总体追求

行政干预是任何管辖制度无法解决的问题,欲使法官能够依法独立审理案件,必须回归诉讼制度本身,即对于行政审判体制进行根本改革——营造法院独立审判的司法环境。从个案异地交叉管辖,到集中管辖,再到党的十八届三中全会提出“探

---

① 参见叶赞平:《行政诉讼管辖制度改革研究》,法律出版社2014年版,第155页。

索与行政区划适当分离的司法管辖制度”,行政诉讼管辖制度改革的内容在不断深入和推进,并上升为司法体制改革的一个重要动力。这也表明,管辖制度所欲解决的公正司法问题,已由最初的在既有法律规定内对管辖制度进行微调,上升为对司法体制和工作机制的整体性调整,契合了当前司法体制改革的核心。

本轮司法体制改革旨在构建依法独立审判、保障司法公正的审判体制,体现审判权是中央事权的本质属性,从制度层面有效解决司法地方化的顽疾。具体通过省以下地方法院人财物统一管理、建立与行政区划相分离的专门行政法院等措施,改变当前司法与行政的权力结构。在设立跨行政区划法院和法院人财物省级统管的改革方向下,管辖制度改革的理论基础也应回归确保行政审判权依法独立公正行政的价值取向。因此,异地交叉管辖的调整也必须与司法体制改革中涉及的审判资源调配、审判权配置、人财物管理体制、法院组织体制等根本性问题的调整思路保持一致,以增强改革后管辖制度在新体制中的普适性。

灭失抑或新生:行政诉讼调解的实践背离及制度重构

——以法官的实践选择为研究视角

乐　巍[*]　徐　良[**]

一、问题提出:有限调解能否解决现实之需

(一)从政策引导到立法回应:有限调解的确立

我国1989年《行政诉讼法》规定行政案件不适用调解,主要系受苏联"公权力不可处分"理论的影响,认为行政权具有不可处分性,投射到行政诉讼即是,"裁判者不得采用调解作为审理方式和结案方式,而应在判明是非的基础上作出裁判"。[①] 随着时代的发展,行政案件的可调解性渐成共识,但桎梏于立法禁令,最高人民法院只能以司法政策予以引导,大力提倡通过协调方式处理行政争议。2015年随着我国新《行政诉讼法》正式实施,行政诉讼调解的"立与废"之争得以阶段性尘埃落定。我国新《行政诉讼法》虽然仍固守行政案件不适用调解的基本原则,但又规定3类案件可以调解,立法博弈可见一斑。

---

* 重庆市第五中级人民法院行政审判庭副庭长。

** 重庆市第五中级人民法院法官助理。

① 张焕光主编:《行政法知识手册》,劳动人事出版社1990年版,第76页。

(二)调解实践的发展主线:与法律规范的背离

1. 修法前协调撤诉并不鲜见

修法前,尽管法律明确禁止调解,但“没有调解书的行政诉讼协调和解”却蓬勃发展。如福建省法院系统 1990~2008 年的一审行政案件撤诉率最低为 25.12%,最高达 40.72%。[①] 笔者所在的 C 市 W 中级人民法院近 5 年一审、二审撤诉率也基本保持在 13%左右。当然,撤诉的结果并不能完全归结于调解,但绝大部分撤诉案件是通过法院“协调”而实现,必然包含法院的调解过程。

2. 修法后有限调解难寻踪迹

我国新《行政诉讼法》施行已 1 年有余,笔者通过对中国裁判文书网进行搜索,未发现符合规定的行政调解书,甚至以行政调解书为名的文书也没有搜索结果。但通过实践探寻,其他类型案件的行政调解书却进入了视野。

【案例一】 “A 公司诉区人社局工伤认定案”

N 区人民法院组织当事人达成调解协议,其载明,“一、第三人刘某受伤属于工伤;二、A 公司一次性支付刘某工伤补偿费用”,并出具调解书予以确认。

【案例二】 “李某诉区房管局行政登记案”

J 区人民法院组织当事人达成如下协议,“1. 第三人邹某自愿将房屋让出一段通道作为公用,通道面积按比例分摊,供李某及邹某两户通行,所占面积从邹某房屋面积内扣除;2. 作为对邹某让出通道及被占用部分房屋的补偿,刁某、罗某自愿筹资支付邹某 7000 元;3. 李某和邹某将产权证交区房管局,进行变更登记”,并出具调解书予以确认。

上述调解是否合乎法律规范?首先,无论工伤认定还是产权登记,均属是与非的判断,行政机关并无自由裁量权,显然不符合我国新《行政诉讼法》第 60 条的规定;其次,工伤补偿待遇及相邻权纠纷属于民事争议,行政调解将其一并解决,有“超越职权”之嫌。由此可见,尽管我国新法明确了有限调解,但实践却游走在规范之外。

(三)问题提出:有限调解能否解决现实之需

制度供给与现实需求本应相互促进主、良性互动。制度供给为现实需求提供实现路径和保障,现实需求的进步和变化反之对制度提出新的要求,促使其完善升级,

---

① 参见胡建淼、唐震:《行政诉讼调解、和解抑或协调和解——基于经验事实和规范文本的考量》,载《政法论坛》2011 年第 4 期。

甚至催生新的制度。在行政诉讼调解实践中,制度与需求之间出现偏差,并未按照理论的模式发展,出现了双重悖论。法官本应是最理性的群体,但法律规定一再被突破,应当引起我们应有的重视和思考。毫无疑问,围绕行政诉讼调解进行思考绝不会因为现行立法的明确表达而停止理论争鸣和司法实践的争议。特别是在有限调解再次被背离时,更激烈的讨论将接踵而至。笔者不禁要问,有限调解能否解决现实之需?如果不能,行政诉讼调解究竟路在何方?

二、数据检视:以法官的实践选择为研究视角

司法实践表明,"调解适用与否,法官占据决定性因素,当事人因素影响较小"。[①] 那么,行政案件与法官选择调解之间,是否存在某种微妙但又必然的联系?对此,笔者采取问卷调查的方式,并调取了 C 市 W 中级人民法院 2011 ~ 2015 年调撤结案的所有行政案件,在此基础上进行研究。

(一)法官心态——赞同调解是主流观点

为充分了解法官的基本心态和认知导向,笔者向 C 市 W 中级人民法院及下辖基层人民法院的行政法官发出调查问卷 40 份,全部有效收回。结果显示,接受问卷调查的所有法官都尝试或曾经进行过调解或者协调和解,适用率达 100%。

从调解意愿类问题来看,在"您是否愿意对行政案件进行调解"问题上,肯定回答占比达到97.5%,仅 1 人不愿意对案件进行调解,认为行政审判应当监督依法行政,更加注重宣示性意义;在"您是否愿意对新《行政诉讼法》规定的自由裁量行政案件进行调解"问题上,居然有 33 人(占比达到 82.5%)选择不愿意,在具体原因(多选)上,26 人选择"此类案件无违法情形,行政机关不配合",24 人选择"属于合理性问题,司法不应过分干预"。

从案件类型方面的问题来看,在"您是否更加倾向于对某(几)类行政案件进行调解"问题上,共计 31 人(占比达到 77.5%)认为均可以进行调解,并没有明显的类型倾向,其余 9 人认为应有倾向性地对某(几)类行政案件进行调解,其中,9 人选择了劳动保障(工伤)类,6 人选择了信息公开类,4 人选择了土地房屋类;在"新《行政诉讼法》规定的调解案件范围与您愿意调解的案件范围是否一致"问题上,35 人(占

---

① 赵艳花、耿宝建:《行政诉讼中的调解——西方的经验与中国的选择》,载《行政法学研究》2009 年第 3 期。

比达到87.5%)认为不一致,有较大差距;在“您认为是否应当对可以调解的案件范围进行限定”问题上,28人(占比达到70%)认为不应当,应由法官根据个案进行裁量,10人(占比25%)认为应当限定,但应兼顾法官裁量权,2人(占比5%)认为应当限定,以防止权力交易情形发生。

(二)数据显示——撤诉案件的基本情况

1. 撤诉率呈逐年下降趋势

如表1所示,C市W中级人民法院5年来的行政案件撤诉率一直维持在20%以内,且呈逐年下降趋势。一方面,间接说明,至少在中级人民法院这个层面,撤诉率并不存在“显著虚高”;另一方面,这预示着行政案件通过调解促使当事人自愿撤诉的难度将与日俱增。

表1 C市W中级人民法院2011~2015年撤诉结案情况

年份	一审结案(件)	原告撤诉(件)	二审结案(件)	上诉人撤回上诉(件)	撤诉率(%)
2011	83	27	396	53	16.70
2012	184	27	314	47	14.86
2013	220	21	367	54	12.78
2014	229	38	403	25	9.97
2015	474	66	489	34	10.38

2. 案件所涉行政管理范围与普通行政案件范围趋同

392件撤诉案件,涉及18类行政管理范围,按数量排序,前5位的分别是:土地行政管理、劳动和社会保障、房屋拆迁、房屋登记和城市规划,与普通行政案件所涉行政管理范围相对集中的特点趋同。

3. 案件所涉行政行为种类相对集中

392件撤诉案件所涉行政行为,主要集中在行政征收、行政确认、行政受理、行政裁决和行政登记5类,占85.97%。

4. 行政民事法律关系交叉案件所占比重较大

如前第2点和第3点所示,案件所涉行政管理范围与行政行为种类相对集中。需要注意的是,这些范围及行为种类单纯涉及行政法律关系的较少,而多由相关民事争议引发,在392件撤诉案件中,约72%的案件呈现出行民交叉的特点。

(三)抽丝剥茧——影响法官选择调解的因素

如果简单基于数据显示结果,撤诉案件似乎与普通行政案件并无本质区别。基于此,笔者调取了392件撤诉案件的卷宗进行分析,以期找出影响法官选择调解的因素。

1. 调解与所涉行政管理范围和行为种类无关

受理案件后,法官并不会因为案件所涉的行政管理范围及行为种类等因素,决定是否调解,并不存在法官愿意调解的行政案件类型明显集中的趋势。

2. 被诉行政行为是否存在瑕疵或是违法之处是关键因素

"大部分撤诉案件如果交付审判,行政机关将败诉。"①这与调查问卷的结果基本一致。尽管略有夸大,但在一定程度也道出了调解的关键因素。其实国外亦如此,如捷克法官就认识到"行政机关的公职人员在履行职责过程中一般较为任性和骄慢,除非行政案件被审查发现有明显不当或重大违法的地方,否则他们通常不愿意和公民协调和解"。② 在笔者调取的392件撤诉案件中,占55.36%的案件均是如此,即存在瑕疵或违法之处。

表2 瑕疵及违法的表现形式及典型案例

	案件数量(件)	比例(%)	表现形式及典型案例
不作为	56	25.81	信息公开类案件中尤为突出。如"肖某诉市政府不履行公开职责案",市政府以肖某将申请邮寄给市长为由,辩称未收到申请,未在法定期限内回复。经调解,被告向原告公开其信息
行政行为违法	27	12.44	包括我国《行政诉讼法》第70条规定的6种情形。在工伤认定案件中,认定错误情况尤为突出
瑕疵行为	134	61.75	包括轻微违法和合法但有欠缺或不完善的行为。如"邓某诉市车管所行政登记案",车管所为邓某颁发的机动车登记证书未加盖印章,经调解通过补盖印章予以纠正

① 陈有西:《对行政诉讼困境的宏观思考》,载《行政法学研究》1993年第4期。

② 北京市高级人民法院:《瑞士、捷克行政审判和行政争议多元化解制度及其启示》,载最高人民法院行政审判庭编:《行政执法与行政审判》(2014年第1期·总第63期),中国法制出版社2014年版,第180页。

3.启动受内部自发动力和外部条件驱力影响

(1)内部自发动力。一是实现自我价值,考虑法官的角色行为模式和社会期待,使案件最妥帖地解决,是实现其自我价值的最好体现。部分行政案件,是非判决往往导致诉讼"空转",既伤害司法权威,也损害原告权益,调解反而更有效。二是规避结果风险,即使教义分析和法律技能仍然发挥重大作用,但均不足以有效回应法律难办案件与常情难办案件,①对于前者,调解可以避免结果错误,对于后者,调解又可以规避舆论拷问的风险。三是减轻工作烦琐程度,调解相较开庭审理、撰写审理报告及判决书,工作烦琐程度得以明显减轻。(2)外部条件驱力。一是顺应质量评估,尽管各级法院先后取消了质效考核排名,但评估为准确预见司法表现提供了某种凭据,且量化标准也更经济。② 调解率作为判断当事人是否服判息诉的重要指标,仍是反复强调的重要内容。二是受制人情世故,法官的第二重角色来自社会文化生活,③遭遇人情影响在所难免,相较违法裁判,调解结案既避免了违法风险,又平衡了人情关系。二审调解撤回上诉的案件,大多如此。

三、深层分析:实践背离的表现形式、原因及危害

(一)法官选择视角下行政诉讼调解的实践背离

具体而言,实践背离可分为以下3种表现形式。

1.选择"协调撤诉热"与选择"法定调解冷"的反差

尽管绝大多数撤诉案件均系法官实质性调解的结果,但仍以裁定同意原告撤回起诉结案。尤其修法已1年有余,协调撤诉仍是调解的主要表现形式,实践惯性根深蒂固。与此同时,法官对属于法律规定的可调解案件选择调解书结案的情形踪迹难寻,偶尔出现的行政调解书实质亦是民事调解。由此可见,在选择协调撤诉与法定调解之间,法官旗帜鲜明。

2.法官调解意愿全面与法律规定范围有限的冲突

实践证明,只要存在调解的动因,且恰好行政行为存在瑕疵或违法之处,法官就会倾向调解,案件类型、自由裁量权等都不是最重要的考量因素。而我国《行政诉讼法》第60条规定的有限调解,重点在于自由裁量权案件。调解的过程,即是促使行

---

① 参见苏力:《法条主义、民意与难办案件》,载《中外法学》2009年第1期。

② 参见谭世贵等:《法院管理模式研究》,法律出版社2010年版,第136页。

③ 参见陈增宝:《法官心理与司法技巧》,中国法制出版社2012年版,第144页。

政机关改变行政行为进而实现合理性审查的过程。但在实践中,法院在合理性审查问题上往往表现出明显的谨慎姿态。① 因此,有限调解规定的案件范围,与法官的全面调解意愿存在较大冲突。

3. 司法调解实质与行政和解形式间的矛盾

尽管协调撤诉案件绝大多数系法官调解促成,但查看 392 件撤诉案件裁定书,所有案件均载明"原告与被诉行政机关在本案审理过程中达成和解协议,基于此,原告自愿向本院撤回起诉",且翻看案件卷宗,司法调解过程、和解协议等相关记录不全。案件办理的实质明明是司法调解,却被披上行政和解"外衣",明明有功,却不愿受赏,确实有违一般逻辑。

(二)导致调解实践背离的原因分析

1. 司法需求驱使法官"法外救济"

行政诉讼调解在实践中表现出超乎寻常的制度扩张的内在动力不可能仅是法官的一腔热血,更是受到当事人司法需求和纠纷解决途径的驱使结果。在新形势下,司法救济需求是人民群众对法院最常见、最直接和最期待的需求。② 而行政诉讼的制度初衷在于监督行政机关依法行政,而非保护行政相对人权益。③ 这也导致其选择以"行政行为"作为架构基点,而使行政诉讼的受案范围和裁判种类不能有效回应公民的司法需求。随着立案登记制的施行,当事人诉的利益与行政行为的合法性审查合并进行,可能加剧这一问题,甚至导致法官以"法外救济"来满足人民群众不断提升的司法需求。

2. 司法责任促使"逆向选择"

司法的相对独立并非一朝一夕,从历史与将来一定时期的现实来看,行政诉讼终究难以避免受到不同程度的制约。但司法责任的"利剑"悬于头顶,趋利避害就成为可以被理解的现象了。结案固然是法官的重要目标,但同时也必须保证结果安全。而安全的首要即是不能违反法律。④ 在这种无奈的现实下,法官自然趋于采取

---

① 参见卜晓虹:《行政合理性原则在行政诉讼中之实然状况与应然构造》,载《法律适用》2006 年第 Z1 期。

② 参见郭富民、吴平:《如何满足三个层次的司法需求》,载《人民法院报》2014 年 9 月 21 日,第 2 版。

③ 参见张坤世、欧爱民:《现代行政诉讼制度发展的特点——兼与我国相关制度比较》,载《国家行政学院学报》2002 年第 5 期。

④ 参见王启梁、张熙娴:《法官如何调解?——对云南省 E 县法院民庭的考察》,载《当代法学》2010 年第 5 期。

既能免除司法责任,又能让各方接受甚至满意的裁判结果。当协调撤诉作为调解的最佳替代品的功能性未改变时,“逆向选择”结果不可避免。

3. 非正式制度的对抗导致“制度失灵”

制度的异化是必须警惕的现实,它可能催生某种非正式惯例,不加以重视终将激发产生出对抗甚至消灭正式制度的非正式制度。协调即是司法实践中得到最高人民法院认可的调解的变通运作。[①] 在司法实践中,协调撤诉适用程序和方法简单便捷,司法责任微乎其微,是几近完美的解决方式,已然成为解决行政争议的常态。但如放任自流,长久以往势必导致有限调解“制度失灵”。

(三)实践背离的结果与危害

从短期来看,协调撤诉仍将盛行。作为当下行政纠纷解决模式中最简便易行的处理方式,协调撤诉势必会继续在相当一段时期内为一线法官所青睐,撤诉率的指标考核也会继续在评估体系中占据重要位置,多年实践形成的惯性思维也很难在一朝一夕改变。在依法行政背景下,行政机关也乐于在行政行为存在瑕疵甚至违法的情况下配合法院甚至主动进行协调解决。

从中期来看,有限调解规定难以落地,这也是协调撤诉盛行的必然结果。因为关乎合理性问题,许多法官对于是否应当审查本就认识不一,加之可以预见的行政权的自我维护导致的案件处理难度增加,此类案件的调解前景并不光明。如此一来,有限调解规定能否在实践中得以落地并发挥应有效用,的确值得怀疑。

从远期来看,行政诉讼调解制度将不复存在。“逆向选择”的长期存在,势必导致行政诉讼调解制度本身受到伤害。“坏车驱逐不那么坏的车,不那么坏的车驱逐中等的车,中等的车驱逐不那么好的车,不那么好的车驱逐好车,最后连市场也不复存在。”[②]同理,若将行政案件调解比作经济活动,司法责任促使“逆向选择”,协调撤诉盛行,进而导致最高人民法院对协调撤诉的政策“默许”,并最终形成“逆淘汰”,如此一来,行政诉讼调解制度本身将不复存在。

四、理论证成:不妨松绑行政案件适用调解

(一)理论动摇——公权力不可处分的障碍排除

“公权力不可处分”是行政案件调解的理论桎梏。但现代公权力理论已不同以

---

① 参见吴英姿:《司法过程中的协调——一种功能分析的视角》,载《北大法律评论》2008 年第 2 期。

② 邹薇:《高级微观经济学》,清华大学出版社 2011 年版,第 301 页。

往,协商、合作精神早已取代原来的公权力至上成为主流,以服务与合作为特征的法律精神已经占据现代行政法上的主导地位。[①] 柔性执法、服务行政等全新理念对传统管理式的行政方式提出了巨大挑战,行政案件不适用调解的理论基础已备受质疑。

虽然行政机关不得随意放弃或转让其职权,但"有错必纠"也是应有的原则,行政机关有权在其自有裁量权空间内选择权力幅度和方式,这与随意处分有本质区别。因此,"公权不可处分"的内涵应是"公权不可任意处分"。[②] 有限调解规定的落地,也正是"公权力不可处分"的理论障碍排除和"契约行政"渐成趋势下的规范演变。[③] 但"公权不可任意处分"并不意味"公权不可合法处分",那么,可适用调解的行政案件是否必然存在明确的范围,也自当有商榷空间。

(二)功能重塑——强调行政争议实质化解

作为我国新《行政诉讼法》修改的亮点之一,解决行政争议成为该法新的功能定位被写进其立法宗旨之中。行政诉讼的核心问题日益回归到争议的解决与矛盾的化解。[④]

反对调解者认为,调解是对不当行政行为的"饰非""善后",势必加重司法"矮化症"。[⑤] 笔者认为,此结论成立的关键在于行政诉讼解决争议的功能能否通过判决得以实现。解决行政争议并非简单的是非判定,化解和消除争议冲突的内在根源、冲突所规避的义务得到实际履行、所侵害的利益得以恢复才是解决行政争议的实质内涵。在行政诉讼案件中,当事人起诉动因复杂,通常伴随其他事实动因,司法如果遵循完全的法律逻辑主义,势必在解决行政争议的道路上越走越远,从而形成恶性循环。如此看来,就现阶段而言,调解不必然加重司法"矮化症",反而可能是减轻。

支持司法宣示理论也是赞成部分行政案件不适宜调解的一个重要理由。但一个法律制度功能实现的首要保证必须是它能为社会所接受,强制性制裁只能作为次

---

① 参见姜明安:《行政法和行政诉讼法》,北京大学出版社1999年版,第180页。

② 参见山东省高级人民法院行政审判庭:《关于在行政诉讼中引入和解机制有关问题的调研报告》,载《山东审判(山东法官培训学院学报)》2007年第2期。

③ 参见刘群:《构建行政诉讼有限调解的思考》,载《行政法学研究》2013年第2期。

④ 参见葛自丹、李秋高:《行政诉讼适用调解的可行性研究》,载《武汉大学学报》(哲学社会科学版)2013年第3期。

⑤ 参见吴晓静:《论行政诉讼调解制度的立与废》,全国法院第25届学术讨论会论文集。

要的辅助性保证。[①] 行政诉讼正处于“难敷其用”的境地,司法判决的纠纷解决形式更多具有的是宣示和示范性意义,距离争议实质性解决还有一定距离。相当程度的当事人对法院的审理焦点并不关心,其在意的通常是超越法律问题的实际深层次纠纷的解决,这也是“案结事不了”的现实根源。在解决争议视角下,应当尊重法院的协调职能,允许各方当事人在一定前提下进行适当妥协和礼让,没有必要坚守合法性审查毫不动摇。

(三)经验借鉴——不宜调解范围难以界定

在法治发达国家,调解在行政纠纷解决中扮演了重要角色。美国大约80%的行政诉讼案件通过调解解决,[②]英国大约4/5的行政案件通过调解解决,[③]而在法国和德国的行政程序法中也可以直接找到调解的依据。

域外法律群体都曾尝试定义哪些行政案件适宜或者不适宜调解,但结论都无法统一甚至相互冲突。如德国和法国在自由裁量权能否调解问题上的观点可谓南辕北辙。在法国行政法体系下,对自由裁量权的行使进行协商绝无可能,而德国行政法院却认为这个领域对调解来说有很大的发展空间。[④] 英国法认为,恶意违法案件、涉及人权的公法案件、需要创造先例以澄清法律的案件等不适宜调解,但又没有明确的标准,在实践中亦存在反向而行的案例。我国也有不少学者试图对行政诉讼调解的案件范围进行归纳总结,但是难以形成一致意见,所提出的结论也很难经得起实践的推敲检验。

(四)风险可控——通过制度设计予以规避

公权利益被随意处分、久调不决、迫使当事人放弃合法权益、行政诉讼监督功能的弱化等,是反对放开行政案件调解者设想出的种种后果。笔者认为,此种担忧不无道理,但也言过其实,只要制度设计时对其予以充分考虑,其风险仍属可控。

第一,纯粹的行政案件调解并不多见,多数系对与行政案件相关的民事争议进行调解,进而化解行政争议。而民事争议适用调解,并不存在任何理论桎梏和法律

---

① 参见[美]伯尔曼:《法律与宗教》,梁治平译,生活·读书·新知三联书店1991年版,第28页。

② 参见青锋、王振宇:《美国司法审查制度观察》,载李国光主编:《行政执法与行政审判》2003年第1辑(总第5辑),法律出版社2003年版,第256页。

③ 参见蔡小雪、甘雯:《英国司法审查制度简介及我国司法审查制度的比较》,载李国光主编:《行政执法与行政审判》2003年第1辑(总第5辑),法律出版社2003年版,第238页。

④ 参见赵艳花、耿宝建:《行政法纠纷中调解的出现:英国、法国和德国的经验谈》,载《南京工业大学学报》(社会科学版)2008年第1期。

障碍。第二,随着依法行政的逐步深入、审计程序的强化,行政机关忽略审计风险以随意处分公权为代价接受调解的情况将大为减少。第三,“和稀泥”式的无原则调解及压服式的非自愿调解,均可通过制度设计予以规制。更重要的是,随着公民法制意识的觉醒,在行政行为确有瑕疵或违法之处的案件中,原告通常拒绝让渡权利,从而实现对权利的完整救济。同时,协调撤诉带来的弊端已凸显,纳入法律规范的调解结果不会更差。

五、解决思路:以司法解释引导调解制度构建

(一)构建前提:对我国新《行政诉讼法》第60条的理解与适用

首先,注意区分过程意义与结果意义的调解。我国新《行政诉讼法》第60条规定的调解可理解为结果意义的调解,即以行政调解书方式结案。与此同时,过程意义的调解并不被禁止。在行政案件审理过程中,过程意义的调解可以贯穿始终,是司法实践常态,当下盛行的协调撤诉甚至可以看作过程意义的调解的实践缩影。因此,有必要对协调撤诉予以规范,引导其向过程意义的调解转型。

其次,对自由裁量权作适当解释。行政机关自由裁量权的概念并无官方的权威定义,尚有较大解释空间。最高人民法院在《关于在审判执行工作中切实规范自由裁量权行使保障法律统一适用的指导意见》中对司法自由裁量权进行了定义,可参照上述观点,认为行政自由裁量权可包含事实认定、法律适用、程序处理、实体处理等多重维度,并以此为框架,以司法解释的形式对我国新《行政诉讼法》第60条规定的自由裁量权作适当解释,适度扩张可调解案件的范围,以较低成本实现制度“绑松”。

(二)情景模式:不同案件情景下的诉讼调解

一是单独行政案件的调解。案件范围如上文所述可以通过司法解释实现适度“松绑”。在调解程序启动上,当事人可随时进行调解;在调解人员设置上,可直接由最了解案情的承办法官负责;在调解方法上,应当尊重法官的个体创造,鼓励进行经验积累和推广;在调判结合上,在调解不成时应当及时判决,不得无故拖延。

二是行政附带民事案件一并调解。我国新《行政诉讼法》第61条规定了行政附带民事案件的一并解决,此类案件争议产生的根源一般都是民事争议,通过民事调解,可从根本上消灭行政案件的诉因,实现争议的实质性化解。如果仅对一并审理的案件民事部分调解,行政部分却必须依法判决,无论从当事人满意度还是实质性

化解纠纷的角度来说都非上策,我们可以通过制度"松绑",对其一并调解解决。

三是密切关联民事争议的一并调解。我国新《行政诉讼法》第61条远未能涵盖实务中因民事争议而产生的行政争议范围。在实践中,大量的行政诉讼伴随其他民事争议的存在甚至是以其他民事争议为基础,有的甚至是以诉讼为工具达到拖延民事争议的目的。工伤认定案件是此类案件的典型代表,也是行政案件的主要类型之一。作为司法实践的主要突破口,现实需求尤为迫切。建议对工伤认定行政案件进行试点,如果相关民事争议尚未进入另一司法程序,可以允许法院在行政诉讼中借助劳动保障部门的专业优势,形成调解合力,一并调解。

(三)实现途径:司法政策的适当引导

1. 从双轨制向单轨制转型

现行规定建构出协调撤诉与调解并存的双轨制,但在过程意义的调解认知下,两者的界限并不清晰,易引发诟病。因此,亟待对协调撤诉进行规范,引导双轨制向调解单轨制转型:首先,裁定文书应当明确载明撤诉原因,并在法院认定中对撤诉是否符合法律规定加以必要分析论述,促使对撤诉审查"名副其实";其次,对卷宗"全程留痕",规定卷宗必须附带协调笔录、调解方案具体内容等材料,客观全面地反映调解工作的过程及结果;最后,以卷宗复核、当事人回访等形式强化质量评查,杜绝不当撤诉损害原告合法权益的情况出现。

2. 完善案件质量评估指标

作为在相当时期内的应然和实然存在,质量评估对于司法实践有重要的参考意义,应当顺势利用。在评估过程中,建议对行政案件的评价指标进行完善,对调解率指标进行研究,设置合适的底值和峰值,以适当的比例和权重加入指标体系之中,以此为行政诉讼调解正名并对其进行鼓励。

3. 组织优秀调解文书评比

法院系统每年都会组织三大诉讼领域优秀裁判文书评比活动,以提高法官撰写优秀裁判文书的积极性。推行行政诉讼调解制度也可借鉴这一做法,在全国范围内适时组织优秀行政调解书评比活动,鼓励行政法官对适宜的行政案件进行调解。

(四)结果监督:调解瑕疵及其救济

在行政诉讼调解中可能存在违反法律规定或者其他情形导致调解无效或者可撤销,称为调解瑕疵。调解瑕疵一般包含调解违反法律法规的禁止性规定、明显违反公序良俗原则、恶意串通损害国家利益或第三人利益、当事人或代理人没有处分权、违反当事人自愿原则、明显不公平等情况。[①]

如果行政诉讼调解有无效或可撤销情形时,理应允许当事人在一定期限内请求原审法院撤销原调解文书,对有瑕疵的调解继续审判,这是实现公平正义的基本要求。结合实际,建议当事人在知道或应当知道调解存在无效或可撤销的情形后,应当在1个月内向原法院请求撤销原调解文书,继续审判,并且对启动程序严格实行事由法定化,从而保障当事人的合法权益。

① 参见解志勇、阿檀林:《行政诉讼调解瑕疵及其救济》,载《国家行政学院学报》2010年第5期。

采取补救措施判决的适用分析与研究

——以我国新《行政诉讼法》实施后的169件案例为分析样本

张玉晶* 马立群**

我国2014年修订的《行政诉讼法》,在第76条、第78条增加了判决“责令被告采取补救措施”和行政协议案件中判决“被告承担采取补救措施责任”两类新的判决形式。从比较法的角度观察,属大陆法系的德国、法国、日本的行政诉讼法中均未有类似的立法例。该类判决属于回应“中国司法实践问题”的立法创制。我国《行政诉讼法》及司法解释对采取补救措施判决的类型、适用范围、适用条件、判决内容以及采取补救措施判决与其他判决的适用关系均未作明确规定。目前,法官在具体的案件裁判中对该判决的使用保持谨慎态度。在司法实践中,因该类判决内容不清、执行标的不明,导致原告的实际权益难以得到有效救济,不利于实质性解决行政争议。本文以169件我国新《行政诉讼法》实施后的实践案例为分析样本,对两类补救措施判决的法律属性、适用条件、适用规则及执行中存在的问题进行分析,以期提炼共享的程序规则,并提出可供行政审判参考的具体可操作性建议。

---

* 重庆市沙坪坝区人民法院行政审判庭副庭长。

** 西南政法大学行政法学院副教授。

一、厘清本源:采取补救措施判决的法律属性

(一)采取补救措施判决的类型

我国《行政诉讼法》第76条、第78条规定了两类不同性质的采取补救措施判决,即责令被告采取补救措施判决与行政协议中被告承担采取补救措施责任判决。两类判决在救济目的、适用对象、补救方式、执行方式等方面存在本质差异,因此,应加以区别讨论。

1. 责令被告采取补救措施判决

2000年最高人民法院发布的《关于执行〈中华人民共和国行政诉讼法〉若干问题的解释》(以下简称《执行解释》)第58条规定:"被诉具体行政行为违法,但撤销该具体行政行为将会给国家利益或者公共利益造成重大损失的,人民法院应当作出确认被诉具体行政行为违法的判决,并责令被诉行政机关采取相应的补救措施。"在学理研究中通常将该类判决称为情况判决。① 因采取补救措施判决在补充基本判决不足、协调司法权与行政权之间的关系、实质性解决行政争议等方面具有优势,2014年修订的《行政诉讼法》吸收了该判决类型。我国《行政诉讼法》第76条规定,人民法院判决确认违法或者无效的,可以同时判决责令被告采取补救措施;给原告造成损失的,依法判决被告承担赔偿责任。该条规定实质扩大了采取补救措施的适用范围,尤其是在原告及第三人利益保护领域,该类判决未来将有巨大的拓展空间。采取补救措施判决属于开放型判决,其可以通过司法裁判之具体化,为原告及第三人的权益提供更丰富的救济手段。同时,可以减少和预防未来可能发生的行政争议。我国《行政诉讼法》修改后,责令采取补救措施判决的适用目的、适用条件和范围等产生了根本性变化,需要结合立法目的与司法实践在法理上对其重新定位。

2. 行政协议中被告承担采取补救措施责任判决

我国《行政诉讼法》第78条规定,被告不依法履行、未按照约定履行或者变更、解除本法第12条第1款第11项规定的协议的,人民法院判决被告承担继续履行、采取补救措施或者赔偿损失等责任。该条规定了行政协议履行争议中的采取补救措施判决,该判决具有"私法化"的特点。该条文内容借鉴了我国《合同法》第107条、

① 参见甘文:《行政诉讼法司法解释之评论——理由、观点与问题》,中国法制出版社2000年版,第165页。

第 112 条关于违约责任类型与责任承担方式的相关规定。目前,我国尚未颁布国家层面的行政合同立法,《行政诉讼法》修改时将行政协议的违约责任纳入其中,是回应司法需求、弥补立法空缺的权宜之策。在行政协议中承担采取补救措施责任的判决,就内容而言属于"责任形式",就形式而言属于"判决类型"。本文将从"判决类型"的角度进行分析。

(二)采取补救措施判决的法律属性

从法律属性来讲,以上两类采取补救措施判决都属于给付判决的形式。给付判决,是指法院作出的判决被告对原告履行特定给付义务(包括作为与不作为)的判决形式。给付判决的内容包括行为给付与财产给付。我国《行政诉讼法》第 72 条、第 73 条将给付判决区分为履行法定职责判决与行政给付判决两类基本的判决形式。但是除此之外,我国《行政诉讼法》亦在其他判决类型中补充规定了几类其他形式的给付判决,如继续履行、采取补救措施、行政补偿、行政赔偿等。笔者认为,我国《行政诉讼法》第 76 条规定的责令被告采取补救措施判决属于特殊给付类判决,与该法第 72 条规定的履行法定职责判决、第 73 条规定的行政给付判决不同,其存在独立的适用要件。

我国《行政诉讼法》第 78 条行政协议判决条款规定的采取补救措施,其内容更侧重确定行政机关违反行政协议的责任形式,其本质与一般的给付判决并无差别。但因我国《行政诉讼法》第 78 条将其与第 72 条、第 73 条区分并单独予以规定,因此,行政协议案件中采取补救措施判决同样存在独立的适用要件。此外,因给付判决具有执行力,需要通过司法强制力保障判决内容予以实现,因此,需要对采取补救措施判决执行中的问题予以分析。

二、要件分析 A:责令被告采取补救措施判决的适用范围与方式

(一)责令被告采取补救措施判决的适用范围与条件

1. 法院作出撤销判决、确认违法或无效判决

我国《行政诉讼法》规定了七类基本的判决类型,即驳回诉讼请求判决、撤销判决、履行法定职责判决、行政给付判决、确认违法判决、确认无效判决、变更判决。责令被告采取补救措施判决,属于补充性判决,应与基本判决附加适用。在调研收集的 158 个案例中,具体的判决形式如表 1 所示。

表1　责令被告采取补救措施判决类型及判决依据基本情况

(以158件案例样本为分析对象)

项目	判决形式	数量(件)	所占比例(%)	判决依据	备注
判决主文载明采取补救措施	确认违法+采取补救措施	106	67.09	《行政诉讼法》第76条	—
	确认无效+采取补救措施	2	1.27	《行政诉讼法》第76条	湖北省赤壁市人民法院〔2016〕鄂1281行初4号、广西平果县人民法院〔2015〕平行初字第11号行政判决书
	撤销+采取补救措施	9	5.70	《行政诉讼法》第70条第1项、第2项,第71条;《执行解释》第59条第1项、第2项	—
	判驳+采取补救措施	1	0.63	《行政诉讼法》第74条第1款第1项及《执行解释》第59条第2项	陕西省西安市莲湖区人民法院〔2013〕莲行初字第00251号行政判决书
	履行法定职责+采取补救措施	1	0.63	《行政诉讼法》第69条、第72条	原告岳某诉被告息县住房和城乡建设局、息县房地产管理所房屋登记一案
	无主判决+采取补救措施	1	0.63	《行政诉讼法》第76条、《执行解释》第56条第4项	湖南省新宁县人民法院〔2015〕宁行初字第19号行政判决书
判决说理载明采取补救措施	确认违法	36	22.78	《行政诉讼法》第76条	—
	判驳	2	1.30	《行政诉讼法》第69条	—

根据表1可以看出,只有1个案例单独使用采取补救措施判决,其余均为附加性适用。但是,其中有38个案例,在判决主文中没有列明采取补救措施判决,但在判决说明理由部分明确了责令被告采取补救措施的要求。在判决类型方面,确认违法判决附加采取补救措施判决的案件占了绝大多数(67.09%)。此外,也有9个撤销诉讼判决附加采取补救措施的案件,其均以2000年《执行解释》的第59条为适用依据。我国《行政诉讼法》第76条规定,判决确认违法或者无效的,人民法院可以同时判决责令被告采取补救措施。相对2000年《执行解释》来说,我国新《行政诉讼法》并没有规定撤销判决附加采取补救措施的情形。这属于立法遗漏抑或是出于司法实践或法理上的考量,笔者尚未从立法说明以及各类立法释义中找到相关解释。因《司法解释》依然有效,且该规定与新《行政诉讼法》及最高人民法院《关于适用〈中华人民共和国行政诉讼法〉的解释》并不存在冲突,因此可以作为适用依据。但是,履行法定职责判决、判决驳回诉讼请求等附加采取补救措施判决,并无法律依据,对此,笔者认为,可以在判决理由中作出被告采取补救措施的要求。

2. 存在特定需要司法保护的利益

规定责令被告采取补救措施判决与赔偿判决,主要考虑是:确认判决针对的是被诉行政行为,这个判决对原告的实体意义需要通过责令被告采取补救措施判决与赔偿判决予以体现。[①] 责令被告采取补救措施判决的适用范围,远远超出情势判决的范围,后者仅限于适用我国《行政诉讼法》第74条第1款第1项。我国《行政诉讼法》第76条规定的责令被告采取补救措施判决所保护的法益已与情况判决的内容存在较大的差异。笔者认为,责令被告采取补救措施判决是法院依职权对特定利益进行司法保护的制度设计,具体而言,包括:(1)国家利益、社会公共利益。在撤销判决、确认违法、确认无效判决作出的同时,如存在国家利益、社会公共利益受侵害的情况,法院可以责令被告采取补救措施。(2)需要恢复性保护、暂时性保护和预防性保护的个人利益,包括原告及第三人的利益。利益的范围包括相对人及第三人的信赖利益、预期利益等。

3. 通过基本判决仍无法实现诉讼目的

采取补救措施判决依附的基本判决是确认判决和撤销判决。根据诉讼法理,在确认诉讼中,判决的既判力是纠纷解决的唯一支柱。这与给付之诉与形成之诉将执

---

① 参见江必新、邵长茂:《新行政诉讼法修改条文理解与适用》,中国法制出版社2015年版,第281页。

行力或形成力作为纠纷解决的重点互不相同。[①] 在确认判决无法实现诉讼目的时,需要与其他判决一起适用。笔者认为,确认行政行为违法或无效时,依然需要通过履行判决或给付判决实现诉讼目的时,基本判决形式应优先于采取补救措施判决适用。我国《行政诉讼法》第76条是第74条的补充规定。在起诉被告履行法定职责案件中,如果被告不履行或者拖延履行法定职责,判决履行没有实际意义的,也适用继续确认判决。在这种判决情况下,判决确认行政机关不履行法定职责违法,可以要求行政机关采取补救措施。[②] 因此,履行法定职责判决与行政给付判决应优先于采取补救措施判决适用,法院不得以采取补救措施判决代替履行法定职责判决。

4. 属于被告职权职责范围,且能够履行

法院作出责令被告采取补救措施的判决,必须是在查明案件事实的基础上,确定采取补救措施属于被告的职权职责范围,且被告有能力实施相应的措施,被告履行也有现实可能性,法院才有必要作出该判决。

(二)责令被告采取补救措施判决的适用原则与界限

当事人主义与司法职权主义的混合是中国行政诉讼程序的一个显著特点。[③] 我国《行政诉讼法》的立法目的除将权利救济为己任外,另一个重要的目的是保持行政客观法秩序的适法性。对此,行政诉讼中需要有强化法院依职权实现该目的的制度设计。责令被告采取补救措施判决,法院适用的原则是"依职权择判",即法院判决不受当事人诉请的限制(见表2)。

表2 责令被告采取补救措施案件的诉请与判决情况(以158件案例样本为分析对象)

裁判模式	数量(件)	比例(%)	备 注
法院依诉讼请求择判	19	12.03	其中10个案件,一审未提,在上诉中提出采取补救措施
法院依职权择判	139	87.97	—

从表2可见,在分析样本中,只有19个案件的当事人在诉讼请求中明确提出要求法院判决"责令被告采取补救措施",其余案件均为法院依职权作出判决。根据我国《行政诉讼法》第76条的规定反推,原告有权利提出责令被告采取补救措施的诉请,但

① 参见[日]三ケ月章:《日本民事诉讼法》,汪一凡译,黄荣坤校订,台北,五南图书出版公司1997年版,第51页。

② 参见梁凤云:《新行政诉讼法讲义》,人民法院出版社2015年版,第433页。

③ 参见杨伟东:《权力结构中的行政诉讼》,北京大学出版社2008年版,第112页。

因采取补救措施判决基于特定的司法保护目的,在原告没有提出采取保护措施的案件中,法院依然有职权根据案件的具体情况作出该类判决,而不需要原告增加或变更诉讼请求。基于行政审判的特殊性,存在诉判关系不一致的情形,即行政判决并非完全局限于诉讼请求的范围,而是可以超越诉讼请求作出判决。① 但在司法实践中,依然存在不同的认识。如在"王某某诉牡丹江市人民政府强制拆除房屋案"中,二审法院认为一审判决采取补救措施超越了原告的诉讼请求,二审撤销了一审在确认违法基础上所作的"责令牡丹江市人民政府于本判决生效后两个月内采取补救措施"的判项。②

笔者认为,法院作出责令被告采取补救措施判决,并不需要原告必须提出相对应的诉讼请求,原告在提出确认违法或无效诉讼后,经言辞辩论后,法院认为,存在需要通过司法予以保护的国家利益、公共利益以及原告、第三人通过基本的诉讼判决仍存在保护的必要时,可以责令被告采取补救措施,以实现行政诉讼之立法目的。

责令被告采取补救措施涉及司法权介入行政权的界限与范围,因此,适用该判决应受到严格的条件限制。全国人大常委会法制工作委员会行政法室组织编写的《〈中华人民共和国行政诉讼法〉解读与适用》一书在解读我国《行政诉讼法》第76条时认为,法院根据实际情况,来决定是否判决责令被告采取补救措施,这是法院主动而为的,但也包括在原告要求撤销违法行政行为的诉讼请求范围内。笔者认为,该类判决属于法院依职权作出的诉外裁判,与当事人的诉请范围并不需要直接对应,但是,法院作出该类判决应不得逾越原告提出的程序标的和诉讼标的的范围,不得作出与诉讼标的无关联的判决。

(三)责令被告采取补救措施的方式与期限

"采取补救措施"是一个内容不确定的概念,需要在行政审判中根据具体的案件情况予以具体化。在司法实践中,由于补救措施太复杂,难以明确,法院往往采取避实就虚的办法,用词较笼统宽泛。最常见的就是,责令被告"采取相应的补救措施",却无其他内容。③ 因责令被告采取补救措施判决涉及司法权与行政权的关系,因此,法院判决被告采取补救措施的方式面临多元目标权衡取舍的难题。

1. 责令被告采取补救措施的方式

在《行政诉讼法》修改的过程中,全国人大常委会组织的调研报告中提出,从我

---

① 参见邓刚宏:《我国行政诉讼诉判关系的新认识》,载《中国法学》2012年第5期。

② 黑龙江省高级人民法院〔2016〕黑行终64号行政判决书。

③ 参见何海波:《行政诉讼法》,法律出版社2016年版,第463页。

国目前行政审判发展的成熟度来看,行政权和司法权的关系应当谨慎考虑,我国还不适合允许法院直接代替行政机关作出具体行政决定。但从保护行政相对人权利、解决行政争议、提高诉讼效率的角度来看,逐步放宽司法审查的范围是一个大趋势。可以尝试在司法实践中作出适当探索,在一些特定情形下,允许法院直接要求行政机关为一定的行为。责令被告采取补救措施判决的内容,由法官依据职权,根据案件事实,依自由裁量权限作出。具体包括以下内容。

(1)原则性判决。即对于采取补救措施的方式,根据裁判事实和法律规定依然无法确定,而是需要行政机关依据职权在认定事实的基础上作出,此时,法院应作出概括性判决,即在判决主文中列明:“责令××采取补救措施”或“责令××采取相应补救措施”。在本文收集的120个裁判主文载明责令被告采取补救措施裁判样本案例中,有79个采用了原则性判决,而仅有41个案例明确了具体的补救措施内容(见表3)。

表3 判决采取补救措施具体判项内容情况

采取补救措施	数量(件)	比例(%)	具体内容	
具体判决	41	34. 17	明确对象	责令政府在征收补偿费用足额到位、专户存储、专款专用方面采取补救措施;责令被告对被新建建筑遮挡而导致日照标准低于大寒日2小时的居民采取相应的补救措施;责令被告就资金足额到位、保障征收补偿采取补救措施;责令被告对其土地及其附着物进行补偿;责令被告对房屋产权登记采取补救措施;责令被告对征地补偿采取补救措施;责令被告对参加工作时间、工作年限错误问题采取补救措施
			明确内容	停止项目施工;更正婚姻登记信息;返还违法拆除的原物;返还违法占用的土地;返还财物;办理国土证;办理产权登记;明确征收范围内房屋的权属、区位、用途、建筑面积等情况;责令消除影响赔礼道歉;责令清理垃圾
			明确手段	责令重新作出处理决定;责令按相关法律、法规的规定对原告作出补偿决定、责令补偿;责令依法安置
			明确期限	责令在判决生效之后90日、60日、30日、15日、10日、5日内或立即采取补救措施
			明确目标	责令依法采取消除安全隐患的补救措施;责令采取补救措施,确保不影响原告房屋的通风、采光、通行等合法权益;责令被告就资金到位、保障征收补偿采取补救措施
原则判决	79	65.83	责令采取补救措施、责令采取相应的补救措施	

(2)具体判决。法官如何作出包含具体内容的判决,其标准如何把握,是适用该类判决的难点。笔者认为,采取补救措施的具体方式判断,可以借鉴德国义务诉讼"裁判时机成熟"原则予以确定。① 即根据案件审理的具体情况,在从确定的案件事实及法律规定可以推导出具体的补救方式时,法院应在判决中明确采取补救措施的具体内容与方式。具体包括明确对象、明确内容、明确手段、明确期限、明确目标。

2. 责令被告采取补救措施的期限

在最高人民法院公报案例——"河南省周口市益民燃气有限公司诉周口市人民政府等行政行为违法案"中,最高人民法院即指出一审判决未指定被告应采取补救措施的期限尚存不足,故二审改判为"于本判决生效之日起6个月内采取相应补救措施"。② 但在我国新《行政诉讼法》实施后,大量的裁判中依然没有明确采取补救措施的期限。在本文收集的158件案例中,有88件未明确期限,在明确期限的32件案例中,14件规定在判决生效之日起60日内采取相应补救措施。关于判决采取补救措施的期限,笔者认为,可以参考判决被告履行法定职责的期限。根据2000年《执行解释》第60条第2款的规定,人民法院判决被告履行法定职责,应当指定履行的期限,因情况特殊难于确定期限的除外(见表4)。

表4 责令被告采取补救措施期限情况(以158件案例样本为分析对象)

判决类型	类型	期限(日)	数量(件)	总计(件)	比例(%)	备注
判决主文中有采取补救措施(120件)	有期限	立即	2	32	26.67	其中有期限的判决内容占责令被告采取补救类措施案件的20.25%
		5	1			
		10	3			
		15	1			
		30	5			
		60	14			
		90	6			
		其他	0			
	无期限	/	88	88	73.33	

① 参见[德]弗里德赫尔穆·胡芬:《行政诉讼法》(第5版),莫光华译,法律出版社2003年版,第591页。

② 最高人民法院〔2004〕行终字第6号行政判决书,载《最高人民法院公报》2005年第8期。

续表

判决类型	类型	期限(日)	数量(件)	总计(件)	比例(%)	备注
裁判说理中有,但判决主文中无采取补救措施(38件)						

三、要件分析 B:行政协议承担采取补救措施责任判决的适用范围与方式

(一)行政协议承担采取补救措施责任判决适用范围与条件

1. 采取补救措施判决可单独适用

我国《行政诉讼法》第 78 条列举的 3 类责任是并列规定的,而非包含与被包含关系,因此,与之对应的判决种类均可以单独适用。对此,最高人民法院《关于适用〈中华人民共和国行政诉讼法〉若干问题解释》第 15 条对其适用关系作出了进一步规定,即被告无法继续履行或者继续履行已无实际意义的,判决被告采取相应的补救措施。如在"尹某某与湖北省汉川市人民政府行政强制案"中,判决主文即被告湖北省汉川市人民政府采取补救措施。①

2. 原告的请求权成立

在行政协议争议中,当事人争讼的诉讼标的并非行政行为,而是基于行政协议确定的原告的请求权及请求内容是否成立。因此,行政协议争议案件的审理与其他行政行为争议案件存在不同的裁判思路。原告在起诉中要求法院判决被告"继续履行协议""采取补救措施""赔偿损失"的诉讼请求能否成立,法院应审查原告诉讼请求的请求权基础是否成立,即履行请求权、给付请求权、损害赔偿请求权是否具有合法依据。

3. 被告存在违法或违约行为

与民事合同不同的是,因行政协议存在主体特定性、主体地位不平等、以行政职责为前提、行政主体具有优益权、以实现行政目标为目的、适用行政法规范等特点,因此,对其也存在多元的审查标准。法院在对原告的诉讼请求作出裁判前,需要对行政协议进行"合法性""合约性""合规性"审查,并根据审查结果确定法律责任,选

① 详见湖北省孝感市中级人民法院〔2015〕鄂孝感中行初字第 00004 号行政判决书。

择判决方式。但需要明确的是,确认行政协议"违法"或"违约"是法院作出判决的理由,而非判决的标的。因此,采取补救措施判决的适用,以被告存在违法或者违约行为为前提。

4. 被告无法继续履行或者继续履行已无实际意义

根据最高人民法院《关于适用〈中华人民共和国行政诉讼法〉若干问题解释》第15条第1款的规定,在行政协议案件中,原告主张的理由成立的,能够继续履行协议的,法院应首先判决继续履行。被告无法继续履行或者继续履行已无实际意义的,判决被告采取相应的补救措施。因此,继续履行协议判决与采取补救措施判决属于递进式适用关系,在适用上具有一定的互斥性。只有被告无法继续履行或者继续履行已无实际意义时,才适用采取补救措施判决。需要进一步解释的是,继续履行判决与采取补救措施判决具有互斥性,并不是指在判决主文中不能同时使用这两类判决,而是指针对行政协议中的同一项履行义务,法院不能同时使用这两类判决。在"黄某某与韶关市国土资源局未按约定履行房屋回迁安置行政协议案"中,被告与原告于2007年11月28日签订《房屋回迁安置协议书》,并于2014年12月1日签订《补充协议》。后因各种因素,原告未能按约定回迁商铺,且回迁的商铺也亦出售他人,前一协议无法继续履行。针对以上事实认定,法院判决:(1)被告韶关市国土资源局继续履行《补充协议》第2条,于判决生效后支付原告经营损失补偿费至商铺补偿款履行完毕止。(2)被告韶关市国土资源局采取补救措施,于判决生效后30日内,按照相对应商铺的当前市场价值组织评估工作,以评估价为商铺补偿款支付原告。在该案中,虽然法院在判决主文中同时作出了继续履行判决和采取补救措施判决两项判决,但因两项判决针对的履行义务不同,因此并无不当。

(二)行政协议承担采取补救措施责任判决的适用原则与界限

2015年最高人民法院《关于适用〈中华人民共和国行政诉讼法〉若干问题解释》第15条第1款规定:"……人民法院可以根据原告的诉讼请求判决……"该司法解释明确规定将"诉讼请求"作为判决的前提。行政协议承担采取补救措施责任判决应遵循"依诉请择判"原则,法院判决不得逾越原告诉讼请求的范围。

(三)行政协议承担采取补救措施责任的方式与期限

1. 采取补救措施的方式

我国《行政诉讼法》第78条没有规定采取补救措施的方式,最高人民法院在行政诉讼法司法解释中只增加规定了采取"相应的"补救措施,该规定依然属于抽象性规定。在我国《民事诉讼法》中,并未针对民事合同单独规定判决种类,而是由法院根据民事法律规范的规定,确定适用采取补救措施的具体方式。我国《合同法》第111 条、《消费者权益保护法》第 44 条及《产品质量法》第 40 条等都有明确规定。[①]具体的补救措施如修理、更换、重作、更换、退货、减少价款、补足数量等。与民事规范不同,目前国家层面的相关行政合同立法尚未出台,在该领域存在实体法上的空缺。在行政审判实践中,采取补救措施判决主要有原则性判决与具体判决两类方式。原则性判决只在判决主文中确定"被告应采取补救措施",而不包括采取补救措施的具体方法。具体判决通常在判决理由中说明被告应采取补救措施,并在判决主文中确定补救措施的具体方法。如"陈某、胡某某诉东至县房屋征收补偿管理办公室未按照约定履行行政协议案"中,因置换安置房质量问题,法院对原告提出的"采取相应的补救措施,为原告调换同等面积质量合格的房屋"请求判决予以认可。[②]相似的案例如"杨某与沈阳市于洪区造化街道办事处行政协议案",在该案中,法院审理后认为,因协议已实际无法履行,直接判决被告为原告安置房屋可能会导致原告的权益难以实现,因此,法院判决被告给付原告相应的拆迁安置费。[③] 在行政协议案件中,因行政协议的履行标的相对明确,同时,行政机关行政职权介入因素弱化,对于采取补救措施的具体方式,法院在对行政协议争点审理后,通常较容易确定。

2. 采取补救措施的期限

笔者认为,采取补救措施的实施期限,首先应以行政协议中约定履行协议的期限为标准,如协议中约定不明或已逾期违约,法院应根据行政机关的职责权限与一般期限,结合具体的案件事实确定合理期限。在实践中,法院判决采取补救措施的期限因履行对象不同而存在差异,如采取补救措施涉及金钱给付,则期限相对较短,如在"林某某与铜官山区土地和房屋征收中心不履行房屋征收补偿行政协议案"中,法院判决被告于判决生效之日起 10 日内向原告支付"逾期临时过渡补助费"。[④] 但是,如果采取补救措施的方式不属于金钱给付,法院应给被告预留合理的履行期限。如在"孙某某与银川市人民政府、银川市土地储备局未按照约定履行协议案"中,法

---

① 我国《合同法》第 111 条规定:"质量不符合约定的,应当按照当事人的约定承担违约责任。对违约责任没有约定或者约定不明确,依照本法第六十一条的规定仍不能确定的,受损害方根据标的的性质以及损失的大小,可以合理选择要求对方承担修理、更换、重作、退货、减少价款或者报酬等违约责任。"

② 详见安徽省安庆市中级人民法院〔2016〕皖 08 行初 3 号行政判决书。

③ 详见沈阳高新技术产业开发区人民法院〔2015〕沈高开行初字第 352 号行政判决书。

④ 详见安徽省铜陵市铜官山区人民法院〔2015〕铜官行初字第 00017 号行政判决书。

院审理后认为,“被告未履行双方签订的《土地调整置换协议》已构成违约,且因政府规划调整导致被告无法继续履行协议,故被告银川市土地储备局、银川市人民政府依法应采取相应补救措施”,判决被告于判决生效之日起30日内对其不能继续履行与原告孙某某签订的《土地调整置换协议》采取相应补救措施。①

四、落实完善:采取补救措施判决执行中存在的问题与建议

在司法实践中,采取补救措施类判决基本采用原则判决(以本文分析样本为例,原则判决占77.8%),致使对行政机关履职的指向不明确,且没有明确的可执行内容也造成了判决与执行的脱节。而现行法律对行政机关拒不履行判决的救济途径不到位也容易导致原告权利的落空。笔者建议,对于两类采取补救措施判决的执行,可以从以下几方面完善。

(一)通过裁判说理明确补救措施的内容

裁判说理虽然对行政机关没有直接的拘束力,但完善裁判文书的说理部分,指出被诉行政行为造成当事人不利益的情形,从而指引行政机关应当采取补救措施的方向与内容,有利于行政机关执行裁判文书。

(二)通过司法建议明确补救措施内容

司法建议是延伸审判职能一项重要手段。通过司法建议明确指出被诉行政行为不当之处,并明确采取补救措施的目的及路径,有利于行政机关执行判决。重庆市高级人民法院便通过(2015)渝高法行申终字第00274号的司法建议书的形式明确了重庆市食品药品监督管理局应当采取补救措施的内容,被告也依照建议书予以履行,实现了较好效果。

(三)明确采取补救措施判决的执行主体

我国《行政诉讼法》对于行政机关拒绝履行生效裁判文书的情形,并没有赋予原告和第三人申请执行的权利,只在该法第96条规定了人民法院可以采取公告等措施,但也未使用“申请人民法院强制执行”的概念。但2000年《执行解释》第83条规定,“对发生法律效力的行政判决书、行政裁定书、行政赔偿判决书和行政赔偿调解书,负有义务的一方当事人拒绝履行的,对方当事人可以依法申请人民法院强制执行”。基于该规定,笔者认为在两类责令采取补救措施判决的执行中,执行主体除被

---

① 详见宁夏回族自治区银川市中级人民法院〔2015〕银行初字第13号行政判决书。

告行政机关外,应该赋予原告或第三人申请人民法院执行生效判决的权利,即执行主体还应有人民法院。

(四)制定拒绝履行公告制度的具体规则

根据我国《行政诉讼法》第96条第1款第3项的规定,行政机关拒绝履行判决、裁定、调解书的,第一审人民法院可以将行政机关拒绝履行的情况予以公告。公告行政机关拒绝履行的情况,形成社会舆论压力,可以督促行政机关自觉履行法院生效裁判、调解书。这项执行措施被视为解决执行难最有效的措施,但我国《行政诉讼法》并未规定具体的执行方案。笔者认为,可参考北京大学修改建议稿提出的建议,即"行政机关仍拒绝履行判决、裁定的,判决、裁定所确定的权利人可以申请人民法院在《人民法院报》或者最高人民法院的官方网站上发表公告,督促其履行义务"。[①]

① 江必新、邵长茂、方颉淋编著:《行政诉讼法修改资料汇纂》,中国法制出版社2015年版,第394页。

行政机关负责人“高出庭率”的冷思考

——对“出庭应诉率与诉讼效果正相关”命题的分析

詹　亮*

在我国新《行政诉讼法》修改以前，涉及行政机关负责人出庭应诉的新闻报道已不鲜见，新修改《行政诉讼法》实施后，行政机关负责人出庭应诉的“法定义务”得以确认，行政机关负责人出庭应诉率也转变为各地政府竞相追逐的“法治 GDP”指标。行政机关负责人出庭应诉呈现“空前繁荣”，行政机关负责人“高出庭率”成为常态。

一、有关“出庭应诉率”的一个命题

[报道一]自我国新修订的《行政诉讼法》实施两个多月来，浙江省乐清市人民法院已开庭审理行政诉讼案12件，共有13名行政机关负责人出庭应诉，其中，正职领导2人、党政副职领导11人，出庭应诉率达到100%。①

[报道二]目前，平罗县行政机关负责人出庭应诉行政诉讼案件共计149起，出庭率100%……该县通过落实行政机关负责人出庭应诉制度……化解了行政争议和矛盾，促使行政机关严格依法行政……推动该县依法行政和法治政府

---

* 重庆市梁平区人民法院研究室法官助理。

① 参见余建华、纪承伟：《乐清行政机关负责人出庭应诉率高》，载《人民法院报》2015年7月23日，第4版。

建设的进程。[①]

[**报道三**]自我国新修订的《行政诉讼法》正式实施以来,招远市人民法院积极推进行政机关负责人出庭应诉工作。2015年10月19日招远市人民政府出台了《关于行政机关负责人出庭应诉工作的意见》。目前,在招远市人民法院审理的77件行政诉讼案件中,行政负责人出庭应诉率达100%。[②]

在上述报道中,行政机关负责人出庭应诉率均无例外地达到了100%。这说明,在我国《行政诉讼法》2014年修订后,行政机关负责人出庭应诉制度的落实情况比较到位,然而,仅仅彰显此内容并非上述报道的关键目的,这些报道实际上是更多地希望借"高出庭率"来表达如下并未予以明确的意蕴——行政机关负责人出庭应诉率的高位呈现,即昭示行政诉讼中的矛盾冲突已获得实质性的化解。诸如,在报道二中,即是借行政机关负责人出庭应诉制度的"百分百"落实,而表明行政机关负责人高出庭应诉率必然会收获"实质化解行政诉讼矛盾争议"的诉讼效果。报道一和报道三虽然仅宣告行政机关负责人的高出庭应诉率而未对其"附加效果"予以明示,但其背后的意蕴亦与报道二高度契合。

由此,即可以推断出上述新闻报道中潜存的,亦是行政机关或者法院系统所极力推崇的一个命题:行政机关负责人"高出庭率"与行政诉讼效果呈正比,出庭应诉率越高,当事人之间矛盾纠纷减少或者化解的程度亦越高,行政诉讼的效果亦越好;反之出庭应诉率越低,矛盾纠纷解决的程度越低,行政诉讼的效果越差。

作出上述推断并非否定行政机关负责人出庭应诉之于化解矛盾争议,促进案结事了的诉讼价值,但是此种对行政机关负责人出庭应诉制度的认识仅限于"应然效果"层面,而并非对其现实运行状态的评价。毕竟"'纸面上'的法律总是和'行动中'的法律有所差别,理论上所欲的效果也并不一定在实践中能够实现";[③]从理论层面来看,我们可以论证行政机关负责人出庭应诉制度系如何获得克减乃至消除矛盾纠纷的诉讼效果的;从实践角度来看,行政机关负责人高出庭应诉率能否昭示该项制度的应然效果已然完全得以实现,是值得仔细推敲的。当然,包括上述3个样

---

① 参见马哲:《平罗县行政机关负责人出庭应诉达100%》,载《宁夏法治报》2015年12月31日,第3版。

② 参见杨一梅、王涛:《招远积极推动行政机关负责人出庭应诉》,载《人民法院报》2016年4月6日,第4版。

③ 李杰:《调解率说明什么——对"调解率与和谐正相关"命题的分析》,载《法律适用》2008年第10期。

本法院在内的其他任何法院在推动行政机关负责人出庭应诉制度全面落实之同时，亦在行政机关负责人出庭应诉期间获得了一定程度的积极的诉讼效果，然而，“是不是只要行政机关负责人出庭应诉率高位呈现，都能收获可期甚至同等的诉讼效果”，这一点是不能确定的。如果不能确定，那么“出庭应诉率与诉讼效果正相关”的命题便需要重新审定。

二、行政机关负责人高出庭应诉率的因由厘定

面对居高不下且渐趋增加的行政机关负责人“高出庭率”的表象，我们不禁要追问：“高出庭率”的关键因由为何？是立法推动，还是行政机关的强制实施，抑或是行政机关负责人的自觉履行？笔者结合我国新修订的《行政诉讼法》，以行政机关负责人出庭应诉的司法实践为参照，将行政机关负责人高出庭应诉率的因由归结为“强力驱动”和“功利抉择”，具体剖析如下所示。

（一）“强力驱动”：顶层设计下的政府与法院的“协同回应”

我国新修订的《行政诉讼法》从法律层面对行政机关负责人出庭应诉制度予以首次确认，“行政机关负责人出庭应诉工作正式的从各地倡导的一般性工作要求上升为法定义务”，①以此最高确认为推动，“行政机关负责人出庭应诉机制呈现‘席卷全国’之势，出庭应诉率似乎也成为各地竞相角逐的一个指标，高出庭应诉率不断被刷新，100%出庭应诉率的报道也不算是什么新闻”，②究其背后的诱因即是行政机关与法院对顶层设计的“协同回应”——法院提出制定行政机关负责人出庭应诉工作规则的建议，由政府主导推动并予以规范确认和考核监督，具体呈现如下。

1. 规范性文件的“刚性制控”

综观行政机关出庭应诉率高位呈现的所在区域的政府均借以制定专门的规范性文件对行政机关负责人出庭应诉作出“强制性”规制，诸如广西壮族自治区即出台《广西壮族自治区行政机关负责人出庭应诉工作规则》对行政机关负责人出庭应诉的案件类型、举证责任分担、委托代理诉讼等予以清晰界定，同时，为完善与法院之间针对“行政机关出庭应诉”问题的协调沟通，推动广西壮族自治区高级人民法院出台《关于行政诉讼中行政机关负责人出庭应诉若干问题的意见》，对法院如何建议和

---

① 王伏刚：《行政机关负责人出庭应诉工作应把握的主要关系》，载《人民法院报》2015年9月2日，第6版。

② 李昊天：《反思行政机关负责人高出庭率》，载《上海政法学院学报（法治论丛）》2013年第5期。

引导行政机关负责人出庭应诉作了明确规定。[①] 再如,为贯彻落实行政诉讼关于“被诉行政机关负责人应当出庭应诉”的规定,天津市高级人民法院和天津市人民政府法制办联合制定出台《关于规范天津市行政机关负责人出庭应诉工作的意见》,明确规定了行政机关负责人应当出庭应诉的案件类型,并对行政机关负责人不出庭应诉的情形作出限制,同时规定了对行政机关负责人存在“无正当理由拒不到庭、未经法庭许可中途退庭、未依法举证致使案件败诉且造成重大损失或者恶劣影响”等情形的应当严格责任追究。[②]

2. 政绩考评的“限度约束”

为保证行政机关负责人出庭应诉制度的全面落实,辖区政府单独或者辖区政府(部门)与法院联合出台的系列规范性文件,均不约而同地规定了行政机关负责人出庭应诉情况通报制度和行政机关负责人出庭应诉工作纳入法治政府建设或者依法行政考核范围,以此促使行政机关负责人自觉履行出庭应诉之义务。诸如《广州市行政机关负责人应诉暂行规定》提出,“市、区政府法制机构负责对本行政区域内每年行政机关负责人出庭应诉情况进行汇总,并报同级政府进行通报,同时,行政机关负责人出庭应诉工作纳入本单位依法行政考核范围”;[③]《2015 年百色市依法行政考核指标和评分标准》规定,“市直部门负责人年内出庭达 100% 的,得 10 分,出庭应诉比例不足的,按比例扣分”;[④]《湟中县行政首长出庭应诉办法》更是直接规定,“没有按规定出庭应诉的单位,不得评为先进单位,行政首长不得评为先进个人”。[⑤]

无论是行政机关所在区域的政府抑或是法院,其对行政机关负责人出庭应诉制度全面落实的推动,除对顶层设计的立法规制回应外,政府和法院亦呈现对行政机关负责人出庭应诉的潜在或者实际增益的综合考量:一是政府的增益考量,即行政机关负责人出庭应诉,尤其是“高出庭应诉率”能够彰显行政机关领导干部运用法治思维和法治方式处理现实问题的意识和能力,同时,行政机关负责人高出庭应诉率不仅与中央顶层设计下“依法行政”的理念高度契合,更能够成为政府施政工程的亮

---

① 参见张维:《广西创新行政首长出庭应诉约束机制》,载《法制日报》2016 年 5 月 5 日,第 12 版。

② 参见张晓敏、廖希飞:《天津强化行政机关负责人出庭应诉义务》,载《人民法院报》2015 年 5 月 10 日,第 1 版。

③ 黄少宏、黄伟:《民告官案官员不能在“躲猫猫”》,载《南方日报》2014 年 8 月 5 日,第 2 版。

④ 张维:《广西创新行政首长出庭应诉约束机制》,载《法制日报》2016 年 5 月 5 日,第 12 版。

⑤ 吴兴国、吴永贤:《终结“民告官不见官”——青海湟中法院制度保障行政首长出庭应诉率达 100%》,载《人民法院报》2012 年 8 月 9 日,第 1 版。

点，且在行政诉讼案件“骤增”压力下，①政府需要借助法院力量化解社会治理过程中的矛盾冲突以创造良好社会秩序。二是法院的增益考量，即行政机关负责人出庭应诉高度契合了当前行政案件申诉率和信访率居高不下的现实需求，“一把手”出庭不仅避免“层层汇报而导致时间拖延或者信息传输失真”，更能让其在全面了解和把握案情及影响的基础上做好协调和解，促进行政纠纷的实质化解，同时，行政机关负责人以被告身份参加庭审，其高出庭应诉率能够呈现法庭的威严和司法权威，且高出庭应诉率亦是法院工作亮点的展示。

（二）“功利抉择”：出庭应诉规制下的行政机关负责人的“收支衡平”

行政机关负责人出庭应诉率的高位呈现，除政府和法院合意下的强力推动外，行政机关负责人经由成本收益分析并予以衡平则应被界定为另一重要因由。

1. 行政机关负责人出庭应诉的“预期成本”

经济学原理揭示，虽然不能绝对排除无成本投入即获得收益的例外，但收益的获取却必须以成本投入为生成基础。综观整个行政审判流程，行政机关负责人出庭应诉的成本投入主要有以下几种：一是时间成本，即行政诉讼的进行需要定量的时间保证，此项成本并非固定，其根据案件类型、性质和难易程度等变量因素动态呈现。同时，行政机关负责人为应对开庭，需要“在开庭前即了解案件情况，熟悉法律规则和开庭程序，做好各项应诉准备”，②如此一来，对于公务繁忙且时间可压缩空间甚少的行政机关负责人来说，此项成本投入无疑将是最大的。二是机会成本，即是指在面临多方案择一决策时，被舍弃的选项中的最高价值者，其在行政机关负责人出庭应诉上反映的即是—在行政案件开庭时间已先予确定时，行政机关负责人临时要处理更重要的公务时，则需要对案件开庭时间进行更改，若遭遇行政相对人的反对或者阻挠，案件开庭时间的更改便难以协调，如此，行政机关负责人支出机会成本便成为必然。三是心理成本，即行政机关负责人出庭应诉需要克服心理障碍，将心理负担降至最低限度所需要支出的成本，在实践中具体呈现出，“怕”，受传统诉讼文化的影响；“恼”，不愿被当事人纠缠，厌烦耗时长久的诉讼过程；“官”，即官本位

---

① 以重庆市法院系统为例，我国新《行政诉讼法》实施以来，2015 年重庆全市法院新收一审行政诉讼案件 9273 件，同比增长 85.2%，尤其是在立案登记制度实施后，群众提起行政诉讼的积极性增加，行政诉讼案件登记立案数从 2015 年 5 月 1 日开始大幅上升，当月即达到 1029 件，环比增长 59%，同比增长 161.8%。

② 李昊天：《反思行政机关负责人高出庭率》，载《上海政法学院学报（法治论丛）》2013 年第 5 期。

思想;等等。[①] 四是物质成本,此项成本主要涉及诸如应诉资料准备、出行车辆安排等硬件设施支出,虽然该项支出由政府财政负担且相对较低,但为保证分析的全面性,亦应当将其纳入成本核算范围。

2. 行政机关负责人出庭应诉的"潜在收益"

除规范性文件的"刚性制控"和政绩考评的"限度约束"外,行政机关负责人出庭应诉亦是渗透诸多预期收益考量的结果,具体呈现在以下几个方面:第一,政治收益。此项收益在行政机关负责人出庭应诉的预期收益中占据绝对多数权重,即虽然行政机关负责人出庭应诉并非政绩考核的"加分项",但行政机关负责人出庭应诉除履行法律强制规定义务外,同时既贯彻了反映领导意图的政府文件,又避免了未出庭而被扣分影响绩效考评。第二,行政收益。该项收益应当被界定为附属收益,即行政机关负责人出庭应诉在保证政治收益之基础上,通过参加案件庭审可以直面行政机关依法行政实践中呈现的具体问题,并可借以庭审与当事人和承办法官交换意见和看法,据此作出针对性整改。第三,诉讼收益。此项收益系设置行政机关负责人出庭应诉制度的初衷,即借以行政机关负责人出庭应诉直面行政相对人的诉求和事实理由,通过释法解疑、意见交换、即时决定等方式最大限度克减行政相对人的不满并促成双方协调和解,实现行政纠纷的实质性化解。

三、行政机关负责人高出庭应诉率能否反映诉讼效果

行政机关负责人高出庭应诉率能够反映其对出庭应诉制度的落实程度,然而,高出庭应诉率是否能够全面反映行政诉讼效果,对这一点需要秉持谨慎态度。笔者对60名行政机关负责人出庭应诉规范文本和重庆市L法院行政机关负责人出庭应诉情况进行了梳理,发现行政机关负责人出庭应诉制度规范和行政机关负责人出庭应诉制度实践均呈现不同程度的"形式化"趋向。

(一)制度规范的"形式化":"雷同甚或抄袭"现象突出

1. 对出庭应诉案件的界定并非全然必要

综观60名行政机关负责人出庭应诉规范文本对案件类型的界定,几乎无一例外地呈现为"'影响大'——'重大复杂疑难案件或者社会影响较大,对本行政机关执法活动可能产生重大影响的案件'、'时间早'——'本年度首例或者前两例被诉

① 参见徐伟:《"怕、恼、官"导致行政官员不愿出庭》,载《法制日报》2011年5月14日,第5版。

行政诉讼案件’、‘数量多’——‘原告10人或者被告2个以上的集团或群体诉讼案件,或者涉案标的额较大的诉讼案件’、‘被要求’——‘上级行政机关规定或者要求负责人出庭应诉案件’”4种区分样态。① 其中,“数量多”与“被要求”系对行政机关负责人出庭应诉必要性和现实意义综合考量的结果呈现,然而,“影响大”与“时间早”则未有过多“必要因素”的渗透,即“影响大”所涉及的法律概念并没有明确统一的标准,其仅系立法技术的机械运用与简单呈现;“时间早”则将年度首件或者前两件案件纳入行政机关负责人出庭应诉的必然范围,与制度设置的价值定位明显相悖。

2. 对出庭应诉次数比例的限制过分“功利”

在60名行政机关负责人出庭应诉规范文本中,超过1/3的规范文本对行政机关负责人整个年度出庭应诉的案件数量予以特别关注,且其仅对出庭应诉的次数和总体出庭的比例作出强制的限度要求,诸如以行政案件总体数量为基点,行政案件数量为5件或者10件以内的,行政机关负责人出庭应诉不得少于2次或者3次;行政案件数量超过5件或者10件的,行政机关负责人出庭应诉的案件比例不得低于60%。但并未对行政机关负责人出庭应诉的质量和效果提出特定要求。如此,规范文本对行政机关负责人出庭应诉次数比例的要求便呈现过分的“功利性”,行政机关负责人出庭应诉制度的落实亦同时异化为“简单的数字累加”。

3. 对出庭应诉的考评追责可操作性缺失

虽然60名行政机关负责人出庭应诉规范文本均将行政机关负责人出庭应诉情况纳入“依法行政或者行政执法工作或者法治政府建设等”的考核范畴,但鲜有规范文本对考核主体、考核形式和结果运用等予以细化规制,规范文本对行政机关负责人出庭应诉的考核规制总体上依然仅限于“宣示意义”。同时,部分规范文本对行政机关负责人未能出庭应诉的责任承担亦作出规制,诸如诫勉谈话、通报批评、取消评优、书面检查、行政处分等,但是该系列规范文本仅对行政机关负责人责任追究的要件予以笼统设定,诸如对行政机关负责人未予出庭应诉的责任追究须达至“造成不良或者严重后果或者造成重大损失”的程度要求等,其并未对追责机构、追责程序和责任内容等予以明确厘定。如此,囿于规范文本规制笼统,其诸项规定已由“刚性限制”蜕变为“柔性倡议”,并最终导致其执行力的衰减甚或消亡。

---

① 高春燕:《行政首长出庭应诉:价值重估与技术改良》,载《行政法学研究》2015年第2期。

(二)应诉实践的形式化:“应付甚或沉默”问题严峻

1. 行政机关负责人出庭应诉回应欠缺主动

如表1所示,虽然32.31%的行政机关负责人出庭应诉率与我国新《行政诉讼法》对行政机关负责人应当出庭应诉原则的要求存在一定差距,但2013~2015年行政机关负责人出庭应诉制度的落实情况整体较好,尤其是2015年5月1日后,行政机关负责人出庭应诉案件增幅显著,占年度行政机关负责人出庭案件总数的78.95%。然而,行政机关负责人出庭后的应诉回应却并不积极,虽然并未达至“宁波奉化式”程度,即“2006年至2012年间,奉化法院受理的168件行政诉讼案件中,行政首长出庭应诉率达100%,但亲自答辩率却为零”,①但亦是形势严峻,2013~2015年行政机关负责人独立完成或者主导完成举证质证或者答辩辩论的行政诉讼案件数不足20%,其他超过80%的案件均系由作为代理人的一般工作人员或者律师代为完成。易言之,虽然行政机关负责人“高调”出庭应诉,但是其出庭后的应诉回应却系异常的“低调”,甚至蜕变为游离于行政诉讼之外“沉睡的第三人”。

表1 样本法院2013~2015年公开开庭案件中行政首长出庭应诉情况

年度	公开开庭案件(件)	行政首长出庭应诉案件(件)	出庭应诉率(%)	行政首长举证质证答辩辩论案件(件)	所占比率(%)	代理人代为举证质证答辩辩论案件(件)	所占比率(%)
2013年	45	15	33.33	2	13.33	13	86.67
2014年	34	8	23.53	1	12.5	7	87.5
2015年	51	19	37.25	5	26.32	14	73.68
合计	130	42	32.31	8	19.05	34	80.95

注:2015年行政机关负责人出庭应诉案件19件,其中2015年5月1日前4件,5月1日后15件。

2. 行政机关负责人出庭应诉效果未达至预期

如表2所示,虽然行政机关负责人主动出庭应诉,并参与了部分行政诉讼案件的协调,但是并未收到预期的效果,诸如协调撤诉案件数量和比率明显较低。2013~2015年仅8件行政诉讼案件经协调后原告申请撤诉,同时,上诉案件数量和

① 余建华等:《奉化:行政纠纷的互动化解决模板——浙江省奉化市人民法院行政审判工作调查》,载《人民法院报》2014年4月3日,第5版。

比例持续高位呈现,2014 年和 2015 年已然超过半数。其中,所蕴含的现实境况是:行政机关负责人出庭应诉并参与协调的“应然价值”并未呈现,行政相对人并未因行政机关负责人出庭应诉而获得“正向”诉讼收益,或者说行政相对人遇到的困难和问题并未因行政机关负责人出庭应诉而得以缓和与化解,行政相对人对行政机关负责人的应对态度、答辩陈述和处理方案并未认可和信服。如此,囿于协调撤诉率低位和上诉率高位的持续交织,行政机关负责人出庭应诉案件“服判息诉、案结事了”的制度预期亦成为奢求。

表 2 样本法院 2013～2015 年公开开庭案件中行政首长出庭应诉效果

年度	公开开庭案件(件)	行政首长出庭应诉案件(件)	协调撤诉案件(件)	调撤率(%)	上诉案件(件)	上诉率(%)
2013 年	45	15	2	13.33	6	40
2014 年	34	8	2	25	4	50
2015 年	51	19	5	26.32	10	52.63
合计	130	42	8	19.05	20	47.62

由此可见,行政机关负责人出庭应诉制度在实践中因过分“形式化”而已然发生变异,“高出庭应诉率”成为制度全面落实的唯一检测标准,行政机关负责人出庭应诉即意味着制度预期价值的全然实现。如此,在没有其他数据予以佐证的情势下,行政机关负责人高出庭应诉率对诉讼效果的反映即仅系粗糙、不准确的表象,其并不能说明案件的诉讼效果,亦不能反映行政纠纷解决的真实状况。

四、行政机关负责人出庭应诉的“效益模式”构建

对高出庭应诉率持谨慎态度甚或反对过分追求高出庭应诉率,并非意味着对行政机关负责人出庭应诉制度应然价值的否定,恰恰相反,在我国新《行政诉讼法》已明确将出庭应诉作为行政机关负责人法定义务的情况下,需要围绕“解决行政争议”的价值定位,借以技术改良进行规范文本的后续设计和制度的系统匹配。①

(一)出庭应诉制度规范的“个性要求”矫正

1. 对行政机关负责人出庭应诉制度“宽口径”设置的悖论应当予以矫正

我国新修订的《行政诉讼法》从严格意义上对行政机关负责人出庭应诉的法定

① 参见高春燕:《行政首长出庭应诉:价值重估与技术改良》,载《行政法学研究》2015 年第 2 期。

义务予以确认,但是其同时亦规定"行政机关负责人不能出庭的,应当委托行政机关相应的工作人员出庭",且未对"不能出庭"的具体情形予以厘定和限制。此项制度的"宽口径"设计能够避免行政机关负责人因正当理由导致诉讼庭审的延迟,亦可节省不必要的诉讼成本,然而,此项规定另一层面的理解即是"在不能出庭的具体情形未予明确下,行政机关负责人仅需履行委托程序即可对是否出庭享有完全的裁断权"。如此,当务之急即是要对悖论予以矫正,明确行政机关负责人"不能出庭"的具体情形,同时,亦应当增加对行政机关负责人应当出庭而未出庭法律责任承担的具体设计,从而保障顶层设计应然价值得以实然呈现。

2. 对行政机关负责人出庭应诉规范文本内容设置的"功利趋向"应当予以矫正

对规范文本"形式化"与"功利性"趋向的矫正,应当重点突出对具体的操作规则的"个性化"设置:首先,对应出庭案件的界定要避免极端化,即规范文本应当严格坚持"必要必须"原则,摒弃诸如"年度首例或者前两例案件""5 人或者 10 人以上案件"等相对固化的界定模式。其次,明确不得委托出庭应诉的案件类型,即为避免制度设置"宽口径"的负面影响,规范文本可以增加禁止性规定,明确诸如人大代表、政协委员重点关注的、严重影响区域经济社会发展的(如铁路建设引发的征地拆迁纠纷)案件,行政机关负责人不得委托而应当亲自出庭应诉。再次,出庭指标限制与考评应当打破僵化,即囿于行政诉讼案件类型和具体案件情节差异,对行政机关负责人出庭应诉的次数或者比例不应作僵化的数量要求。同时,对行政机关负责人出庭应诉情况的考评亦不能简单以经由数字叠加的结果作为直接依据,其考核重点应当由"出庭"转向"出声"并最终转为"出彩",诸如行政机关负责人是否亲自陈述事实依据、独立发表质证辩论意见、正面回应当事人的诉求和疑惑,是否"参与案件协调、是否及时纠正违法行政行为、是否规范行政执法程序"等。[①] 最后,监督考评应当增强公开限度。为保证行政机关负责人出庭应诉评价考核实效,亦应当完善"公开机制",[②]即一方面"注重社会参与",通过行政审判白皮书、法院工作报告等形式向社会公布行政机关负责人出庭应诉的情况及效果,听取社会公众的评价意见或者建议;另一方面"注重权力监督",通过人大常委会专项工作会议等形式向人大及相关机关部门通报行政机关负责人出庭应诉情况及效果,接受人大或者常委会的审议。

---

① 王伏刚:《行政机关负责人出庭应诉工作应把握的主要关系》,载《人民法院报》2015 年 9 月 2 日,第 6 版。

② 参见章志远:《行政诉讼中的行政首长出庭应诉制度研究》,载《法学杂志》2013 年第 3 期。

(二)出庭应诉制度实践的"特别程式"设置

1. 建立行政相对人申请启动负责人出庭应诉制度

当前行政机关负责人出庭应诉程序的启动形式基本为行政机关负责人自由裁量和法院建议或者要求,行政相对人未被赋予相关权利。如此,秉承"解决行政争议"价值界定,应当赋予行政相对人提请行政机关负责人出庭应诉的权利,而是否允许则交由法院结合案件实际审查后作出决定。

2. 建立行政机关负责人出庭应诉指引制度

行政机关负责人出庭应诉指引制度主要呈现程序指引与实体指引两种形式。其中,程序指引主要系借以向被诉行政机关发送出庭应诉通知书(与开庭传票一并发出)形式,应诉通知书载明"案号、案由、当事人、开庭时间和地点、出庭应诉的权利和义务、法律依据"等内容,对行政机关负责人出庭应诉作出督促和指引;实质指引则系法院结合被诉行政诉讼案件类型而围绕"案件争点、举证方法、举证内容"等内容对行政机关负责人作出的较具体的诉讼指引,此种程序设置可最大限度克减行政机关负责人出庭应诉的时间成本。

3. 建立院庭长主审制度

除对落实司法责任制的现实回应外,院庭长主审由行政机关负责人出庭应诉的案件主要基于以下必要考量:第一,院庭长具备较普通法官更丰富的审判经验和庭审驾驭能力,由其担任主审法官可提高庭审效率,从而最大限度地缩减行政机关负责人出庭应诉实际支出的时间成本。第二,院庭长具备与行政机关负责人相同或者相近的行政级别,由其担任主审法官可衡平行政机关负责人的心理落差,同时,院庭长主审亦能够让原告感受重视和尊重,最大限度地降低对抗情绪,如此一来,行政机关负责人出庭应诉的心理成本支出便当然呈现低位。第三,院庭长虽并不掌控行政机关负责人出庭应诉考核情况的决定权,但却可根据行政机关负责人的出庭表现出具意见或者建议,而该意见或者建议多数情况下被考核机关直接作为考评依据,由院庭长担任主审法官,行政机关负责人即便非出于诉讼效果考量,但迫于考核压力该项制度的预期价值便能得到最大程度的呈现。

4. 建立独立陈述意见制度

为保证行政机关负责人出庭应诉效果,须借以"独立环节设定"突显行政机关负责人的"独立法律人格":首先,对出庭应诉人身份信息"独立介绍",即在行政相对人、被诉行政机关和第三人的身份信息核查程序之后,设置独立的行政机关负责人身份信息核查程序,除基本身份信息外应当重点突出对其行政职务、主管或分管工作、岗位职责等内容的核查。其次,出庭应诉人意见"独立陈述",即除受委托出庭应诉的一般工作人员和律师代为陈述意见外,增设行政机关负责人独立陈述意见程序,"由法官引导行政机关负责人就行政相对人的诉讼请求、行政机关执法情况、执法依据以及案件如何处理等"独立发表意见,①上述意见应作为行政机关负责人出庭应诉考核的必要参考指标。

5. 建立沟通协调联动制度

建立规范化和常态化的法院与行政机关沟通协调联动制度,对于减少诉讼成本支出,增加诉讼收益具有重要意义:首先,"补强知识,增加诉讼收益",可由法院和政府法制办主导,抽调行政庭庭长或者资深法官以专题讲座形式向行政机关负责人讲解最新或者必备的行政法律法规知识、出庭应诉的具体流程和技能技巧,在条件允许的情况下可定期组织行政机关负责人观摩庭审,熟悉诉讼案件审理流程,掌握证据质证和答辩辩论方法和技巧等。其次,"增加智识,强化行政收益",由法院和政府法制办主导,借以"专案研讨"或者"联席会议"等形式,由法院就行政诉讼案件中所暴露或者潜存的行政执法问题向行政机关负责人作详细阐释说明并提出整改意见或者建议,行政机关负责人根据法院所提出的行政执法问题进行有针对性的核查和整改,以此确保行政执法水平和质量。

---

① 李昊天:《反思行政机关负责人高出庭率》,载《上海政法学院学报(法治论丛)》2013年第5期。

跨区域集中管辖行政案件制度运行实证分析研究

——以重庆市第三中级人民法院为例

重庆市高级人民法院、重庆市第三中级人民法院课题组*

"管辖通常是司法首先要讨论的问题。"①合乎法理以及切合实际的管辖制度,不仅具有引导行政诉讼程序开始的程序意义,更具有保障裁判公正的实体价值,甚至关系整个行政诉讼制度的健康发展。因此,探索和建立与行政区域适当分离的行政诉讼管辖制度已然成为当前行政诉讼制度发展中亟待解决的首要问题。在此背景下,10 余年来,我国立法、司法以及学术界均在努力探索适当的解决进路,提级管辖、交叉指定管辖、集中管辖等跨行政区域行政诉讼管辖制度改革层出不穷。其中,跨行政区域集中管辖行政案件制度(以下简称行政案件集中管辖制度)作为行政诉讼管辖制度改革的一种有益探索,从 2007 年浙江省丽水市中级人民法院率先试点到 2013 年在全国范围内全面推行,可以明显看出其在排除行政干预、维护司法公正、优化司法资源、提升审判队伍综合素质等方面发挥了卓有成效的作用,其也越来越为全国法院重视及推广。我国自 2015 年 5 月 1 日起施行的

---

* 课题主持人:王中伟、夏红丽。课题组成员:王彦、吴永铭、谭晓琪、邬继荣、刘佳佳、袁钦明、岳阳。

① 苏力:《制度是如何形成的》,北京大学出版社 2007 年版,第 51 页。

修订后的《行政诉讼法》第 18 条第 2 款规定："经最高人民法院批准，高级人民法院可以根据审判工作的实际情况，确定若干人民法院跨行政区域管辖行政案件。"至此，行政案件集中管辖制度具有了正式的法律依据。2015 年 6 月 16 日最高人民法院印发了《关于人民法院跨行政区域集中管辖行政案件的指导意见的通知》（法发〔2015〕8 号，以下简称《集中管辖指导意见》），就高级人民法院确定部分人民法院开展行政案件集中管辖制度改革提出了指导意见。

2015 年 9 月 1 日经最高人民法院批准，重庆市高级人民法院决定在重庆市第三中级人民法院（以下简称重庆三中法院）辖区内正式开展行政案件集中管辖制度改革试点，至今已有两年多时间，积累了较丰富的实践经验。本课题组以重庆三中法院辖区 2015 年 9 月 1 日至 2017 年 12 月 31 日审理的所有集中管辖一审行政诉讼案件（共计 1024 件）为主要调查研究对象，采取数据分析、调查问卷、案例剖析等多种研究方式，以效率、公正、效果、质量为标准，对重庆法院行政案件集中管辖制度的运行现状进行了梳理，检验分析行政案件集中管辖制度的适用效果，剖析其中存在的困难和问题，进而提出意见和建议，以供参考。

一、行政案件集中管辖制度的重庆实践

（一）重庆三中法院试点行政案件集中管辖制度的背景

为落实我国新修订的《行政诉讼法》关于跨行政区域管辖行政案件的制度设计，弥补交叉指定管辖制度在优化司法资源等方面的不足，重庆三中法院于 2015 年 2 月以《关于在辖区法院实施跨行政区域管辖行政案件工作的请示》（渝三中法组文〔2015〕4 号）就在辖区内开展行政案件集中管辖制度改革试点工作向重庆市高级人民法院作出请示。2015 年 7 月 8 日经上报最高人民法院批准后，重庆市高级人民法院作出《关于同意在第三中级人民法院辖区实施集中管辖行政案件工作的批复》（渝高法组〔2015〕23 号），原则上同意了重庆三中法院请示的工作方案，并转发了最高人民法院《关于同意在重庆三中法院辖区实施集中管辖行政案件工作的批复》《集中管辖指导意见》，对重庆三中法院辖区开展行政案件集中管辖制度试点工作提出了明确的要求和指导。2015 年 8 月 13 日重庆三中法院制定并下发了《关于跨行政区域集中管辖行政案件的指导意见》。2015 年 8 月 27 日重庆三中法院在《重庆日报》刊登了管辖调整的公告，并于同日召开新闻发布会，通报重庆三中法院辖区拟定于 2015 年 9 月 1 日正式启动行政案件集中管辖制度试点工作，来自辖区 5 个区县的

记者参加了发布会。2015 年 8 月 31 日重庆三中法院下发关于实施行政案件集中管辖制度的公告,对辖区基层人民法院管辖的行政诉讼案件(不包括环境资源类行政案件)的管辖法院予以调整。2015 年 9 月 1 日重庆三中法院召开了辖区集中管辖行政案件协调会,邀请辖区各区县政法委员会分管领导,人大分管领导及法工委负责人,政府分管领导及法制部门负责人,各基层人民法院院长及立案庭、行政庭负责人,协调落实行政案件集中管辖制度有关工作,并于同日起正式实施行政案件集中管辖试点工作。

(二)确定重庆三中法院试点行政案件集中管辖的考虑因素

重庆三中法院司法管辖两区三县,分别是涪陵区、南川区、垫江县、武隆县、丰都县,辖区总面积 1.28 万平方公里,人口 380 万。两区三县人口和经济总量不大,分布也不均衡,其中涪陵区人口占比接近 1/3。与此相应,行政诉讼案件数量也呈现总体数量少且分布不均衡的特点。在重庆三中法院辖区实施行政案件集中管辖制度的有利条件主要有以下四个方面。

第一,重庆三中法院辖区基层人民法院具备审理跨行政区域行政案件的丰富经验,便于推进行政案件集中管辖制度试点工作。重庆三中法院自 2007 年起,在重庆法院系统率先开展行政案件交叉指定管辖,交叉指定管辖案件逐年递增,积累了异地审理行政案件的丰富经验,便于推进行政案件集中管辖制度改革试点。

第二,重庆三中法院辖区总面积不大,交通便利,具备跨行政区域管辖的优越地理条件。辖区区县间有高速公路、铁路相互串联,交通便捷。其中,涪陵区、南川区处于局部区域相对中心的位置。南川区、垫江县、丰都县到涪陵区,涪陵区、武隆县到南川区均有全程高速公路,最长里程 108 公里,最短里程仅有 50 公里,路程均在一个半小时之内。在辖区行政案件集中管辖后,对人民法院和当事人的诉讼成本影响不大。

第三,重庆三中法院辖区基层人民法院行政案件总量不大、增长态势平缓,易于行政案件集中管辖制度的平稳过渡。据统计,2012 ~ 2014 年重庆三中法院辖区基层人民法院受理行政案件稳中略升的态势保持较好,年均合计受理行政诉讼案件 329 件、非诉行政执行案件 238 件,且涪陵区、武隆县的行政诉讼案件数量相加与南川区、丰都县、垫江县的行政诉讼案件总量大体相当,可以确定两家基层人民法院作为集中管辖法院。重庆三中法院辖区行政案件集中管辖后,两家集中管辖法院受理案件数量大体相当,有利于辖区行政审判的均衡发展。

第四,重庆三中法院辖区基层人民法院行政案件分布不均衡,少数法院行政案件数量少、审判人员配备不多,便于集中优化配置审判资源。2012~2014年涪陵区人民法院年均受理行政诉讼案件100件以上,而垫江县、武隆县人民法院年均收案均在40件以下。由于案件量过少,行政审判法官长期审理民事等其他类型案件,行政审判能力反而得不到足够的锻炼。除南川区人民法院外,其他法院行政庭审判人员均在3人以下(含3人)。经充分调研,重庆三中法院辖区基层人民法院均赞成实施行政案件集中管辖制度改革和试点。

(三)试点模式选择

行政案件集中管辖制度分为完全集中管辖模式和相对集中管辖模式。完全集中管辖,是指确定一家基层人民法院集中管辖中级人民法院辖区所有一审行政诉讼案件和非诉行政执行案件;而相对集中管辖模式,是指将中级人民法院辖区内的一审行政诉讼案件集中到少数几个法院进行审理,集中管辖法院之间互相交叉异地管辖,非诉行政执行案件仍由非集中管辖法院管辖。

重庆三中法院在改革试点时选择了相对集中管辖模式,其主要原因是:一方面,重庆法院行政案件集中管辖制度尚在试行阶段,3家非集中管辖法院想保留行政审判职能的完整性,希望能受理和审理非诉行政诉讼案件;另一方面,如果只设立一家集中管辖法院,其在短期内难以配齐足够承担完全集中管辖的案件量的审判力量,而跨行政区域调剂行政审判法官涉及不同行政区域的人事管理问题和财政经费问题,这些问题一时也难以解决,改革的难度较大,而实施相对集中管辖对各基层人民法院的人、财、物触动较少,试行阻力较小,且两家集中管辖法院之间也能互相交叉异地管辖,实现辖区内所有一审行政诉讼案件跨行政区域管辖。

(四)试点方案及其实施

1.具体方案

重庆三中法院集中管辖制度的具体方案是:自2015年9月1日起,涪陵区人民法院跨行政区域管辖原由南川区人民法院、垫江县人民法院、丰都县人民法院管辖的行政诉讼案件;南川区人民法院跨行政区域管辖原由涪陵区人民法院、武隆县人民法院管辖的行政诉讼案件。垫江县人民法院、武隆县人民法院、丰都县人民法院不再受理行政诉讼案件。非诉行政执行案件仍按现行方式管辖不变,待条件成熟后再一并纳入跨行政区域法院集中管辖。公民、法人或者其他组织提起行政诉讼的,应当到调整后的集中管辖法院办理立案手续。

2. 配套制度构建

为顺利实施行政案件集中管辖制度,重庆三中法院在采取相对集中管辖模式的基础上,进行了配套制度的构建,主要包括以下几个方面。

第一,建立方便当事人诉讼的制度。重庆三中法院出台了系列措施,充分保障当事人的合理诉权,主要包括:(1)在集中管辖法院为行政诉讼开辟“绿色通道”,设置行政诉讼立案窗口,并由专人负责诉讼指引。(2)制作诉讼“便民联络卡”,载明法官、书记员姓名、联系电话、邮箱地址、通信地址、公交线路等措施,避免当事人因线路不熟、情况不明而出现立案难、应诉难的情况。(3)加强集中管辖法院与非集中管辖法院的工作衔接,在非集中管辖法院落实专人与集中管辖法院立案庭衔接,做好异地当事人诉讼材料代收、代转工作,确保当事人进门有人引导、材料方便递交、约见能够安排、风险及时提示、疑问现场解答,免去当事人在集中管辖法院和非集中管辖法院之间来回奔波之苦。

第二,大力推行简易程序和巡回审判制度。集中管辖法院积极贯彻落实《行政诉讼法》关于简易程序的规定,推行行政案件简易程序审理。同时,进一步贯彻便民利民原则,实行行政案件巡回审判。重庆三中法院及时建章立制,明确简易程序和巡回审判的适用范围,依法适用简易程序审理行政案件,加大到案件所在地巡回审理的力度,选择巡回审理的案件比例逐年增加。

第三,建立管辖法院与涉案地行政机关之间的联络员机制。集中管辖后,产生了集中管辖法院因对其他区县政情、社情不了解、不熟悉,将一些本来应先行行政协调的群体性、敏感案件受理到法院,导致不稳定因素的产生,以及在被诉行政机关需要通过行政协调对纠纷进行实质性化解时,因不熟悉沟通渠道而需要当地法院联系等问题,这些问题的产生与案件管辖法院与涉案地行政机关在案件受理、审理环节联系沟通不畅、纠纷协调处理渠道单一有关。为解决上述问题,重庆三中法院建立了集中管辖联络员机制,以畅通辖区两级法院和各区县党委、政府在行政纠纷化解中的渠道,形成合力,妥善、高效地解决引发行政诉讼的实质性矛盾,力求在案件审理中实现法律效果和社会效果的统一,促进依法行政,维护辖区社会和谐稳定。具体方式为:(1)各基层人民法院确定集中管辖联络员 1 名,责任领导 1 名。联络员负责在行政纠纷化解中与党委、政府的联系、沟通和协调工作,负责收集、整理法院在行政审判或非诉执行审查中遇到的疑难、复杂问题和对行政机关行政执法的意见和建议,适时向有关单位联络员通报,同时负责对其他联络员提出的有关意见和建议的办理工作。责任领导负责行政纠纷化解的全面工作。联络员原则上由行政庭庭长担任,责任领导原则上由分管行政审判的院领导担任。(2)重庆三中法院确定集中管辖联络员1名,责任领导2名。联络员在行政审判庭审判员中确定,负责行政纠纷实质性化解工作的统筹联系和沟通指导工作。责任领导由行政庭庭长和分管院领导担任,负责辖区行政纠纷化解及指导的全面工作。重庆三中法院不定期以座谈会、专题研讨会等形式召开由联络员及责任领导参加的会议,通报辖区内行政审判和行政执法动态,探讨行政审判执法中遇到的疑难、复杂问题,研究处理联络员提出的有关意见和建议等。

二、重庆三中法院辖区行政案件集中管辖制度运行实证分析

"徒善不足以为政,徒法不能以自行。"任何司法制度的改革都需要实践来检视。就行政案件集中管辖制度而言,浙江省丽水市中级人民法院于2007年开始试行,其在全国各地的实践已经有10余年,各界对该制度的优势与弊端的相关评判也大致趋同。但随着司法体制改革中法官员额制的全面推开,行政案件集中管辖制度的优势与弊端也悄然发生了变化。以排除行政干预、维护司法公正、优化司法资源、提升审判队伍综合素质为主要价值目标而构建的行政案件集中管辖制度,在法官员额制新背景下的运行结果上能否达到预期效果?为此,本课题组结合具体实践数据,从行政案件集中管辖制度试点后的案件质效、社会效果、队伍建设三个方面,对该制度的运行进行了全面、系统的分析和研究,以期对行政案件集中管辖制度作出更加直观、客观和中立的评价。

(一)集中管辖行政诉讼案件质效分析

1.分析样本的获取及指标构建、数据录入

(1)样本获取

科学的实证数据研究应当有适量科学的研究样本。为给课题研究提供适当的案件材料支撑,本课题组选取了2015年9月1日至2017年12月31日重庆三中法院辖区所有集中管辖的一审行政诉讼案件,共计1042件,为课题定量分析和后期深入研究提供了充分的研究样本。

(2)指标建构

本课题组对所有样本案件进行了全面的统计分析,在数据统计上,本课题组共建构了能全面反映案件质效的17个分析指标,可以分为四个部分。

第一个部分是效率型指标，包括受理案件数、审结案件数、结案率3项指标，上述数据与同期全市法院的对比，能客观反映集中管辖制度试点后行政案件数量和审理效率的变化。

第二个部分是公正型指标，包括行政机关败诉案件数、行政机关败诉率、行政机关改变原行政行为后当事人撤诉案件数（以下简称变更后撤诉数）、行政机关改变原行政行为后当事人撤诉率（以下简称变更后撤诉率）、行政行为更改率（由行政机关败诉率与行政机关改变原行政行为后当事人撤诉率相加所得，反映行政机关的实质败诉率）5项指标，作为以公正审判为使命的行政案件集中管辖制度，结果的公正性无疑是重要的分析子项，将集中管辖法院的上述数据与集中管辖前及同期全市法院的有关数据进行纵向与横向对比，能够反映集中管辖制度在保护当事人合法权益、监督行政机关依法行使职权方面的效果。同时，本课题组对2016年1月1日至2017年12月31日集中管辖法院审理的所有行政机关败诉案件，共计47件，逐一进行了详细的分析，以为公正型指标分析提供更加翔实的微观材料。

第三个部分是效果型指标，包括原告主动撤诉案件数、原告主动撤诉率、上诉率、行政机关负责人出庭应诉数及应诉率、司法建议数及反馈率7项指标，前3项指标着重分析集中管辖制度在化解行政争议、引导当事人服判息诉方面的效果，后4项指标着重分析集中管辖制度与促进行政机关依法行政之间的关系。

第四个部分是案件质量型指标，主要由改判、发回重审及指令继续审理案件数和改判、发回重审及指令继续审理率（以下简称改判发回重审率）2项指标构成，客观分析集中管辖法院审理案件的真实质量水平。本课题组对2016年1月1日至2017年12月31日集中管辖法院审理的所有被改判、发回重审及指令继续审理的一审行政诉讼案件，共计21件，逐一进行了改判原因详细分析，进一步反映了集中管辖制度对行政案件质量的深层次影响。

（3）数据录入

在全面建构分析指标的基础上，本课题组以重庆法院审判管理系统调取数据为基础，并结合重庆三中法院辖区各基层人民法院报送的数据，进行宏观统计分析。对于微观分析的68个案件，本课题组对每个案件均逐一核对信息，并录入Word表格之中，进行统计分析。

在样本选取方法上，本课题研究并非采取概率抽样的方式，而是以2015年9月1日至2017年12月31日重庆三中法院辖区所有集中管辖审理的一审行政诉讼案件为样本,以重庆三中法院辖区 2014 年至 2015 年 8 月 31 日集中管辖前所有的一审行政诉讼案件和全市法院 2014～2017 年所有的一审行政诉讼案件为比较样本,研究样本与比较样本均是采取全部提取而非抽样选取的方式,因此,本课题研究能全面反映行政案件集中管辖制度的全貌,相对一般抽样研究的课题来说更客观。

2. 效率型指标分析

(1)受理案件数未发生明显变化

2014 年重庆三中法院辖区各基层人民法院受理一审行政诉讼案件 407 件,年度内审结 375 件。2015 年重庆三中法院辖区各基层人民法院受理一审行政诉讼案件 736 件,年度内审结 691 件。其中,2015 年 9～12 月涪陵区人民法院共审结跨行政区域行政诉讼案件 53 件(以垫江县行政机关为被告 12 件,以丰都县行政机关为被告 28 件,以南川区行政机关为被告 13 件),审结集中管辖前受理的以本地行政机关为被告的行政诉讼案件 15 件;南川区人民法院共审结跨行政区域行政诉讼案件 100 件(以涪陵区行政机关为被告 71 件,以武隆区行政机关为被告 29 件),审结集中管辖前受理的以本地行政机关为被告的行政诉讼案件 18 件。2016 年重庆三中法院辖区两家集中管辖法院受理一审行政诉讼案件 477 件,年度内审结 419 件。2017 年重庆三中法院辖区两家集中管辖法院受理一审行政诉讼案件 412 件,年度内审结 362 件。从上述数据可以看出,如表 1 所示,2014～2017 年重庆三中法院辖区基层人民法院受理一审行政诉讼案件的数量除 2015 年受立案登记制影响外,当年受理案件数量大幅增长至 736 件外,其余各年受理的案件数量大致相当,均维持在 400 件以上,总体较平衡,集中管辖制度的改革并未导致案件数量发生明显变化。

图 1　2014～2017 年度辖区一审行政诉讼案件收案数、结案数情况

(2)结案率呈现下滑态势

从结案情况来看,集中管辖前,重庆三中法院辖区基层人民法院一审行政诉讼案件结案率明显高于全市法院一审行政诉讼案件结案率,而集中管辖制度改革后,重庆三中法院辖区基层人民法院一审行政诉讼案件结案率严重下滑,反而低于同期全市法院一审行政诉讼案件结案率。如表 2 所示,就两家集中管辖法院而言,南川区人民法院结案率在集中管辖改革初期下降明显,但 2017 年有了明显提升,从 82.25% 上升至 88.73%,与全市法院同期结案率水平相当;而涪陵区人民法院结案率在集中管辖制度试点后,一直处于下滑状态,从 2015 年的 95.07% 的结案率下滑到 2016 年的 93.00%、2017 年的 86.93%,较全市法院同期结案率低接近 2%。

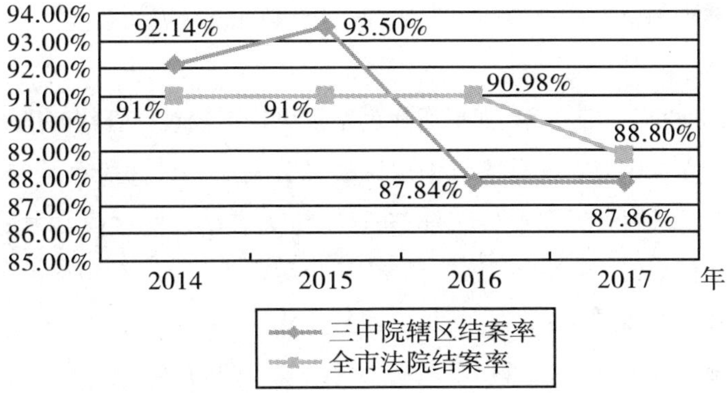

图 2　2014~2017 年辖区一审行政诉讼案件结案率情况

(3)小结——集中管辖案件效率降低

从全市法院一审行政诉讼案件受理情况来看,在 2015 年达到历年最高值后,连续两年小幅下降。两家集中管辖法院受理案件数量趋势与全市法院一致,案件受理数基本保持平衡并小幅下降,表明集中管辖制度的试点,并没有影响当事人行使诉权,当事人仍然积极提起行政诉讼。在受理案件数小幅下降的同时,集中管辖案件结案率不升反降。不难看出,集中管辖制度改革后,重庆三中法院辖区两家集中管辖法院办案效率呈现出下降趋势。但从全市法院的同期数据来看,全市法院虽在 2016 年保持 90% 以上的结案率水平,但在 2017 年也出现了小幅下滑。

本课题组认为,效率型指标下滑主要有以下 3 个原因:一是集中管辖法院案件数量激增。虽然从重庆三中法院辖区整体来看,一审行政诉讼案件数略有下降,但对于集中管辖法院来说,受理案件数量却是激增,从原来的 1/5 变成了现在的 1/2,

集中管辖法院行政审判队伍难以应对陡增的大量案件。二是集中管辖法院办案人数减少。从2016年开始，重庆法院正式启动和实施法官员额制改革，明确规定没有入额的人员不能再承办案件。从两家集中管辖法院来看，截至2018年年底，员额法官均只有2人，相较集中管辖前，能够办理案件的法官实质上减少了。三是行政诉讼案件日趋复杂疑难。行政诉讼案件所涉行政领域不断扩展，涉及企业经营自主权、农村建设用地复垦协议等新类型案件开始大量出现，集中管辖法院员额法官面对新类型案件，审判经验和审判能力略显不足，自然也会影响办案效率。

综上所述，本课题组认为，虽然集中管辖案件效率有所下降，但与集中管辖前结案率最高值差距在6%之内，与全市法院同期差距也维持在1%～3%，在案多人少矛盾异常突出的情况下，效率型指标的小幅度下降，尚处于可以接受的范围，而且仅通过加强行政审判队伍力量的简单方法，该问题就可以迎刃而解。

3. 公正型指标分析

(1)行政机关败诉案件率、变更后撤诉率及更改率较集中管辖前呈下降趋势

如表1所示，2014年在重庆三中法院辖区各基层人民法院审结的375件案件中，判决行政机关败诉的案件有47件，在行政机关主动改变行政行为后，当事人撤诉的有69件，行政机关败诉率为12.53%，变更后撤诉率为18.40%，行政机关实质败诉率即更改率为30.93%。

2015年在重庆三中法院辖区各基层人民法院审结的691件案件中，判决行政机关败诉59件，在行政机关主动改变行政行为后，当事人撤诉71件，行政机关败诉率为8.54%，变更后撤诉率为10.27%，更改率为18.81%。

2016年在重庆三中法院辖区各基层人民法院审结的419件案件中，①判决行政机关败诉的案件有30件，在行政机关主动改变行政行为后，当事人撤诉的有44件，行政机关败诉率为7.16%，变更后撤诉率为10.50%，更改率为17.66%。

2017年在重庆三中法院辖区各基层人民法院审结的362件案件中，判决行政机关败诉的案件有18件，在行政机关主动改变行政行为后，当事人撤诉的有28件，行政机关败诉率为4.97%，变更后撤诉率为7.73%，更改率为12.71%。

① 419件案件中含丰都县人民法院2015年受理但尚未审结的3件行政诉讼案件。

表 1 2014～2017 年辖区基层人民法院审理一审行政诉讼案件情况

年度	法院	受理（件）	审结（件）	判决败诉（件）	行政更改（件）	行政机关败诉率（%）	变更后撤诉率（%）	更改率（%）
2014年	涪陵区人民法院	158	137	11	37	8.03	27.00	35.03
	南川区人民法院	58	55	10	6	18.18	10.91	29.09
	丰都县人民法院	91	86	15	5	17.44	5.81	23.25
	垫江县人民法院	42	41	6	3	14.63	7.32	21.95
	武隆县人民法院	58	56	5	18	8.93	32.14	41.07
	总计	407	375	47	69	12.53	18.40	30.93
2015年	涪陵区人民法院	203	193	23	31	11.92	16.06	27.98
	南川区人民法院	236	204	17	9	8.33	4.41	12.74
	丰都县人民法院	113	110	9	8	8.18	6.84	15.02
	垫江县人民法院	52	52	5	4	9.62	7.69	17.31
	武隆县人民法院	132	132	5	19	3.79	14.39	18.18
	总计	736	691	59	71	8.54	10.27	18.81
2016年	涪陵区人民法院	243	226	18	24	7.96	10.62	18.58
	南川区人民法院	231	190	12	20	6.32	10.53	16.84
	丰都县人民法院	3	3	0	0	0	0	0
	总计	477	419	30	44	7.16	10.50	17.66
2017年	涪陵区人民法院	199	173	9	14	5.20	8.09	13.29
	南川区人民法院	213	189	8	14	4.23	7.41	11.64
	总计	412	362	17	28	4.70	7.73	12.43

从上述数据及图 3 可以看出，集中管辖后，特别是 2016 年和 2017 年，在集中管辖法院审结的一审行政诉讼案件中，判决行政机关败诉案件数量和变更后撤诉案件数量较集中管辖前重庆三中法院辖区所有基层人民法院判决行政机关败诉案件数量和变更后撤诉案件数量，均呈现下降趋势。与此相应，如图 4 所示，集中管辖后的行政机关败诉率、变更后撤诉率及更改率也均呈下降趋势。

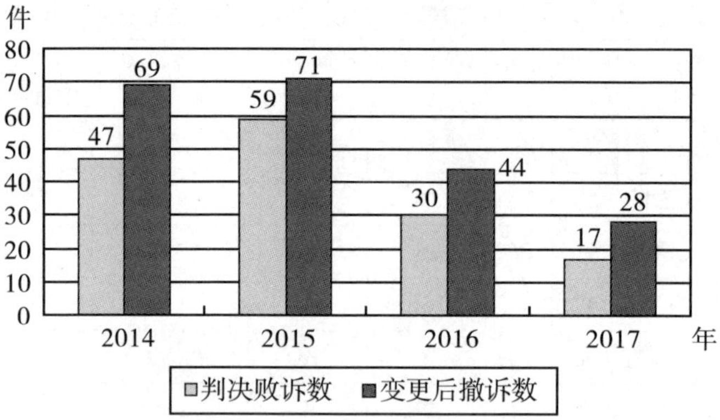

图 3　2014 ~ 2017 年辖区行政机关败诉案件及变更后撤诉案件数

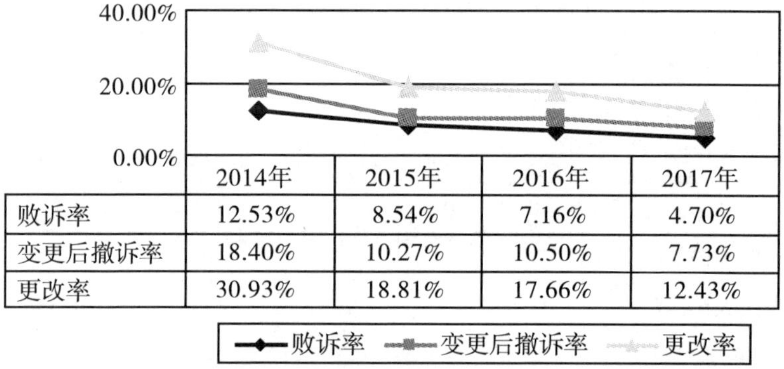

	2014年	2015年	2016年	2017年
败诉率	12.53%	8.54%	7.16%	4.70%
变更后撤诉率	18.40%	10.27%	10.50%	7.73%
更改率	30.93%	18.81%	17.66%	12.43%

图 4　2014 ~ 2017 年辖区行政机关败诉率、变更后撤诉率及更改率情况

(2)行政机关败诉案件率、更改率较全市法院同期数据呈下降趋势

从行政机关败诉率来看,如图 5 所示,集中管辖前,重庆三中法院辖区基层人民法院所审案件的行政机关败诉率高于全市法院一审行政诉讼案件的行政机关败诉率,但在集中管辖后,集中管辖案件的行政机关败诉率却低于全市一审行政诉讼案件的行政机关败诉率,且差距值呈增长趋势。

从更改率来看,如图 6 所示,集中管辖前,2014 年重庆三中法院辖区基层人民法院的更改率明显高于全市法院一审行政诉讼案件的更改率。2015 年无论是重庆三中法院辖区,还是全市同期的更改率均呈陡然下降趋势,但之后两年,全市法院的更改率较稳定并小幅回升,保持在 16% 左右,而集中管辖案件的变更率却在 2015 年后仍旧呈下降趋势,2017 年的变更率甚至低于全市法院同期变更率。

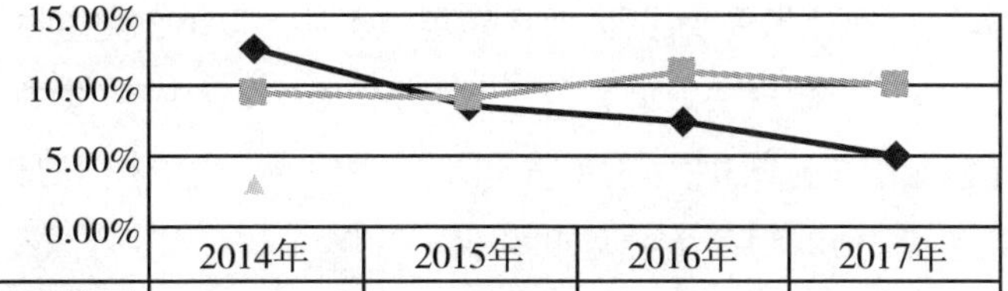

	2014年	2015年	2016年	2017年
重庆三中法院辖区基层人民法院	12.53%	8.54%	7.40%	4.92%
全市法院	9.50%	9.00%	11.00%	10.00%
差距值	3.03%	-0.46%	-3.60%	-5.08%

图5　2014～2017年辖区行政机关败诉率与全市法院对比情况

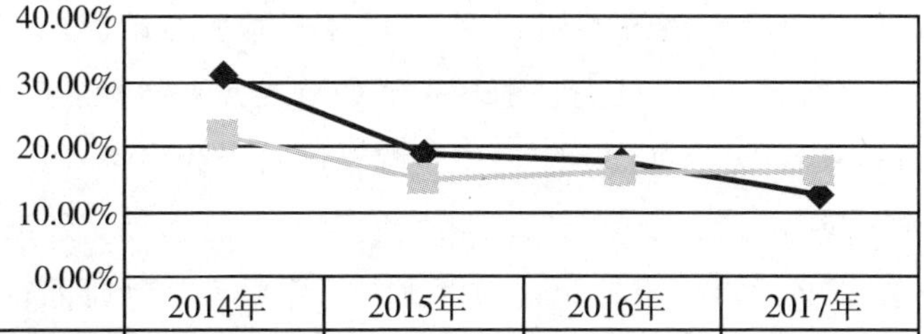

	2014年	2015年	2016年	2017年
重庆三中法院辖区基层人民法院	30.93%	18.81%	17.66%	12.43%
全市法院	21.40%	14.90%	15.90%	16.00%

图6　2014～2017年辖区变更率与全市法院对比情况

(3)行政机关败诉案件微观分析

为进一步掌握集中管辖制度对于减少行政干预、保护当事人合法权益、监督行政机关依法行使职权方面的效果,本课题组对2016年1月1日至2017年12月31日集中管辖法院审理的所有行政机关败诉案件共计47件,进行了整理分析,以期在案例中寻找规律。本课题组认为,行政机关败诉案件存在败诉行政机关主体高度集中的特征。2016年集中管辖法院判决行政机关败诉案件,涉及国土房管局、人社局、社保局、乡镇街道、公安局、民政局、移民局等9个行政机关,败诉主体相对集中,主要集中于国土房管局、人社局和社保局、街道这3类主体。其中,涉及国土房管局11

件，涉及人社局和社保局8件，涉及乡镇街道4件。以上3类主体被判决败诉案件共计23件，占判决行政机关败诉案件总数的74.19%。2017年集中管辖法院判决行政机关败诉案件所涉行政机关与2016年基本一致，败诉主体仍旧相对集中，主要集中于乡镇街道、国土房管局、人社局和社保局3类主体。其中，涉及乡镇街道7件，涉及国土房管局3件，涉及人社局和社保局3件。以上3类主体被判决败诉案件共计13件，占判决行政机关败诉案件总数的72.22%。从上述数据可知，集中管辖后，随着判决行政机关败诉案件数量的大幅减少，败诉行政机关的主体类型也大幅减少，但败诉主体依旧高度集中，且趋势更加明显，人社局和社保局、国土房管局、乡镇街道依旧是败诉案件的"高发"领域。

(4)小结——不能仅因集中管辖案件公正指标数据下降就认定集中管辖制度未达到排除行政干预的效果

行政机关败诉率、变更后撤诉率、更改率是检验行政诉讼制度保护当事人合法权益、监督行政机关依法行使职权功能的重要判断指标。但上述公正型指标，从宏观分析来看，无论是以重庆三中法院辖区自身为参考对象，还是以全市法院同期水平为参考对象，集中管辖法院均呈现下降的态势。公正型指标数据的下滑，是否就能必然得出集中管辖制度试点工作没有达到排除行政干预效果的结论？

本课题组认为，虽然公正型指标数据有所下降，但与集中管辖后行政机关法治意识、执法水平、应诉能力的提高有一定关系，且重庆三中法院集中管辖制度试点时间尚短，不能以此就武断认为集中管辖制度在排除行政干预方面没有作用。从47件败诉案件的个案微观分析来看，人社局和社保局的败诉案件，大多涉及工伤保险认定及工伤保险待遇支付，国土房管局的败诉案件大都涉及房屋拆迁、房屋行政登记、土地强制执行，乡镇街道的败诉案件除个别涉及信息公开外，绝大部分系因对房屋的强制拆除行为违法。以上类型案件既涉及当事人的重大财产利益又与地方政府的经济发展有千丝万缕的联系。集中管辖法院能够判决上述行政管理领域的案件败诉，能够证明集中管辖制度在排除行政干预、维护司法公正、保护当事人合法权益方面，仍然具有一定正向效果的。而且集中管辖制度除在涉及民生案件上能够有力地排除行政干预外，在保护企业经营自主权案件上，仍然能够达到集中管辖制度的预期目标。

4. 效果型指标分析

(1)原告主动撤诉情况有所好转

如图7及图8所示,2014~2017年,从重庆三中法院辖区一审行政诉讼案件原告主动撤诉案件数量及撤诉率来看,两个指标无论在集中管辖前还是集中管辖后,均高于全市法院同期水平,也与全市法院的总体发展趋势保持一致。但可以明显看出,在集中管辖改革初期,集中管辖法院的撤诉率明显下降,与全市法院的差距值明显减小。但随着集中管辖制度试点的深入推进,这一数据有所好转。2017年撤诉率与全市法院的差距值逐步扩大,差值接近7%。

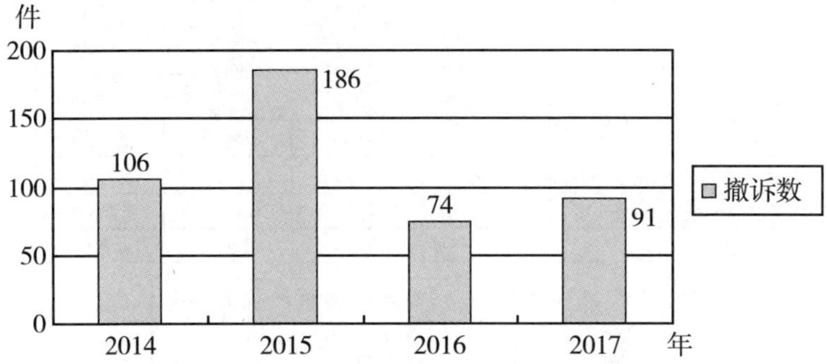

图7　2014~2017年辖区原告主动撤诉数变化情况

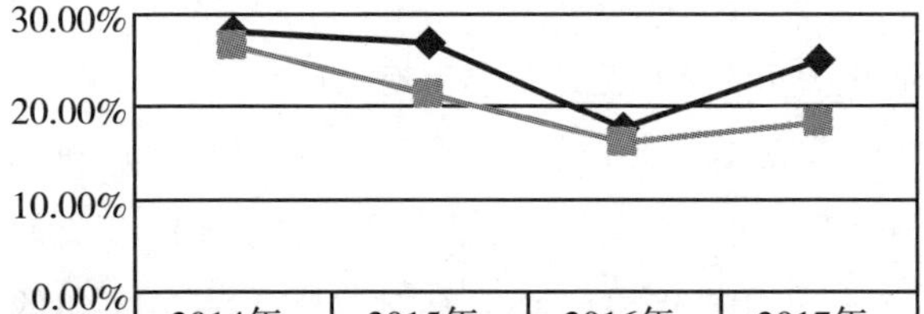

	2014年	2015年	2016年	2017年
辖区法院撤诉率	28.27%	26.92%	17.66%	25.14%
全市法院撤诉率	26.51%	21.38%	16.12%	18.28%

图8　2014~2017年辖区原告主动撤诉率变化及对比情况

(2)集中管辖后上诉率快速升高

如图9所示,从整体上来看,重庆法院一审行政诉讼案件上诉率多年来一直处于高位运行状态,受立案登记制的影响,大量历史遗留案件于2015年大量涌入各级法院,因案件审理的滞后性,2016年全市法院上诉率骤然上升,达到66.40%。虽然2017年全市法院上诉率略有下降,但仍高位运行,达到57.63%。但对于集中管辖法院来说,集中管辖制度试点前,涪陵区人民法院、南川区人民法院的上诉率较低,保持在20%左右,远低于全市法院同期水平,服判息诉效果较好。但集中管辖后,上诉率快速升高,呈现与同期全市法院一审行政诉讼案件上诉率同步的趋势,较集中管辖前上诉率上升了近2倍,而且在该项指标上的增益逐渐缩小。

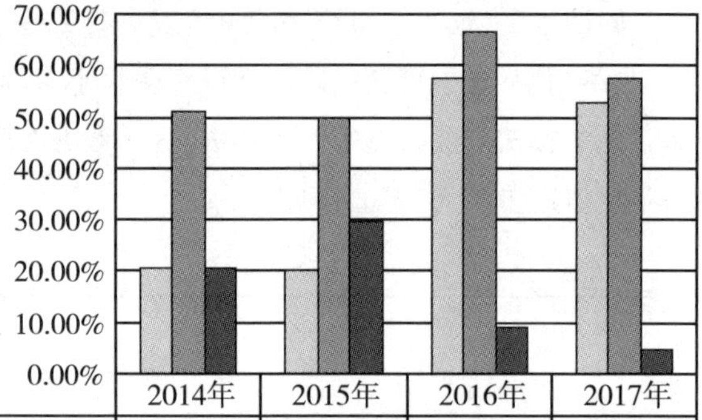

	2014年	2015年	2016年	2017年
集中管辖法院上诉率	20.53%	20.14%	57.52%	53.02%
全市法院上诉率	51.30%	49.80%	66.40%	57.63%
差距值	20.53%	29.66%	8.88%	4.61%

图9 2014~2017年辖区上诉率变化及对比情况

(3)行政机关负责人出庭应诉情况有所改善

如图10所示,2014~2017年重庆三中法院辖区行政机关负责人出庭应诉数量除2016年小幅下降外,其余各年均呈上升趋势。2017年行政机关负责人出庭应诉数为201人次,与2016年相比增长了76.31%,系2014年的近3倍。这既与我国2014年《行政诉讼法》的修订密切相关,也与重庆三中法院采取促进负责人出庭应诉措施有关。2017年重庆三中法院打破往年行政审判司法白皮书的固定模式,按照被告所在区县分别形成报告,对2016年判决行政机关败诉案件和行政机关变更行政行为案件进行"一案一析一建议",对行政机关负责人出庭应诉情况进行"点名道姓"式通报,得到了辖区各行政机关的积极回应。同时,巡回到多个区县召开示范庭,要求行政机关负责人出庭应诉,并组织行政机关工作人员旁听庭审,接受法制教育,以助推各行政机关负责人出庭应诉。本课题组认为,集中管辖制度改革后,案件承办法官与行政机关负责人熟悉程度降低,行政机关对异地审理更加重视,也是负责人出庭应诉情况出现好转的一个重要因素。

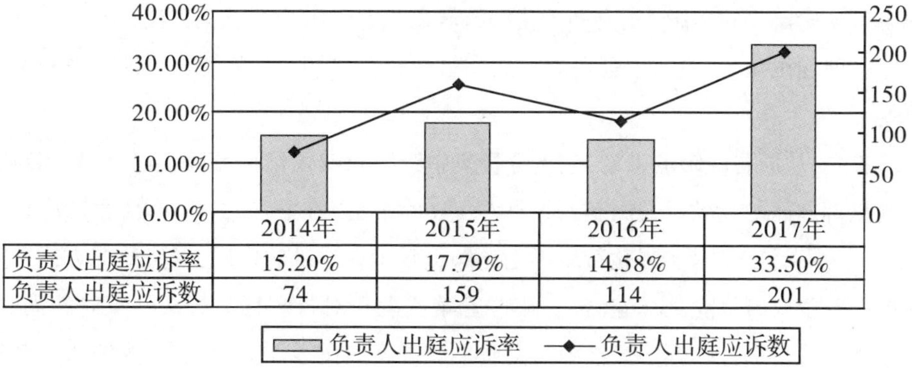

	2014年	2015年	2016年	2017年
负责人出庭应诉率	15.20%	17.79%	14.58%	33.50%
负责人出庭应诉数	74	159	114	201

图10　2014～2017年辖区行政机关负责人出庭应诉情况

(4)司法建议数量减少但反馈率提高

如图11所示,2014年重庆三中法院辖区基层人民法院共发出司法建议13篇。2015年辖区基层人民法院共发出司法建议8篇。集中管辖后,2016年发出司法建议5篇,而2017年仅4篇,司法建议的数量呈减少趋势。集中管辖试点后,9篇司法建议主要集中在公安治安处罚、劳动和社会保障领域,分别为2件和3件,两项共占司法建议案件数量的55.56%。从司法建议的反馈率来看,从2014年的30.77%提升至2016年的100%,2017年也保持了100%的反馈率,高于2017年度全市法院司法建议反馈率的近35.90%,表明行政机关对集中管辖法院发出的司法建议越来越重视,司法与行政的良性互动机制已初步建立。

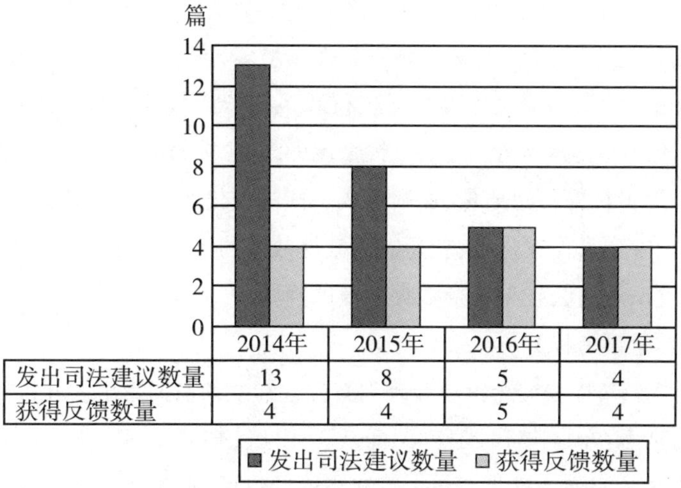

	2014年	2015年	2016年	2017年
发出司法建议数量	13	8	5	4
获得反馈数量	4	4	5	4

图11　2014～2017年辖区司法建议情况

(5)小结——集中管辖有利于化解行政争议并促进行政机关依法行政

本课题组认为，对集中管辖制度效果型指标的评价，应当着眼原告和被告两个维度。

首先，从原告的维度来看，应当分析集中管辖制度在化解行政争议、引导当事人服判息诉方面的效果。我国新修改的《行政诉讼法》在立法目的中增加"解决行政争议"一项，旨在进一步强化行政诉讼化解行政争议纠纷的作用，以法治的方式有效化解行政争议，避免程序"空转"。集中管辖法院在对行政行为合法性审查的同时，也注重妥善解决行政诉讼案件中的实质争议。反映在案件上，则表现为原告主动撤诉率和上诉率两项指标。虽然集中管辖法院的原告主动撤诉率和上诉率指标较集中管辖前呈现略微下降趋势，当事人服判息诉效果有所减弱，但从全市法院平均水平来看，近年来，随着当事人维权意识的逐步提升，全市甚至全国范围内都呈现出行政诉讼上诉率高、申诉率高的客观情况。在此背景下，集中管辖法院的原告主动撤诉率和上诉率指标能够优于全市法院同期平均水平，实属不易，集中管辖法院在撤诉率上接近7%的优益差值，能够充分反映集中管辖制度在化解行政争议方面的良好功效。本课题组认为，集中管辖制度有利于化解行政争议与人民法院主动跨行政区域审理一审行政诉讼案件息息相关，跨行政区域审理的制度设计，有助于增加原告对法院能够公正审理案件的信任度，从而也使其更愿意听取集中管辖法院法官的释明和认可集中管辖法院所作的裁判。

其次，从被告的维度来看，应当分析集中管辖制度在促进行政机关依法行政方面的效果。行政机关负责人出庭应诉数量持续增多，司法建议反馈率连续两年保持在100%，能够反映集中管辖制度与促进行政机关依法行政效果上的正向关系。行政机关负责人出庭应诉及司法建议反馈情况的改善，能够表明行政机关积极弥补执法薄弱环节、努力提升执法质量，逐渐形成了预防和化解行政争议、推动法治政府建设的合力。反映到具体案件上，就是败诉案件数量的下降。这从另一个侧面回应了集中管辖制度试点后公正型指标数据下滑的问题。

5. 案件质量型指标分析

(1)发回重审、指令继续审理和改判案件数和改判发回重审率异常升高

如图12所示，2014年和2015年，重庆三中法院辖区发回重审、指令继续审理和改判案件较少，均只有3件。但集中管辖制度试点后，重庆三中法院辖区2016年发回重审、指令继续审理和改判案件数量异常升高，高达10件，超过上一年度的3倍。

2017 年继续呈现增长趋势，达到 11 件。从改判发回重审率来看，除 2015 年小幅下降外，2016 年、2017 年均呈大幅增长趋势，且该数值远远高于全市法院同期水平。2016 年全市法院一审行政诉讼改判发回重审率为 0.6729%，而集中管辖法院为 2.39%，接近全市法院平均水平的 4 倍。2017 年全市法院一审行政诉讼改判发回重审率为 0.5693%，而集中管辖法院继续增长，为 3.04%，达到全市法院平均水平的 5 倍。

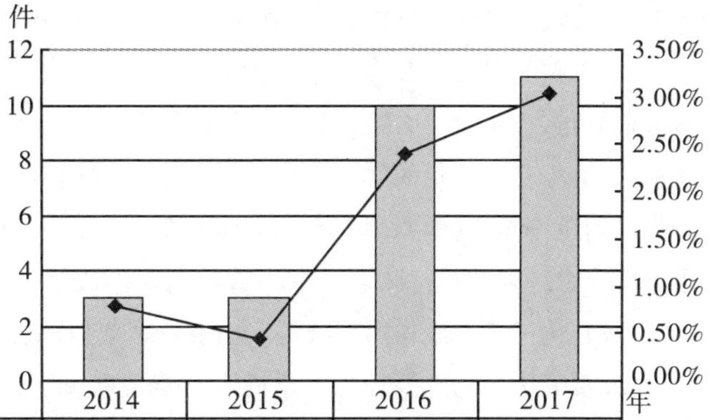

	2014	2015	2016	2017
改判和发回重审案件数	3	3	10	11
改判和发回重审率	0.80%	0.43%	2.39%	3.04%

图 12　2014～2017 年辖区改判发回重案件变化情况

（2）发回重审、指令继续审理和改判案件微观分析

2016 年重庆三中法院审结二审行政案件 238 件，其中改判 8 件，发回重审 1 件，指令继续审理 1 件，占所结二审案件的 4.20%，其中，涪陵区人民法院被改判和发回重审 4 件，南川区人民法院被改判和发回重审 6 件。2017 年重庆三中法院审结二审行政案件 189 件，其中，改判 8 件，发回重审 1 件，指令继续审理 2 件，占所结二审案件的 5.82%，改判、发回重审、指令继续审理案件一审全部由涪陵区人民法院办理。从发判和发回重审的原因来看，对法律法规的理解和适用不当导致发改的有 16 件，占发改案件总数的 61.90%，系首要因素。改判发回重审案件类型涉及劳动和社会保障、土地房屋行政登记、治安行政处罚、土地管理行政补偿等，其中，劳动和社会保障类案件有 7 件，占 33%，系改判发回重审案件的主要类型。从裁判方式上来看，除（2016）渝 03 行终 84 号判决、（2016）渝 03 行终 21 号是将原判决行政机关败诉案件进行纠正外，其余 19 件案件均是撤销了一审驳回起诉或一审驳回诉讼请求的裁决

结果，其中有9件案件在处理结果上直接判决行政机关败诉。

（3）小结——集中管辖案件质量大幅度下降

集中管辖后案件改判发回重审率异常升高，明显反映出集中管辖法院案件审理质量大幅下滑的客观现状。该问题在全市法院行政审判条线质效考核和排位情况来看，也反应明显。如表2所示，两家集中管辖法院的质效得分和排位在集中管辖后下滑明显，质效指数在改革初期呈剧烈下降态势，涪陵区人民法院2016年质效指数比2015年质效指数减少9.95，南川区人民法院2016年质效指数比2015年质效指数减少14.1，降低值分别排全市法院的第2位和第6位。2017年两家集中管辖法院的质效指数与2016年相比略有提升，但排位仍在全市基层人民法院中靠后。在案件质量上，重庆三中法院的集中管辖制度试点与预期目标相差甚远，是集中管辖制度本身的问题，还是其他原因？本课题组从效率、公正、效果、质量四个方面客观分析了重庆三中法院试行行政案件集中管辖制度的成绩，如前所述，除效果型指标存在增益外，其他三个方面均出现减益。如果效率型指标、公正型指标的减益，与案件数量、行政机关执法能力等外部因素尚有一定关联，那么案件质量型指标则全部由集中管辖法院内部因素所决定。质量型指标大幅减益的原因，是集中管辖制度存在不足，还是重庆三中法院辖区集中管辖法院自身队伍建设不到位？本课题组认为，必须从集中管辖制度的社会效果和集中管辖法院行政审判队伍建设两方面寻找原因。

表2　2014～2017年涪陵区、南川区人民法院行政条线质效综合指数及排序

质效指数及排位	质效指数				排位			
	2014年	2015年	2016年	2017年	2014年	2015年	2016年	2017年
涪陵区	97.6794	95.0488	85.0968	89.554	4	3	23	27
南川区	93.4723	94.181	80.08	90.5544	12	5	35	20

（二）行政案件集中管辖制度社会效果实证分析

对行政案件集中管辖制度的考察与评价，应当是多元的，不能仅以案件质效作为唯一判断制度改革成败的参考因素，该制度运行的社会效果也是重要的衡量标准。

1.对行政案件集中管辖制度进行社会效果分析的基本方法

社会效果分析与案件质效分析一样，仍然需要以适量、真实、科学的数据作为依据。本课题组自2017年9月至2017年12月，分别向重庆三中法院辖区行政审判工作人员、行政机关、行政相对人3个群体发放调查问卷,对行政案件集中管辖制度的运行情况进行问卷调查。截至2017年12月31日,共收回针对法院工作人员的调查问卷32份,覆盖重庆三中法院及其辖区范围内的全部集中管辖和非集中管辖基层人民法院;共收回针对行政机关的调查问卷84份,行政机关范围涉及区县政府、国土局、人社局、公安局、规划局、乡镇街道等经常作为行政诉讼被告的行政部门,也涉及环保局、水利局等其他诉讼较少的行政部门,确保了行政机关的覆盖范围;共收回针对行政相对人的调查问卷65份,既包括提起行政诉讼的原告,也包括第三人,其均与集中管辖制度息息相关,能有效、全面反映当事人对于行政案件集中管辖制度的意见与看法。本课题组将151份调查问卷的结果,全部录入Excel表格之中,以便统计分析。

在发放调查问卷的同时,本课题组于2017年11月16日、17日前往丰都县和南川区召开了行政案件集中管辖制度改革调研座谈会,邀请两地区县人大、政协、政法委及区县人民政府、国土局、人社局、公安局等行政机关负责人参加,就集中管辖制度的效果与改革措施广泛征求了意见。2018年1月11日本课题组在重庆三中法院召开了法院系统关于行政案件集中管辖制度改革调研座谈会,重庆三中法院行政审判庭及所辖5家基层人民法院行政审判庭全部参加会议,就司法体制改革中法官员额制新形势下集中管辖制度的运行状况进行了深入调查。

2. 积极看待行政案件集中管辖的制度成效

通过对调查问卷结果以及对调研座谈会观点的梳理,本课题组认为,行政案件集中管辖制度在以下几个方面显现出了良好的制度成效。

(1)有利于排除行政干预

行政不当干预一直被认为是妨碍行政诉讼司法公正的重要原因。我国法院系统与行政区划完全对应设置,司法辖区与行政辖区相同,法院的人事任免权和财政供给受到同级行政机关的影响。因此,难免在现实中产生地方保护主义、部门保护主义和执行难的现象。为此,最高人民法院于2013年下发《关于开展行政案件相对集中管辖试点工作的通知》(以下简称《集中管辖试点通知》),要求各地因地制宜地试行跨行政区域行政案件集中管辖制度。实行行政诉讼集中管辖制度,其根本目的就是打破集中管辖法院与地方行政区划一一对应的关系,排除地方行政权对司法审判权的干扰。

重庆三中法院行政案件集中管辖制度的实践,使案件的审理法院与行政区划的行政机关相分离,给予了集中管辖法院独立审判的制度保障。在本课题组对行政相对人发送的65份调查问卷中,认为集中管辖能明显减少行政干预的有30人,占46.15%;认为集中管辖能在一程度上减少行政干预的33人,占50.77%;两者共同占比达96.92%;仅2人认为集中管辖在减少行政干预方面完全没有效果。在本课题组对行政机关发送的84份调查问卷中,认为集中管辖能明显减少行政干预的有50人,占59.52%;认为集中管辖能在一程度上减少行政干预的31人,占36.90%;两者共同占比达96.42%;仅3人认为集中管辖在减少行政干预方面完全没有效果。行政机关作为被告,能够如此高度评价集中管辖制度在减少行政干预方面的成效,实属不易。在本课题组对法院工作人员发送的32份调查问卷中,认为集中管辖能明显减少行政干预的有7人,占21.88%;认为集中管辖能在一程度上减少行政干预的23人,占71.87%,两者共同占比达93.75%。

(2)有利于提高行政审判的公正性和公信力

行政诉讼最重要的价值就是公正。行政案件集中管辖制度,由于在一定程度上将行政区划与司法管辖进行了分离,对于削弱地方行政对于司法的影响力大有裨益,为法官独立行使审判权提供了良好的司法环境,体现了行政诉讼的公正价值。也有学者认为,"公正的管辖决定了公正的判决"。管辖权如何规定,不仅具有引导诉讼程序开始的程序意义,更重要的是具有保障裁决公正的实体价值。① 当事人进入行政诉讼,首先接触的制度便是管辖,一家公正的管辖法院的确定,能够在很大程度上降低当事人的不满,甚至能够在一定程度上消融对其不利的判决的影响。集中管辖后,集中管辖法院的人、财、物不受制于被诉行政机关,便可以在更大限度内作出更加忠于法律的裁判,从而增强司法的权威,提升行政审判的公正性和公信力。

在本课题组对行政相对人发出的65份问卷调查中,在集中管辖能否促进法院公正审理案件问题上,有52.30%认为效果明显,46.15%认为有一定效果,仅有1.55%认为完全没有效果。在本课题组对行政机关发出的84份问卷调查中,在该问题上,有21.88%认为效果明显,68.75%认为有一定效果,而仅有9.37%认为完全没有效果。受访行政相对人和行政机关工作人员中,高达87.25%的人员表示愿意选择集中管辖。从上述数据可见,行政相对人、行政机关高度认可集中管辖制度具备提高行政审判公正性和公信力的职能。

---

① 参见李红枫:《行政诉讼管辖制度现状及对策分析》,载《行政法学研究》2003年第1期。

在座谈会上,有观点认为,既然集中管辖跳出了地域局限,如果案件能够在其他区域得到圆满解决,那么可能会导致当事人乃至社会公众对于本地司法公平公正的不信任或不认可,有损本地司法权威。但本课题组认为该观点有待商榷,第一,司法权是中央事权,并非地方权力。第二,司法权威源于司法公正。司法权威是一个宏观概念,它所对应的应是整个司法体系,是社会各界对整个司法的评价,并不存在某些法院有,而某些法院不具有的司法权威,本地司法权威本身就并非科学概念。第三,在司法体制改革的大背景下,司法地方化的趋势和概念将趋于淡化。

(3)有利于统一司法裁判尺度

尽管我国行政诉讼经过了20多年的发展,但是各地区的司法环境差异仍然很大,尤其是某些基层人民法院,受理的行政案件数量较少,法官经验相对匮乏,行政审判水平不高,即使在同一个市、区的范围内也会出现同案不同判的结果。在审判实践中,由于法官对于法律的理解不同或者适用的法律条文不同,各地法院的审判水平参差不齐,也会导致同一案件裁判、结果却不同的现象发生。裁判结果的差异势必会影响司法的公正性,损害司法裁判的公信力。因此,裁判结果的统一对于维护司法的公正性和公信力具有重要意义。集中管辖制度将一审行政诉讼案件管辖权集中在少数法院,可以在很大程度上实现裁判结果的统一。一审行政诉讼案件由集中管辖法院审理,可以有效规避某些引起差别审判的因素,统一法官及法院裁判的尺度和标准,增强行政审判的公信力。

(4)有利于促进法治政府建设

行政案件集中管辖制度有效排除了行政干预,增强了行政机关领导干部和工作人员的法治意识,有利于促进行政机关工作人员严格依法执政,在源头上提高了行政执法办案质量,减少了行政争议发生可能性。在制度层面促使行政机关提高执法水平,有利于法治政府建设。通过调研,丰都县公安局、丰都县规划局、丰都县国土局、南川区公安局等行政机关均表示,在集中管辖制度施行后,其工作人员的法治意识和执法水平得到较大提高,大量行政争议在行政执法阶段已经得到实质性化解,且对于法院的司法建议能够高度重视并及时予以回复。本课题组认为,集中管辖制度试点后,行政机关败诉率降低,与行政机关自身依法行政水平的提高也有很大的关联性。

(5)有利于降低信访压力

不少行政机关在座谈会上反映,行政案件集中管辖后信访压力降低,当事人缠诉缠访的现象明显减少。本课题组就该问题也进行了问卷调查。调查问卷显示,39.29%的行政机关认为集中管辖制度对于信访压力有明显降低作用,46.43%认为有一定作用。调查问卷显示,40.63%的法院工作人员认为集中管辖制度对于信访压力有明显降低作用,46.88%认为有一定作用。本课题组分析认为,集中管辖制度之所以能够降低信访压力,主要来自以下两方面的原因:一是集中管辖制度提高了行政审判的公正性和公信力,行政相对人更愿意相信异地法院裁判的公正性,在历经诉讼程序后,对裁判结果更易接受,更易服判息诉,"群众信访不信法"的局面得以扭转。二是因行政管理具有地域管辖属性,在行政诉讼中,大部分行政诉讼相对人和第三人住所地与行政机关所在地重合。集中管辖制度不仅分离了行政区划与司法管辖区划,也打破了行政相对人所在地与司法管辖区划之间的重合关系。因地域上的障碍明显会导致信访成本上升,故行政相对人到集中管辖法院进行信访的情况得以明显缓解。非集中管辖法院因未再审理行政诉讼案件,行政相对人也不会到当地法院进行信访,所涉信访行为的减少更是显而易见。

(6)有利于提高行政机关负责人出庭应诉率

我国新修订的《行政诉讼法》明确规定了行政机关负责人出庭应诉原则。集中管辖制度改革后,因行政干预得以有效排除,法治意识普遍提升,行政机关负责人出庭应诉率大幅提升,先后有多名行政机关负责人出庭应诉,行政机关负责人或工作人员不出庭现象基本绝迹。据统计,涪陵区人民法院行政案件行政机关负责人出庭应诉率从2015年的21.81%上升到2017年的64.84%,远超全市平均水平,丰都县公安局2017年负责人出庭应诉率甚至达到了100%。

3.正面应对集中管辖的制度"瓶颈"

行政案件集中管辖制度是在现有司法体制内的一种管辖制度创新,其在具备良好制度成效的同时,也存在一些天然的制度"瓶颈"。

(1)诉讼成本的提高不可避免

诉讼是一种需要支付成本才能够产生收益的活动。在集中管辖制度设计下,增加了当事人对公正的期待,但也存在忽视当事人意愿、增加案件诉讼成本的问题。在当前的制度设计下,原告对管辖法院没有选择权。集中管辖制度在一定程度上增加了当事人的经济支出,当事人需要在非住址所在地的集中管辖法院立案、开庭,存在来回奔波、增加诉讼成本的可能性,甚至有学者认为,跨行政区域的集中管辖制度违反了行政诉讼管辖的两便原则。①

相关的数据印证了上述观点：在本课题组向行政相对人和第三人发放的65份调查问卷中，其中一项问题为“您认为集中管辖是否增加诉讼成本？如果增加，主要体现在哪些方面？”，设计的选项分别是：交通费、住宿费、误工费、通信费和其他费用，同时，该问题可以多选。经统计，有54人选择会增加诉讼成本，仅有11人选择不会增加诉讼成本。在选择会增加诉讼成本的54人中，排首位的是交通费，有52人次；其次是住宿费，有32人次；再次是误工费，有28人次；最后分别是通信费和其他费用。尽管集中管辖制度存在诉讼成本提高的问题，但仍有37人表示，为了案件得到公正审理，愿意承担集中管辖制度所提高的诉讼成本，因为“公正比道路的远近更重要”。② 针对同一问题，行政机关工作人员的回答也大致相同，仅7.14%的工作人员表示不会增加成本，且认为诉讼成本主要集中于交通费和住宿费2项，分别为76人次和45人次。在调研中，本课题组发现，对于行政诉讼较多的国土局、人社局等行政机关，存在案多人少的矛盾，大量的跨行政区域开庭，对其工作也带来较大压力，其不得不聘请律师来缓解工作人员的办案压力。丰都县人社局表示，到涪陵区人民法院参加一个诉讼案件的审理，计算交通费、住宿费、用餐费、律师费等费用，一般成本为3000元左右，而且律师考虑异地开庭，耽误时间较长，也不愿意到集中管辖法院开庭。由此可见，诉讼成本，既包括经济成本也包括时间成本，显著提高是客观存在的事实，且在一定时期内不可避免。

(2)相对固定异地管辖导致制度效果异化

集中管辖制度虽然在一定程度上排除了地方的行政干预，但去地方化设计尚处于较低层次，对于彻底改变地方行政干预司法的格局仍效果欠佳。重庆三中法院辖区的集中管辖制度采用的是相对集中管辖模式，在两家集中管辖法院之间形成相对固定管辖形态后，集中管辖制度效果也会逐渐发生扭曲和异化。不可否认，假使涪陵区人民法院长期集中管辖南川区行政诉讼案件，南川区人民法院长期集中管辖涪陵区人民法院行政诉讼案件，那么，出于利益趋同的考虑，存在涪陵区行政机关通过南川区行政机关影响南川区人民法院审理活动的可能性。即跨行政区域管辖确实

---

① 参见马怀德主编：《司法改革与行政诉讼制度的完善——〈行政诉讼法〉修改建议稿及理由说明书》，中国政法大学出版社2004年版，第155页。

② 董明强、李志坚、蔡超：《“原告放心、被告上心”的行政审判改革——台州两级法院行政案件异地管辖的新探索》，载《中国审判》2007年第6期。

能“很大程度上过滤掉当地政府的直接影响”,问题是过滤掉“直接影响”,“间接影响”还有多大?短期过滤掉了,长期下去,会不会形成新的利益勾连,从而导致这种过滤作用的失效?[①] 重庆三中法院辖区实施行政案件集中管辖制度仅2年,制度效果发生扭曲和异化的情况尚不明显,但个别趋向性苗头已在实践中显现,不少行政机关表示希望与集中管辖法院加强沟通联系,以期与集中管辖法院之间保持某种微妙的关系,以便于协调案件或催促案件办理进度。长此以往,制度初期显现出的成效能否得以持续存在疑问。

(3)对监督部门带来空间上的障碍

党委、人大、政协、政法委等部门的管辖范围与行政区划一致。上述监督部门如何在集中管辖制度中有效监督所在地区行政机关和所在地基层人民法院,存在空间上的障碍。例如,南川区人大在本课题组召开的座谈会上表示,涪陵区人民法院作为集中管辖法院,因案多人少、办案压力大,难以配合南川区人大的工作,南川区人大难以从涪陵区人民法院了解南川区行政机关案件质效的情况,故其难以对南川辖区内的行政案件进行监督;同时,南川区人民法院上报给南川区人大的案件,均是其他行政区域行政机关的案件质效数据,南川区人大对这类案件并没有监督权。

(三)试点法院行政审判队伍建设实证分析

结合本课题组对重庆三中法院辖区集中管辖一审行政诉讼案件质效和社会效果的实证分析,行政案件集中管辖制度无论从案件效果还是社会效果上,都是能够达到排除行政干预、维护司法公正的预期目标的,但为何案件效率和质量却反而下降?本课题组认为,集中管辖制度运行的成效,不仅与制度本身设计有关,更与行政审判的司法环境、资源配置、队伍建设等问题紧密关联。从理论上分析,集中管辖制度相较法定管辖制度,应当更有利于审判资源的集约使用和优化配置,有利于提高审判质效,进而形成专业化和高水平的行政审判队伍。但经调查统计,本课题组发现,在司法体制改革中法官员额制的大背景下,集中管辖法院行政审判队伍建设面临巨大挑战,而行政审判队伍建设的现状在很大程度上影响了集中管辖制度的运行效果,甚至可以被认为决定了集中管辖制度试点的成败。

---

① 参见李韶宇:《行政诉讼异地管辖制度研究》,中国政法大学2008年硕士学位论文,第29页。

1. 重庆三中法院辖区行政审判队伍建设情况

(1)集中管辖法院审判队伍人员数量下降

在集中管辖制度改革初期,重庆市高级人民法院要求集中管辖法院行政庭应当设置2个合议庭,配备行政审判人员不少于6名,并配备相应的司法辅助人员,所需人员可采取在重庆三中法院辖区内择优调配,也可由集中管辖的涪陵区人民法院和南川区人民法院院内调配或其他方式选调。但在集中管辖制度刚刚拉开试点帷幕之时,全市法院于2016年推行了法官员额制改革,明确规定未入额法官不得再办理案件。涪陵区人民法院行政审判庭在尚未按规定配齐2个合议庭的基础上,审判队伍从集中管辖前的3名审判员、2名书记员,反而减少为2名员额法官、1名法官助理和2名书记员,行政审判力量并未得以增强,且办案人员实质上减少1人。据本课题组统计,在法官员额制改革背景下,涪陵区人民法院行政审判力量的配备较集中管辖前更显薄弱。在法官员额制改革前,涪陵区人民法院法官共计82人,行政审判庭法官人数为3人,占全院法院法官人数的3.66%;而法官员额制改革后,涪陵区人民法院员额法官共计60人,行政审判庭员额法官人数仅为2人,占全院法院员额法官人数的3.33%,较集中管辖前,法官占比反而下降了0.33%。

南川区人民法院行政审判庭的队伍建设情况也不容乐观。南川区人民法院行政审判庭也未按规定配齐2个合议庭,审判人员从集中管辖前的4名审判员、2名书记员,减少为2名员额法官、1名法官助理和3名书记员,办案人员实质上减少2人。在法官员额制改革前,南川区人民法院法官共计76人,行政庭法官人数为4人,占全院法官人数的5.26%;而法官员额制改革后,南川区人民法院员额法官共计43人,行政庭员额法官人数为2人,占全院员额法官人数的4.65%,较集中管辖前,法官占比也下降了0.61%。

在集中管辖制度试点过程中,两家集中管辖法院行政审判庭审判力量不升反降的情况值得高度重视。重庆三中法院辖区的一审行政诉讼案件,目前仅由4名员额法官承担,案件数量相对于集中管辖法院来说成倍增长,案多人少矛盾已然明显。本课题组认为,该问题直接导致了集中管辖的一审行政诉讼案件效率和质量的下降。

(2)集中管辖法院审判队伍稳定性较差

集中管辖法院在法官员额制改革的大背景下,不仅难以在人员数量上得到充分保障,在人员稳定性方面也步履维艰。本课题组综合分析了近5年来两家集中管辖法院审判队伍的构成情况。目前,涪陵区人民法院 2 名员额法官从事行政审判年限分别为 8 年和 3 年,行政审判经验并不充足。而所配置的法官助理,行政审判经验较欠缺,难以适应集中管辖法院行政审判工作的要求。南川区人民法院 2 名员额法官从事行政审判年限分别为 10 年和 7 年,稍好于涪陵区人民法院,但法官助理从事行政审判年限也仅为 1 年。两家集中管辖法院员额法官平均从事行政审判年限较短,而原有的行政审判年限较长的员额法官,又因工作原因被调整到其他业务部门。从本课题组对集中管辖法院 2 年来被改判的案件分析来看,往往行政审判工作年限较短的员额法官所办理的一审行政诉讼案件,被改判、发回重审、指令继续审理的比例较大。据此,本课题组认为,集中管辖法院审判队伍的不稳定及在编员额法官行政审判年限过短、行政审判经验不足,也是导致集中管辖的一审行政诉讼案件质量下降的重要原因。

(3)非集中管辖法院审判队伍人才流失严重

重庆三中法院在设计集中管辖模式时,采用了相对集中管辖模式,非集中管辖法院仍然保留了行政审判庭,办理非诉行政执行案件。集中管辖制度施行两年后,非集中管辖法院已经边缘化,行政审判职能严重萎缩,非集中管辖法院行政审判庭已经名不副实。大量有行政审判经验的干警因受地方政府人事管理权限制、日常生活习惯等各种原因,难以流动到集中管辖法院办理行政案件,反而去往其所在基层人民法院的其他业务部门。据统计,丰都县人民法院行政审判庭在集中管辖制度改革后,原有的 2 名,分别具有 10 年和 5 年行政审判工作经验的法官已经调离行政审判庭,目前,除 1 名员额法官具有行政审判经验外,其他员额法官均无行政审判经验,全庭目前办理的案件主要为非诉行政执行案件、司法确认案件和民事小额诉讼案件,且以民事小额诉讼案件为主。武隆县人民法院的行政审判法官也从集中前的 2 名缩减到 1 名员额法官,且以办理民事案件为主要业务。垫江县人民法院的行政审判庭已经被纳入立案审判团队,原有的 3 名行政审判法官全部调离了行政审判庭,而现有的 1 名员额法官的行政审判经验仅为 1 年,1 名法官助理的行政审判经验也仅为 1 年,在办理非诉行政执行案件中也显得经验不足。

2. 行政案件集中管辖制度在队伍建设中的困境

审判队伍建设是多维度的,集中管辖制度在司法实践中,除面临人员配备不齐的首要问题外,还面临司法成本高、后勤保障不到位、业务学习有待加强等多方面难题。

(1)司法成本高

重庆三中法院在施行集中管辖制度时,要求集中管辖法院要达到30%的巡回办案率。在调研过程中,不少行政机关也表示希望集中管辖法院多开展巡回办案。但集中管辖法院却认为,巡回审判涉及车辆安排、法庭准备等一系列后勤保障问题,完成30%的巡回办案率较困难。据统计,2017年涪陵区人民法院的2名员额法官平均每人有90天处于异地巡回办案状态中,而南川区人民法院的2名员额法官平均每人有100天以上的时间处于巡回办案状态。巡回办案虽然有利于节省当事人诉讼成本,但给司法成本带来较大压力,特别是时间上的压力。从理论上来讲,1名员额法官工作日最多为251日,①而集中管辖法院员额法官将接近40%的时间用于路途,其办理案件的时间必然大幅缩水,这也是导致两家集中管辖法院2016年、2017年连续两年案件效率、质量下降的重要原因。

(2)行政审判业务学习有待加强

集中管辖制度开展后,案件数量对于集中管辖法院来说成倍增长,案件类型的多元、法律关系的复杂,也促使集中管辖法院审判人员主动加强业务学习,以适应集中管辖带来的变化。但成倍增长的案件数量,也使在编员额法官疲于应对,其行政审判业务学习的时间也难以得到保证。行政审判业务水平的提高,尚需要时间的积累。

(3)非集中管辖法院配套服务不到位

在集中管辖制度设计之初,要求非集中管辖法院负责协助配合集中管辖法院做好巡回审判、诉状代收、受托取证、代为送达,以及本地区行政案件的协调执行等工作。但对于非集中管辖法院来说,行政审判人员剥离了审判业务工作,离"行政审判队伍"越来越远,失去了主业的依托,同时要承担大量的其他审判任务。如丰都县人民法院行政审判庭,2017年员额法官人均办案300件,书记员人均配合案件数600余件,远超丰都县人民法院员额人均办案量200件和书记员人均配合案件数量。在无相应政策保障情况下,要求非集中管辖法院行政审判庭在承担大量民事案件的同时,"义务服务"于集中管辖法院办理的行政案件,确实勉为其难。

3.行政审判队伍建设评析

本课题组认为,重庆三中法院辖区实施的集中管辖制度,仅仅实现了一审行政

---

① 法官工作时间最大值=全年时间-(公休日假期+法定节假日假期),由此推算法官工作日最多为:365日/年-104日/年(周末公休日)-10日/年(法定节假日假期)=251日/年。

诉讼案件上的集中,而行政审判资源的集中却无从体现。根据《集中管辖试点通知》的要求,开展集中管辖试点后,各地要通过多种方式强化集中管辖法院的行政审判力量,增加行政审判法官人员和编制,配足2个以上合议庭,以满足集中管辖法院行政案件数量明显增加所带来的行政审判法官数量相应增加的实际需要。但是,由于编制、人员调动职权不在法院手中,增编扩员事项难以落实,面对成倍增加的案件数量,集中管辖法院难以长期应对。两家集中管辖法院员额法官人均160件(含非诉行政执行案件)左右的办案量,对于重庆主城区法院系统长期从事行政审判业务的员额法官来说,尚显困难,对于行政审判经验更加不足的涪陵区人民法院和南川区人民法院的4名行政审判员额法官来说,必将感到更大的审判压力。长期疲于办案,行政审判专业素质并没有得到飞跃性的进步和提高,行政案件办案质量也不高,容易被上级法院改判或发回重审,从而影响其绩效考核。高强度的工作却得到较低的绩效考核,长此以往,必将影响集中管辖法院员额法官的工作积极性,甚至会考虑调离行政审判岗位,继而又影响行政审判队伍的稳定性,形成恶性循环。

三、行政案件集中管辖制度的法治价值评价

面对重庆三中法院辖区行政案件集中管辖制度试点过程中出现的问题,社会各界特别是司法实务界对该制度的法治价值提出了质疑,甚至有不少法官提出了应当终止集中管辖制度试点而继续施行交叉指定管辖制度的观点。本课题组结合数据分析,对主要的质疑观点进行了回应,以期客观评价行政案件集中管辖制度的法治价值。

(一)客观评析行政案件集中管辖制度所面临的价值冲突

影响行政诉讼管辖的因素主要有3项:法院、原告和被告。考量立法本意,我国《行政诉讼法》在确定管辖规则时,主要遵循以下几个原则:(1)便于当事人进行诉讼和便于法院正确、公正、有效地行使审判权;(2)法院负担均衡,包括同级法院之间审判工作量的合理分工和上下级法院之间审判力量和审判工作量上的合理分配;(3)原则性与灵活性相统一,法定管辖与变更管辖相结合。行政案件集中管辖制度与我国《行政诉讼法》所确定的管辖原则之间存在一定的紧张关系,有必要对各种价值目标进行衡量与选择。

1.“两便”原则之间的冲突与衡量

便于当事人进行诉讼和便于法院正确、公正、有效地行使审判权两个因素之间

存在内在冲突。行政诉讼管辖确定有一条重要原则,就是方便当事人诉讼,这里的当事人除原告外,还有被告和第三人,方便他们诉讼成为考虑的重要因素。便于当事人诉讼活动的考量,是为了诉讼的便利性和节约性,为当事人减轻诉讼负担。如果考虑便于法院公正审判,排除来自其他行政机关的不当干预,就应当由受到行政干预少的法院审理行政案件;如果考虑便于当事人进行诉讼,就应当尽可能地由与当事人住所地较近的法院管辖。

本课题组认为,对于"两便"原则就不能作表面和肤浅的理解,制度的安排不仅要方便当事人诉讼,还要真正有利于法院公正审理。如果只是方便当事人诉讼,而不能得到公正审理,当事人必定选择放弃便利而追求公正。本课题组对行政相对人进行问卷调查的数据也印证了这一价值选择,大多数行政相对人表示愿意承担集中管辖制度所增加的诉讼成本。据此,本课题组认为,行政审判要以实现公正裁判为首要目标,在方便法院审理与方便诉讼之间,应当选择方便当事人诉讼;在便于当事人诉讼与便于法院公正审理之间,应当选择便于法院公正审理。跨行政区域的集中管辖制度,就是在一定程度上以牺牲"两便"原则为代价而设计的。从行政诉讼的长远发展来看,无论是行政法院还是集中管辖制度,都不可能以"两便"原则作为制度设计的重要标准,都是将公正审判的价值目标放在首位。

2. 法院负担均衡与案件集中管辖之间的冲突与衡量

法院负担均衡是行政诉讼管辖制度设计中需要考虑的一个重要原则,如果某一级或者某一地区法院案件审判任务过重,必然对案件的质量效率产生影响。相反,某一级或者某一地区法院案件审判任务过轻,明显也不合理。在司法实践中,要实现工作量的完全均衡是不可能的,但通过制度设计的目的可达到大体上的均衡。从试点情况来看,负担均衡原则与集中管辖制度试点工作产生了明显冲突。一方面,集中管辖法院审理了大量非本地的一审行政诉讼案件;另一方面,非集中管辖法院没有案件可审,行政审判庭名存实亡。

在课题组认为,集中管辖制度改革是通过整合现有司法资源,实行精英化、专业化的审判。任何改革都不可能没有成本。从改革试点的情况来看,最大的成本可能是对现有行政审判组织结构和队伍的冲击。经过 20 多年的发展,各地法院普遍建立了行政审判庭,形成了比较稳定的审判队伍。如果全面推行集中管辖,大多数法院将不再保留行政庭,理想的状态是把各基层人民法院的行政审判人员整合到集中管辖法院,但现实情况是,行政审判人员在基层人民法院之间流动的可能性很小,绝大多数行政审判人员都将被调整到本院其他部门,造成行政审判人才的流失;而集中管辖法院增加的人员可能并没有行政审判经验,其结果是短期内专业化水平不升反降。本课题组认为,从确立法院负担均衡的目的考量,负担均衡是为了保障案件裁判的质量和效率,如果单纯地追求均衡,实际意义并不大,在行政诉讼案件数量总体有限的现实情况下,行政诉讼不宜照搬民事、刑事诉讼的模式,要求法院之间达到绝对的负担均衡。主要原因为:首先,如果恢复每家基层人民法院的行政审判职能,将行政诉讼案件分散到所有的基层人民法院,那么行政诉讼案件数量对于大部分基层人民法院特别是边远地区的基层人民法院来说必然存在数量不足的问题。而法官员额制改革又是本轮司法体制改革中的重要环节,基层人民法院难以在员额法官数量有限的情况下,仍然保证每家基层人民法院设置 1 个行政审判庭,并配备 3 名员额法官。甚至在实践中还存在即使集中管辖法院将一审行政诉讼案件集中后,行政案件在数量上仍然不能与其他审判业务相提并论的问题。对于员额法官数量有限的基层人民法院来说,没有足够的行政案件数量,自然也不会配备更多的员额法官。以涪陵区人民法院为例,2017 年涪陵区人民法院员额法官人均办案数为 351 件,而涪陵区人民法院行政审判员额法官人均办案数只有 180 件(含非诉行政执行案件)。南川区人民法院情况也大抵相当,2017 年南川区人民法院员额法官人均办案数 336 件,而南川区人民法院行政审判员额法官人均办案数也只有 144 件(含非诉行政执行案件)。其次,行政审判专业性强,对法官专业素养要求高。如果将案件分散到各家基层人民法院,在实践中必然会产生一对矛盾:一方面,需要一支有专业特长的法官队伍来审理专业性强的行政诉讼案件;另一方面,由于行政诉讼案件数量不多,各家基层人民法院又不可能配备很强的审判队伍来承担行政审判工作。由于案件量不足,法官的审判经验积累十分有限,很难培养出高质量的专业法官队伍,也由于行政诉讼案件不多,行政诉讼审判工作在法院内部地位不高,精干法官也不愿从事这项工作,这就难免造成专业审判法官队伍的短缺。而集中管辖法院审理的案件数量较多,法官队伍就会稳定下来。行政审判要培育出一支专业化的行政审判队伍,必须要有一定的审判实践历练来保证,这就需要保证行政法官有一定的办案量。在案件数量普遍不足的情况下,唯有实行集中管辖才能达到这个目标,而不宜过于强调法院之间的负担均衡。

3. 法定管辖与变更管辖常态化之间的冲突与衡量

法定管辖是世界各国司法所遵循的基本原则,是法的确定性在司法管辖问题上的具体体现。如果管辖权的设定不遵循一定的原则和规则,必然会带来管辖权行使的混乱,使法院和当事人都无所适从。根据我国《行政诉讼法》的规定,绝大多数行政案件的管辖法院是确定的,而推行管辖权改革,特别是制度化、常态化的集中管辖,打破了现有案件管辖的格局,变更管辖权成为一种常态,与法定管辖发生了明显的冲突,动摇了管辖权法定原则,进而有可能损伤诉讼程序的安定性。①

本课题组在调研中发现,不少行政机关和行政相对人认为,应当根据“两便”原则赋予原告管辖法院选择权,即如果原告坚持在原法定管辖法院提起行政诉讼,应当允许其选择管辖法院。本课题组认为,无可争议,集中管辖制度的实践确会对原有的行政诉讼程序产生一定影响,但是过于强调法定管辖原则,要求基层人民法院为保障个别当事人的管辖选择权而保留行政审判庭,如前所述,并不利于行政诉讼的长远发展,也不符合司法体制改革中法官员额制的需要;同时,我国新修改的《行政诉讼法》第18条第2款已经为集中管辖制度的推行明确了法律依据,从一定的角度来说,集中管辖也应当属于法定管辖的范畴。

(二)一个初步的结论——行政案件集中管辖应当坚持并不断扩大范围

对于行政案件集中管辖制度的法治价值和发展方向问题,本课题组向重庆三中法院辖区所有的行政审判工作人员进行了问卷调查。不同法院行政审判工作人员对该问题的认识分歧较明显。集中管辖法院共有10人参加了问卷调查,90%认为交叉指定管辖制度更能促进行政审判发展,4名员额法官全部倾向交叉指定管辖制度;非集中管辖法院共有14人参加了问卷调查,57.14%认为交叉指定管辖制度更优,5名员额法官中有60%倾向集中管辖制度;重庆三中法院行政审判庭共8人参加问卷调查,所有工作人员倾向交叉指定管辖制度。虽然上述数据与开展集中管辖制度的预期相差甚远,但本课题组认为,司法实务界的意见与目前集中管辖制度所遇到的困境息息相关。集中管辖法院和作为上级法院的重庆三中法院高度倾向交叉指定管辖制度的原因是多方面的,其中最主要的原因便是集中管辖行政审判队伍建设没有达到集中管辖制度的要求,其选择可能更多的源于实际工作,而没有充分考虑集中管辖制度的法治价值。客观评析集中管辖制度的法治价值,关系集中管辖制度最终的发展方向。

目前,理论界和实务界对集中管辖制度最终发展方向的讨论主要集中在以下4

① 参见章志远:《行政案件异地管辖热的冷思考》,载《中州学刊》2008年第2期。

个观点:第一,认为该改革的最终目标应当是建立专门的行政法院,即取消地方各级法院的行政审判庭,建立直接隶属于最高人民法院的行政法院,专门审理、执行行政诉讼案件和执行非诉行政案件。① 目前,较多学者认为,设立行政法院是突破我国行政审判体制根本障碍的最优方案。第二,认为行政案件集中管辖制度的最终发展方向是该制度在全国范围内普遍推行。因为行政法院的设立是一项重大复杂的司法体制改革,短期内甚至较长时间内缺乏实现的可能,而集中管辖制度在地方法院的人、财、物脱离于同级行政机关等一系列司法改革措施整体推进的情况下,能充分发挥其优越性,既能够排除行政干预,又能够适应法官员额制改革的要求,将经验丰富的行政审判员额法官集中到一起,提升行政审判业务水平。据此,集中管辖制度在全国推行是行政诉讼管辖制度改革的必然发展方向。第三,一些观点认为,在实现地方各级法院人、财、物省级统一管理或者中央统一管理后,行政诉讼管辖制度的一些改革也就没有必要继续推行了。因为当地方各级法院的"生存权"脱离了同级行政机关后,法院的审判权自然也就独立了,也就没有继续实施行政诉讼管辖制度改革的必要了。第四,集中管辖制度所预期的排除行政干预目标,交叉指定管辖制度也能完成,且保证了各行政区域行政审判庭设置的完整性,在现阶段不能满足人员集中的前提下,不宜全面推行集中管辖制度。

对此,本课题组认为,首先,集中管辖制度的发展方向应该是该制度在全国各地法院的普遍推行。最高人民法院设立了巡回法庭,审理跨行政区域的重大行政案件和民商事案件,能够说明行政案件跨行政区域管辖是司法体制改革中排除行政干预的总体趋势。虽然交叉指定管辖制度也能达到排除行政干预的效果,但却不具备集中管辖制度所特有的统一司法裁判尺度、优化司法资源、提升审判队伍等重要法治价值。至于集中管辖制度试点过程中的一些实践问题,更多的是该制度的执行问题和配套制度完善问题,需要进一步加强行政审判队伍建设,提高行政审判队伍专业水平并完善相应配套措施,以使该制度有效、准确的被执行。其次,建立行政法院专门审理行政案件确实能够解决我国行政审判体制中长期存在的问题,是最理想的方案。但是该方案牵涉我国大面积法律的修改,是一项重大复杂的司法体制改革,"也

---

① 参见马怀德主编:《司法改革与行政诉讼制度的完善——〈行政诉讼法〉修改建议稿及理由说明书》,中国政法大学出版社2004年版,第176页;欧阳福生:《从"集中管辖"到"行政法院"》(第1版),人民法院出版社2014年版,第1282页。

可能成为政治体制改革的切入点,决策者下决心因此会顾虑重重”。① 而且,就目前行政审判的实际情况而言,即使行政案件集中管辖制度在全国推行后,行政案件的数量也不可能在短时间内急剧增加至必须在全国范围内设立专门的行政法院。② 最后,关于行政诉讼管辖制度的一些改革在地方各级法院人、财、物脱离于同级行政机关后是否有必要继续实施的问题,本课题组认为,尽管法院人、财、物统一管理制度确实对解决地方行政机关对行政审判的不当干预、法院审判不独立等问题有关键作用,但是我国的行政审判工作具有特殊性。我国基层人民法院法官易受中国“熟人社会”等思想的影响,即使法院的“生存权”脱离了地方,基层人民法院审理本地行政机关为被告的案件也难免不受“人情关系”的影响。

综上所述,本课题组认为,在很长一段时间内,设立行政法院的条件不成熟,当前最重要的任务是在司法体制改革整体推进的情况下,继续完善行政案件集中管辖制度,通过不断扩大试点范围,逐步形成司法管辖区域与行政管理区域分离的格局,通过集中案件、集中人才,让人才大量办理行政案件,提升行政审判法官的专业化水平,为将来行政法院的改革做好体制机制准备。重庆三中法院辖区集中管辖制度运行仅2年多,该制度的运行成效尚待更长时间的持续调研,应在长期跟踪调研中不断完善该制度,以期为最高人民法院的行政诉讼管辖制度改革提供实践蓝本。

结合调查问卷,可以看出行政相对人和行政机关工作人员对行政案件集中管辖制度法治价值的评价明显与法院工作人员不同,行政相对人和行政机关工作人员均对行政案件集中管辖制度的法治价值给予了高度认可。接受调查的98.45%的行政相对人和90.63%的行政机关工作人员③认为,行政案件集中管辖制度在有效促进人民法院公正审理案件方面有效果;89.23%的行政相对人和85.71%的行政机关表示愿意选择集中管辖制度;67.69%的行政相对人和72.61%的行政机关认为集中管辖制度较交叉指定管辖制度更能促进行政审判发展;90.77%的行政相对人和89.29%的行政机关工作人员,均赞同应当继续坚持或者“在完善相关制度的前提下,可以继续推行行政案件集中管辖”。这些来自一线的数据,无疑是对行政案件集

① 王达:《解读〈关于行政案件管辖若干问题的规定〉》,载《解读最高人民法院司法解释之行政·国家赔偿·综合卷》,人民法院出版社2011年版,第133页。

② 2013~2017年,全国各级法院共审结一审刑事案件548.9万件,一审民事案件4783.5万件,一审行政案件91.3万件,行政诉讼案件数量相较刑事、民商事,仍处理低位运行状态。

③ 考虑行政机关作为行政诉讼的被告,其认同行政案件集中管辖制度的价值,实属难得。

中管辖制度法治价值最好的证明。

四、重庆法院行政案件集中管辖制度的完善与发展

虽然行政案件集中管辖制度在重庆三中法院的试点工作存在诸多不足,与最初预期的效果有一定差距,但任何改革都不是一蹴而就的。本课题组认为,在司法体制改革中法官员额制背景下,行政案件集中管辖制度作为行政诉讼管辖制度改革的必然方向,当下应当坚定不移地继续实施和完善行政案件集中管辖制度,以期最大限度地实现其制度价值。

(一)重庆法院行政案件集中管辖制度的下一步发展方向

面对重庆三中法院行政案件集中管辖试点工作中存在的行政案件数量少、队伍建设不到位等问题,本课题组认为必须对该制度的试点工作进行调整。但由于重庆各地经济发展、交通状况差异很大,具体操作模式的选择应当平衡适度,既要有前瞻性,又要有现实可行性,并为今后行政诉讼的发展预留空间。本课题组经研究认为,目前重庆法院行政案件集中管辖制度主要有3个发展方向。

1. 选择大体量中级人民法院试点行政案件集中管辖制度

如前所述,行政案件集中管辖制度的发展需要以足够的行政诉讼案件作为基础。目前,重庆三中法院辖区一审行政诉讼案件数量较少,在法官员额制改革的背景下,案件数量少的问题显得更加尖锐。长期以来,重庆法院行政审判格局呈现出明显的"马太效应",即受案越多,行政审判法官办案能力就越能得到提高,该法院就越重视行政审判工作;受案越少,行政审判法官就越难积累办案经验,其法院就越不重视行政审判工作,人员难以得到保障。长此以往,前者将步入良性循环,而后者则将陷入恶性循环。① 而从司法实践的一般规律来看,行政案件数量与经济社会发展程度、人口数量(含暂住人口)成正相关关系。② 重庆市第一中级人民法院(以下简称重庆一中法院)、第五中级人民法院(以下简称重庆五中法院)所辖基层人民法院经济发展水平、人口数量明显优于其他3家中级人民法院,在案件数量上具有绝对优势。2014~2017年重庆市第一中级人民法院、第五中级人民法院辖区一审行政案件数量分别占全市法院的35.35%和34.88%,而重庆三中法院辖区一审行政案件

---

① 参见章志远:《行政案件相对集中管辖制度之省思》,载《法治研究》2013年第10期。

② 参见屈向东:《以案定编与法官员额的模型测算》,载《现代法学》2016年第3期。

数量仅占全市法院的7.85%。本课题组认为,重庆市第一中级人民法院和重庆市第五中级人民法院案件数量大体相当,可以从中选择一个中级人民法院,继续推行行政案件集中管辖制度改革的试点工作,以观察集中管辖制度的运行效果。

重庆市第一中级人民法院和重庆市第五中级人民法院除案件数量上的优势外,还具备另一个天然的地理优势,即两家中级人民法院所辖基层人民法院主要是主城区法院和地理位置非常接近、交通非常方便的区县,可以有效解决因重庆市第二中级人民法院、第三中级人民法院、第四中级人民法院与基层人民法院之间距离较远,部分行政审判经验丰富的法官,不愿意离开久已形成的生活圈、社交圈,不希望调动到相邻的集中管辖法院所在区县的问题。

2.将重庆铁路运输法院进行改制以集中管辖行政诉讼案件

最高人民法院江必新副院长在最高人民法院《关于适用〈中华人民共和国行政诉讼法〉的解释》的新闻发布会中指出,2014年10月16日最高法院下发了《关于开展铁路法院管辖改革工作的通知》,正式开始铁路运输法院管辖改革试点,目前全国已有30家铁路运输法院成为跨行政区域法院,行政案件占大多数铁路运输法院受理案件总数的70%~90%,要求"最高人民法院要推动各地人民法院对铁路运输法院跨行政区域管辖情况进行摸底调研,并提出初步方案和时间表,力争全国76家铁路运输法院尽快实现改制"。重庆法院在完善行政案件集中管辖制度的过程中,应当考虑按照最高人民法院的要求,对重庆铁路运输法院进行改制,以集中管辖行政诉讼案件。

本课题组认为,由铁路运输法院集中管辖行政诉讼案件,具有以下5个有利条件:第一,铁路运输法院的法官由省、市、自治区高级人民法院提请同级人大常委会任免。铁路运输法院直接对高院负责,不需要向同级人大作法院工作报告,不受同级政府干预。第二,铁路运输法院经费由省、市、自治区财政保障,不需要区县级财政补贴,法律地位更加中立、超脱。第三,铁路运输法院现有干警的老龄化现象非常严重,大量的空余编制为转型为行政诉讼集中管辖法院留足了空间,可以择优招录具有行政法学专业背景的高学历人才。第四,重庆铁路运输法院所在地位于重庆主城区,便于主城区法院系统的行政审判人员整体平移。第五,最高人民法院于2014年下发《关于批准指定重庆铁路法院审理案件范围的复函》(法〔2014〕221号),重庆铁路运输法院在跨行政区域审理一审民事案件方面已经积累了经验。重庆铁路运输法院可以沿用最高人民法院批准的管辖模式,集中管辖江北区、渝北区、沙坪坝区的行政诉讼案件,并由重庆市第一中级人民法院受理对上述案件的提起的上诉。

3. 在重庆三中法院辖区继续试行行政案件集中管辖制度

重庆三中法院辖区行政案件集中管辖制度运行时间较短,仅2年多。虽然在试点过程中出现了诸多问题,但不宜全盘否定重庆三中法院辖区的试点工作,其试点工作也为案件数量不多的重庆市第二中级人民法院、第四中级人民法院集中管辖改革提供了思路与经验。同时,在继续试点过程中,可以考虑将现有的两家集中管辖法院调整为一家集中管辖法院,将相对集中管辖模式调整为绝对集中管辖模式。

(二)完善行政案件集中管辖制度的具体意见和建议

行政案件集中管辖制度作为行政诉讼管辖制度改革的必然方向,无论重庆法院系统将选择哪个路径发展集中管辖制度,都应当针对其运行中已经出现的具体问题和制度"瓶颈"予以改进和完善。

1. 加强集中管辖法院行政审判队伍建设

从诉讼制度发展过程来看,与刑事诉讼、民事诉讼相较,行政诉讼起步较晚,但专业性更强。它不仅需要掌握一般的法律、司法解释,还要熟悉行政法规、行政规章、地方性政府规章等行政规范性文件。不仅需要掌握行政诉讼程序,还要熟悉行政处罚、行政许可等具体行政行为的执法程序。行政审判队伍专业化和稳定性是行政审判发展的根本所在,队伍建设应当注重以下几方面:首先,集中管辖法院应积极争取地方党委、人大和政府的支持和配合,适当增加集中法院行政审判人员的编制,尽量保证两个合议庭,实现案件数量与法官数量平衡适配。在法官员额制改革背景下,对于设置2个合议庭确有困难的,集中管辖法院至少应当保证行政审判庭有3名员额法官。其次,要保障审判队伍稳定性,改变行政审判人员流动性过大的现状,集中管辖法院在近5年内,不宜将现有行政审判员额法官再调动到其他业务部门。再次,要妥善处理非集中管辖法院行政审判人员的去留,特别是对于长期从事行政审判工作,希望利用试点时机调动至集中管辖法院的人员,重庆三中法院要积极主动争取组织人事部门的支持,对希望继续从事行政审判的人员在工作调动上给予方便。复次,集中管辖法院应对员额法官配备足量的法官助理和书记员,切实做到"一审一助一书"。通过充分发挥法官助理、书记员等审判辅助人员在审判任务中的重要辅助作用,减轻法官工作负荷,使其从接待、调解、送达、保全等繁复琐碎的事务性工作中摆脱出来,更加专注于案件审理。最后,集中管辖法院的员额法官,也要不断提高行政审判的专业化水平,苦练基本功,切实增强准确适用法律、化解争议、做群众工作、驾驭庭审、制作裁判文书等能力。

2. 推行多维度的便民措施

为方便当事人进行诉讼,降低当事人的诉讼成本支出,集中管辖法院应当推行多维度的便民措施,在行政案件的立案、审理和执行等阶段为当事人提供便利。具体构建制度如下:首先,在立案环节上,应当为当事人提供跨行政区域的网上预立案服务。2014 年在最高人民法院院长周强确定了大力发展信息化的总体战略目标后,借助互联网互联互通、资源共享、开放互动的特性,拓展司法为民领域,更好地方便人民群众诉讼就成为我们必须坚持的方向。各地法院也已经纷纷开展了司法信息化建设,上海法院已经率先开始了网上预立案,重庆法院的网上预立案也正在建设之中,上海、重庆乃至全国各地的司法信息化浪潮也是行政案件集中管辖制度可以借助的"东风"。就集中管辖制度而言,可以采取网上预立案方式,减少当事人前往集中管辖法院的次数,最大限度减少集中管辖可能给当事人带来的诉讼成本增加。集中管辖法院可建立并宣传网上预立案制度,原告采取网上预立案的,直接登录集中管辖法院网上立案系统,上传身份证扫描件、起诉状电子档或扫描件等立案必需的信息材料;集中管辖法院立案庭应当每天定期对系统进行查询处理,经审核认为符合立案条件,直接通知原告将基本信息材料原件邮寄至集中管辖法院,并予以立案登记。其次,在审判环节上,集中管辖法院可以采用网络远程视频方式开庭。跨行政区域集中管辖在客观上增加了当事人的诉讼成本,对于当事人距离较远的,集中管辖法院可以通知当事人前往当地非集中管辖法院进行远程视频开庭,让人民群众在充分感受科技发展带来便利的同时,尽可能减轻当事人的诉讼负担,让当事人就地参与庭审。最后,在审理模式方面,应当尽量实行集中审理的模式。在现行的行政审判过程中,赋予了法院同时审理多个案件的权利,这种所谓"并行审理"的模式被广泛运用,直接导致一个案件可能需要经过不连续的多次开庭才能作出裁判,如此一来,法官对于某个案件的记忆可能会模糊,导致其心证的反复,认定案件事实会出现偏差。因此,引入集中审理的模式将会是最有效的解决方式。具体而言,通过充实案件的审前程序,充分运用双方当事人的控辩意见交换、整理争论焦点、证据展示等制度,保证案件的庭前准备成果,足以达到使庭审过程中法庭调查和法庭辩论程序均一次顺利完成的程度。

3. 健全法院内部协调配合机制

重庆三中法院作为集中管辖试点中级人民法院,应进一步促进集中管辖法院和非集中管辖法院的协调配合工作,具体构建制度如下:首先,要规定集中管辖法院应定期将案件数量和审理结果通报案件所在地法院,有助于非集中管辖法院掌握本地行政诉讼案件情况和开展对本地行政机关的行政执法指导工作。其次,集中管辖法院应主动与非集中管辖法院加强信息交流工作,对一些敏感案件及时将收集到的当事人的思想行为动态及时通报给非集中管辖法院。再次,非集中管辖法院应当安排专人配合集中管辖法院巡回审判、诉状代收、受托取证、代为送达等事务性工作,重庆三中法院可将上述事务性工作量纳入绩效考核范畴。最后,集中管辖法院和非集中管辖法院要充分发挥诉讼联络员制度纽带作用,以点带面,拓宽集中管辖法院与纠纷所在地党委、行政机关的沟通联系渠道。强化行政诉讼案件的协调工作,将协调关口前移,及时协调处理重大敏感类行政案件,案外实质性解决有关争端,发挥好行政审判促进辖区社会稳定、经济平稳较快发展、社会和谐的职能作用。

4. 改进行政审判绩效评估机制

行政诉讼疑难复杂、矛盾尖锐、信访多发,大量的行政诉讼案件集中于集中管辖法院,对其质效数据的影响客观存在,让其承担超量的工作,而不考虑对其绩效考核的影响,必然会挫伤集中管辖的试点法院的积极性。重庆高级人民法院和重庆三中法院应对行政审判绩效考核作出合理调整,以保护集中管辖的试点积极性,既要加强行政审判案件的权重,也要考虑异地办案、集中管辖法院出席行政机关联席会议、制作行政审判司法白皮书等非审判任务工作量的权重。

5. 积极争取辖区区县党委、人大的支持

实施行政案件集中管辖制度改革是在全面深化改革、全面依法治国的大背景下展开的,非法院一家之事,也非法院一家能独立完成的,需要辖区各级党委、人大、政府及相关部门、政协以及社会各界对该项改革工作的重视、支持,才能有序推进落实。开展该项工作必须要尽力争取和依靠区县党委的领导、人大的监督、政府及其相关部门的理解支持和配合,寻求广泛共识,力争将此项工作纳入辖区,特别是集中管辖法院所在地全面深化改革实施方案,与当地改革整体部署协调同步进行。

规范性文件一并审查司法解释立法调研报告

重庆市高级人民法院课题组*

规范性文件一并审查是我国新修改的《行政诉讼法》确立的一项新制度和新规定，旨在对行政规范性文件进行审查和适用，也是对长期以来有关将抽象行政行为纳入司法审查范围的一个回应。规范性文件一并审查的制度设计，有助于从根源上遏制违法行政行为，促进行政机关提高依法行政的水平。人民法院依法对行政机关制定的规范性文件一并审查，是更好地贯彻落实党的十八大、十九大提出的新要求、新精神，履行宪法法律职责，全面推进依法治国的重要举措。

但与此同时，我国新修改的《行政诉讼法》仅有两项缺乏可操作性的条款，新颁布的行政诉讼法司法解释虽就规范性文件审查的具体方式、处理方式以及审判监督程序等方面作了较具体的规定，但对于在实践中争议较大的审查程度、审查范围以及处理标准的统一等诸多问题尚未完全厘清和明确，人民法院在审查具体案件过程中还较困惑。同时，现有相关研究成果主要集中于是否应当将规范性文件纳入司法审查以及审查方式应当独立审查还是附带审查上，对一并审查的具体制度设计缺乏研究，更谈不上深入论证，不能给予司法实践以明确的行为指引。对于如何正确理解与适用

---

* 课题主持人：王彦。课题组成员：尹洁、吴永铭、许鹏。

相关法律以及司法解释的规定，科学设计规范性文件一并审查制度，使之有效运转，是现阶段迫切需要解决的一项重大理论与实践课题。

一、重庆法院规范性文件一并审查基本情况介绍

我国《行政诉讼法》第53条规定："公民、法人或者其他组织认为行政机关所依据的国务院部门和地方人民政府及其部门制定的规范性文件不合法，在对行政行为提起诉讼时，可以一并请求对该规范性文件进行审查。"该条创设了在行政诉讼中对规范性文件进行一并审查的制度。重庆市高级人民法院对规范性文件一并审查制度的实施高度重视，在我国新《行政诉讼法》施行伊始，即组织召开全市法院行政审判疑难问题研讨会，并就规范性文件一并审查的级别管辖问题以及审查结果的信息共享问题进行了统一：(1)对规范性文件的审查应建立汇报制度。人民法院在附带审查规范性文件时，认为文件违法需要提出处理意见的，若规范性文件是区县人民政府及其部门制定的，可由受理案件的基层人民法院直接提出处理建议，报高级人民法院备案。若规范性文件为市政府及其部门制定的，受理案件的基层人民法院在作出处理建议前应向上级法院汇报。(2)对规范性文件的审查应限于行政案件涉及的相关条款的审查。(3)高级人民法院通过内网内刊在全市范围内建立规范性文件审查信息共享的平台，供全市法院查阅，避免各法院重复审查或审查意见相左。

自我国新修改的《行政诉讼法》正式施行以来，全市法院共受理规范性文件一并审查案件58件，其中已审结58件。在审结的行政案件中，31件一审生效，25件经二审维持生效，2件经二审改判生效。

重庆法院涉规范性文件审查案件具有以下特点：

一是案件所涉行政管理领域非常集中，主要涉及劳动和社会保障类及资源类案件。在全市法院受理涉规范性文件一并审查的案件中，劳动和社会保障领域的案件数为30件、资源（包括集体土地征收、土地管理等）领域的案件数为18件、城建领域的案件数为6件、其他（包括司法行政、治安、卫生、计划生育）4件（如图1所示）。

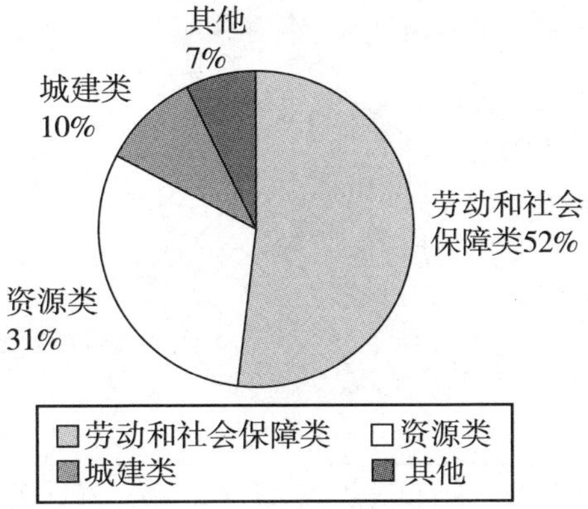

图 1　规范性文件一并审查案件所涉行政管理领域

二是案件区域性特征较为突出，不同中院辖区受案数差异明显。重庆市第五中级人民法院、第三中级人民法院及其辖区法院受案数共计 39 件，占全市法院受案数的 67.2%（如图 2 所示）。

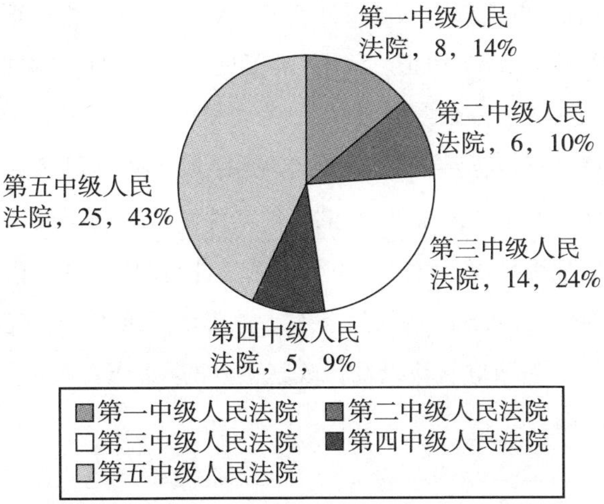

图 2　规范性文件一并审查所涉管辖法院受案数

三是涉诉行政行为种类相对集中，仍集中于传统行政管理领域。在全市法院受理涉规范性文件一并审查的案件中，涉及行政确认 14 件、行政征收 10 件、行政裁决 8 件、行政给付 5 件、行政协议 5 件、行政审批 4 件、行政答复 4 件、行政补偿 2 件、行政复议 1 件、不履行法定职责 1 件、行政许可 1 件、行政处罚 1 件（如图 3 所示）。

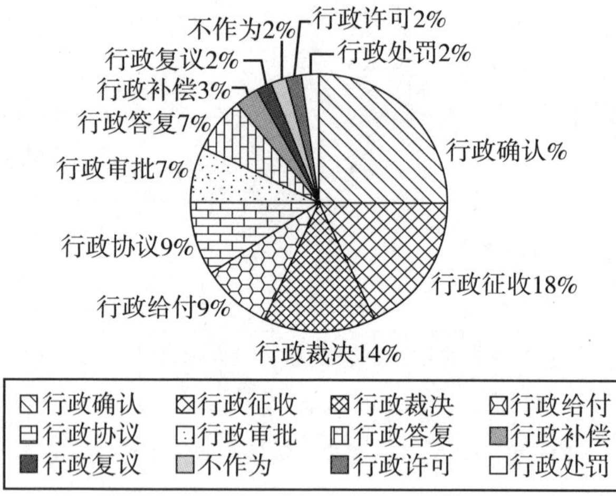

图3 规范性文件一并审查案件所涉行政行为受案数

四是制度运行效果初步显现。在全市法院审结的规范性文件一并审查的案件中,共3件案件经法院审查后确认规范性文件不合法;1件案件一审法院确认规范性文件不合法,二审法院予以了纠正。认定“规范性文件”不合法的理由主要集中在与上位法相抵触以及缺乏上位法依据,且均为劳动和社会保障领域的规范性文件。

五是审查程序较规范,严格履行听取意见、层报备案等程序要求。在全市法院审结的规范性文件一并审查的案件中,共5件案件法院主动听取了规范性文件制定机关的意见。在法院确认规范性文件不合法的3件行政案件中,均根据规定向行政机关发出了处理建议,并报送上级法院备案。重庆市高级人民法院亦在其审判管理系统中的“部门园地”行政庭板块以及行政庭主办的《重庆行政审判与国家赔偿》中分别予以了刊载公示。

二、完善规范性文件一并审查制度亟待解决的问题

我国新修改的《行政诉讼法》及其司法解释虽就规范性文件一并审查制度作了初创性规定,但从司法实践的角度来看,该制度的建成尚缺乏完整性及可操作性。以下问题是在我国新修改的《行政诉讼法》施行后,在司法实践中凸显出的一些富有争议但却是使该制度得以有效、良好运行所不可或缺的关键问题。起草规范性文件一并审查的专门司法解释,必须回应和解决上述争议,以构建符合新时代中国特色社会主义法治思想的规范性文件一并审查制度,保证行政诉讼法的统一适用。

(一)规范性文件一并审查的请求主体问题

根据我国《行政诉讼法》第53条的规定,原告有权提出一并审查请求,其请求主体地位不存在争议,而行政诉讼中第三人是否有权提出一并审查请求,现阶段则存在两种不同意见:

意见一:从上述法律规定的文义解释来看,已经排除了第三人的申请权利,故规范性文件一并审查的请求主体只能是原告一方。

意见二:在行政诉讼中追加第三人参与诉讼,并非仅为调查案件事实,相反,也应当听取其对案件相关法律问题包括规范性文件合法性的意见,因为第三人通常与被诉行政行为具有法律上的利害关系或与案件处理结果有利害关系。因此,在行政诉讼中诉讼地位类似于原告一方的第三人,当然具有提出一并审查的权利。最高人民法院《关于适用〈中华人民共和国行政诉讼法〉的解释》第146条"有正当理由的,也可以在法庭调查中提出"一并审查请求之规定,也隐含有赋予第三人请求主体资格的立法本意。

经讨论,本课题组倾向意见二。

(二)规范性文件一并审查的范围问题

规范性文件一并审查的范围包括法院可以一并审查的规范性文件的范围及其内容的范围两个层次,即哪些规范性文件及其哪些内容可以纳入司法审查。

1. 一并审查的规范性文件范围

可以一并审查的规范性文件的范围也包括两个层次:

第一,法条中"规范性文件"的范围,指哪些规范性文件可以纳入附带审查。我国《行政诉讼法》第53条第1款将规范性文件一并审查的范围限定于"国务院部门和地方人民政府及其部门制定的规范性文件",这就排除了国务院制定的规范性文件。除国务院规范性文件外,是否所有规范性文件都能纳入一并审查范围?根据《规章制定程序条例》第33条的规定,规章制定机关对规章的解释同规章具有同等效力。那么,是否可以据此认为规章制定机关对规章的解释应当免于一并审查?在实践中,存在两种完全不同的观点。

意见一:应当将其纳入一并审查范围,理由如下:(1)规章解释属于规范性文件,不是规章。我国《行政诉讼法》第53条第2款明确规定,前款规定的规范性文件不含规章,而并未明确排除规章解释。(2)行政机关对法律的解释,只约束下级机关,不约束法院。规章一旦颁布,即具有客观性,其制定机关不应垄断解释权,更不能以自己的解释约束法院。规章解释内容合法与否,尚需法院根据法律适用规则进行审查判断。(3)具有规章制定权的机关制定的规范性文件与规章在实质内容上很难作出截然不同的区分,二者在非常形式化的主体和职权要素相同的情况下,其主要区别在于制定程序。规章解释只是参照而未经严格的规章制定程序完成自身内容的合法性论证,其效力理应作相应克减。(4)具有规章制定权的行政机关制定的规范性文件和规章解释无法作实质区分,如果将规章解释排除在一并审查的范围之外,那么规范性文件就可以规章解释的名义逃避司法审查,从而使创设该制度的目的落空。①

意见二:不应将其纳入一并审查范围。《规章制定程序条例》详细规定了规章的制定程序,其第 2 条规定规章解释适用该条例,故规章解释同规章的制定程序并无差别,且该条例第 33 条规定规章解释同规章具有同等效力,因此规章解释属于行政解释的范畴,应同规章一样不被纳入行政诉讼中规范性文件一并审查的请求客体范围当中。同时,根据《规章制定程序条例》的规定,规章解释只能由规章制定机关作出,诸如,《重庆市土地管理规定》(重庆市人民政府第 53 号令)第 79 条"本规定具体应用中的问题,由重庆市土地行政主管部门负责解释"所规定的行政解释,则不属于规章解释的范畴,相关部门根据上述规定作出的解释仍应属于规范性文件一并审查的范围。

经讨论,本课题组倾向意见二。

第二,未被行政机关引用的规范性文件是否纳入审查范围。根据我国新修改《行政诉讼法》的规定,当事人可以申请一并审查的规范性文件限于行政行为的依据,那么,此"依据"是否仅限行政机关作出行政行为的直接引用的依据?在现行司法实践中,法院通常倾向审查行政行为的书面载体,看相关决定中是否直接引用相关文件,如果没有引用,则法院通常认为这份文件不是行为的依据,不属于审查的范围。笔者认为,将规范性文件纳入一并审查的重要目的之一,就是要认定其能否作为认定行政行为合法的依据。认定行政行为合法,要对其职权、内容、程序、形式等各方面要素进行审查。只要规范性文件在实质上为行政行为职权、内容、程序、形式等某一或某几个方面要素的合法性提供支持,就应当认定其是行政行为的依据。因此,是否构成行政行为的依据,不能以行政机关作出的行政行为中是否直接引用作

① 江必新主编:《新行政诉讼法专题讲座》,中国法制出版社 2015 年版,第 235~237 页。

为判断的唯一标准,行政机关根据我国《行政诉讼法》第67条规定提交的作为被诉行政行为依据的规范性文件,以及在法庭调查中援引的作为被诉行政行为依据的规范性文件,也应视为被诉行政行为的依据。但与此同时,在司法实践中大量存在行政机关拒绝认可公民、法人或者其他组织申请一并审查的规范性文件系被诉行政行为的依据,此种情形人民法院如何进行司法审查,存在下列两种不同观点。

意见一:法院应当针对当事人的一并审查申请进行实质性审查,经法院审查当事人申请一并审查的规范性文件实际系被诉行政行为作出的依据,应当纳入一并审查的范围。

意见二:法院仅进行形式审查,对于不能明确判断是否作为被诉行政行为依据的规范性文件,不纳入一并审查的范围。

经讨论,本课题组倾向意见二。

2. 一并审查的规范性文件内容范围

对规范性文件的一并审查,是对规范性文件的全部内容逐条进行审查,还是只对行政行为所直接依据的具体条款进行审查?在实践中存在两种不同意见。

意见一:应对规范性文件的全部内容进行审查。因为规范性文件的审查不应仅限于相关条款是否具有上位法依据,还应对规范性文件的效力、权限、制定程序等进行审查以确定合法性,而仅对规范性文件的某些具体条款进行审查无法达成上述目的。

意见二:应当只对直接依据的具体条款进行审查,同时辅以对主体、权限等涉及规范性文件效力认定的内容进行审查。理由如下:第一,法院不是规范性文件备案审查机关,不负有全面审查的义务。在规范性文件审查问题上,法院不比人大或政府具有更强的民主正当性或专业性。只有在对具体问题的法律判断和法律适用上,司法才具有权威性和最终性。如果进行全面审查,法院很可能陷入司法资源、司法能力和民主性、专业性不足的境地。第二,我国新修改的《行政诉讼法》已明确将规范性文件合法性审查定位为间接的附带审查,而不是直接的独立审查。法院需要借由具体案件,在法律规范适用过程中,发现规范性文件与案件相关条款存在的违法性问题并提出处理建议。如果对规范性文件与案件无关的条款进行审查,就会在根本上违背附带审查制度的精神,而成为抽象的直接的独立审查。

经讨论,本课题组倾向意见二。

(三)关于行政机关与非行政机关联合发文是否属于规范性文件的问题

上述情况比较典型的是党委政府联合发布的相关文件的性质问题。在实践中,对上述问题存在下列两种意见。

意见一:此类文件不符合我国《行政诉讼法》第53条第1款规定的规范性文件的范畴,不属于规范性文件。

意见二:此类文件应当考量其实质性内容,如上述文件系被诉行政行为作出的依据,且该文件是针对行政管理事项所作出的规范,则仍属于规范性文件。

经讨论,本课题组倾向意见二。

(四)当本诉不符合法定起诉条件时,对一并提出的规范性文件审查申请,应当如何处理的问题

意见一:我国新修改的《行政诉讼法》明确了法院对规范性文件的审查是附带审查模式,而非独立审查。因此,当本诉已因不符合法定起诉条件被裁驳的,当事人一并提起的规范性文件审查申请缺乏审查基础,故人民法院应当告知当事人终止审查。此种处理模式也有利于防止一些当事人滥用规范性文件一并审查申请权。重庆法院系统亦普遍采取此种处理模式。但在理论界也存在不同的声音。

意见二:规范性文件审查的提起应以行政诉讼案件为基础,但提出后规范性文件审查申请本身从法理上来讲已属于一个独立的诉,同时,从规范性文件审查的立法目的来看,是赋予法院对抽象行政行为中普遍存在的问题进行司法审查的权力,因此本诉因不符合法定起诉条件而被裁驳的,不影响法院对规范性文件合法性的审查。

经讨论,本课题组倾向意见一。

(五)关于规范性文件是否存在的举证责任问题

规范性文件作为行政行为的依据,包括事实性依据、程序性依据以及处理性依据3种类型。因此,规范性文件有可能并未在被诉行政行为中被直接引用。在司法实践中,若行政机关与当事人对于申请一并审查的规范性文件是否存在争议时,举证责任应当如何分配?

意见一:规范性文件作为被诉行政行为的依据,仍属于被诉行政行为的组成部分。因此,仍应遵守行政诉讼法中"被告承担举证责任"的基本原则,由行政机关对规范性文件是否存在进行举证。

意见二:如果出现上述争议,一般来说,行政机关都会主张申请一并审查的规范性文件并不实际存在。要行政机关对不存在的事实进行举证存在较大困难。因此,在此种情况下,应由原告承担初步证明责任或者作出合理说明,再由行政机关针对原告举示的相关证据进行举证说明。

经讨论,本课题组倾向意见二。

(六)规范性文件的审查标准问题

新行政诉讼法司法解释明确了规范性文件审查的具体方式,即人民法院对规范性文件进行一并审查时,可以从规范性文件制定机关是否超越权限或者违反法定程序、作出行政行为所依据的条款以及相关条款等方面进行。但对于规范性文件审查的深度及标准,现行《行政诉讼法》及其司法解释未作明确规定,这也构成了规范性文件一并审查制度争议最大的问题。

一般来说,规范性文件一并审查采用的是合法性审查标准,但却应当包括形式性的有效性审查和实质性的合法性审查双层结构。虽然我国新修改的《行政诉讼法》明确规定,法院对规范性文件"不合法"进行审查,但合法性审查隐含的前提是有效性审查。因为如果规范性文件不是有效的,就根本谈不上合法性问题。有效性审查是形式审查,法院只审查规范性文件是否存在废止、失效或者被撤销无效等情形。(1)不生效:一般而言,向社会公布是规范性文件的生效要件,未向社会公布的不生效,不能作为行政行为依据。(2)失效:①已过有效期。有效期满,规范性文件自动失效;②已被废止,因需要废止而被清理的规范性文件失效。(3)无效:①下级行政机关制定的规范性文件因上级行政机关撤销或宣告无效而失效;②规范性文件因制定机关自行撤销而无效。

在规范性文件一并审查的有效性审查完成后,对于合法性审查应当采取严格限定的合法性审查还是合法性审查兼顾合理性审查,在实践中则存在不小的争议。

意见一:应当坚持严格限定的合法性审查。法院的优势在于对具体问题进行法律判断,体现在规范性文件审查中主要是对与案件相关的规范性文件条款的合法性进行审查,而对于行政机关制定规范性文件有没有相关事实基础、制定是否合理、程序是否正当,法院尚不具备审查的能力及条件。同时,法院并非规范性文件备案审查机关,应当保持司法谦抑,秉持有限审查的原则,对于文件内容严重不合理的也应纳入合法性范畴予以解决。

意见二:应当坚持合法性审查兼顾合理性审查。理由如下:第一,我国《行政诉讼法》第64条规定,人民法院经审查认为规范性文件不合法的,不作为认定行政行为合法的依据。从该条的立法原义来看,法院对抽象行政行为的审查应当参照对具体行政行为的审查标准,主要审查规范性文件的合法性;同时,对文件内容明显不当的也应当予以纠正。第二,从制度的演变历程来看,2004 年最高人民法院发布的《关于审理行政案件适用法律规范问题的座谈会纪要》,明确了法院有权审查文件的合法性、合理性、适当性,已经超出了狭义的形式合法性的范畴。现阶段,在规范性文件已纳入司法审查的情况下,如将审查的范围进行限缩,属于制度发展的停滞。第三,从域外法治较为发达的国家及地区的经验来看,普遍采取的是合法性兼顾合理性审查的标准,以更有效地保护公民、法人或者其他组织的合法权益。

经讨论,本课题组倾向意见一(对规范性文件的审查目前尚处于起步阶段,不宜延伸到合理性审查领域,且法院判断合理性往往也缺乏足够的资讯,故倾向意见一)。

(七)对规范性文件合法性审查的认定时点及处理方式问题

对规范性文件合法性的审查,是以行政行为作出时点作为认定基准还是以制定时点作为认定基准,存在较大争议。

意见一:以规范性文件制定时点作为认定基准时。因为规范性文件制定后到被诉行政行为作出期间,有可能出现上位法修改、政策调整等不应归咎于规范性文件制定机关的情势变更情形,如以行政行为作出时来判断规范性文件的合法性,对制定机关来说不合理、不公平。比如,涉及计划生育方面的规范性文件,在制定时符合法律和政策精神,但行政机关引用该文件作出行政行为时,因为国家法律和政策的调整,规范性文件已不合时宜,人民法院不能据此认定违法。

意见二:以行政行为作出时点作为认定基准时。理由如下:对规范性文件一并审查的目的在于判断被诉行政行为能否以该文件作为其合法的依据。因此,应当以行政行为作出时点作为判断文件是否合法的基准时。当存在制定机关制定规范性文件时是合法的,而在行政行为作出时因上位法修改、政策调整等不应归咎于规范性文件制定机关的情势变更情形而导致规范性文件效力存在问题时,应当采取终止审查的处理方式,而不应径行认定规范性文件不合法。

此外,人民法院终止审查规范性文件还应包括以下情形:(1)规范性文件在行政行为作出时,尚未生效或已经失效、无效。经对规范性文件效力状态进行初步审查,如果认为其明显不是有效的,包括尚未生效、已经废止失效或者被有权机关撤销或认定无效等情形,则没有必要继续对其合法性进行审查。因为法院对规范性文件的审查是附带审查,因其作为行政行为依据而受司法审查,故即使在实践中出现因上位法或规范性文件被修改、撤销或废止而导致规范性文件在行政行为作出时和案件审理时合法性或有效性不一致的情况,审查时点应当以行政行为作出时为准。(2)案件被依法撤销。一并审查的成立以行政案件的存在为前提。如果行政案件被依法撤销,包括不予立案、驳回起诉或准予撤诉,就应当终止一并审查。(3)被审查文件并非规范性文件。如果经审查认为,被请求一并审查的文件并非规范性文件,例如,规章、对相对人权利义务不产生影响的内部事务管理文件、不具有普遍约束力或反复适用性的文件等,法院应当终止审查。(4)规范性文件并非行政行为依据。规范性文件因其作为行政行为的依据而受审查,否则一并审查即脱离案件本身而成为抽象审查。如果法院经审查认为,行政行为与规范性文件在客观上不具有法律上的关联性,即可终止审查。应当指出的是,对于终止审查,法院应当在裁判理由中说明理由,以便接受监督。

经讨论,本课题组倾向意见二。

(八)法院对规范性文件作出处理后的信息共享问题

鉴于规范性文件具有普遍约束力和反复适用的效力,公民、法人或者其他组织就可能对同一规范性文件不断提出附带审查请求。全国不同地方的法院有可能对同一规范性文件反复进行审查并作出裁判,这不仅导致制定机关需反复进行处理和答复,将要付出巨大的行政成本,也导致全国不同地方的法院对同一规范性文件的相关条款要反复进行审查认定并作出裁判,且审查认定标准可能完全相反。由于规范性文件数量大,且具有普遍的影响力,对其信息共享的方式分为仅对内公开以及对内对外公开两种不同观点。

意见一:规范性文件审查结果仅对内公开,目的在于统一裁判尺度和标准。通过在法院系统内部建立省级和国家级规范性文件一并审查信息系统,为各级法院查询相关审查信息时提供查询便利,以统一裁判尺度。重庆市高级人民法院行政庭通过在法院内网系统的“部门园地”中开辟规范性文件审查电子公示平台,并在同期业务指导刊物中予以刊载。

意见二:规范性文件审查结果对内对外全公开,以树立司法权威,明确行为规范。建议最高人民法院在中国裁判文书网中增设规范性文件一并审查栏目,全国各地法院在作出生效裁判后及时将规范性文件的审查结果予以上传公开,供公众查询。

经讨论,本课题组倾向意见一。

(九)规范性文件审查的审判监督程序问题

新行政诉讼法司法解释第151条规定了规范性文件审查的审判监督程序,但我国《行政诉讼法》第91条并未将规范性文件不合法作为人民法院进行再审的事项,故应当在以后出台的专门的司法解释中予以明确表述,作为行政诉讼法的补充。关于规范性文件审查的审判监督程序问题,在司法实践中争议较大的主要有以下两个方面。

第一,如法院对当事人规范性文件一并审查申请未作回应的,是否构成我国《行政诉讼法》第91条第6项“原判决、裁定遗漏诉讼请求的”情形。

意见一:规范性文件一并审查申请同样是行政诉讼中诉讼请求的一部分,如法院在裁判理由中未作回应,应当构成遗漏诉讼请求情形,当事人以此为理由申请再审的,人民法院应当再审。

意见二:当事人申请一并审查规范性文件,人民法院经审查后对行政行为的合法性予以维持,虽未在裁判理由中就规范性文件的合法性予以阐明,但也未向规范性文件的制定机关提出处理建议或司法建议的,应当作为程序性瑕疵,不构成遗漏诉讼请求,不属于我国《行政诉讼法》第91条中规定的人民法院应当再审的情形。

经讨论,本课题组倾向意见二(建议立法作相应修改,明确:对原告一并提出的规范性文件审查请求,法院认为应当合并审查处理的,可以审查并纳入判决书,或向制定机关发出废止、修改规范性文件的司法建议)。

第二,我国《行政诉讼法》第53条明确了对规范性文件的审查采取附带审查的模式,不能单独提起。因此,规范性文件审查的审判监督程序也必须坚持附带审查的原则,只能针对已经产生法律效力的判决、裁定提起。在法院依法再审后,发现规范性文件合法性认定确实存在错误的,区分不同情况作以下处理:(1)认定规范性文件合法的审查结论错误的,应当在裁判理由中予以纠正,并不得将该规范性文件作为认定被诉行政行为合法的依据,同时按照最高人民法院《关于适用〈中华人民共和国行政诉讼法〉的解释》第149条的规定处理。原则上,不得仅以此为由将案件发回重审。(2)认定规范性文件不合法的审查结论错误的,应当在裁判理由中予以纠正,并将该规范性文件作为判断被诉行政行为是否合法的依据。同时,向规范性文件的制定机关发出撤回处理建议或者司法建议决定,并可以抄送制定机关的同级人民政府、上一级行政机关、监察机关以及规范性文件的备案机关。

第三章　行政案件审判实务研究

关于司法拆迁及强制执行的调研报告

——以重庆市土地征收、房屋拆迁非诉强制执行、先予执行案件实证分析为基础

重庆市第二中级人民法院课题组*

在我国的经济建设和城镇化进程中,拆迁制度对于推进农村土地征收、城市房屋拆迁的顺利实施,推动城市改造,保障重大建设工程项目的有序进行,促进经济社会快速发展,发挥着日益重要的作用。但与此同时,由于关系农村村民、城市居民的切身利益,强制拆迁亦成为引发诉讼、上访甚至群体性事件等影响社会稳定事件的主要原因之一。随着《国有土地上房屋征收与补偿条例》的施行,我国的城市房屋拆迁制度经历了从行政拆迁到司法拆迁的深刻变革。在这一转变过程中,人民法院将担负更艰巨的任务,承担更重要的职责,人民法院非诉行政案件的审查、执行工作亦将面临新的挑战。加强对司法拆迁及强制执行案件的分析和研究,掌握农村土地征收、城市房屋拆迁过程中非诉行政案件审查、执行以及诉讼中先予执行的运行状态,对于统一司法审查标准,规范强制执行行为,保护被拆迁人合法权益,促进社会和谐稳定具有重要的意义。

调研采取实证分析的方法,本课题组收集了 2011 年以来重庆市各基层人民法院涉及司法拆迁及强制执行案件的

---

* 课题主持人:孙启福。课题组成员:樊非、涂平、张建平。

相关统计数据,并对120件典型案件涉及的相关法律问题进行了深入分析。此外,本课题组还通过与万州、梁平、城口等区县人民政府、国土、建委等部门进行座谈的方式,了解了司法拆迁及强制执行涉及的农村土地征收、城市房屋拆迁情况等背景材料,通过与全市各中级人民法院及万州、涪陵、黔江等基层人民法院行政审判庭、执行庭法官座谈的形式,与具体承办司法拆迁及强制执行案件的法官对相关问题进行研讨。

一、司法拆迁及强制执行的现状

(一)司法拆迁及强制执行案件的基本情况

司法拆迁并不是严格意义上的法律概念,在实践中,司法拆迁是指在农村集体土地、国有土地上房屋征收过程中以人民法院为实施主体进行的拆迁活动。以司法拆迁实施的法律依据为标准可分为两类。

一类是非诉行政执行中的强制拆迁,是指在农村集体土地征收和国有土地上房屋征收过程中,人民法院根据行政机关的强制执行申请,依法予以审查并根据审查结果对在规定期限内拒不搬迁的被拆迁人予以强制搬迁的行为。该类强制拆迁的主要法律依据包括:我国1989年《行政诉讼法》第66条规定,公民、法人或者其他组织对具体行政行为在法定期间不提起诉讼又不履行的,行政机关可以申请人民法院强制执行。最高人民法院《关于执行〈中华人民共和国行政诉讼法〉若干问题的解释》第87条规定,法律、法规没有赋予行政机关强制执行权,行政机关申请人民法院强制执行的,人民法院应当依法受理。《土地管理法实施条例》第45条规定,违反土地管理法律、法规规定,阻挠国家建设征收土地的,由县级以上人民政府土地行政主管部门责令交出土地;拒不交出土地的,申请人民法院强制执行。《国有土地上房屋征收与补偿条例》第28条规定,被征收人在法定期限内不申请行政复议或者不提起诉讼,在补偿决定规定的期限内又不搬迁的,由作出房屋征收决定的市、县级人民政府依法申请人民法院强制执行。

另一类是先予执行中的强制拆迁,是指在农村土地征收、城市房屋拆迁相关诉讼中人民法院通过审查当事人提出的先予执行申请实施的强制拆迁行为。其主要法律依据是最高人民法院《关于执行〈中华人民共和国行政诉讼法〉若干问题的解释》第94条的规定,即在诉讼过程中,被告或者具体行政行为确定的权利人申请人民法院强制执行被诉具体行政行为,人民法院不予执行,但不及时执行可能给国家利益、公共利益或者他人合法权益造成不可弥补的损失的，人民法院可以先予执行。

根据最高人民法院《关于执行〈中华人民共和国行政诉讼法〉若干问题的解释》第 89 条的规定，行政机关申请人民法院强制执行其具体行政行为，由申请人所在地的基层人民法院受理。2011 年全市基层人民法院审查集体土地征收、城市房屋拆迁强制执行申请 1673 件，裁定准予执行 1049 件，执结 793 件。繁重的司法拆迁任务成为人民法院审判执行工作面临的新挑战。相关基层人民法院审查、执行土地征收、房屋拆迁非诉强制执行案件情况见表 1。

表 1　相关基层人民法院审查、执行土地征收、房屋拆迁非诉强制执行案件情况

单位：件

法院名称	行政机关申请强制执行案件数量	法院裁定准予执行案件数量	执结案件数量	执结案件中采取强制执行措施案件数量	执结案件中经协调自行履行案件数量
北碚区人民法院	5	2	1	0	1
璧山区人民法院	33	18	9	6	3
大足区人民法院	6	0	0	0	0
沙坪坝区人民法院	176	125	73	8	65
铜梁区人民法院	4	1	1	0	1
潼南区人民法院	2	2	2	1	1
渝北区人民法院	60	36	36	7	29
江北区人民法院	142	77	77	50	27
合川区人民法院	3	3	0	0	0
长寿区人民法院	100	51	38	13	25
双桥经济技术开发区人民法院	2	2	0	0	0
巴南区人民法院	82	45	45	17	28
大渡口区人民法院	62	47	30	18	12
江津区人民法院	5	5	2	0	2
九龙坡区人民法院	393	290	199	35	164
南岸区人民法院	214	112	72	0	72
荣昌区人民法院	12	4	4	1	3

续表

法院名称	行政机关申请强制执行案件数量	法院裁定准予执行案件数量	执结案件数量	执结案件中采取强制执行措施案件数量	执结案件中经协调自行履行案件数量
万盛经济技术开发区人民法院	1	1	0	0	0
永川区人民法院	18	14	5	2	3
渝中区人民法院	260	140	140	59	81
万州区人民法院	19	13	8	8	0
梁平区人民法院	7	6	6	1	5
城口县人民法院	28	27	25	2	23
涪陵区人民法院	3	2	2	0	2
南川区人民法院	13	7	4	2	2
垫江县人民法院	3	3	3	1	2
黔江区人民法院	15	11	6	6	0
石柱土家族自治县人民法院	5	5	5	3	2
合计	1673	1049	793	240	553

其中,审查农村集体土地征收中的强制拆迁案件539件,裁定准予执行335件,执结170件。相关基层人民法院审查、执行农村集体土地征收中的非诉强制执行案件情况见表2。

表2 相关基层人民法院审查、执行农村集体土地征收中的非诉强制执行案件情况

单位:件

法院名称	行政机关申请强制执行案件数量	法院裁定准予执行案件数量	执结案件数量	执结案件中采取强制执行措施案件数量	执结案件中经协调自行履行案件数量
北碚区人民法院	4	1	0	0	0
璧山区人民法院	33	18	9	6	3
大足区人民法院	6	0	0	0	0
沙坪坝区人民法院	45	23	7	0	7

续表

法院名称	行政机关申请强制执行案件数量	法院裁定准予执行案件数量	执结案件数量	执结案件中采取强制执行措施案件数量	执结案件中经协调自行履行案件数量
铜梁区人民法院	4	1	1	0	1
渝北区人民法院	21	21	21	7	14
江北区人民法院	21	16	16	9	7
长寿区人民法院	62	20	7	0	7
双桥经济技术开发区人民法院	2	2	0	0	0
巴南区人民法院	31	13	13	4	9
大渡口区人民法院	48	39	24	15	9
江津区人民法院	2	2	2	0	2
九龙坡区人民法院	141	103	12	3	9
南岸区人民法院	26	4	4	0	4
荣昌区人民法院	12	4	4	1	3
永川区人民法院	15	11	3	1	2
万州区人民法院	2	2	2	2	0
梁平区人民法院	7	6	6	1	5
城口县人民法院	25	25	23	1	22
涪陵区人民法院	3	2	2	0	2
南川区人民法院	6	3	0	0	0
垫江县人民法院	3	3	3	1	2
黔江区人民法院	15	11	6	6	0
石柱土家族自治县人民法院	5	5	5	3	2
合计	539	335	170	60	110

审查国有土地上房屋征收中的强制拆迁案件1134件,裁定准予执行714件,执结623件。相关基层人民法院审查、执行国有土地上房屋征收中的非诉强制执行案件情况见表3。

表3 相关基层人民法院审查、执行国有土地上房屋征收中的非诉强制执行案件情况

单位:件

法院名称	行政机关申请强制执行案件数量	法院裁定准予执行案件数量	执结案件数量	执结案件中采取强制执行措施案件数量	执结案件中经协调自行履行案件数量
北碚区人民法院	1	1	1	0	1
沙坪坝区人民法院	131	102	66	8	58
潼南区人民法院	2	2	2	1	1
渝北区人民法院	39	15	15	0	15
江北区人民法院	121	61	61	41	20
合川区人民法院	3	3	0	0	0
长寿区人民法院	38	31	31	13	18
巴南区人民法院	51	32	32	13	19
大渡口区人民法院	14	8	6	3	3
江津区人民法院	3	3	0	0	0
九龙坡区人民法院	252	187	187	32	155
南岸区人民法院	188	108	68	0	68
万盛经济技术开发区人民法院	1	1	0	0	0
永川区人民法院	3	3	2	1	1
渝中区人民法院	260	140	140	59	81
万州区人民法院	17	11	6	6	0
城口县人民法院	3	2	2	1	1
南川区人民法院	7	4	4	2	2
合计	1134	714	623	180	443

审查涉及城市房屋拆迁的先予执行申请166件,裁定准予先予执行52件,执结52件。相关基层人民法院审查、执行先予执行案件情况见表4。

表4　相关基层人民法院审查、执行先予执行案件情况　　单位:件

法院名称	行政机关申请强制执行案件数量	法院裁定准予执行案件数量	执结案件数量	执结案件中采取强制执行措施案件数量	执结案件中经协调自行履行案件数量
北碚区人民法院	18	2	2	2	0
渝北区人民法院	6	6	6	2	4
大渡口区人民法院	2	2	2	1	1
渝中区人民法院	133	36	36	36	0
万州区人民法院	6	5	5	5	0
涪陵区人民法院	1	1	1	0	1
合计	166	52	52	46	6

(二)司法拆迁及强制执行案件的主要特点

2011年全市集体土地征收、城市房屋拆迁非诉强制执行、先予执行案件主要有以下特点。

1. 司法拆迁总体形势严峻,拆迁案件区域性集中分布趋势明显

全市28家基层人民法院涉及集体土地征收、城市房屋拆迁强制执行,占全市基层人民法院总数的70%。其中24家基层人民法院涉及集体土地征收中的强制拆迁,18家基层人民法院涉及国有土地上房屋征收中的强制拆迁。从总体上来说,人民法院面临的司法拆迁任务繁重、形势严峻。就强制拆迁案件分布而言,主要集中在九龙坡、渝中、南岸、沙坪坝、江北、渝北等经济发达的主城区,反映出拆迁安置矛盾尖锐是当前城市发展中面临的突出问题。另外,长寿、万州、黔江、城口等区县随着经济开发、城市建设的快速发展,土地征收、房屋拆迁非诉强制执行、先予执行案件亦有不少数量。

2. 强制拆迁涉及面广人多,诱发群体性事件隐患较大

相较同一批次集体土地、国有土地上房屋征收涉及的被征收人而言,进入非诉强制执行、先予执行程序的被拆迁人只占有很小的比例。正基于此,每一起强制拆迁案件的背后往往是相互牵扯、人数众多的利益群体。全市同一批次司法强制拆迁牵涉的同类被征地人、被拆迁户超过100户的案件共有43件。其中,6件涉及的同类被征地人、被拆迁人超过500户,人数超过1000人。强制拆迁涉及面广、牵扯人数众多、利益目标相近是司法拆迁极易诱发群体性事件的重要原因。同一批次土地征

收、房屋拆迁强制执行案件反映的被征地人、被拆迁户数量情况见表5。

表5 同一批次土地征收、房屋拆迁强制执行案件反映的被征地人被拆迁户数量情况

单位:户

法院名称	100~300户的案件数量	300~500户的案件数量	500户以上的案件数量
巴南区人民法院	9	15	2
潼南区人民法院	0	0	2
渝北区人民法院	8	0	0
万州区人民法院	2	2	1
梁平区人民法院	0	0	1
黔江区人民法院	1	0	0
合计	20	17	6

3. 引发强制拆迁的矛盾错综复杂,被拆迁人对抗情绪强烈

在实践中,土地征收、房屋拆迁非诉强制执行、先予执行审查、执行环节往往成为各类矛盾争议的“集散地”,激发被拆迁人对抗情绪的各种因素集中爆发。这些争议既有不服征收决定的,也有不服补偿安置方案、决定的;既有不服实体处理的,也有不服程序行为的;既有合法性争议,也有合理性争议;既有针对行政行为本身的,也有针对行政机关工作态度方法的。在相关争议不能得到妥善处理的情况下,被拆迁人对抗情绪强烈,甚至以极端手段相威胁对抗执行。2011年在全市土地征收、房屋拆迁司法强制执行过程中,共发生以自残等极端手段对抗执行事件14件。以自残等极端手段对抗执行情况见表6。

表6 以自残等极端手段对抗执行案件情况

单位:件

法院名称	数量
大足区人民法院	1
渝北区人民法院	3
合川区人民法院	2
巴南区人民法院	2
永川区人民法院	1
渝中区人民法院	2
万州区人民法院	2
石柱土家族自治县人民法院	1
合计	14

4.强制拆迁社会反响敏感,执行协调成为执行方式的第一选择

当前,强制拆迁是社会关注的焦点问题,也是媒体报道的热点话题。基于维护社会和谐稳定、保障被拆迁人合法权益和对行政强制拆迁的质疑,司法强拆中存在的问题和不足可能被舆论非正常地展现、炒作。而一些被拆迁人正是利用媒体信息,特别是网络手段给法院的强制拆迁工作施加压力,以获取更大的利益。2011 年渝北、永川、万州等地法院 5 件司法拆迁案件被有关媒体、网络关注。为避免网络媒体"双刃剑"的负面效应,同时也为防止激化矛盾、促进社会和谐共赢目标的实现,执行协调往往成为法院开展强制拆迁工作的首选方式。实践表明,执行协调亦是妥善化解土地征收、房屋拆迁中补偿安置争议,避免引发恶性事件,减少强拆"后遗症",实现法律效果与社会效果有机统一的有效方式。在全市司法拆迁 845 件已执结案件中,通过协调方式促成当事人自行履行 559 件,协调结案率为 66.5% 。尽管南岸、城口、沙坪坝、九龙坡、渝北等区县强制执行案件数量较多,但已结案件中,近 80% 的案件通过协调以当事人自行搬迁的方式结案。土地征收、房屋拆迁非诉强制执行、先予执行案件协调结案情况见表 7、表 8。

表 7 土地征收、房屋拆迁非诉强制执行、先予执行案件协调情况

名称	执结案件数量(件)	经协调拆迁人自行履行案件数量(件)	协调结案率(%)
集体土地征收中的非诉强制执行	170	160	64.7
国有土地上房屋征收中的非诉强制执行	623	443	71.1
国有土地上房屋征收中的先予执行	52	6	11.5

表 8 部分基层人民法院土地征收、房屋拆迁非诉强制执行、先予执行案件协调情况

法院名称	执结案件数量(件)	经协调拆迁人自行履行案件数量(件)	协调结案率(%)
南岸区人民法院	72	72	100
城口县人民法院	25	23	92
沙坪坝区人民法院	73	65	89
九龙坡区人民法院	199	164	82.4
渝北区人民法院	42	33	78.6

5. 强制措施、制裁手段综合运用,警慑示范效应明显

土地征收、房屋拆迁司法强制执行是对法院执法能力的严峻考验。面对被拆迁人的无理阻挠、对抗,在穷尽柔性执行手段的情况下,为提高司法权威,维护司法形象,必要、适度的强制措施及制裁手段是必不可少的,这也是预防现场突发事件、维护执行秩序的重要保证。并且,针对个别"钉子户"采取强制措施、制裁手段所展现的法院执法决心与能力,对于处于观望、犹豫之中的其他被拆迁人无疑具有巨大的震慑作用,有利于扩大执行效果的示范效应。2011 年在全市法院的司法拆迁中,157 件执行案件运用了强制带离等人身控制手段,19 件执行案件对妨碍执行的相关人员予以了司法拘留。强制措施及制裁手段的综合运用,有力保证了司法拆迁的顺利实施。司法拆迁中强制措施、制裁手段运用情况见表 9。

表 9　在司法拆迁中强制措施、制裁手段运用情况　　单位:件

法院名称	运用强制带离等人身控制手段案件数量	运用司法拘留及追究刑事责任等制裁手段案件数量
璧山区人民法院	1	0
大足区人民法院	1	0
潼南区人民法院	1	0
渝北区人民法院	3	1
长寿区人民法院	13	1
巴南区人民法院	10	6
大渡口区人民法院	7	0
九龙坡区人民法院	50	7
荣昌区人民法院	1	0
永川区人民法院	2	0
渝中区人民法院	59	0
万州区人民法院	4	1
梁平区人民法院	2	1
城口县人民法院	1	0
石柱土家族自治县人民法院	2	2
合计	157	19

二、司法拆迁及强制执行存在的主要问题及成因

(一)补偿安置争议矛盾突出,人民法院非诉审查、执行不能解决被征地农民、被拆迁人关心的核心利益冲突问题

1. 补偿安置标准较低且补偿安置标准调整滞后

近年来,尽管各地征地补偿安置标准相比以前有了一定幅度的提高,但相较土地性质由集体所有转变为国家所有,进入土地市场后的国有土地使用权出让价格,失地农民的补偿安置所得仍相去甚远。并且,补偿安置标准以耕地平均年产值为计算依据,导致用于生产经济作物、畜牧产品等高附加值农产品的土地补偿安置费明显低于其实际产值。补偿安置标准还缺乏特殊性考虑,导致"城乡接合部""城中村"等经济发展较快地方的补偿安置数额落后于实际产值。此外,以人均耕地面积为基础确定的补偿标准加大了"人多地少"与"人少地多"地方的补偿差距,影响了补偿的公平性。

2. 房屋的拆迁补偿偏离价值基础,忽视房屋实际自有价值

就集体土地上的农村房屋而言,根据《重庆市征地补偿安置办法》的规定,在人均20~30平方米的住房安置标准之外,被征收土地上的农村房屋按砖混、砖木、土墙、简易等不同结构计算残值,其补偿费为每平方米10~200元,按此标准,若住房安置时不另行追加投入,多数被征地村民难以维持原有的居住条件。且与城市房屋拆迁补偿相比,农村房屋拆迁补偿方式所产生的巨大落差导致被征地农民心理失衡,对"同地不同价"的情况很是不满。对于国有土地上的城市房屋,尽管法律法规规定对被征收房屋价值的补偿不得低于被征收房屋类似房地产的市场价格,被征收房屋的价值,由具有相应资质的房地产价格评估机构依法评估确定,但由于实际评估价格及政府确定公布的同地段类似房地产市场价格往往与房屋所有人认可的市场价格存在相当差距,从而引发被拆迁人对房屋价值评估及政府确定房地产市场价格公正性的质疑。

3. 经营性门面用房、生产性用房的确定争议较大

当前,无论是在农村还是城市,部分房屋所有人利用自有房屋临街、临近市场以及居民生活密集区等便利条件,进行商业零售、食品服务、加工修理等小规模经营性、生产性活动是普遍存在的现象,这也是其增加家庭收入、改善生活质量的重要方式。这种生产经营活动甚至是一些村民、居民维持家庭生活的主要或唯一收入来

源。对这类"住改商"房屋的补偿安置,是否确定为经营性门面用房、生产性用房关系房屋所有人的未来收入与生计,极易引发争议。一是有的区县对于农村村民利用集体土地上自有房屋开店、办作坊从事经营性、生产性活动的,无论其是否进行工商登记,均不承认按照经营性门面用房、生产性用房进行补偿安置。二是有的区县对长期实际从事生产经营活动,但未进行工商登记或房屋使用性质变更登记及相关手续不全的城市居民执行不予按照门面用房、生产用房予以补偿安置的政策。

4. 因行政机关原因导致房屋被认定为违法建设、改建、扩建引发补偿安置争议

按照法律规定,在土地征收、房屋拆迁中对违法建筑以及征收范围确定后新建、扩建、改建房屋不当增加补偿费用的,不予补偿安置。但在违法建筑调查认定过程中发现,由于历史原因,违法建筑的形成原因复杂多样,特别是一些地方的有关行政机关存在违法颁发用地、规划、施工许可手续以及违法批准征收范围内的房屋改建、扩建的行为。此类房屋一律被认定为违法建筑不予补偿,在没有确凿证据证明房屋所有人在建房审批过程中存在隐瞒真实情况、提供虚假信息等欺诈、过错行为的情况下,房屋所有人对政府及有关的行政机关的不满、对抗情绪非常强烈。

5. 久征不用引发新的补偿安置争议

近年来,土地、房屋市场价格上涨较快,一些地方对土地、房屋的征而不用导致被征收人借机提出新的补偿安置要求,引发新的补偿安置争议。一些地方集体土地被征收且补偿安置完毕后未及时利用的,用地单位多年后施工建设,被征地农民要求增加补偿安置款。一些地方集体土地被征收,但被征地农民对补偿安置方案有争议而搁置,或者土地行政主管部门未及时进行补偿安置,在用地单位多年后施工建设时,被征地农民要求适用实际用地时的标准进行补偿安置或者以土地已转化为国有土地,而要求适用《国有土地上房屋征收与补偿条例》对房屋予以拆迁补偿。

(二)法律法规不健全、不完善等多重因素制约,非诉强制执行、先予执行司法审查法律适用困难

1. 非诉强制执行审查标准理解适用存在分歧,实践操作缺乏统一性

根据最高人民法院《关于执行〈中华人民共和国行政诉讼法〉若干问题的解释》第95条的规定,被申请执行的具体行政行为有明显缺乏事实根据、明显缺乏法律依据以及其他明显违法并损害被执行人合法权益等情形的,人民法院应当裁定不准予执行。该规定确立了非诉强制执行司法审查的"明显违法"标准。但就法律概念的确定性而言,该规定仍然具有较大弹性,在土地征收、房屋拆迁非诉强制执行司法审

查中,法官对行政瑕疵、一般违法、明显违法的具体评判比较困难。而且,由于拥有较大的自由裁量权,导致各地法院基于不同制约因素的考量对该标准的适用尺度参差不齐。有的法院对该标准的掌握比较宽泛,甚至认为法院无须对非诉具体行政行为的实质性问题进行合法性审查,只需对行政机关申请执行是否符合该解释第86条规定的条件和申请执行的程序进行审查。有的法院对该标准的掌握则较严格,甚至认为要按照法制统一原则,根据诉讼案件的审查标准,既要审查申请执行的行政行为的程序是否合法,又要审查其实体是否合法。

2. 公共利益的法律界定不完善,公共利益与商业利益交织错综复杂,司法认定不断面临新挑战

根据我国《宪法》第10条、第13条,《物权法》第42条,《土地管理法》第2条以及《国有土地上房屋征收与补偿条例》第2条等的规定,我国农村集体土地、国有土地上房屋征收应当以公共利益目的为前提。但是,现行法律法规对公共利益的界定并不完善。首先,土地管理法律法规对集体土地征收中公共利益的范围未作界定,法律规定缺失。其次,《国有土地上房屋征收与补偿条例》第8条虽对公共利益的范围作出了限定,但其兜底性条款中"其他公共利益的需要"在实践中存在扩大性和随意性解释的空间。因此,公共利益概念本身的高度抽象性和概括性以及现实情况的错综复杂性,使其在非诉强制执行、先予执行司法审查中的司法认定往往陷入困境。在一些地方的土地、房屋征收过程中,公共利益和商业利益相互渗透、相互交织,给法院的司法判断不断提出新的挑战。一是一些地方的土地、房屋征收以"公共利益"之名行商业开发之实,如以城市建设、扩容名义征收集体土地进行商品房开发建设。二是一些地方以经济建设,如经济开发区建设需要征收集体土地后,因情况发生变化,相关建设项目无法实现,地方政府改变被征土地用途用于商业开发,被征地农民在房屋拆迁过程中质疑土地、房屋征收的公共利益目的。三是一些地方以重大公共事业建设如修建体育场馆需要对土地、房屋实行征收,在进行公益事业建设的同时,为解决建设资金的压力,对部分被征收土地以挂牌出让的方式进行商业开发,引发相关土地使用人、房屋所有人对土地、房屋征收行为公益目的的争议。

3. 法律规避催生法律适用新难题

(1)行政机关执法规避。如某些地方政府为规避征用基本农田须报国务院审批的规定,在征地前根据《基本农田保护条例》等的相关规定,临时变更土地利用总体规划,将原基本农田的性质变更为基本农田以外的其他耕地,再对原基本农田予以

征收,导致被征地农民对被征收土地是否属于基本农田发生争议。此类争议在非诉强制执行审查中致使法院对征地审批程序的合法性乃至征地行为的合法性的认定难以形成统一意见。又如,某些地方政府为规避行政机关申请人民法院强制执行应当满足被申请人对具体行政行为在 3 个月法定期限内不提起诉讼的条件的规定,达到迅速拆除被拆迁人房屋的目的,利用其与土地储备中心的特殊关系,指使土地储备中心以其为原告,相关区县人民政府为被告,被征收人为第三人提起行政诉讼,请求判令相关政府及时交付土地,进而在诉讼中,相关政府向人民法院提出先予执行的申请,请求对被征收人的房屋予以强制拆迁。此类规避形成诉讼中先予执行司法审查中的特殊现象,尽管相关诉讼是否成立需要深入的法理探究,但法院却不得不及时作出适法判定。(2)土地使用人、房屋所有人“适法规避”。如一些房屋所有人利用“一户可依法安置一套房屋并享受相应优惠”的政策,在土地、房屋征收过程中通过离婚、分家的方式分为多户,而行政机关只按原有户数进行安置。此类争议进入非诉强制执行审查领域,法院确定对被拆迁人的补偿安置是否已经到位相当困难。

(三)“裁执合一”的执行模式与执行主体的能力局限相冲突,执行实施面临重重压力

当前,土地征收、房屋拆迁非诉强制执行、先予执行申请由法院行政庭审查,作出准予执行的裁定后移送执行庭组织实施。虽就法院内部分工而言,这遵循了裁执分离的现代法治权力运作规律,但就法院整体而言,实际上形成了一种法院集司法拆迁裁判权和执行权于一身的“裁执合一”执行模式。在司法实践中,这种执行模式暴露出诸多问题。

1. 人案矛盾突出,法院拆迁执行力量捉襟见肘

在经济社会快速发展中的各种矛盾冲突相互激荡、叠加,并以前所未有的速度进入人民法院,人民法院审判、执行工作面临的压力空前巨大。基层人民法院处于审判、执行工作的第一线,人案矛盾冲突尤为突出。一些基层人民法院在承担繁重的生效裁判执行工作的同时,又得承担起近年来突如其来急剧增加的土地、房屋非诉强制执行任务,执行力量严重不足,在参与执行人员调配、使用上常常力不从心、捉襟见肘。并且,由于土地征用、房屋拆迁往往关系重大工程、经济建设目标的顺利实施,法院拆迁强制执行历来被地方党委、政府高度重视,而强制拆迁本身社会敏感性较强、民众关注度高,这对法院执行工作的效率性、周密性、细致性、严谨性提出了

严峻考验。在法院领导挂帅、执行庭主要负责、各部门协同参与的现行执行机制下，人民法院全员动员式地投入强制拆迁，不可避免地对法院其他审判执行工作产生负面影响。

2. 执法能力有限，拆迁执行方式手段选择受制

在土地征收、房屋拆迁行政程序中，对于被征收人、被拆迁人的合理正当诉请的处理，行政机关有先天的资源优势和政策掌握的灵活性。对于行政程序尚不能有效处理的各类补偿安置纠纷，期待通过依据要求更充分、程序要求更严格的法院强制执行程序予以终局解决，难免有些强人所难。尤其是当前法院可使用资源不足，限制了法院灵活运用奖励、救助等手段通过协调方式实现促成当事人自行搬迁的执行目标。(1)司法建议缺乏积极回应。对被执行人的合理正当诉求，法院只有建议权，而法院的处理建议对行政机关的影响力又相当有限。(2)执行手段的灵活性受到制约。对执行实施中一些现场即时达成一致意见，本可避免采取强制措施的案件，由于法院自身缺乏直接运用奖励、救济、救助等物质手段的基础，而与行政机关协调沟通程序又比较复杂，往往使法院的协调努力付之东流。(3)执行遗留问题处置困难。如果执行程序中没有对补偿安置争议进行实质性解决，即便拆迁执行得以强制实施，被拆迁人与行政机关之间的矛盾不仅仍然存在，而且会演变为被拆迁人与法院之间的矛盾，引发针对强制措施、强制手段的涉法信访、上访。对此类“惹火上身”的执行遗留问题的解决，如果有关行政机关有意抽身，拒绝予以有效配合，法院往往无能为力。

3. 外部协作机制不健全，拆迁执行实施难度增大

在拆迁实施过程中，法院需要协调地方政府、国土、建委、公安、消防等众多行政部门以及供水、供电、供气、医院等多家企事业单位协同参与。由于法院对上述行政部门、企事业单位并无领导、管理权限，而部分部门与单位又因为社会公众对强制拆迁引发的恶性事件相当敏感，往往对参与强制拆迁持戒备和谨慎态度，对法院的协调努力配合得不积极。某些区县公安机关对法院要求参与强制拆迁现场秩序维持的通知就以非警务案件为由拒绝出动警力予以配合。尽管一些地方成立了协调相关部门、企事业单位参与拆迁活动的拆迁工作领导小组，以区县党委、政府主要领导人为负责人，加大了协调工作力度，但也存在与法院的对接机制不健全、不完善等问题。如缺乏稳定的、规范的工作联系制度，不少问题处理过程中的协调沟通往往建立在临时的、应景的基础上。

4. 责任追究方式有失科学性，执行法官心理负担沉重

为规范土地征收、房屋拆迁司法强制执行行为，防止滥用强制措施，杜绝暴力拆迁、野蛮拆迁，严格违法责任追究当属必要。然而，在当前司法拆迁实践中，一种责任追究上的倾向深受执行法官的质疑和诟病。在司法拆迁过程中，一旦出现被执行人人身伤亡或引发群体性事件以及集体上访等有重大负面影响的情形，就以预案不详、防范不严、处置不力追究执行法院、执行法官的执法责任。这实质上是一种过错推定式的责任追究方式。由于引发负面影响事件的原因本身是多方面的，其中很多具有不可预见性，也不是法院能预见就可控制避免的，因此，这种忽略过程完全以后果论责任的责任追究方式无疑走向了极端，不仅有失科学性，而且背离了责任追究制度的初衷。这不仅导致执行人员在许多案件中对应当采取的强制措施瞻前顾后、顾虑重重，而且导致执行人员面对被执行人抗拒执法、无理取闹的行为无所作为，甚至无原则地妥协让步。

（四）行政机关对司法力量的片面倚重、被执行人权利意识与法律能力的现实落差以及争议的非制度化解决倾向明显，司法拆迁面临的社会环境不容乐观

1. 行政机关片面看重司法拆迁的工具价值，忽视自身行为的规范性

统计数据表明，在 2011 年全市土地征收、房屋拆迁过程中，行政机关提出了 1839 件非诉强制执行、先予执行申请，其中，738 件申请被法院裁定不予执行或经法院指出行政行为存在的问题后由行政机关自行撤回，超过了申请数量的 40%。一方面，印证展现了司法拆迁制度在监督土地房屋征收、补偿安置行为、维护被拆迁人合法权益上的价值和功能；另一方面，这也从另一个视角反映出行政机关片面指望以司法的力量和权威实现行政目的的倾向。大量的超过合理限度的存在不合法、不合理、不规范问题的非诉强制执行、先予执行申请进入司法审查程序，徒增了法院的工作负担，耗费了有限的司法资源。当前，行政机关提出土地征收、房屋拆迁非诉强制执行、先予执行申请时，对相关行政行为存在的问题不是一无所知的，而是放任自流、企图侥幸过关，主要有以下几个方面。

（1）重征收，轻补偿安置。一些行政机关认为，只要征收决定在手，就是大事已定。既然补偿安置争议不影响征收决定的执行，在补偿安置尚在纸面上或者部分补偿安置的情况下，就向法院提出执行申请。其实质就是急功近利，“先拆迁、后安置”或者“边拆迁、边安置”。由于补偿安置费包括被拆迁房屋以及相关财产的价值，如果强制拆迁被确认违法，相关损害赔偿责任可以用补偿安置费冲抵。

(2)重合法性,轻合理性。一些行政机关认为,合法性是硬规定,不到万不得已不要违反,合理性属于自由裁量的权限,合不合理由自己决定,法院并无审查权,以至于大量前置行为中存在忽视被征收人正当合理诉求、不合理地区别对待情形的执行申请进入法院。

(3)重实体,轻程序。一些行政机关认为,程序问题在诉讼程序中才有审查的必要性,非诉强制执行审查应当重实体结果,程序违法与瑕疵不应成为准予执行的障碍。这种观念的结果是,申请执行的行政行为以及前置行政行为的公告、通知、送达等程序缺失或者不规范;申请执行的行政行为未经行政机关的督促履行直接进入司法程序;申请执行需要提供的材料不完备;申请执行工作缺乏前瞻性和预见性,事到临头提出申请已超过法定申请期限或者不能满足当事人的起诉期限要求。

(4)重决定,轻救济。一些行政机关单纯关注征收决定、补偿安置决定、强制执行决定的实现,而对被征收人的行政协调、行政裁决、行政复议等行政救济请求漠不关心,对行政救济程序搞形式、走过场,甚至利用行政救济程序拖延时间,使补偿安置未能及时到位并以此迫使相对人作出某些方面的妥协让步。

2. 被执行人维权意识与法律能力不契合,非理性期待以及违法不当维权呈加剧趋势

随着我国法治化进程的深入推进,被征收人、被拆迁人权利意识、法律意识、维权意识不断增强。但是,囿于知识、素质等局限,被执行人对法律不了解或者一知半解,造成法律能力的相对滞后,由此产生的期待误区以及维权方式的选择错误给司法拆迁及强制执行工作的有序开展带来诸多障碍。

(1)期待误区。在土地征收、房屋拆迁过程中,被征收人、被拆迁人典型的非理性期待有以下几种情形:第一,"以迁致富"。自认为是弱势群体,理应得到特殊照顾,幻想通过拆迁"一夜暴富",以至于在执行协调中漫天要价。第二,"先搬吃亏上当,后搬有利可图"。对执行中的问题解决方案患得患失,犹豫不决。第三,"有理走遍天下都不怕"。只要抓住了执法中存在的问题,自认有把柄在手,就根本不考虑执法行为与补偿要求之间的必然联系,不断提出不合理要求。第四,"会哭的孩子有奶吃"。认为只要坚持上访、坚持闹,就会劳(闹)有所获。第五,"法不责众"。自认人多力量大,只要被执行人"同心协力、同进共退",即便行为违法,法院也没办法。

(2)维权方式选择失当。被征收人、被拆迁人在期待利益的实现过程中,如果发现可得利益低于预期价值的心理底线,往往不是通过正式的行政、司法救济程序,合

法合理地表达诉求、依法维权,而是错误地选择了非常规方式,甚至是违法方式。一是一些被执行人对强制执行采取消极对抗的策略,躲避听证、拒绝签收法律文书,避免与执行人员正面接触,指望在拖的过程中根据他人的情况寻找机会。二是一些被执行人的违法不当维权方式具有偏激化、暴力化的特点,如动辄以自残等极端方式相威胁,对抗强制执行。

3. 司法拆迁及强制执行与社会整体结构缺乏良性互动

法律现象是社会结构、社会过程的产物,而它的存在又发挥特殊的社会功能。法律功能的发挥根植于社会整体结构,若离开了客观的社会环境,无视直观现实的社会需求,则法律不仅不能从社会中汲取有益的“营养”,而且必然导致法律的社会功能成为无源之水、无本之木。司法拆迁及强制执行不仅是一个法律问题,更是一个社会问题。

(1)社会保障机制不健全,民众社会生活安全感缺失。土地、房屋不仅是被征收人最基本的生产资料和安身立命的场所,从某种意义上还承载着未来稳定持久生活来源保障的功能。在土地征收、房屋拆迁过程中,如果仅有一次性补偿安置,而没有健全的养老、医疗、就业等社会保障体系为被征收人、被拆迁人提供未来生活支持,社会生活的安定性和安全感显然无从谈起。并且,当前国际、国内经济发展的严峻形势,进一步增大了未来生活的不确定性。在“利益”价值观念日盛的现实环境下,一味地刻意要求被征收人、被拆迁人讲“奉献”实属强人所难。

(2)争议的非制度化解决盛行,司法权威与公信力的观念基础屡受侵蚀。“法律的归法律,社会的归社会。”在当前的土地征收、房屋拆迁实践中,对通过正式司法程序确定的争议处置结果,仍有以制度之外的方式予以实质改变的可能性。不可否认,对法律问题用超越法律制度预设的方式予以解决往往是无奈之举。但是,从长远来看,普遍的非制度化方式实现的一时一事的争议解决是以牺牲法治的权威性和公信力为代价的,其对司法拆迁强制执行秩序的冲击有目共睹。

三、完善司法拆迁及强制执行的对策与建议

(一)以城乡统筹发展为指导,提高土地、房屋征收补偿安置标准,关注被拆迁人正当合理诉求,预防和减少土地、房屋拆迁强制执行

1. 适时提高补偿安置标准

建设城乡统筹发展的直辖市,是重庆市“314”发展战略确立的重要目标要求。

现已完成的重庆市城乡总体规划，明确了大城市带动大农村的发展之路，着力实现城镇与农村建设的同步发展。这为各区县以实现城乡统筹发展，解决城乡二元结构矛盾为目标，根据本地经济社会发展实际、适时、适度提高补偿安置标准提供了政策依据。由于土地不仅是农民最基本的生产资料，而且其更重要的意义在于对土地使用人的长期稳定的生活保障，因此，农村土地征收的补偿应当考虑不同地区土地的实际产值，根据该土地继续种植、投资、开发可获得的持续发展利益等多方面因素，进行综合评估，由此确立的补偿标准应保证失地农民未来生活同步于社会经济发展总体水平。对农村房屋等土地附着物、建筑物的补偿应当参照适用城市房屋的市场价格补偿机制，确立市场价格"等价补偿"原则，从而缩小农村与城市房屋补偿安置标准的差距，逐步推动农村与城市补偿结构、补偿方式的同质化。城市房屋的补偿安置，要加大补偿安置实施程序的公开性和透明度，保障被拆迁人的程序参与权。评估确立的房屋价格，要与公认的市场实际价格走势保持相对一致，体现结果的公平性，防止价格扭曲。

2. 关注被拆迁人的正当合理诉求

在土地征收、房屋拆迁实践中，引发补偿安置争议的因素错综复杂，既有诸如不满补偿安置标准等普遍性原因，也有补偿安置未考虑被拆迁人个人特定要求的情形。就具体个案而言，后者往往是被拆迁人拖延、拒绝自行搬迁甚至演变成为搬迁"钉子户"的主要原因。因此，在坚持政策执行原则性的同时，合理运用政策执行的灵活性，关注解决被拆迁人的正当诉求，是有效平息补偿安置矛盾的重要途径。征地、拆迁实施机关应在坚持依法补偿原则的基础上，考虑被拆迁人就房屋的区位价值、使用状况、特殊用途等方面提出的正当性诉求，根据实际情况确立"适当补偿"的原则。对当前争议比较集中的由于历史的因素或者行政机关方面原因形成的"住改商"经营性用房、违章建筑，可以根据经营使用状况、年限等予以适当补偿。对于"城中村"房屋的补偿安置，在征地补偿完成后因行政机关的原因未对房屋进行补偿安置超过一定年限，所在地已纳入城市规划区的情形下，可以参照适用同类地段城市房屋的补偿安置标准。甚至对于被拆迁人的法律规避，也可坚持"法无禁止规定即可为"的处理原则，依法予以补偿安置。

3. 完善补偿安置争议的行政救济程序

我国农村土地征收和国有土地上房屋征收补偿安置争议的救济程序有较大差别，《土地管理法实施条例》第 25 条、《重庆市土地管理规定》第 37 条规定了征地补偿标准、征地补偿方案的“协调—裁决”程序,强调的是补偿安置争议的行政救济。而《国有土地上房屋征收与补偿条例》第26条规定了被征收人不服补偿决定的行政复议和行政诉讼程序,赋予被拆迁人补偿安置争议救济上的程序选择权。就补偿安置争议的行政救济程序而言,在实践中已展现出救济程序不完善、救济公信力不够等诸多问题。如在农村土地征收中补偿标准的“协调—裁决”程序上,由于缺乏对协调时间、方式以及结论的规定,往往导致行政机关协调不到位,流于形式甚至假借协调拖延时间,而上下级的特殊关系亦使行政裁决、行政复议不能发挥应有的监督作用。鉴于此,有观点认为,应当强化补偿安置争议的司法救济程序,对征地补偿安置标准、方案,被征收人可以提起行政复议或者直接提起行政诉讼。本课题组认为,引发补偿安置争议原因千差万别,被征收人的诉请、理由与目的之间常常存在较大差距,而行政审判的审查对象只有具体行政行为,裁判结果往往不能正面回应被征收人的真实诉求,事实上无法承担解决补偿安置问题的重任。因此,从补偿安置争议的实质性解决目的出发,应当正视补偿安置争议行政救济的价值,从制度上规范完善行政协调、行政裁决、行政复议程序,纠正其在实践操作中的问题与缺陷,发挥行政救济程序自我纠错化解补偿安置争议的优势。

(二)直面法律适用新挑战,严格土地、房屋拆迁非诉强制执行、先予执行司法审查

1.统一土地征收、房屋拆迁非诉行政行为“明显违法”审查标准

(1)正确理解非诉行政案件强制执行的性质。关于非诉行政案件执行的性质,理论上主要有3种观点:第一,行政性质说。其认为非诉行政案件的执行在于借助法院的力量强制实现具体行政行为的内容,从总体上来看,这是一个行政性的过程,具有行政行为的性质。第二,司法性质说。其认为非诉行政案件执行制度的立法本意是为了防止违法行政行为不经过司法审查而由行政机关直接进行强制执行,从而避免给相对人造成不必要的损失,法院的强制执行行为并不是具体行政行为的延续。第三,折中说。其认为根据法律规定,法院应当对行政机关申请执行的具体行政行为的合法性进行审查,因此,非诉行政案件执行在审查阶段具有司法性质,而在执行阶段是一个行政性的行为。本课题组赞同折中说。就权力的属性而言,司法权本质上是一种判断权,通过适法评判以定分止争。由于法院的强制执行行为本身不具有裁判的内容,因此折中说的观点比较客观地反映了当前非诉行政案件强制执行的实际运行状况。

(2)正确把握"明显违法"标准的审查强度。正是对于非诉行政强制执行性质的认识差异导致了对土地征收、房屋拆迁强制执行司法审查强度的不同把握,而对审查强度的不同把握必然影响"明显违法"标准的审查基准,进而影响该标准的适用尺度。当前,在土地征收、房屋拆迁强制执行的司法审查中,无论是"行政性质说"主张的形式审查,即认为法院无须对申请执行的行政行为的实质性问题进行合法性审查,只需对申请执行是否符合法律规定的条件和申请执行的程序进行审查;还是"司法性质说"主张的严格诉讼审查,即认为要按照诉讼案件的审查内容逐一审查,既要审查行政行为的程序合法性,又要审查其实体合法性,都有失偏颇。形式审查将使法院纯粹沦为行政机关的"执行机构",而严格诉讼审查亦有悖于非诉行政案件执行制度的立法目的。因此,在土地征收、房屋拆迁强制执行司法审查中对"明显违法"标准的审查强度应当是一种介于形式审查与严格诉讼审查之间的适度审查。通过这种适度审查,从而实现监督行政机关依法行使职权,保护相对人合法权益与以司法手段强化行政管理、维护公共利益,保证行政权得以实现的结果。

(3)统一土地征收、房屋拆迁强制执行审查"明显违法"标准的适用尺度。基于土地征收、房屋拆迁非诉强制执行激烈的对抗性、广泛的社会关注度和较强的社会敏感性,特别是基于其在非诉行政强制执行案件中的特殊性和发展形势的严峻性,最高人民法院应当总结实践经验,根据适度审查的强度要求,对土地征收、房屋拆迁强制执行审查"明显违法"标准进一步作出具体解释,以增加该标准实务上"明显重大违法排除"的可操作性。在相关司法解释出台以前,重庆市高级人民法院可结合本地实际,及时制定土地征收、房屋拆迁强制执行审查"明显违法"标准适用指导性意见,以规范、统一该标准的适用尺度。本课题组认为,在土地征收、房屋拆迁非诉强制执行审查中,行政机关申请执行的行政行为具有下列情形的,应当认定为"明显违法":没有征收决定的;征收机关无权或超越职权作出征收决定的;征收决定没有审批文件的;审批机关无权或超越职权作出审批决定的;不属于法律法规规定的公共利益范围的;征收决定、补偿安置方案、补偿决定未经公告的;未按照补偿安置协议、补偿决定进行补偿安置或者补偿安置未到位的;具有其他明显违法情形的。

2. 推进土地征收、房屋拆迁非诉行政行为的合理性审查

(1)确立土地征收、房屋拆迁非诉强制执行案件的合理性审查原则。对于土地征收、房屋拆迁非诉强制执行案件审查中是否引入合理性审查原则,在实务中存在分歧。否定论认为,对非诉行政行为不宜进行合理性审查。我国《行政诉讼法》及司

法解释只规定了对非诉行政行为的合法性审查,对非诉行政行为进行合理性审查缺乏法律层面的依据。并且,根据行政诉讼法的相关规定,在对行政行为的诉讼审查程序中,合理性审查的适用亦相当有限,如果对非诉行政行为进行合理性审查,其审查强度反而超过了诉讼案件的审查强度。另外,合理性审查涉及对行政自由裁量权的司法判断,在非诉行政行为审查中进行合理性审查,不仅不利于实现行政权力的目的,而且由于法律依据的缺乏易受到行政机关的抵制。肯定论认为,从加强权力监督、有效预防和化解行政争议的目的出发,非诉行政行为的审查应当适用合理性审查。本课题组认为,在土地征收、房屋拆迁非诉行政行为审查中确立合理性审查原则不仅具有深刻的法理基础,而且具有现实的实践基础。第一,确立合理性审查原则是完善非诉行政行为审查标准体系的需要。行政合法原则和行政合理原则是现代行政法公认的两大基本原则,作为两大基本原则在司法审查领域的必然体现,对非诉行政行为的合法性审查和合理性审查并行应是司法审查标准体系的应然构造。第二,确立合理性审查原则是控制行政裁量权的需要。尽管行政权的关键在于自由裁量,但若自由裁量缺乏监督制约,必然产生权力滥用。对非诉行政行为进行合理性审查,符合行政法治的发展方向。第三,确立土地征收、房屋拆迁非诉行政行为的合理性审查原则是积极回应社会需求的需要。法律植根于社会,法律适用于社会所产生的正负效应是法律适用者将法律运用于特定事实必须思考的问题,无视现实需求、机械适用法律不仅不能获得社会的普遍认同,而且往往背离法律背后真正的价值取向。当前,在土地征收、房屋拆迁非诉强制执行过程中,行政机关补偿安置的合理性问题不仅是被拆迁人对抗执行的重要原因,而且是司法强制执行饱受社会诘难的焦点所在。加强非诉行政行为的合理性审查,是增强土地征收、房屋拆迁司法强制执行制度社会基础的必然选择。

(2)明确土地征收、房屋拆迁非诉强制执行案件合理性审查的重点内容。合理性审查的引入意味着法官在土地征收、房屋拆迁非诉行政行为审查中享有了更大的自由裁量权,为寻求司法裁量与行政裁量之间的平衡,防止司法裁量的滥用,实现非诉行政行为司法审查制度预设的目的,明确合理性审查的重点环节和重点内容以及审查方向成为必要的考虑,这也是增强合理性审查原则的可操作性的必然选择。根据实践经验,本课题组认为,当前土地征收、房屋拆迁非诉强制执行案件合理性审查的重点环节应是补偿安置的合理性,重点内容应包括安置方式是否合理,如有无对行动不便的对象在未征求其意见的情况下将其安置到高层建筑的情形;补偿决定确定的自行搬迁期限是否合理,如有无搬迁对象在该期限内确无能力完成搬迁的情形;补偿价格是否明显背离公认的市场价值;对相同对象是否存在不合理的区别对待等。

3. 完善公共利益范围界定,深化非诉强制执行、先予执行目的审查

对于土地征收、房屋拆迁非诉行政行为以及诉讼中先予执行的司法审查,无法回避对土地、房屋征收目的即公共利益的界定。由于"公共利益"概念的高度的抽象性和概括性以及现实情况的复杂性,对公共利益的界定已成为当前土地征收、房屋拆迁诉讼及在非诉审查实务中困扰法官法律适用的首要难题。为克服土地、房屋征收中行政机关对公共利益目的的随意性扩大解释,滥用征收权力,并为司法审查提供大致可行的判断依据,通过立法形式进一步完善对公共利益的范围界定具有现实的紧迫性。一方面,通过列举式的立法形式明确农村集体土地征收中公共利益的范围。在相应立法出台以前,土地征收中的公共利益范围,可以参照适用《国有土地上房屋征收与补偿条例》中关于公共利益的范围规定。另一方面,为增强《国有土地上房屋征收与补偿条例》关于公共利益范围兜底规定的严谨性,排除解释的随意性,应增加排除条款规定,明确不属于公共利益范畴的情形。可将社会公认的、比较成熟的非公共利益情形排除在外,如牟取土地非法利益的、严重破坏环境的、违反比例原则的、修建临时绿地的、为非国计民生的企业利益的等。

4. 严格行政机关法律规避的审查

权力制约、权利保障、利益平衡是现代行政法的基本理念。作为管理者,行政机关往往处于强势地位,而作为被管理者,行政相对人通常居于弱势地位。因此,对于行政机关权力行使中的法律规避行为,应当根据是否有利于相对人权利保护的原则作出判定,从而在行政机关和相对人之间的权利义务上寻求平衡。如果行政机关的法律选择有利于增进相对人的权利,体现出行政行为的授益性,法院应当持支持、维护的立场。相反,如果行政机关的法律选择是增设相对人义务、扩大自身权利、体现行政行为的负担性,法院应予以严格制约。在土地、房屋征收法律关系中,行政机关与被征收人之间地位的强弱之分更加明显,对行政机关的法律规避行为更应予以严格审查,以防出现行政机关与民争利、从民取利,激化矛盾的局面。基于此,对于行政机关通过土地储备中心的起诉形成诉讼,进而在诉讼中申请先予执行以规避被征收人在法定期限内不起诉方可申请强制执行规定的行为,人民法院应当裁定不予准许先予执行。从更严格的意义上来讲,土地储备中心是接受地方国土部门管理的事

业单位,其相关行为体现行政机关的意志,法理上不具有行政诉讼的原告主体资格,其提起的诉讼人民法院应不予受理或者裁定予以驳回。

(三)探索符合司法规律的司法拆迁强制执行模式,完善执行程序,改进执行方式和手段

1. 推动构建"裁执分离"的执行模式

从行政拆迁到司法拆迁,我国强制拆迁制度经历深刻变革。在这一制度变迁进程中,规范征收程序、实现程序公正,规制行政权力、优化权力配置,维护公民权利、加强人权保障是改革承载的多重价值追求。然而,司法拆迁的实践表明,当矛盾复杂、任务繁重的拆迁实施超越了法院的实际执行能力,成为法院不堪承受之重时,不仅司法拆迁制度本身的价值实现将深受影响,而且会导致公众对司法公信力和司法权威的质疑和冲击。反思"裁执合一"模式下执行实施的步履维艰,探索土地征收、房屋拆迁强制执行的新机制,构建执行审查权由法院行使、执行实施权由行政机关行使的"裁执分离"模式应当成为司法拆迁制度发展的方向选择。

(1)"裁执分离"的理论基础。第一,如前所述,从权力的属性来看,非诉行政案件的执行包括司法审查权和执行实施权两方面的内容。前者是一种司法专属权,具有不可转授性;后者是司法机关行使的行政性质的权力,或者说本质上是一种行政权。行政权力的来源分为法定的职权,法律、法规的专门授权和有关行政机关的委托授权三类。因此,行政权力具有可转授性,为司法拆迁"裁执分离"制度的建立提供了理论上的依据。第二,从司法拆迁制度的价值实现来看,一方面,法院通过行使司法审查权,监督行政机关依法行使职权,防止权力滥用,保护被拆迁人的合法权益,是司法拆迁制度的核心价值所在。另一方面,行政机关拥有广泛的政治资源、物质基础、技术手段的优势,执法力量强大,对人民法院经过审查裁定准予执行的拆迁决定,交由作出决定的行政机关执行,既有利于节约当前有限的司法资源,又体现了对行政权力运行规律的遵循,有利于提高行政效率,树立行政权威,从而更好地实现司法介入强制拆迁的监督制约与维护支持并重的双重价值目标。第三,从土地征收、房屋拆迁强制执行案件不同于其他非诉强制执行案件的特点来看,其他非诉行政案件的审查执行一般不涉及或者说不存在该行政行为的前置性争议,而对于土地征收、房屋拆迁的强制执行案件,被拆迁人不服征收决定、补偿安置决定的前置性争议恰恰是强制执行的根源所在,并贯穿于执行实施阶段。对于这些前置性争议,在法院为主体的执行实施过程中,已经不是司法权关注的问题,也不存在司法程序解决的空间。相反，如果执行实施权由行政机关行使，则在执行实施阶段为前置性争议的解决提供了潜在可能性，从而为被征收人的权利保护开辟新的路径。第四，从上海法院的司法实践来看，土地征收、房屋拆迁强制执行的“裁执分离”已经得到了认可。上海市高级人民法院《关于〈国有土地上房屋征收与补偿条例〉施行前已取得房屋拆迁许可证项目所涉案件有关审判、执行工作的若干意见》规定，由法院审查申请执行行为的合法性，然后裁决是否执行。准予执行的，主要由政府组织实施。最高人民法院《关于坚决防止土地征收、房屋拆迁强制执行引发恶性事件的紧急通知》亦提出了探索“裁执分离”的执行工作模式的要求。

(2)“裁执分离”的实现形式。“裁执分离”涉及执行实施权在法院与行政机关之间的重新调整与配置，根据行政权力的产生方式，“裁执分离”的实现形式有两种选择：一是法律、法规的专门授权，将土地征收、房屋拆迁强制执行实施权授予提出申请的行政机关行使；二是通过委托的方式，法院将执行实施权交由提出申请的行政机关行使。根据委托的权限的大小，委托执行可分为执行实施权全部委托和执行实施权的部分委托。在执行实施权部分委托的情况下，执行实施实际由法院和行政机关共同完成，此类执行方式又称联合执行。本课题组认为，委托执行虽然也是“裁执分离”的实现途径之一，但从理论上来讲，委托执行并不是行政职权委托，而是一种事实委托，委托执行效果取决于行政机关的配合力度，委托的法律效力缺乏保证。因此，在“裁执分离”的实现形式上，应当通过法律、法规授权的形式，赋予行政机关对法院裁定准予执行的土地征收、房屋拆迁执行决定的执行实施权。

2. 完善执行程序，改进执行方式和手段

司法拆迁作为一项系统工程既是法律行为，也是经济行为，更是社会行为。在当前拆迁模式下，根据土地征收、房屋拆迁强制执行案件面临的形势以及其不同于其他非诉强制执行案件的特点，规范司法拆迁工作流程，完善司法拆迁审查、执行程序，改进执行方式和手段是克服现实困难、保障强制拆迁顺利进行的务实之举。

(1)整合程序性规定，统一土地征收、房屋拆迁强制执行程序立法。应对最高人民法院、重庆市高级人民法院以及有关中级人民法院、基层人民法院关于非诉行政强制执行程序以及土地征收、房屋拆迁强制执行程序零散的规定进行统一的梳理、整合，以单行司法解释或者规范性文件的形式对土地征收、房屋拆迁强制执行程序予以规范，完善立案庭负责立案条件审查、行政庭负责合法性及合理性审查、执行庭负责执行实施的分工配合机制。

(2)规范土地征收、房屋拆迁强制执行的协调、听证程序。无论是在司法拆迁的审查阶段,还是在执行实施阶段,法院都应积极地开展协调和解工作,促使被拆迁人自动搬迁。协调和解应成为法院作出准予执行裁定和采取强制措施的前置程序,法院开展协调和解工作的期间应当从法定期限中予以扣除。确立协调和解的物质保障原则,对于土地征收、房屋拆迁强制执行案件,地方政府可根据案件数量及执行难易程度确定一定的协调工作保障经费,法院在每一案件确定的经费额度内有通过奖励、帮扶、救助的形式处置支配的权利,从而增强法院协调工作的灵活性,丰富执行手段。在执行申请的审查过程中,要重视听证程序的功能,规范听证行为,保证被拆迁人参与听证的权利落到实处。要通过听证程序,召集被拆迁人进行抗辩性的举证、质证,增强案件审查的透明度,提高准予执行裁定的公正性和公信力。

(3)严格强制执行措施的适用。在司法拆迁过程中,任何强制手段都有局限性和负面效应,都不能作为持久的、主要的依靠。法院采取强制执行措施必须要适度,必须要符合理性,必须在目的、手段、措施之间保持一定的比例关系。"目的是全部法律的创造者。"行政目的的实现固然是执行事务关注的目标,但被执行人的权利也应受到保护。强制拆迁采取的手段、方式、方法必须与执行活动追求的目的相一致,强制措施必须能够实现或者有助于实现执行的目的。要防止滥用强制手段,避免矛盾激化、引发恶性事件。在强制拆迁时,如果存在多种可供执行的手段,要选择对被执行人的权益侵害最少,或者负面影响最小,或者成本最低的手段,保持手段均衡适当。对于需要采取强制措施的案件,要以必要为限度,由轻到重依次进行,优先选用较轻的强制措施和间接的强制措施。确立生命权、生存权高于债权的观念,对执行中出现当事人以自杀、自残相威胁的极端情形的,一般应当停止执行或首先确保被执行人及相关人员的人身安全,并建议有关部门做好协调、维稳工作,确保执行活动安全稳妥依法进行。

(4)健全土地征收、房屋拆迁强制执行的救济程序。"凡有权利的地方必有救济"。换言之,"无救济则无权利"。从一定意义上来说,在拆迁申请的司法审查中,行政相对人已获得了间接救济。人民法院在作出司法强制拆迁裁定前,必须对据以申请的具体行政行为的合法性进行审查。如果该具体行政行为缺乏事实依据、法律依据或者程序违法的,人民法院将裁定不予执行。此外,《国有土地上房屋征收与补偿条例》明确规定了行政相对人在审查过程中的程序参与权与听证权利,客观上保障了相对人救济权利的行使。但是,间接的权利救济并不能完全保障当事人的合法权利。因此,在司法拆迁强制执行中,应当通过构建执行异议程序和国家赔偿程序,强化被征收人的权利救济。被征收人在一定条件下有异议的,可向法院提出执行异议申请,由法院在合理期间内予以审查。在执行异议审查期间,中止司法强拆程序,认为异议成立的,裁定不准予强制执行;认为理由不充分,异议不成立的,恢复执行。此外,尽管在司法拆迁强制执行中,因具体行政行为违法而导致强制拆迁错误的,应当由行政机关承担责任。但申请执行的具体行政行为明显违法,人民法院仍然作出强制执行裁定并予以执行的,或者在强制执行过程中,因执行人员的违法行为导致行政相对人财产权利、人身权利受损的,应由法院承担国家赔偿责任。

(四)强化司法拆迁强制执行监督、指导,完善责任追究机制

毋庸置疑,在当前政策实施型司法语境下,土地征收、房屋拆迁强制执行的审查、执行不仅是法律适用问题,还涉及国家、地方政策的适度把握问题。在司法实践中,大量的实际问题其实并不是刚性的法律所能涵括处理的,尤其是面对疑难问题时,往往不是法律规则而是原则和政策发挥作用。因此,基于基层人民法院政策自主把握能力不足的困境,上级法院必须加大对司法拆迁审查、执行的监督、指导工作力度,完善责任追究机制,从而提升基层人民法院的应对能力,缓解司法拆迁审查、执行工作面临的压力。

1. 严格非诉强制执行、先予执行的双重审批

当前,最高人民法院、重庆市高级人民法院已通过司法文件形式确立了土地征收、房屋拆迁强制执行案件审批制度。从某种意义上来讲,这可以说是对司法"去行政化"方向的偏离。但是,基层人民法院更应深刻理解这一制度在回应社会对司法拆迁非议上的现实意义和推动基层人民法院分担压力上的良苦用心,严格执行相关规定。对行政机关提出的土地征收、房屋拆迁非诉强制执行申请,受理法院行政庭经审查认为应予准予执行的,应当报请上级法院审批。受理法院经审查认为申请执行的拆迁决定虽存在合法性或者合理性问题,但又不宜作出不予执行裁定的,应向上级法院提出请示。对准予执行的,执行庭在强制执行前,应报上级法院审批。对于土地征收、房屋拆迁案件中先予执行申请,行政庭审查认为确需先予执行的,应层报高级人民法院审批。在强制执行前,执行庭同样应报高级人民法院审批后方可实施。在上级法院审批过程中,应当自主审查、独立判断、敢于负责,即便面对压力,也应坚持和维护司法的品格。

2. 探索司法拆迁的提级审查、提级执行

为有效遏制地方干预的影响,充分利用上级法院的独立地位以及法律能力、政策能力优势,并发挥上级法院在司法拆迁审查、执行上的示范效应,应当在对土地征收、房屋拆迁强制执行的总体态势进行全面准确把握的基础上,探索建立土地征收、房屋拆迁非诉行政行为的提级审查、提级执行制度。根据土地征收、房屋拆迁的涉及面、影响力以及案件的复杂程度等标准,确定一定的非诉强制执行案件由所在地的中级人民法院管辖。从重庆法院的实际出发,可以试行同一批次土地征收、房屋拆迁非诉强制执行涉及的被征收人、被拆迁人超过300户以上的案件由所在地中级人民法院管辖的制度。

3. 推动责任追究机制的科学化

科学的责任追究机制是司法拆迁工作顺利推进的重要保障。当前,片面地以发生重大负面影响严格追究执行法院以及执行法官的责任,已经产生过犹不及的效果。因此,推动司法拆迁责任追究的科学化应当得到上级法院的高度关注。一是在强调土地征收、房屋拆迁违法责任追究的同时确立依法执行免责的原则。二是严格过错推定责任的适用条件和范围。重大负面后果必须与执行人员的过错之间存在必然的联系方可启动责任追究程序。一般而言,对于非重大负面后果,执行人员的一般过失也应纳入免责范畴。

(五)优化司法拆迁强制执行环境,加强网络舆情监控

1. 加强与地方党委、人大、政府的关系

司法拆迁工作任务重、政策性强、涉及面广、矛盾问题多,要做好这项工作,离开地方党委、人大、政府的支持配合,单纯依靠法院的力量孤军作战是难以胜任的。

(1)加强沟通和交流力度,推动土地征收、房屋拆迁矛盾争议的政策化解决。对于土地征收、房屋拆迁非诉强制执行、先予执行审查、执行程序不能解决的核心利益冲突问题,法院应通过请示、汇报、建议等形式,积极与当地党委、人大、政府进行沟通交流,及时通报情况。有关机关应加强对相关问题的研判分析,依据国家关于土地征收、房屋拆迁的法律、法规,结合本地经济社会发展水平、居民收入状况,制定和完善地方性法规、规章以及规范性文件,促进补偿安置标准、方式、范围以及历史遗留问题等重点问题、普遍性问题的政策化解决。

(2)加强司法与行政的良性互动,提升行政机关依法行政水平。行政机关应注意增进土地、房屋征收、补偿安置工作中的民生意识、程序意识、合理性意识、责任意识,规范行政行为,严格依法行政,积极回应被征收人的正当合理诉求,防止矛盾激化进而启动司法强制执行程序。行政机关应重视司法建议在推动司法与行政良性互动,增进协同,促进纠纷的实质性解决上的重要作用。由于在土地征收、房屋拆迁非诉强制执行、先予执行审查、执行过程中实行明显违法的审查标准,对于执行决定的一般违法、行政瑕疵以及一般的不合理问题并不会以判决、裁定的形式进行评判,特别是对于与执行决定密切关联的征收决定、补偿安置决定等前置性行政行为存在的问题更难反映在法院的裁定书中。因此,对行政行为指出问题、建议整改的司法建议在司法拆迁实践中就具有特别重要的意义。行政机关应当摒弃司法建议不具强制约束力因而可接受也可不接受的观念,重视司法建议的整改功能,改进执法方式、方法,提高依法行政水平。

(3)加强司法拆迁执行的协作,完善问题处理机制。地方党委、政府应加强对参与协助司法拆迁的机关、企事业单位的管理,建立健全土地征收、房屋拆迁强制执行的司法协助机制及责任机制,推动相关部门在司法拆迁中对所涉问题的处理分工合作,各司其职。

2. 加强对被拆迁人的教育引导

土地征收、房屋拆迁补偿安置是对被征收人、被拆迁人已失物质利益的一种弥补,但是,重建新家以及生活方式的改变所带来的艰辛和劳累不是用金钱、实物所能挽回和弥补的。物质补偿的局限性本身存在诱发安置补偿争议的可能性。因此,无论在征收程序中,还是司法强制执行环节,行政机关和法院必须通过深入细致的教育、引导工作,促成被征收人、被拆迁人积极支持国家建设。

(1)加强政策法规宣传教育。针对大多数被征收人、被拆迁人文化水平不高,法治观念较淡薄,传统、朴素的观念在思想意识中根深蒂固的特点,要通过有效的政策法规宣传,使被征收人、被拆迁人在学法、懂法的基础上,增强其接受安置补偿的自愿性和主动性。

(2)保持政策执行的延续性和严肃性。通过公开透明的执法活动,帮助被征收人、被拆迁人克服"靠搬迁致富""先搬吃亏上当,后搬有利可图""会哭的孩子有奶吃、以闹取胜"等认识误区。大力培育"自强不息,勤劳致富"的创业精神,并通过劳动培训、生产生活帮扶等手段,提高被征收人、被拆迁人的社会适应能力。

(3)教育引导被征收人、被拆迁人依法维权,合法、合理表达诉求。在积极解决被征收人、被拆迁人正当合理要求的同时,对一些不合理要求,不作出不符合规定的许愿和承诺,不乱开“口子”。对漫天要价、无理取闹的,要敢于坚持原则,不能迁就妥协。对少数暴力抗拒执法或者缠访、缠诉,甚至聚众闹事的,要依法及时予以严肃处理。

3. 加强网络舆情的跟踪回应

现代社会,网络、媒体等信息化手段的“双刃剑”效应愈加明显。一方面,网络、媒体等应坚持正确的舆论导向,从维护社会稳定的大局出发,对司法拆迁审查、执行过程中法院纠正违法不当行政行为、维护被拆迁人合法权益、帮助被拆迁人解决实际困难的好经验、好做法,加大宣传力度,使社会全面了解司法拆迁相对于行政拆迁的进步意义,提高司法拆迁的公信力和司法权威。另一方面,网络、媒体也应注意监督方式,对司法拆迁中暴露出的问题和不足,要本着实事求是的精神作出客观公正的评价。特别是对一些损害群众利益的负面个案,要注意曝光适度性和时机选择,防止推波助澜,诱发和激化矛盾,扩大事端。在司法拆迁过程中,法院应当建立网络舆情跟踪机制,对网络、媒体中出现的歪曲客观实事、捕风捉影、断章取义、造谣中伤、误导群众的宣传报道,及时作出正面回应、澄清真相,防止负面影响的蔓延扩散。

土地房屋管理领域政府信息公开法律适用问题研究

重庆市高级人民法院、重庆市国土资源与
房屋管理局课题组*

一、土地房屋管理领域政府信息公开案件概述

(一)重庆市国土房管局土地房屋管理领域政府信息公开行政复议案件的基本情况

近5年来,以重庆市国土房管局(以下简称市国土房管局)作为复议机关的土地房屋管理领域政府信息公开行政复议案件增长趋势明显,并于2016年达到增长拐点,2012~2016年受理土地房屋管理领域的政府信息公开行政复议案件数分别为1件、37件、47件、90件、75件。

其中,在2016年办结的以市国土房管局为复议机关的65件土地房屋管理领域政府信息公开行政复议案件中,市国土房管局作出维持决定40件、撤销决定17件、确认违法1件、责令履行1件、终止2件、其他4件(如图1所示)。

---

* 课题主持人:王彦。课题组成员:尹洁、黄亚兵、乐敏、许鹏、吕洁。

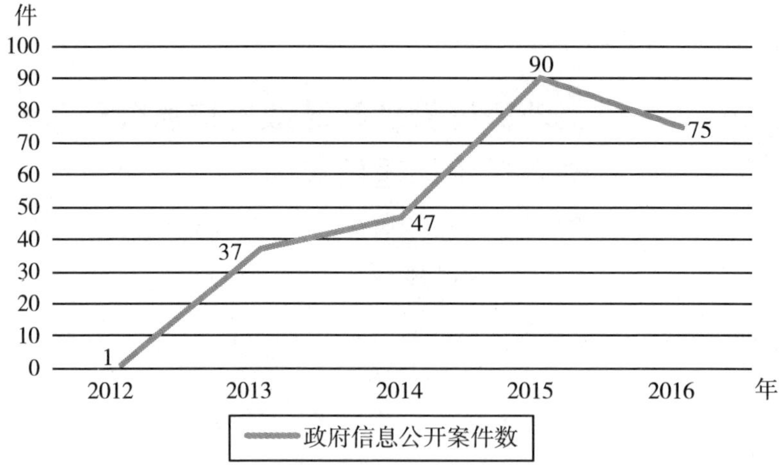

图 1　2012～2016 年市国土房管局受理土地房屋管理领域政府信息公开行政复议案件数趋势

(二)重庆法院受理土地房屋管理领域政府信息公开案件的基本情况

近 5 年来,重庆法院受理政府信息公开行政诉讼案件上升势头迅猛,并于 2016 年首次实现了受理案件数量的明显下降。2012～2016 年受理政府信息公开案件数分别为 16 件、47 件、283 件、988 件、551 件,其中涉及土地房屋管理领域的政府信息公开案件 9 件、33 件、234 件、818 件、242 件(如图 2 所示)。

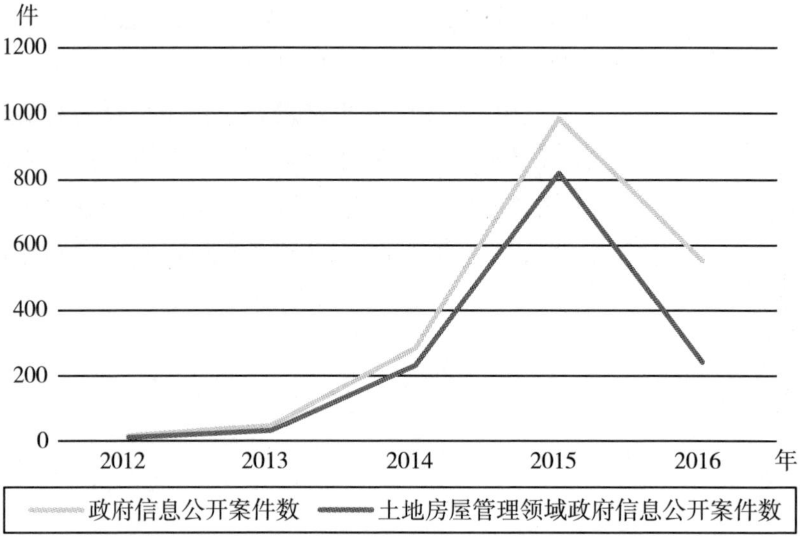

图 2　2012～2016 年一审政府信息公开案件数趋势

重庆法院受理政府信息公开案件主要集中在土地房屋管理领域,2015 年受理土地房屋管理领域政府信息公开案件数量同比增长了近 25 倍,达到受理案件数量的峰值。2016 年受理案件数量开始出现明显下降趋势,受理案件数量同比下降 70.4%,土地房屋管理领域政府信息公开案件占整个政府信息公开案件数量的比率亦由 2015 年的 82.8% 下降到 2016 年的 43.9%,主要表现在集体土地征收征用领域政府信息公开案件数量的大幅下降。

(如图 3 所示)重庆法院在 2016 年审结的 219 件一审土地房屋管理领域政府信息公开行政案件中,以判决驳回诉讼请求作为结案方式的 89 件,判决撤销的 36 件,判决确认违法的 13 件,判决履行法定职责的 9 件,全年进入实体审查的行政案件数量占全年一审案件总数的 67.1%,相比 2015 年的 59.3% 有明显提升。

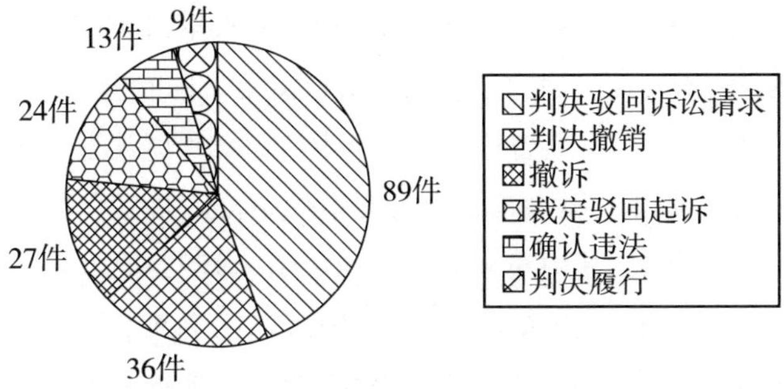

图 3 2016 年一审土地房屋管理领域政府信息公开案件结案方式

(三)土地房屋管理领域政府信息公开案件行政机关败诉原因分析

1. 未及时作出书面答复

在近 3 年土地房屋管理领域政府信息公开行政机关败诉案件中,行政机关因未及时书面答复而败诉的 84 件,占行政机关败诉案件的 33.3%。行政机关在最初收到政府信息公开申请的一段时期内,基于对相关法律规定不熟悉、不重视,处理流程不完善等原因,往往在收件时未登记分类,将政府信息公开申请作为信访件或普通来信,采取口头答复、网上答复、转办等方式处理,或因认为申请事项非本机关职权范围、已经答复等原因而不作处理,甚至将申请材料丢失。行政机关如市政府法制办、市国土房管局已开始出现公开申请急剧增长、办案人手严重不足的现象。因《政府信息公开条例》[①]规定政府信息公开答复的法定期限只有 15 个工作日,当行政机关

① 下文如未特殊标明,均指修订前的《政府信息公开条例》。

关经研究后作出答复,或在行政诉讼中经法院释明后作出答复时,很容易超过法定答复期限;或者因行政机关办案人手不足或缺乏经验,未将延长答复期限的决定依法送达申请人,导致超期作出答复而承担败诉的后果。

2. 未针对政府信息公开申请全面准确回应

在2014~2016年人民法院判决撤销行政机关所作政府信息公开答复的115件案件中,很大部分案件属于行政机关虽在法定期限内作出了书面回复,却以申请公开的政府信息未实施、未告知申请人更改补充即认定申请事项不明确等非法定理由不予公开,或未直接针对申请事项进行回复,或未按照申请人的请求提供政府信息的情形。如申请人申请公开土地补偿费明细账目,行政机关却仅告知申请人征收补偿标准、征收补偿安置方案、集体资产补偿安置协议等文件内容或补偿费总额,未对明细账目是否公开作出直接回应。又如,行政机关未按申请人请求提供政府信息复印件,所告知的查阅途径又无法完整获取政府信息等。同时,在现阶段的土地房屋管理领域政府信息公开申请中,普遍存在一个申请包含几项甚至十几项公开内容的情形,如在2014年法院受理的政府信息公开案件中,246件案件的申请人一次性申请公开2项以上政府信息,其中最多的一次性申请公开12项政府信息。而由于行政机关对"一事一申请"原则尚未达成一致意见,大多数行政机关对于申请人包含多项公开内容的申请在一个回复中予以统一答复,极易出现遗漏答复或未全面准确回应申请的情形而导致败诉的后果。

3. 不予公开政府信息适用法律错误

在2014~2016年土地房屋管理领域政府信息公开行政案件中,行政机关答复不予公开或部分不予公开的案件数量分别为187件、624件、137件,分别占法院受理案件总数的66.1%、63.2%、56.6%,涉诉政府信息公开率偏低。在司法实践中,行政机关所作的不予公开政府信息答复存在适用法律依据错误、理由不当等问题,是土地房屋管理领域政府信息公开案件中行政机关败诉的重要原因。如在政府信息不存在的情况下,却以申请不具有生产、生活、科研等特殊需要,涉诉信息涉及国家秘密、商业秘密、个人隐私等情形而不予公开;对申请人与其申请公开的政府信息具有生产、生活、科研等特殊需要的标准要求过高,错误认为只有被征收土地或房屋的产权人才能申请公开土地房屋征收相关政府信息,承租人不能申请公开;错误认为《政府信息公开条例》施行前的历史信息均不应公开;将已经确定并实施的政府信息错误认定为过程性信息;对应由本行政机关公开的政府信息却告知申请人向其下级行政机关或其他行政机关申请公开等。

二、本课题的研究进路

政府信息公开作为一种改革促进机制，不仅有助于转变政府职能、提升政府公信力，更有助于保障公民知情权，把权力关进制度的“笼子”，是建设法治政府、完善国家治理体系、提升国家治理能力的题中应有之义。根据第一部分的数据分析可见：随着我市城市化进程的不断推进，近年来土地房屋管理领域的政府信息公开申请及行政诉讼案件数量呈井喷式增长趋势。随着案件数量的急剧增长，大量亟须解决的新情况、新问题层出不穷，土地房屋领域政府信息公开问题成为现阶段政府信息公开工作的热点及难点，迫切需要进行该领域的理论研究与实证分析。

总体而言，政府信息公开的理论研究与实践有一定的互动性。正如萨维尼所说：“民族的实践需求只有在科学中才能得到表达和满足。由此，法学本身取得了一种独特性，并且与以下这种状况相适应，即在法学者的工作中，理论和实践内在联系在一起。”①首先，从我国政府信息公开制度确立、发展的过程来看，理论研究是信息公开实践的智识源泉。其次，信息公开实践的发展为理论研究提供了契机与素材。大量鲜活案例和统计数据的出现，使实证研究的重要性超越了注释法条、学理思辨等研究方法。正是基于以上考虑，本课题组主要采取了实证分析法、文献研究法、个案研究法等法学研究方法，采取座谈走访、查阅资料、统计分析等具体方式，以全市土地房屋管理领域政府信息公开案件工作开展及纠纷解决情况为研究起点，同时，结合政府信息公开制度的相关基础理论，探索解决全市土地房屋管理领域政府信息公开工作开展及纠纷化解难题的路径和方法。

（一）信息公开制度的理论基础

“不可能存在无实践基础的理论或者无理论基础的实践……理论和实践必须彼此引导、丰富和修正。”②事实表明，关于信息公开制度的理论研究是实践发展的需要，能够体现当前社会实践的发展趋势，也能够通过法律话语为信息公开实践提供法律思维。

一般认为，政府信息公开的理论基础主要包括 4 点。一是人民主权理论。卢

① ［德］弗里德里希·卡尔·冯·萨维尼：《当代罗马法体系 I：法律渊源·制定法解释·法律关系》，朱虎译，中国法制出版社 2010 年版，第 75 页。

② ［德］伯恩·魏德士：《法理学》，丁小春、吴越译，法律出版社 2003 年版，第 12 页。

梭、洛克等人创立发展了人民主权理论,认为人民是国家的主人,国家的一切权力属于人民。朱炜认为,人民主权原则践行需要以政府信息公开为前提,信息公开是国民参政的首要权利,是落实民主政治的必要前提。① 陈运雄、蔡梅娥认为,作为一项宪法原则,人民主权原则逻辑地演绎出政府信息公开的内在要求,无论是从政府机关权力的来源,还是从防止政府权力腐败和不当行使上,都离不开人民的作用。② 二是知情权理论。张庆福、吕艳滨在总结国外知情权理念及信息公开制度实践的基础上认为,知情权(Right to know)亦称了解权、知悉权,是公民享有的重要的宪法性权利,虽然我国《宪法》没有明文规定公民享有知情权,但可以从《宪法》的一系列条文中发现知情权存在的依据。③ 信息在社会生活中的价值日益提升,政府掌握了社会上80%的有价值的信息,因此,国家应该通过信息公开制度充分保障公民的知情权。三是公共物品论。李振良在总结王名扬、冯国基等学者观点的基础上认为,行政权力是一种具有公共属性的公权力,政府信息的存在以国家行政管理和公共利益的维护增进为目的,政府获得政府信息的成本是公众通过税收方式承担的,根据经济学理论分析政府信息本质上是一种公共物品。④ 四是信息不对称理论。曹冬梅认为,政府与公民之间存在信息不对称,信息赋予其拥有者强势地位。政府利用信息不对称进行"寻租设租""暗箱操作"等行为是腐败发生的重要原因,政府信息公开就是要改变政府与公民之间的信息不对称状况,让权力在阳光下运行。⑤

(二)现阶段信息公开理论研究存在的问题

21世纪以来,尤其是《政府信息公开条例》实施以来,政府信息公开日益成为国内学术界关注和研究的热点话题之一,我国的政府信息公开工作取得了长足的进步和丰厚的成果。但同时应该看到的是,现阶段的政府信息公开工作还不能完全满足人民群众日益增长的对知情权的蓬勃需求,而现有的理论研究尚不能对相关问题的解决提供充分的可行性建议和论证,理论研究与实践需要之间还存在差异。就我国的政府信息公开实践而言,现有的理论研究呈现出以下3个特点。

一是重法律移植,轻本土化改造。综观近20年来介绍国外信息公开制度的研

---

① 朱炜:《论政府信息公开的宪政基础》,载《理论月刊》2005年第2期。

② 陈运雄、蔡梅娥:《论政府信息公开的法理基础》,载《求索》2008年第12期。

③ 参见张庆福、吕艳滨:《论知情权》,载《江苏行政学院学报》2002年第1期。

④ 参见李振良:《行政信息不对称的原因分析——对行政公开制度功能的一种考察》,载《行政论坛》2004年第5期。

⑤ 参见曹冬梅:《廉政建设视野下的政府信息公开制度》,载《情报科学》2008年第9期。

究成果，基本都是国外经验加我国启示的模式。但是，这些理论远离了中国社会的实际场景，没有考察国外的信息公开制度赖以生存的环境（包括社会环境和制度环境）与我国实际的差异。如在征地拆迁类政府信息公开案件中，普遍存在被征收人因拆迁补偿而大量申请信息公开，实际是因被征收人对拿到手的补偿费用不满意，信息公开成为被征收人给政府施压的手段。由此可见，如果相关的制度不配套、不完善，就算公开了信息也解决不了问题，它只是末端环节，体制上的盘根错节，为《政府信息公开条例》作用的发挥带来困难。因此，政府信息公开的理论研究，需要对中国现实问题有所关注，需要对信息公开及相关制度系统改造进行研究论证。

二是重宏观架构，轻微观实践。学界对于政府信息公开的研究主要集中在立法完善、监管责任、救济程序等方面，相关专著多从宏观角度介绍国外的相关制度，以及我国政府信息公开制度的构建。目前，研究视野多集中在政府信息公开的宏观层面，对信息公开实践的微观分析和精确探讨还远远不够。如对于具体的某一社会领域，例如，土地房屋征收拆迁、财政预决算、三公经费、招投标、民生、食品安全、环境保护等，在实践中暴露出来的相关问题还有待进一步深入研究。理论源于实践，理论思维并不能从根本上超出生活。现有的一些研究成果充斥着从应然命题到应然命题的论证，所用数据多是源于第二手的书面资料，而不像社会学那样出于对直接数据的收集、提炼和总结。这种“自说自话”的论证，导致了研究成果的针对性、可操作性不够，造成了理论与实践的差距。

三是避重就轻，晦涩难懂。关于信息公开的文章很多，但是有部分文章是对老问题的重复，如关于信息公开立法、信息公开制度、信息公开范围、信息公开与保密的关系等主题的研究；而对新问题的探究则是浅尝辄止，特别对于特定领域，如土地房屋领域中如何构建有效的信息公开监督机制，以及当前推进行政机关主动公开，建设政府数据开放中存在的热点、难点问题，涉猎者较少，还没有建立相对完整的理论体系。此外，妨碍理论成果经世致用的因素还在于，理论研究完全运用学理化的学术语言，可以简洁明了说清楚的道理，却用一些冷僻的词语和术语，有的借鉴其他学科甚至创造一些貌似高深的词汇，使文章隐晦曲折，故深入浅出应该也是土地房屋管理政府信息公开领域法学理论研究所追求的方向。

（三）具体领域政府信息公开相关问题的解决需要理论研究范式的转变

在当前的大数据时代，《政府信息公开条例》作为行政法规，法条内容较概括，不能直接满足解决前述新问题的需要。加之土地房屋领域事关群众切身利益与社会稳定,矛盾纠纷化解难度较大,部分行政机关对政府信息公开工作的准备不够充分,共同导致土地房屋领域政府信息公开问题成为现阶段政府信息公开工作的热点及难点,不断出现亟须解决的新情况、新问题。对于法学研究来说,这意味着机遇和挑战。为适应大数据时代的要求,现有的法学研究范式应该有所转变。

一方面,从研究方法上来看,既要积极借鉴社会科学的研究方法,也要借鉴自然科学的研究方法,如行为经济学分析方法、大数据方法以及系统论、控制论和信息论等。法学是研究社会的科学,必须在全面分析我国法治的整体运行机制的基础上,具体考察制度所根植的社会政治、经济、文化环境,这就需要结合其他科学研究的方法。另一方面,从研究路径上来看,在传统的"理论指导实践"模式的基础上,应该偏重"实践决定理论"。正如苏力所说:"法学是一种智识性的表现,是对法律实践的正当化和表述,二者更可能是一种互动的、辩证的、互相强化的关系。"①也就是说,理论和实践不是对立的二元关系,而是并存和互动的,法学理论产生于长期积累的司法实践,是在实践中不断"试错"发展而成的完善理性。② 如土地房屋领域政府信息公开工作,千头万绪,涉及信息量巨大,同时又事关人民群众的根本利益,社会关注度很高,其理论研究要从信息公开实践出发,回应现实问题,再等待利用先进的理论指导、改造实践,然后根据实践再审视、修正理论。

正是基于上述认识,本课题组在进行调查研究时未采取全景扫描式的宏观或中观视角,而是从土地房屋管理领域行政机关工作实际的角度出发,结合有关行政案件的情况,全面梳理分析全市土地房屋管理领域的政府信息公开工作及有关争议情况,通过对特定领域的微观研究,深入探索土地房屋管理领域政府信息公开的工作推进、法律适用、纠纷预防和化解等问题,最终通过实证分析形成"土地及房屋征收流程政府信息公开清单",实现理论与实践的紧密协作、良性互动,从二者共存的现实出发,促进全市土地房屋管理领域政府信息公开工作的顺利开展。

三、土地及房屋征收流程政府信息公开清单相关问题的研究与解答

本课题组充分认识到,现阶段土地房屋管理领域大量的政府信息公开案件涌入行政机关及法院,在《政府信息公开条例》"先天不足"的情况下,行政机关以及人民

---

① 苏力:《送法下乡:中国基层司法制度研究》,中国政法大学出版社 2000 年版,第 14 页。

② 参见苏力:《送法下乡:中国基层司法制度研究》,中国政法大学出版社 2000 年版,第 14 页。

法院对土地房屋管理领域的信息公开工作既不能急于求成、一步到位，又不能裹足不前、保守抵制。还是要根据我国《行政诉讼法》和相关司法解释的规定，结合全市政府信息公开工作的推进程度，稳妥确定处理思路，做到既积极又慎重。在此背景下，本课题组基于《政府信息公开条例》、国务院办公厅及国土资源部的有关规范性文件，按照相关法律法规规定的土地及房屋征收流程形成政府信息公开清单列表，以稳妥积极推进土地房屋管理领域政府信息工作。下面就该清单中反映出的一些理论难点作如下说明。

（一）土地房屋管理领域政府信息公开义务主体的问题

1. 单一公开义务主体与多公开义务主体的选择

政府信息公开义务机关的确定，事关政府信息公开行政效率及申请人知情权的充分保障，有必要予以统一。在实践中，争议较大的在于单一公开义务主体与多公开义务主体的选择问题，上述问题在土地房屋征收领域中区县人民政府及其土地房屋管理部门的公开职责方面表现得尤为突出。如我国《土地管理法》以及《土地管理法实施条例》规定，征收土地方案由被征用土地所在地的市、县人民政府组织实施，征地补偿、安置方案由市、县人民政府土地行政主管部门组织实施。在司法实践中，常常存在区县人民政府接到申请后以组织实施为由转交土地管理部门决定是否公开的情形，如"戴某某诉重庆市梁平县人民政府案"，梁平县人民政府接到戴某某要求公开梁平县双桂街道皂角村2社（原皂角村7社）属于基本农田的数量、质量和地块以及与梁平县双桂街道签订的基本农田保护责任书等相关信息的政府信息公开申请后，召开协调会，并确定由梁平县国土资源和房屋管理局负责向申请人提供相关信息（详见案例一）。再如，我国《土地管理法》以及《土地利用总体规划编制审查办法》（国土资源部令第43号）规定，土地利用总体规划依法由各级人民政府组织编制，国土资源行政主管部门具体承办。土地利用总体规划是应当由组织编制的区县人民政府作为公开义务机关，还是应当由具体承办的土地行政主管部门作为公开义务机关，或者由申请人任意选择一个机关予以公开，在实践中存在很大争议，全市各区县的处理方式也不尽相同。

本课题组认为，土地房屋管理领域，特别是土地及房屋的征收工作具有独特性，区县人民政府是法律法规规定的征收主体，而相关土地房屋管理部门则是实践中征收工作相关事宜的具体实施机关以及相关征收信息的实际制作机关，因此，原则上将土地房屋管理部门作为征收信息的单一公开义务主体，既能防止区县人民政府与其土地房屋管理部门之间推诿或重复公开,又能更加便民高效,有利于保障申请人知情权的积极实现。但也存在例外情形,如果法律法规规定由市、县人民政府组织实施;或者规定由市、县人民政府组织,由同级土地房屋管理部门具体承办,则区县人民政府和其土地房屋管理部门共同作为公开义务机关,申请人可自由选择任一机关申请公开相关政府信息。

案例一:(申请人向区县人民政府提起政府信息公开申请,区县人民政府收到申请后召开协调会确定由国土部门予以公开,人民法院判决予以支持)原告戴某某于2013年9月25日向被告梁平县人民政府邮寄政府信息公开申请书,要求公开梁平县双桂街道皂角村2社(原皂角村7社)属于基本农田的数量、质量和地块以及与梁平县双桂街道签订的基本农田保护责任书等相关信息。同日,戴某某向梁平县国土资源和房屋管理局邮寄申请,要求该局书面提供皂角村2社属于基本农田的档案材料。梁平县人民政府于9月26日收到申请后召开协调会,确定由梁平县国土资源和房屋管理局负责向申请人提供相关信息,并将此决定于2013年9月30日以电话形式告知戴某某,于2013年11月28日以书面复函形式将转办情况再次告知戴某某。梁平县国土资源和房屋管理局于2013年10月15日作出回复,告知戴某某在梁平县双桂街道皂角村行政区域范围内基本农田保护区面积为0公顷,相关具体信息可在重庆市梁平县国土资源和房屋管理局公众信息网上查询,并告知原告查询网址。该回复未及时送达,戴某某于2013年10月30日向梁平县人民法院提起诉讼,请求判令梁平县国土资源和房屋管理局履行信息公开职责。诉讼中,梁平县国土资源和房屋管理局于2013年11月6日向戴某某送达回复,被拒收。梁平县人民法院于2013年12月17日作出(2013)梁法行初字第00045号行政判决,认为梁平县国土资源和房屋管理局未在法定期限内送达回复已违法,但在诉讼过程中已履行政府公开职责。该判决已发生法律效力。戴某某于2013年12月24日提起诉讼,请求判令梁平县人民政府依法公开申请人申请的政府信息。法院经审理后认为,《基本农田保护条例》第11条规定,"……划定的基本农田保护区……由县级人民政府土地行政主管部门建立档案,并抄送同级农业行政主管部门……",2007年《政府信息公开条例》第17条规定,"行政机关制作的政府信息,由制作该政府信息的行政机关负责公开,行政机关从公民、法人或者其他组织获取的政府信息,由保存该政府信息的行政机关负责公开……"。根据上述规定,对基本农田的相关信息予以公开是梁平县国土资源和房屋管理局的行政职责。在本案中,被告接到申请后召开协调会将信息公开申请交由梁平县国土资源和房屋管理局转办,并以电话形式告知申请人,其行为合法。对于申请公开的内容,虽然戴某某递交给县人民政府和县国土资源和房屋管理局的申请在措辞上有所不同,但申请县人民政府公开的信息内容是包含在提交给县国土资源和房屋管理局的申请中的。县国土资源和房屋管理局已针对其请求履行信息公开职责,此点已被梁平县人民法院的生效判决予以确认。对此,法院予以确认。原告主张县政府未按其申请内容和要求的形式履行信息公开职责,同时,将其申请交由县国土资源和房屋管理局转办不当的理由不成立,对其主张不予支持。遂判决驳回原告诉讼请求。

2. 告知适格公开义务机关以及非公开义务机关主动公开相关信息的法律后果问题

2007 年《政府信息公开条例》第 21 条第 3 项规定,"……(三)依法不属于本行政机关公开或者该政府信息不存在的,应当告知申请人,对能够确定该政府信息的公开机关的,应当告知申请人该行政机关的名称、联系方式"。根据上述该条例的精神,行政机关告知公开义务机关的行为只发生在行政机关答复申请人其不是公开义务机关的情形下,此种告知具有附随性,该答复仅在公开义务机关方面对申请人权利产生实际影响,最高人民法院《关于审理政府信息公开行政案件若干问题的规定》亦并未规定对该告知行为可以单独提起诉讼,故单独针对告知行为提起的诉讼不属于人民法院行政诉讼受案范围。但在申请人针对答复提起的行政诉讼案件中,如申请人认为该告知行为不合法,因该告知行为是答复内容的一部分,且对申请人的权利可能造成一定的影响,则人民法院将对答复进行全面审查,对告知错误的予以指出,但不以此否定整个答复的合法性。同时,在土地房屋领域政府信息公开实践中,普遍存在非公开义务主体的行政机关基于便民高效原则,径行向申请人公开其掌握的政府信息的情形。由于在此种情形之下相关行政机关并无公开职责,其公开的相关政府信息是否正确全面,对申请人的权利义务不产生实际影响,若申请人认为公开的政府信息不全面、不正确,可向法定公开义务机关申请获取。

综上所述,本课题组认为,告知申请人适格公开义务机关的答复具有附随性。申请人单独针对告知行为提起的诉讼不属于人民法院行政诉讼受案范围;申请人针对答复提起行政诉讼,并认为告知行为不合法的,在司法审查中不以告知行为错误否定整个答复的合法性。

非公开义务机关基于便民高效原则,主动向申请人公开相关政府信息的,行政机关可在诉讼过程中以其为非公开义务主体,其公开行为系基于便民原则作为答辩理由,人民法院不对此类公开的政府信息进行实质性审查,若申请人认为公开的政府信息不全面、不正确的,可向法定公开义务机关进行申请获取;如行政机关不作上述答辩的,则视为其主动履行信息公开职责的行为,人民法院对公开的政府信息进行全面审查。

(二)土地房屋管理领域依申请公开的政府信息是否进行"三需要"审查的问题

最高人民法院《关于审理政府信息公开行政案件若干问题的规定》第5条第6款规定:"被告以政府信息与申请人自身生产、生活、科研等特殊需要无关为由不予提供的,人民法院可以要求原告对特殊需要事由作出说明。"国务院办公厅《关于施行〈中华人民共和国政府信息公开条例〉若干问题的意见》中规定:"行政机关对申请人申请公开与本人生产、生活、科研等特殊需要无关的政府信息,可以不予提供。"但由于上述规定较原则及模糊,属于不特定法律概念,在实践中主要由行政机关行使自由裁量权予以把握和操作。如在"重庆市大渡口区布宇什缝纫机制造厂诉重庆市大渡口区国土资源管理分局案"中,重庆市大渡口区国土资源管理分局以申请人无"三需要"为由不予公开(详见案例二)。

从客观上来说,"三需要"的限制性规定与政府信息公开的宗旨不相一致,与国际通行做法亦有相悖,不利于公民知情权的充分保护。但根据"坚持从中国实际出发"的法治建构理念,政府信息公开行政案件发展到今天,也确实出现了一些申请人借助政府信息公开博取其他利益,甚至滥诉的现象。特别在土地房屋管理领域,一些行政诉讼当事人大量申请公开并非本集体经济组织的征地批复、补偿安置方案、补偿安置协议等征地信息,实际是为与其他村社征地安置补偿方面进行比较或为提起其他诉讼做准备。此类申请并不涉及对其知情权的保护,亦与其生产、生活、科研等特殊需要无太大关联,如一律予以支持,既影响行政效率,也浪费司法资源,故对此类申请进行"三需要"的审查具有现实意义。

综上所述,本课题组认为,在土地房屋管理领域,特别是在土地及房屋征收领域中,行政机关对依申请公开的政府信息,因判断申请人申请公开政府信息是否具有生产、生活、科研等特殊需要而要求申请人提供证据或作出合理说明,申请人未能提交证据证明或作出合理说明的,行政机关可以不具有特殊需要为由不予公开。行政机关对其依法应当主动公开的政府信息,不得以申请人不具有特殊需要为由不予公开。在诉讼中,行政机关对其判断不具有特殊需要的事实及理由承担举证责任,申请人对其申请具有特殊需要负有说明义务。

案例二：（行政机关以申请人非土地使用权利人为由不予公开，人民法院审查后发现申请人工商登记注册的企业住所位于该批复的征收土地范围内，而行政机关仅以申请人在征地范围内未取得土地使用权为由即认为申请人不具有“三需要”属主要证据不足，遂判决予以撤销）2010年8月27日重庆市人民政府作出《关于大渡口区实施八桥镇城镇规划建设农用地转用和土地征收的批复》（渝府地〔2010〕780号）。大渡口区人民政府于2010年11月30日发布《关于征收八桥镇八一村3社、4社、5社、村集体（部分）集体土地的公告》（渡府征公〔2010〕23号）。原告重庆市大渡口区布宇什缝纫机制造厂在征地红线范围内无土地权属登记，但该厂在工商登记注册的企业住所为“重庆市大渡口区八一村三社”，位于上述批复征收土地范围内。原告于2013年9月24日向被告重庆市大渡口区国土资源管理分局申请提供“拟征地现状调查结果经被征地集体经济组织和农户确认情况”。被告作出《大渡口区国土资源管理分局关于政府信息公开申请的复函》（渡国土政信〔2014〕4号），该复函主要内容为“大渡口区人民政府于2010年11月30日发布《重庆市大渡口区人民政府关于征收八桥镇八一村3社、4社、5社、村集体（部分）集体土地的公告》（渡府征公〔2010〕23号），依法征收八桥镇八一村三社等农村集体土地，经调查核实，你厂未在此次征地范围内合法取得土地使用权，并非土地使用权利人。因此，你申请公开《拟征地现状调查结果经被征地集体经济组织和农户确认情况》的内容，与你单位生产、生活、科研等特殊需要无关。根据《国务院办公厅关于施行〈中华人民共和国政府信息公开条例〉若干问题的意见》（国办发〔2008〕36号）第14条的有关规定，决定不予公开。如对本答复意见不服，你可在接到本答复意见之日起六十日内依法向重庆市国土资源和房屋管理局申请行政复议，也可在三个月内直接向重庆市大渡口区人民法院提起诉讼”。原告不服提出行政复议申请，重庆市国土资源和房屋管理局于2014年5月19日作出《行政复议决定书》（渝国土房管复〔2014〕44号），决定“维持被申请人作出的《关于政府信息公开申请的复函》（渡国土政信〔2014〕第4号）”。原告仍不服，遂提起行政诉讼。法院审查认为，原告虽在《关于大渡口区实施八桥镇城镇规划建设农用地转用和土地征收的批复》（渝府地〔2010〕780号）征收土地范围内无土地权属登记，但该厂在工商登记注册的企业住所为“重庆市大渡口区八一村三社”，位于该批复的征收土地范围内。故原告向被告申请公开“拟征地现状调查结果经被征地集体经济组织和农户确认情况”的政府信息不属于国务院办公厅《关于施行〈中华人民共和国政府信息公开条例〉若干问题的意见》(国办发〔2008〕36号)第5条第14项规定的不予提供的情形。被告仅以原告在征地范围内未取得土地使用权为由,作出不予公开决定的主要证据不足。遂判决撤销复函并责令重做。

(三)土地房屋管理领域信息不存在的举证与认定问题

政府信息不存在,既是全世界信息公开法通常规定的拒绝公开的一个法定理由,也是现阶段土地房屋管理领域行政机关较常使用的不予公开的理由。最高人民法院《关于审理政府信息公开行政案件若干问题的规定》第5条第5款规定:"被告主张政府信息不存在,原告能够提供该政府信息系由被告制作或者保存的相关线索的,可以申请人民法院调取证据。"该项规定根据信息公开案件的特殊性采用了一定的职权探知主义,[①]但仍然不能完全解决行政机关主张政府信息不存在时的举证责任分配问题。在现阶段的司法实践中,对于判断政府信息是真的不存在,以至于是否采取调取证据的行动,大部分仍然依靠法官的自由心证。

本课题组认为,在政府信息公开行政法律关系中,行政相对人在举证能力方面的弱势地位相比于其他场合更突出,在政府信息不存在的司法审查过程中主要由行政机关承担信息不存在的举证责任,有利于实现信息公开的实质平等和公正。因此,行政机关应对政府信息不存在的事实承担举证责任。行政机关可从申请公开信息的名称判断该信息并非由其制作并对此作出合理解释;或行政机关有文件登记簿、文件流转系统、文件档案系统等记录,提供了在记录中未能查找到政府信息的证据;或行政机关陈述其无相关文字或电子记录,对其查找经过作出合理说明。

这里特别需要强调的是,在土地房屋管理领域信息公开的实践中,存在根据上位法规定本应存在相关政府信息,而重庆市相关行政机关出于本市实际情况的考量制作相关替换性信息的情形。如统一年产值标准、区片综合地价的政府信息,根据国土资源部印发的《关于深化改革严格土地管理的决定》以及《关于印发〈关于完善征地补偿安置制度的指导意见〉的通知》的相关规定,省级人民政府应当制订上述政府信息,但现阶段重庆市主要是通过发布征地补偿安置标准等文件来予以制定的。在此种情形下,行政机关不宜以信息不存在为由不予公开,而应通过公开相关替换性信息并予以说明的方式作出答复,反之,将可能导致诉讼中无法举证从而败诉,甚

---

① 职权探知主义,指法院依职权探知事实关系并依职权调查证据,不受当事人声明或主张之限制,纵令当事人未提出之诉讼资料,法院亦得依职权调查之。

至造成相关征地政策违反上位法规定从而严重违法的不良后果。

(四)土地房屋管理领域相关政府信息主动公开与依申请公开的理解问题

依各国的经验以及《政府信息公开条例》的相关规定,政府信息公开的方式主要有2种:主动公开与依申请公开。所谓主动公开,又称强制公开,是指根据政府信息公开法的强制性要求,对于某些重要信息,行政机关必须自动负责公开,无论公众是否要求。《政府信息公开条例》将主动公开政府信息置于比较重要的地位,其所占篇幅几乎与依申请公开所占的篇幅不相上下。分别包括主动公开的范围、主动公开的途径、主动公开的期限等。从立法倾向来看,对于依申请公开,似乎更加侧重程序的要求;而对于主动公开,则更强调对应当主动公开的政府信息范围作出强制性规定。在土地及房屋征收过程中,存在相关法律法规规定政府信息在征收范围内向被征收人主动公开,如拟征地情况告知书、拟征土地现状调查结果确认表、征地公告以及片区房屋状况调查登记结果报告、房地产价格评估机构选定过程材料、房屋征收补偿安置协议、房屋征收补偿决定等,此类政府信息属于《政府信息公开条例》中的主动公开范围还是依申请公开范围,在实践中存在较大争议。

本课题组认为,《政府信息公开条例》在第9条规定了主动公开的基本要求后,随后用连续3个条款分别对各级政府及其部门应当重点主动公开的政府信息内容作出明确规定。事实上,国家也鼓励各级行政机关更多地采用主动公开的方式发布政府信息。因此,在实践中,行政机关在土地房屋管理领域更多地采取主动公开的方式实行政务公开应当得到鼓励和支持。但与此同时,若过度扩大主动公开的范围,将极大加重行政机关信息公开本就不堪重负的公开任务,且将耗费有限的司法资源,反而对政府信息公开工作的更好开展造成不利影响。综上所述,对于《政府信息公开条例》主动公开的范围应当限定在有法律法规明确规定的情形,如果存在法律法规虽有主动公开字眼,但同时又限定了相关政府信息公开的范围和对象的,因此类信息不具有排除公众实际需求的强制性属性,应当视为依申请公开的范畴,行政机关可对上述政府信息的公开申请进行"三需要"的审查。

(五)土地房屋管理领域信访信息公开及答复的相关事宜

行政机关在日常活动中会产生形式及内容多样的信息,其中并非所有都属于政府信息,只有源自履行行政管理职责的目的,方可纳入《政府信息公开条例》的调整范围。行政机关因对政府信息目的要件理解各异,普遍存在将大量本属于政府信息的申请予以排除的现象。行政机关及部分法院认为,按照最高人民法院《关于不服县级以上人民政府信访行政管理部门、负责受理信访事项的行政管理机关以及镇(乡)人民政府作出的处理意见或者不再受理决定而提起的行政诉讼人民法院是否受理的请示的批复》的规定,信访事项不属于人民法院行政诉讼的受案范围,故信访信息的相关申请与答复亦不属于政府信息公开诉讼受案范围。本课题组对此观点不予认同。《政府信息公开条例》中没有关于政府信息公开受案范围的规定,最高人民法院《关于审理政府信息公开行政案件若干问题的规定》第2条中所规定的人民法院不予受理的案件亦未包括信访事项查询。将信访事项排除出政府信息公开诉讼的受案范围缺乏法律依据。此外,政府信息公开诉讼主要基于对知情权的保护,其与主要保护人身权、财产权的一般行政诉讼相比具有其特殊性,不宜将我国《行政诉讼法》及相关司法解释所规定的受案范围套用到政府信息公开诉讼之中。因此,行政机关依照《信访条例》的规定所制作的信访信息,仍然属于行政机关履行行政管理职责所制作或保存的信息,不应将其排除出《政府信息公开条例》第2条所界定的政府信息的范围之外。同时必须强调的是,《政府信息公开条例》作为行政法规,对获取政府信息、保障公民的知情权作了一般性规定。但若其他法律、法规有特别规定的,按照特别法优于一般法的原则,应当适用其他规定,此种处理并不影响公民知情权的实现。《信访条例》作为国务院颁布的行政法规,专门调整公民、法人或者其他组织信访过程中的行为及活动,故申请人查询依据《信访条例》处理事项的信息,应当适用《信访条例》的相关规定,不宜再适用《政府信息公开条例》的规定。

综上所述,本课题组认为,信访信息符合《政府信息公开条例》第2条规定的政府信息范畴。申请人以政府信息公开名义对行政机关依据《信访条例》作出处理事项的相关信息进行查询的,行政机关应当受理后告知其按照《信访条例》的规定办理。

(六)土地房屋管理领域加工汇总信息的认定及与非政府信息公开申请的区分问题

首先,政府信息的形式要件要求必须被记录、保存,即客观上实际存在;其次,客观存在需有一定的形式作为载体。在实践中,对政府信息形式要件的争议主要集中在加工汇总信息的认定方面,这在土地房屋管理领域表现得尤为突出。如"余某某等7人申请重庆市人民政府公开重庆市10年卖地4000亿元的政府信息案",重庆市人民政府告知申请人,可在相关网站自行查阅,该案例即涉及加工汇总信息的申请公开问题(详见案例三)。

最高人民法院《关于审理政府信息公开行政案件若干问题的规定》第2条规定，“公民、法人或者其他组织对下列行为不服提起行政诉讼的，人民法院不予受理……要求行政机关为其制作、搜集政府信息，或者对若干政府信息进行汇总、分析、加工，行政机关予以拒绝的”，根据政府信息公开的一般原理，申请者只能申请行政机关保存的现有材料或文件。政府机关没有义务为申请者收集其并不具有的信息，也没有义务为申请者研究或分析数据。因为此种请求终究不属于已有信息的公开问题，而实质上属于一种信息创制。《政府信息公开条例》所指政府信息，仅包括公民提出申请时业已“生成”，并“以一定形式记录、保存”的信息，无论其来源属于行政机关制作，还是属于行政机关从公民、法人或者其他组织获取。因此，申请人申请公开的政府信息具有统计属性，需要行政机关对已有的若干政府信息进行汇总或加工制作才能形成；或申请公开的信息需要行政机关根据申请人的描述进行比对、分析、计算；或需要其他行政机关配合才能明确政府信息内容的，属于上述规定的加工汇总信息。如申请公开土地出让金金额及资金去向的政府信息，上述信息需要行政机关进行比对、分析、计算后方能得出，甚至需多个行政机关相互配合才能明确，即属于加工汇总信息，行政机关可进行告知后不予公开。

在实践中，需要注意的是，加工汇总信息与非政府信息公开申请两者之间的区分。在司法实践中，部分信息公开申请采取提问或咨询的方式，如申请公开案件办理进度、是否存在违法占地、申请人的土地及房屋是否在征收红线范围之内等，实质为一种政策咨询或举报行为，其申请的目的并不直接指向政府信息的获取。针对此种情形，应当立足于《政府信息公开条例》第1条“为了保障公民、法人和其他组织依法获取政府信息，提高政府工作的透明度，促进依法行政，充分发挥政府信息对人民群众生产、生活和经济社会活动的服务作用”之立法目的，认定此类申请并非政府信息公开申请，不宜适用《政府信息公开条例》关于政府信息公开的相关规定。但同时，对于虽表现为提问方式，但指向具体的政府信息的申请，仍应认定为政府信息公开申请。

案例三：（申请人申请公开重庆市10年卖地4000亿元的政府信息，行政机关告知申请人可在相关网站自行查阅）原告余某某等7人于2014年1月30日向重庆市推行政务公开工作领导小组办公室提出信息公开申请，请求被告重庆市人民政府公开重庆市10年卖地4000亿元的政府信息。2014年2月7日重庆市推行政务公开领导小组办公室作出《政府信息公开告知书》，告知：主城规划九区范围内的土地在重庆市土地和矿业权交易中心公开交易,远郊区县在当地公共交易平台公开交易,同时,按照《关于印发〈招标拍卖挂牌出让国有土地使用权规范〉(试行)和〈协议出让国有土地使用权规范〉(试行)的通知》(国土资发〔2006〕114号),在招拍挂结束后10个工作日内,已将土地出让成交结果在重庆市土地和矿业权交易中心网(http://jyzx.cqgtfw.gov.cn/com/default.asp)和中国土地市场网(http://www.landchina.com/)予以公告。申请人可在以上网站自行查阅,并将告知书送达原告等人。原告对此不服,向重庆市人民政府申请行政复议。重庆市人民政府于2014年4月2日作出渝府复[2014]136号《行政复议决定书》,维持了《政府信息公开告知书》。原告仍不服,向人民法院提起行政诉讼。

四、对策与建议

近2年来,随着司法机关加强对行政机关的指导与沟通,以及重庆市行政机关依法行政能力的不断提高,土地房屋管理领域政府信息公开案件已到达其增长的"拐点",政府信息公开工作开始呈现出良性发展趋势。2016年重庆市国土房管局受理土地房屋管理领域的政府信息公开行政复议案件同比下降16.7%,全市法院受理一审行政诉讼案件同比下降61.5%。但值得关注的是,2015年国务院发布《促进大数据发展行动纲要》提出,"加快政府数据开放共享",对政府信息公开工作提出了更广、更深的要求。从政府信息公开走向政府数据开放共享是大势所趋,行政机关如何在新形势下进一步做好政府信息公开工作,充分保障人民群众的知情权、参与权与监督权,是现阶段亟须思考与研究的重大命题。基于此,本课题组结合行政机关工作实际及有关行政案件的情况,全面梳理分析了全市土地房屋管理领域的政府信息公开工作及争议,最终形成"土地及房屋征收流程政府信息公开清单",并综合土地房屋管理领域政府信息公开的工作推进、法律适用、纠纷预防和化解等实际情况,以及课题调研过程中各方面提出的意见,提出如下建议。

(一)土地房屋管理领域政府信息公开工作的总体要求和基本原则

1. 以公开为原则,以不公开为例外

政府信息公开工作是建设法治政府和服务政府的重要内容,是加强反腐倡廉建设的重要举措,是全面推进行政机关依法行政的重要保障,是保障人民群众知情、参与、监督和表达权的重要渠道。特别在土地房屋管理领域,由于涉及人民群众的重大经济利益,政府信息公开具有更加重要的地位和意义。但现阶段仍有极少数行政机关及工作人员对政府信息公开工作的重要性认识不足,认为信息公开对公民的人身权和财产权没有直接影响,不需要公开;认为信息公开后会暴露行政行为中存在的瑕疵,甚至是违法行为,害怕自我揭短,害怕接受舆论监督,害怕接受司法审查,对信息公开有抵触情绪,能不公开的就不公开。为此,建议行政机关通过开展政府信息公开教育和培训的方式,改变将政府信息公开仅作为附属工作的观念,切实提升对推进政府信息公开工作重要性的认识,进一步提高行政机关公开政府信息的意识和水平,坚持以公开为原则、不公开为例外,进一步加强《政府信息公开条例》的贯彻落实,扎实、深入推进政府信息公开的各项工作。

2. 增加主动公开,从源头上预防纠纷

随着信息技术的发展和大数据时代的来临,越来越多的国家认识到,主动公开是促进政府信息公开的最重要制度之一。只有提出比被动地为申请人提供其所索取的信息更高的要求,才能有效推动公共机构开放其掌握的信息。特别是当世界进入网络时代之后,通过互联网主动公布信息相对容易、花费更低,推动这种做法是非常合理的,理由之一是它可以减少(相对较贵的)信息查询申请的数量。国务院提出的政府数据开放,是在政府信息公开基础上的更进一步发展。随着大数据成为国家重要的战略资源,政府数据开放则是实现大数据战略的关键。因此,更广、更深程度的主动公开,从源头上预防和减少纠纷是未来政府信息公开工作的趋势。就重庆市的具体实践经验而言,近两年来市国土房管局通过官方网站、微信公众号等信息平台将诸如征地批复、"一书四方案"、土地房屋领域法律法规予以主动公开,取得了良好的社会效果,土地房屋管理领域政府信息公开申请及案件开始呈明显下降趋势。故建议行政机关继续坚持扩大主动公开范围的有益经验,以政府数据开放为着眼点,实现更高层次的政府信息公开,从源头上预防和减少纠纷。

3. 坚持便民高效公开,保障人民群众知情权

"迟到的正义不是正义",便民高效是推进依法行政,全面建设法治政府的题中应有之义。《政府信息公开条例》第24条规定15个工作日的答复期限,也正是为督促行政机关提高公开效率,以更好更快地保障广大人民群众知情权的实现。从近5年来土地房屋管理领域政府信息公开工作及司法实践出发,本课题组建议,一要加强政府信息公开工作的领导,整合力量、统一要求。明确政府信息公开的领导部门、责任部门和技术保障部门,注重将信息公开与公文办理、保密审查、网上发布等程序紧密结合,确保政府信息公开内部运转衔接有序;制订政府信息公开的发展规划和

年度规划,重点做好人民群众关心领域的政府信息公开工作,并逐步有序地推进各部门的政府信息工作;落实政府信息公开的人、财、物保障,使机构设置和人员配备情况与其承担的工作职责和任务相匹配。二要建立健全行政机关间的政府信息公开协作、协调机制。对发布政府信息涉及其他单位的,应当与有关单位沟通、确认,保证公开的政府信息准确一致;政府信息公开部门和信访部门对于通过各自工作渠道接收的涉及政府信息公开和信访的信息要认真区分,妥善处理属于各自职责范围内的相关信息。三要完善政府信息公开的考核、监督机制。为加强对政府信息公开工作的约束力,应建立健全政府信息公开考核评估机制、社会评议机制、监督检查机制、责任追究机制,细化考核指标、项目要求、评分标准等内容,完善政府信息公开工作考核评估体系。自觉接受人大、政协和社会的监督,可以考虑通过引入社会监督员、第三方社会评议等形式,加大行政相对人对政府信息公开工作的参与和监督。

(二)进一步加强与完善信息公开工作机制的几点建议

1.继续加强法律及理论研究,规范政府信息公开行为

重庆市土地房屋管理领域政府信息公开工作虽然取得了较大进步,但由于我国政府信息公开尚处于重要的改革发展期,任重而道远,土地房屋管理领域政府信息公开工作的矛盾仍然较突出。深化政府信息公开的研究,特别是土地房屋管理领域政府信息公开的研究仍具有很大空间。因此,本课题组建议,应继续坚持政府信息公开的理论研究。首先,应继续丰富理论基础的研究。我国正在大力推进国家治理体系和治理能力现代化,如何将信息公开和治理相结合或许是丰富理论的一条思路。此外,通过理论的丰富推动政府及公众理念的转变、推动政府信息公开法的早日出台也是丰富理论基础的一个使命。其次,要加强实证研究,为我国政府信息公开制度的完善提供更加切实可行的对策建议。今后当深化信息公开的实证研究,构建更加科学合理的评估体系,从中发现我国政府信息公开在现实运行中存在的各种问题,并对出现的问题进行理论分析和提出切实可行的对策建议。还应加强政府信息的分类研究。信息公开在法律体系中存在若干截然不同的类型,但较少被注意到,加强信息公开的分类研究对深化认识、更精准地进行制度构建具有重大意义。最后,应注重政府数据开放与政府信息公开的界定与结合。政府数据开发是政府提出的一个新理念。政府数据与政府信息有何异同,如何协调政府数据开放与政府信息公开的关系应是今后研究的一个重点。另外,还应进一步加强政府信息公开的法律规范研究。《政府信息公开条例》的某些规范过于宽泛和抽象,难以有效指导千变

万化的政府信息公开实践。如对于如何界定"政府信息""国家安全、公共安全、经济安全和社会稳定""商业秘密""个人隐私""生产、生活、科研等特殊需要"等缺乏明确规定。行政机关应当结合自身的工作情况,对信息公开中的难点和热点问题制定统一的规范标准和操作程序。

2. 坚持法律保留原则,进一步提高依法行政能力

所谓的法律保留原则是由德国著名学者奥托·迈耶首次提出并倡行的一项重要的宪法概念:任何行政主体的行政行为必须遵循立法机关的相关授权或严格规范。法律制度作为上层建筑的一部分,必然受制于一定的经济、政治和文化条件,而政府面对的是一个快速发展的社会,需要行政机关能够快速有效地作出反应,正因为法律滞后于社会的实际需要,依法行政原则作为约束政府行为的大原则必然给予政府相应的自由裁量的权利和空间。同时,为了防止行政权力的滥用,依法行政原则引申出了法律保留的原则,即在法无明文规定的前提下,政府可以制定相应的规范性文件来对相对人课以义务或赋予权利。而对于法律保留原则限定的内容,政府必须得到相应的法律授权,否则就会因为无权而失效。

法律保留原则作为防止滥用自由裁量权的法治规则,在土地房屋管理领域政府信息公开工作中同样非常重要。从法理上来讲,只要是规范性法律文件明确规定由行政机关制作或保存的政府信息,相关行政机关都不得以信息不存在为由拒绝公开。但在重庆市土地房屋管理领域政府信息公开工作的实践中,客观存在因受当时当地实际情况的限制,行政机关行使自由裁量权对规范性法律文件规定的政府信息予以变通的情形。例如,统一年产值标准、区片综合地价的政府信息,国务院《关于深化改革严格土地管理的决定》以及国土资源部《关于印发〈关于完善征地补偿安置制度的指导意见〉的通知》规定应由省级人民政府予以制订,但现阶段重庆市主要是通过发布征地补偿安置标准文件来予以制订。再如,拟征土地现状调查结果确认表,国土资源部《关于印发〈关于完善征地补偿安置制度的指导意见〉的通知》(国土资发〔2004〕238 号)规定,应由当地国土资源部门在征地批复作出前进行调查,并与被征地农村集体经济组织、农户和地上附着物产权人共同确认,而在实践中,区县国土部门大多以征地批复所附的《土地分类面积表》向申请人予以公开。该表的作出时间在征地批复作出之后,且缺乏地上附着物权属、种类、数量情况以及农户和地上附着物产权人的签字确认。还有类似情况的如土地收购方案,《土地储备管理办法》规定,应由市、县人民政府国土资源管理部门编制后报同级人民政府批准,而在实践

中，重庆市一般均由土地储备机构以签订协议的方式完成收购，未制作该土地收购方案，故在信息公开中一般以向同级人民政府的请示报告作为替代性信息予以公开。本课题组建议，法律保留原则是法治最核心的要求，对滥用自由裁量权的限制对法治来说是不可或缺的。它本身是一种法律原则，而不是政治考量。因此，在土地房屋管理领域政府信息公开工作中应坚持法律保留原则，逐步实现上述政府信息的依法制作与公开，进一步提高依法行政能力，努力营造全面依法治市的浓厚氛围。

3. 原则上确定单一公开主体，确保政府信息有序公开

土地房屋管理领域原则上确定单一公开主体，既可以防止行政机关之间相互推诿，又能避免不同行政机关重复公开，有利于确保政府信息的有序公开，从而充分保障群众的知情权。因此，本课题组建议，原则上可以将土地房屋管理部门作为征收信息的单一公开主体，同时，如果存在法律法规规定由市、县人民政府组织实施；或者规定由市、县人民政府组织，由土地房屋管理部门具体承办的，则区县人民政府和土地房屋管理部门共同作为公开义务机关，申请人可自由选择任一机关申请公开相关政府信息。

4. 明确申请要求，节约行政资源

从本课题组搜集的相关案例来看，自2013年以来，重庆市政府信息公开领域开始出现部分申请人在国土、房管、规划、财政、公安、司法等不同行政管理领域大量提出政府信息公开申请，且申请大多超出获取政府信息的正当目的的滥诉现象。特别在土地房屋管理领域，其主要表现形式就是一个申请中包含大量政府信息内容，且指向不明确、不具体。申请具体化是世界各国对政府信息公开申请的一致要求，《政府信息公开条例》对此也有明确的规定，该条例第20条第2款规定："政府信息公开申请应当包括下列内容……（二）申请公开的政府信息的内容描述。"该条例第21条第4项规定："申请内容不明确的，应当告知申请人作出更改、补充。"如果申请人的申请不具体、不明确，将给行政机关造成繁重的工作负担，浪费行政资源和司法资源。因此，本课题组建议，行政机关能够通过申请人的描述对政府信息进行检索，检索结果指向特定政府信息的，行政机关不得以申请不明确为由不予公开。如经检索仍不能明确特定政府信息的，行政机关应当一次性告知申请人进行更改、补充，申请人拒绝进行更改补充或者经更改补充后仍不能确定特定政府信息的，行政机关可以申请内容不明确为由不予公开。

5. 继续完善与司法机关的良性互动,共同预防和化解行政争议

一要重视政府信息公开案件的应诉工作,提高应诉能力。在诉前做好政府信息公开工作中的证据固定和管理,为相关行政诉讼打好基础;在诉讼中,应当依法及时履行答辩和举证责任,依照行政机关负责人出庭应诉的规定,派单位负责人出庭应诉。二要与司法机关建立互动机制,配合人民法院做好协调化解工作。建议构建诉前联系机制,及时就信息公开工作中涉及的新情况、新问题进行沟通;在诉中,对于案件涉及法律规定应当保密的政府信息的,行政机关亦可在庭前商请法院采取适当方式审理,并配合法院通过行政争议协调处理机制化解实质争议;在诉后,对法院就相关行政机关政府信息公开工作中存在的瑕疵等问题提出的司法建议,行政机关应积极改正完善,并及时反馈法院。

关于行政协议案件审判实务问题的调研报告

重庆市高级人民法院课题组*

随着国家公共服务作用的凸显,世界各国都在大量借助行政协议的手段高效地实施着行政管理,展示出“权力—契约”范式的法治图景。行政协议和其他“软性”行政管理模式广受欢迎,并导致“行政合作行为”与传统“行政处分行为”的竞争与互补的问题。① 自 2014 年 11 月 1 日我国《行政诉讼法》修改以来,行政协议被正式纳入行政诉讼中解决,引发新的关注和讨论。最高人民法院《关于适用〈中华人民共和国行政诉讼法〉若干问题的解释》于 2015 年 5 月 1 日正式施行,其进一步明确了行政协议的受案范围、诉讼时效、管辖、法律适用、判决方式、诉讼费用等问题。然而,从我国新《行政诉讼法》及其司法解释实施 2 年多来重庆市法院行政协议审判实务情况来看,行政协议案件审理中出现的大量争议和难题仍未能完全解决,亟须深入调研与全面梳理,以在全市范围内妥善推动行政协议案件的审理和行政协议争议的化解。

---

* 课题主持人:黄明耀。课题组成员:王彦、吴永铭、王乐、张蓉峡、文林华、曹怡。

① 参见黄锦堂:《行政契约法主要适用问题之研究》,台北,元照出版公司 2002 年版,第 11 页。

一、重庆法院行政协议案件审理的基本情况

我国新《行政诉讼法》实施后，行政协议案件成为行政诉讼案件数量的新增长点。全市法院2015年受理行政协议案件104件，2016年受理187件，2015年5月1日至2016年年底的19个月内共计受理291件（如图1所示）。

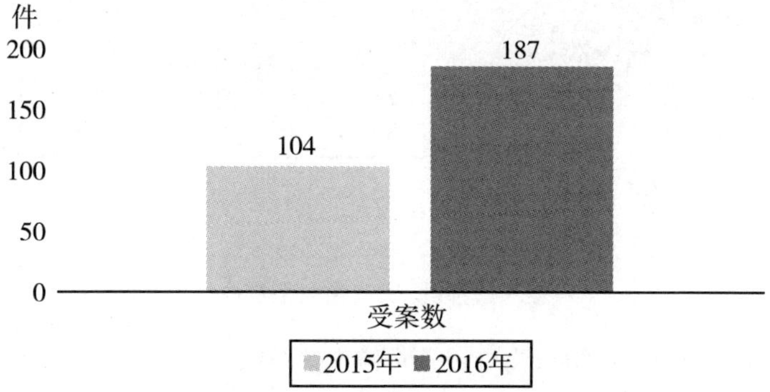

图1 行政协议案件受案数

其中，重庆市第一中级人民法院辖区法院受案119件，第二中级人民法院辖区法院受案30件，第三中级人民法院辖区法院受案25件，第四中级人民法院辖区法院受案24件，第五中级人民法院辖区法院受案93件。行政协议案件的受案数基本与各中级人民法院辖区的法院数量保持正比例上升关系，除第三中级人民法院辖区法院实施集中管辖制度只有涪陵区、南川区基层人民法院的统计数据外，行政协议案件所涉地域范围已涵盖重庆市23个区县，呈现全市范围全面开花的特点（如图2所示）。

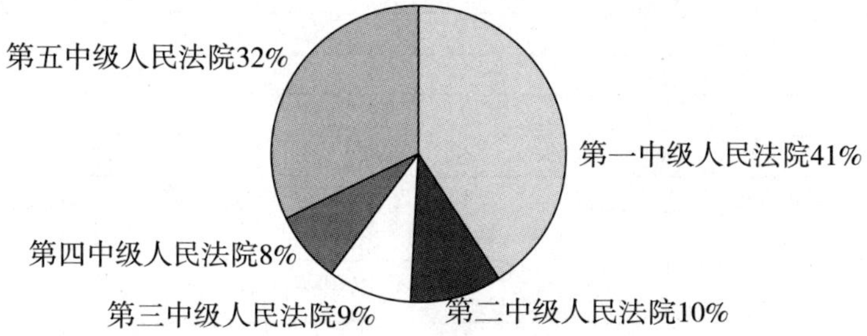

图2 行政协议案件受案数分布

重庆市行政协议案件所涉行政领域包括征地拆迁、复垦、移民、招商引资等行政

管理领域,以土地房屋管理类行政协议为主要案件类型,与重庆市“大城市、大农村”二元结构的基本市情相应。2015～2016 年共计受理土地房屋管理类行政协议案件 269 件,占比 92.4%;受理移民安置类行政协议案件 13 件,占比 4.5%;招商引资、特许经营等类型行政协议零星散见(如图 3 所示)。

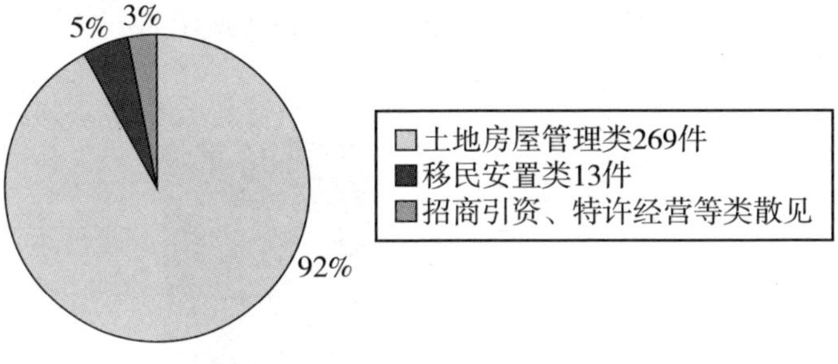

图 3　行政协议案件类型构成

土地房屋管理类行政协议主要包括集体土地征收补偿协议、农村建设用地复垦协议和房屋拆迁补偿协议三大类型,其中:土地征收补偿协议案件,2015 年受理 69 件,当年占比 66.4%;2016 年受理 143 件,当年占比 76.5%,呈上升趋势。农村建设用地复垦协议案件,2015 年受理 21 件,当年占比 20.2%;2016 年受理 18 件,当年占比 9.6%,呈下降趋势。房屋拆迁补偿协议案件,2015 年受理 2 件,当年占比1.9%;2016 年受理 9 件,当年占比 4.8%,呈上升趋势(如图 4 所示)。

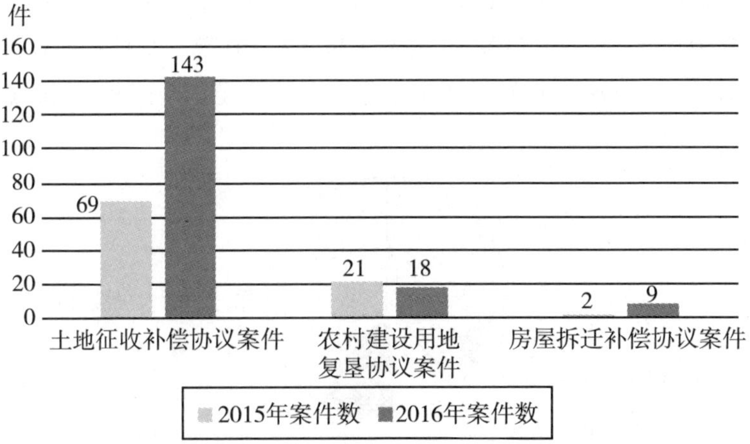

图 4　土地房屋管理类行政协议案件具体构成

在 2015～2016 年受理的 291 件行政协议案件中,以判决方式结案的共计 86 件,占比 29.5%,实体裁判率低于 2016 年全年所有行政案件的实体裁判率,其中 2015

年 39 件,当年占比 37.5%;2016 年 47 件,当年占比 25.1%,呈轻微下降趋势。以裁定方式结案的共计 203 件,占比 69.8%,其中:2015 年 63 件,当年占比 60.6%;2016 年 140 件,当年占比 74.9%,呈上升趋势。以调解方式结案的共计 2 件,占比 0.7%,其中:2015 年 2 件,当年占比 1.9%;2016 年 0 件,呈下降趋势(如图 5 所示)。

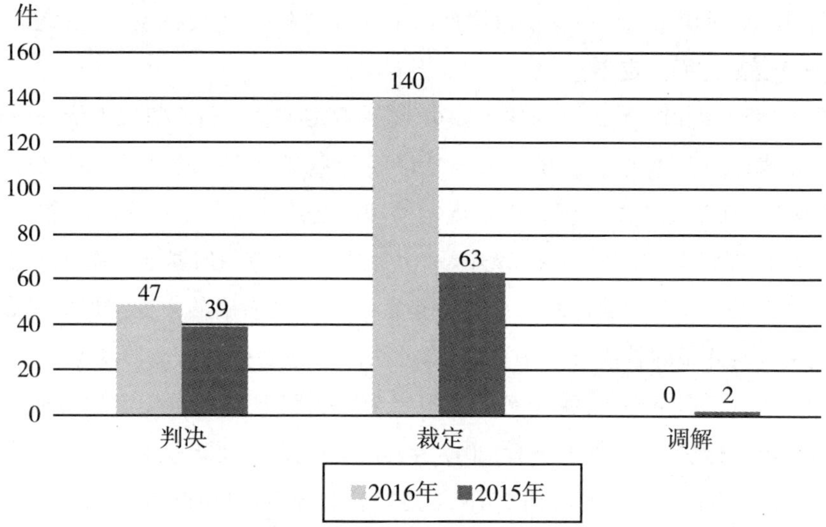

图 5　行政协议案件裁判方式对比

当事人对行政协议案件的诉讼请求主要集中于请求履行行政协议,在 291 件行政协议案件中有 100 件当事人诉请履行,占比 34.4%;之后依次为要求确认无效 60 件,占比 20.6%;要求确认违法 54 件,占比 18.6%;请求撤销共计 43 件,占比 14.8%;请求变更 2 件,请求解除 1 件,请求确认行使优益权违法 1 件,其他诉请 30 件(如图 6 所示)。

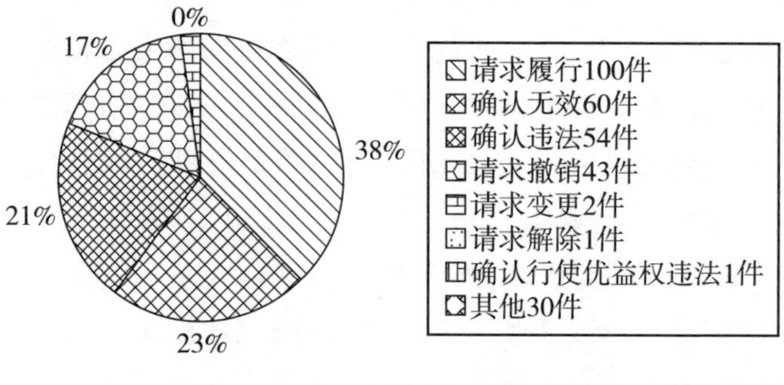

图 6　行政协议案件诉请类型构成

二、行政协议案件审理中的主要问题及原因

行政协议案件是行政审判发展的新领域,但在受案范围、审理内容、裁判标准以及督促行政相对人履行协议等问题上均存在较多的法律适用难题,各地法院均在探索中前进。从重庆市法院行政协议案件的审理情况来看,主要存在以下问题。

(一)受案范围判定不一

我国《行政诉讼法》第 12 条第 1 款第 11 项规定,"认为行政机关不依法履行、未按照约定履行或者违法变更、解除政府特许经营协议、土地房屋征收补偿协议等协议的"属于人民法院受案范围。该条规定的理解适用在审判实践中存在较大争议,"等协议"应理解为"等内等"或"等外等","等外等"又应如何划定行政协议的范围,纳入行政诉讼受案范围的行政协议纠纷是否限于规定明确的 4 种情形等问题。全国各地法院对此条的解读与做法不一,部分法院为稳妥推进行政协议案件的审理,对上述法条进行严格理解,将受案范围限定为"两类四型"。重庆市法院亦在 2016 年采取了上述做法,从数据上来看,2015 年全市法院以不属于受案范围为由裁驳的案件仅 3 件,当年占比 2.9%,而 2016 年则增长为 60 件,同比增幅近 30%,由此可见,受案范围因判定标准的变化出现大幅限缩。

(二)适格主体认定不一

据本课题组调研,重庆市行政协议审判实务对适格原告的认定主要存在两种意见:一种意见认为,行政协议案件的原告资格应按照行政诉讼法的传统标准进行把握,行政相对人与利害关系人均可提起行政诉讼;另一种意见认为,行政协议的"契约性"决定适格原告只能根据"合同相对性原则"予以确定,只有签订行政协议的公民、法人或其他组织有权提起诉讼。适格被告的认定问题则主要出现在农村土地征收领域,由于在土地征收补偿安置实践中,土地征收补偿协议主体多样,包括土地行政主管部门、征地办、街道办、乡镇政府、管委会等各类主体,具体反映到行政协议诉讼中就形成了被告认定的乱象:有将土地行政主管部门列为被告,部分法院认为不符合合同相对性原则,予以裁驳;有将街道办等基层组织列为被告,部分法院认为按照我国《土地管理法》的规定应以土地行政主管部门为被告也裁驳;等等。因对适格主体的认定标准各异,裁判文书相互矛盾,严重损害司法权威。

(三)起诉期限裁判不一

本课题组收集的案例资料表明,在我国新《行政诉讼法》正式将行政协议纳入行

政诉讼受案范围之后,部分当事人尤其是土地房屋征收补偿协议当事人。试图将多年前签订并已经履行完毕的协议纳入行政诉讼或司法再度救济,此类要求解除协议、确认违法或者无效的案件大量涌向法院,但经过一段时期的沉淀,此类案件在2016年有所缓解。行政审判法官们对是否将我国新《行政诉讼法》施行前的行政协议纳入范围存在争议,如果暂且搁置这一争议,那么首当其冲的就是起诉期限的审查问题。在本课题组的调研过程中,行政审判法官们反映,虽然最高人民法院《关于适用〈中华人民共和国行政诉讼法〉若干问题的解释》第12条试图廓清起诉期限的适用难题,但仍存在不明晰之处:"参照"适用诉讼时效是何种"参照",仅是期间长短的参照还是诉讼时效制度的全面参照;法院是否应当主动审查诉讼时效;超过诉讼时效判驳、裁驳;涉及除斥期间又如何处理?以本课题组收集整理的当事人诉请履行协议案件为例:部分法院直接以超过起诉期限为由裁驳;部分法院主动援引我国《民法通则》关于诉讼时效的规定判决驳回诉讼请求,亦有未考虑诉讼时效中止、中断的情形,或以超过诉讼时效为由裁驳;部分法院引用我国《合同法》关于除斥期间的规定裁驳;等等。

(四)审查内容认识不一

行政协议案件究竟审什么,应该怎么审?这是全市法院行政审判法官最关心也是争论最大的问题。本课题组梳理了进入实体审查的86件案件,发现大多数案件采用的是传统民事诉讼对合同的审理裁判思路,将审查内容限于评判当事人的诉讼理由,从是否是当事人真实意思表示、有无胁迫欺诈等情形进行评判;少数案件则坚持传统行政行为的审查原则,对行政协议进行全面审查,但并不局限于当事人诉称的请求、事实和理由;另有部分案件将审查范围扩大至行政协议相关行政行为的效力审查,包括可能作为行政协议基础的、协议签订前的行政行为以及后续行政行为。本课题组座谈时,部分法官提出行政协议案件审理有其独特性,呼吁确立新规则,综合行政诉讼和民事诉讼的审查方式,以全面审查为基础在"本院认为"部分对行政协议进行全面评价,但判决主文仅针对诉讼请求进行判决。

(五)效力审查标准不一

行政协议的效力如何确认?是否可以适用民事合同的效力判断法则?行政协议的效力状态除了有效、无效,是否还存在可撤销等状态?行政协议的合法性与效力之间存在何种关系?本课题组经调研发现,行政审判法官对上述问题甚为困惑,理论界亦尚未达成共识。从本课题组收集的291件行政协议案件审理情况来看,目前,重庆市法院对行政协议的效力判定大多沿用民事合同法中合同效力的判定法则,部分案件在此基础之上审查了行政协议签订主体的职权依据,将行政协议的合法性与效力联系起来,作对应判定。

(六)法律适用疑虑重重

行政协议"行政性"与"契约性"的双重属性,不可避免地涉及私法规定及私法原则的适用。我国《行政诉讼法》第 101 条规定,"……本法没有规定的,适用《中华人民共和国民事诉讼法》的相关规定",似乎只为行政诉讼适用民事程序法打破了公私法分野的藩篱,而行政协议案件审理能否适用或参照适用民事法律规范、能否适用民事法律原则,理论实务界争论不休。尽管最高人民法院《关于适用〈中华人民共和国行政诉讼法〉若干问题的解释》第 14 条明确规定,"……可以适用不违反行政法和行政诉讼法强制性规定的民事法律规范",然而令人遗憾的是,从本课题组收集的 291 件行政协议案件中,仅有 6 件在裁判文书中明确载明适用或参照适用民事法律规范,与此相对应的却是法官在审理裁判时隐性适用我国《合同法》《民法通则》等民事实体法或民事法律原则,反映出行政审判法官在选择适用民事法律规范及原则时的重重疑虑。

本课题组通过中国裁判文书网收集整理了其他省市的部分行政协议裁判文书,经比照研究发现,重庆市法院行政协议案件审理中存在的上述问题,是全国法院的普遍性问题。行政协议司法审查面临的众多争议和难题主要源于以下三方面原因。

第一,行政协议概念证成之争。"行政协议"或"行政合同"这一概念在法律上能否成立,自 20 世纪 90 年代以来,我国行政法学者与民法学者展开了多次激烈交锋,多数民法学者对于行政合同这一概念强烈反对。我国新《行政诉讼法》采用行政协议而未直接使用"行政合同"一词,亦是此场概念之争的迂回之举。旷日持久的行政合同"正名"之争严重阻碍了学界对行政合同制度的探讨,作为一个学术名词,理论界没有对行政合同的概念和性质形成正确的认识,这本身就限制了它的发展,[①]在行政协议理论体系与法律体系至今尚未构建的背景下,实务界更是举步维艰。

第二,行政协议的双重属性。行政协议"行政性"与"契约性"并存,使其与民事合同和传统行政行为相同又不同,这种双重属性直接导致司法实务混乱:在司法审

① 参见张树义:《行政合同》,中国政法大学出版社 1994 年版,第 150 页。

查中,“如何分辨当事人所定之契约究属行政契约抑或为私法契约,极为不易”,①即使识别为行政协议后进入行政诉讼,也因各地法院采用的审查模式及举证责任不同而导致判决结果各不相同。

第三,公私法两元划分。公私法二分是中国法律体系事实上所使用的一项法律技术。“行政合同作为行政性要素与契约性要素的融合体,如何嵌入以公私法二分为基础的法秩序,是一个为获得相应便利而不得不承受的负担。”②行政协议的出现,对公私法二元划分提出了挑战,使公私法二元体系的界限更趋模糊,带来了一系列法律适用难题。

三、行政协议案件司法审查原则

针对行政协议审判实务中存在的问题,必须采取一定的方法和措施去积极的应对,但无论采取什么方法,一个重要前提就是要明确在司法审查中到底要遵循何种理念与原则,只有在这个基本要义的明确指引下,才能以有限的法律规定回应无限的实践需求,作出合乎法理常情的司法裁判。

(一)合法合理合约原则

在审判实务中,对行政协议按照民事规则去审查,还是按照行政诉讼的规则审查;是审查合法性,或审查合理性或合法性和合理性全面审查,这些问题没有明确的规定。③ 有观点认为,法院应当适用合法性原则审查征地补偿安置协议的签订过程是否违法或者有过失,协议本身是否有效,履行是否合法、适当。④ 本课题组认为,就行政协议而言,行政性是第一位特征,契约性是第二位特征,即通过公法规则调整行政合同关系,抓住了问题的本质。行政协议诉讼采用公法模式,要遵循传统行政诉讼审查规则,以合法性审查为首要原则,同时兼顾行政协议的“契约性”特征,建立由合法性、合理性、合约性三方面组成的审查原则体系:遵循行政法相关原则进行合法性司法审查;对行政协议约定的双方权利、义务,是否显失公平等具体内容,或者是否符合行政惯例、生活常理等进行合理性审查;对是否是真实意思表示、是否受胁迫

---

① 翁岳生:《行政诉讼法逐条释义》,台北,五南图书出版股份有限公司2004年版,第44页。

② 江必新:《中国行政合同法律制度:体系、内容及其构建》,载《中外法学》2012年第6期。

③ 参见周国均主编:《中国法学文丛:行政法行政诉讼法卷》,中国人民公安大学出版社2004年版,第253页。

④ 参见余凌云:《行政契约论》(第2版),中国人民大学出版社2006年版,第162页。

等主观性内容进行合约性审查。

(二)利益平衡原则

行政法所保护的是一种以公正为核心的公共利益与个人利益的一致关系。[①] 行政协议纠纷往往由公共利益和私人利益的冲突引起,法官在处理过程中既要考虑公共利益,也应兼顾私人利益,在保障行政协议目的和功能的宗旨下衡平公私利益。本课题组认为,利益平衡原则在行政协议司法审查中具有不可忽视的作用。意思自治是行政协议"契约性"的直接体现,当事各方协商订立行政协议、实现公共利益。以征收补偿协议为例,有的当事人在协议签订过程中主动放弃法定补偿权利,也有的行政机关为尽快推进征收进程,针对行政相对人具体情况创设法律法规规定之外的新的补偿安置方式,此种意思自治能否得到司法认可?本课题组认为,合同的本质是合意,行政协议在一定限度上承认意思自治;同时,由于法律规定、行政主体裁量空间等差异,不同类型行政协议的当事各方意思自治的限度不一。因此,在具体个案中要依据利益平衡原则判断意思自治限度的边界,容许行政主体与行政相对人之间保持一种符合比例原则必要的、适当的、相称的意思自治。在一般情况下,在充分保障行政相对人参与、知情、陈述申辩以及获得必要指导和帮助等程序性权利的前提下,行政相对人有权自由处分其权利;行政机关为减少行政成本、提高行政效率等目的,作出的公益让渡私益的裁量,应保持在必要的、适当的范围之内。

又如,在行政协议合法性与行政协议效力的关系审查上。在形式法治主义观念下,以往将合法性和效力对较简单对应,认为合法即有效,违法即无效。实质上,上述观念过于呆板僵硬,不适应实践发展的需要。[②] 法国行政法官处理合同有效性争议的权力多元化,在"合同有效性之诉"和"合同履行之诉"中,将具体个案所牵涉的公共利益与当事人利益及第三人利益进行反复权衡,尽量在满足公共服务的需求与维护合同承诺的安定之间实现平衡,[③]值得借鉴。

(三)信赖保护原则

信赖保护原则贯穿当代行政管理和行政法治的各个领域、各个层面、各个环节,

---

① 参见叶必丰:《行政法的人文精神》,北京大学出版社2005年版,第114页。

② 参见江必新:《行政协议的司法审查》,载《人民司法》2016年第34期。

③ 参见陈天昊:《在公共服务与市场竞争之间——法国行政合同制度的起源与流变》,载《中外法学》2015年第6期。

符合确立行政法基本原则的诸项标准。① 我国《行政许可法》首次将信赖保护原则引入法律层面，而在行政协议案件审理中，信赖保护原则殊为重要。行政协议的信赖保护原则源于行政行为公定力与诚实信用原则。基于行政机关的公信力，行政主体应本着诚实信用精神，以诚实信用的方式作出行政行为，不得随意变更，并对行政相对人的正当合理信赖利益以适当的方式给予保护。② 本课题组认为，信赖保护原则要求行政优益权的行使应当有严格限制，行政协议赔偿补偿范围可以在公私利益平衡的前提下尽可能填补行政相对人的信赖利益损失，同时，在行政协议效力判断涉及行政机关主体不适格或缔结程序违法（瑕疵）等因素时，要考量行政相对人信赖利益的影响以合理分担责任（风险）。

四、行政协议案件审判实务共性问题研究

（一）受案范围

1. 一般标准

就行政协议判定标准的法理基础而言，甄别行政协议与民事合同的标准有“主体说”“目的说”“标的说”“内容说”“行政优益权说”“法律依据说”等观点。最高人民法院《关于适用〈中华人民共和国行政诉讼法〉若干问题的解释》第 11 条第 1 款规定，行政机关为实现公共利益或者行政管理目标，在法定职责范围内，与公民、法人或者其他组织协商订立的具有行政法上权利义务内容的协议，属于我国《行政诉讼法》第 12 条第 1 款第 11 项规定的行政协议。本课题组认为，上述规定实际上采用了“综合考虑”的操作方式，在圈定行政协议时综合考虑各种判定标准之间，彼此相互补充、验证，可以有力填补单独适用某一种标准时不可避免的缺陷，以应对司法实践的丰富性与多样性。只要符合行政协议的概念定义，都应作为行政协议案件的种类，纳入行政协议司法审查的受案范围。

2. 例外考量

一是我国新《行政诉讼法》实施前的行政协议是否纳入行政诉讼受案范围。在现实中存在大量新《行政诉讼法》实施前的行政协议，尤以土地房屋征收补偿协议为巨。如前文所述，在我国新《行政诉讼法》施行后，此类协议的行政诉讼案件曾大量

① 参见雷虹、张弘：《当代行政法与民法的冲突与和谐——渐趋私法的行政法比较研究》，辽宁大学出版社 2009 年版，第 67 页。

② 参见黄学贤：《行政法中的信赖保护原则》，载《法学》2002 年第 5 期。

涌现。本课题组调研时,部分法官提出由于新《行政诉讼法》施行前签订的行政协议体量大、矛盾集中,且多为历史遗留问题,不宜纳入受案范围;部分法官认为,只要符合行政协议的界定标准,无论新《行政诉讼法》施行前后签订的行政协议均应纳入受案范围。本课题组认为,不将新《行政诉讼法》施行前签订的行政协议纳入行政诉讼受案范围为宜,主要理由是:第一,从当事人权利救济实现程度的角度出发,行政协议在新《行政诉讼法》施行前在事实上是存在的,司法救济渠道也是畅通的,当事人不服行政协议往往转化为通过法定职责之诉或民事合同履行之诉寻求权利救济。本课题组收集的资料也表明,我国新《行政诉讼法》施行前的行政协议争议已有相当部分得到过司法救济,当事人再次提起的此类诉讼,诉之利益是值得考量的,并且即使不将此类行政协议争议纳入受案范围,当事人亦可以通过之前的司法救济渠道进行救济。第二,从维护既有行政法律秩序稳定的角度出发,2015 年 5 月 1 日前订立的协议至今至少已有两年时间,在审判实务中出现更多的是时间更为久远的行政协议,在这么长时期内该协议所设立、变更或者消除的行政法律关系已经形成并趋于稳定,一旦进入司法审查可能影响已经实现的公共利益和行政管理目的,同时也将增加行政成本,不利于司法资源的有效分配和利用。第三,从法律效果和社会效果的角度出发,我国未制定行政程序法,行政协议理论体系和法律体系尚未形成,我国新《行政诉讼法》施行前签订的行政协议更多是比照民事实体法律和行政法基本原理进行,采用老协议老办法、新协议新办法的司法审查模式更具比较优势。最高人民法院 2017 年 1 月 25 日作出的〔2016〕最高法行申 1785 号行政裁定即采用上述观点,该裁定载明:对于我国新修改的《行政诉讼法》施行之前形成的类似行政协议,根据当时的法律规定和人民法院处理此类纠纷的通常做法,一般不纳入行政诉讼受案范围,主要通过当事人提起民事诉讼方式寻求司法救济。

二是国有土地使用权出让合同。有学者呼吁,将国有土地使用权出让合同纳入行政诉讼受案范围以"回归正途",部分省市法院行政审判庭亦在尝试审理国有土地使用权出让合同。本课题组认为,国有土地使用权出让合同的性质界分在学术界尚存争议,有观点从所有权的角度出发,认为该协议是国家以国有资产为基础参与的各种民事关系,应为民事合同,最高人民法院将国有土地使用权合同纠纷案件纳入民事审判的司法解释现行有效,为防止同案不同判,影响法院司法权威和司法公信,故在有关司法解释和司法政策进行修订或者废止前,不宜将国有土地使用权出让合同纳入行政诉讼受案范围,在具体司法实践中可进行调整。

（二）适格主体

1. 适格原告

从收集的案例来看，重庆市法院此前对原告资格的认定多限定于协议方，较少给予协议以外第三人原告主体资格。本课题组认为，行政协议是特殊的双方行政行为，其原告主体资格确定应遵循我国《行政诉讼法》第25条的相关规定，以“利害关系”作为判定标准。“与行政行为有法律上的利害关系”，是指“行政机关的行政行为对公民、法人、和其他组织的权利义务已经或将会产生实际影响”。理解时需要注意以下四方面内容：第一，所谓实际影响是指行政行为实际上处分了行政相对人的权利义务。处分行政相对人的权利义务分为直接处分和间接处分。前者是指增加相对人的权利义务、剥夺相对人权利或变更相对人权利义务；后者包括对相对人权利义务的确认和导致相对人权利义务的弱化。第二，这种实际影响的利害关系，包括不利的关系和有利的关系，且是一种已经或者必将形成的关系。第三，“与行政行为有法律上的利害关系”，应理解为“行政机关的行政行为对公民、法人、和其他组织的权利义务已经或将会产生实际影响”。这里所说的权利义务是一种法定的权利义务关系，是行政实体法中确定的权利义务关系。包括人身权、财产权、企业经营自主权、教育权等法律权利，以及应当受到法律保护的利益。行政诉讼原告资格因不同的诉讼类型、诉讼请求而有不同的要求。第四，原告资格是程序权利，这种程序性要求起诉人具备原告资格的理由只是需要原告负担初步的证明责任，自身“合法权益”是否确实受到侵害不是起诉的前提，这里的关键是原告的主观认识，只要“认为”自身的“合法权益”受到行政行为的侵犯就可以提起诉讼。至于是否真正属于实体法上的合法权益留待诉讼结束时才可以确定。因为行政行为或者不作为是否真正侵犯起诉人的合法权益，只有在诉讼审理结束时才能最后确定。

2. 适格被告

从收集的案例资料来看，重庆市法院被告认定多采“合同相对性”原则，少数根据职权法定原则确定。本课题组认为，适格被告首先应锁定被诉行政协议按合同相对性原则进行确定，同时，从行政协议合法性和效力的角度兼顾“职权法定”原则，如果存在委托代为签订协议的情形，可以职权机关为被告。

（三）起诉期限

原最高人民法院《关于适用〈中华人民共和国行政诉讼法〉若干问题的解释》第12条规定，公民、法人或者其他组织对行政机关不依法履行、未按照约定履行协议提起诉讼的,参照民事法律规范关于诉讼时效的规定;对行政机关单方变更、解除协议等行为提起诉讼的,适用我国《行政诉讼法》及其司法解释关于起诉期限的规定。

本课题组认为,此条规定是基于行政协议行政性与契约性并存之特性作出的区分化规定。应注意:(1)适用起诉期限或诉讼时效的依据是引发争议之事由,即因行政优益权的行使还是因不履行协议等其他协议争议,原告可以就上述争议事由提出要求确认无效、违法、撤销、请求履行、请求变更等诉讼请求。(2)对行政机关不依法履行、未按照约定履行协议提起诉讼的,"参照"民事法律规范关于诉讼时效的规定,此处的"参照"仅是起诉期限的计算参照诉讼时效的计算方式,包括诉讼时效的起算点,诉讼时效可中止、中断等,但法院应依职权主动审查诉讼时效,若起诉超过诉讼时效则以不符合起诉条件裁驳。(3)因不服行政机关单方变更、解除协议行为而提起的行政诉讼的起诉期限计算,应当根据我国《行政诉讼法》第46条和最高人民法院《关于执行〈中华人民共和国行政诉讼法〉若干问题的解释》第41条的规定,考虑行政机关是否告知当事人诉权和起诉期限因素,应当自知道或者应当知道行政机关单方变更、解除协议之日起6个月或者2年内提出。(4)对行政协议提起确认无效之诉的,因只有无效行政行为不受起诉期限限制,若法院审查后认为,被诉行政协议不构成无效并已超过法定起诉期限(诉讼时效)时,以超过起诉期限为由裁驳;若法院审查后认为,被诉行政协议不构成无效但未超过起诉期限(诉讼时效),判决驳回诉讼请求。即使法院在实体审查中发现被诉行政行为存在不当之处,在原告坚持诉请确认无效的情况下,法院不宜判决确认违法或撤销。(5)撤销权行使的除斥期间。根据我国《合同法》第54条的规定,欺诈胁迫、重大误解、显失公平的合同当事人享有撤销权,撤销权须在1年的除斥期间内行使,自知道或者应当知道撤销事由之日起1年内没有行使撤销权的,撤销权消灭。当事人行使撤销权提起要求撤销行政协议的诉讼,超过1年除斥期间的裁驳。应注意区分当事人提起的"撤销之诉"是否属于行使撤销权的情形,以重大误解、显失公平、欺诈胁迫为由诉请撤销协议的,应适用1年除斥期间的规定;以其他事由要求撤销的,适用民事法律规范关于诉讼时效的规定。

(四)效力审查

行政协议的效力在行政协议司法审查中至关重要。有观点提出,行政协议效力性不是行政诉讼的可诉对象,效力审查只是作为解决诉讼请求的基础性审查,不能作为一个独立的诉,只应于裁判理由中加以说明而不能写入判决主文。① 本课题组认为,行政协议效力性可以成立为单独的诉,我国新《行政诉讼法》第75条赋予人民法院判决确认行政协议无效的权力,同时从实践需求来看,亦有相当比例的当事人对行政协议本身的有效性提起确认无效之诉。

1. 合法性审查与效力审查

行政审判法官擅长合法性审查,而对效力审查较陌生。从既有行政协议判例资料来看,目前审判实务对行政协议的效力判断围绕合法性展开,审查范围与标准大致等同于传统行政行为的合法性要素审查。然而,合法性审查与效力审查的天然构成是不相同的。"合法、违法是以法律规范为参照的单一维度判断,而效力判断本质上属于价值判断。合法性属于效力判断过程中的一个步骤,效力判断还包括目的性、效率等价值判断。"②行政协议的合法性与效力之间存在复杂的对应关系:合法有效、合法无效、违法无效、违法有效等多层界分,在个案中需要综合考虑,例如,存在轻微瑕疵或遗漏但于合法权利未构成侵犯的、违反程序但对协议行为的实体内容没有决定性影响的、损害私人权利或受法律保护的利益但目的适当及适度的等虽违法亦有效。又如,撤销或变更违法的行政协议将严重损害公益时,经充分斟酌并采取补救措施,可不予撤销,此时该行为虽违法但有效。

2. 效力判断基准

本课题组认为,对行政协议的效力判断,要从形式法治和实质法治的角度综合考虑行政协议"是否与行政法所设定的规范秩序标准有所脱离以及脱离的程度有多严重",以及该行政协议的"结果是否侵害了法律保护的利益以及是否有违行政之目的"。在行政协议的效力判断过程中,利益平衡原则具有广泛的应用空间,是最重要的判断规则,适用于除明显重大的违法或明显轻微的瑕疵外的领域,它通过对复杂的情势和多种需要同时考虑的因素进行权衡分析,作出效益最大化的选择。一般来说,利益平衡的过程包括3个阶段:确定相关利益范围、进行利害比较、选择最优方案。③

---

① 参见余文唐:《行政协议效力性不应是行政诉讼的可诉对象》,载《人民法院报》2015年3月18日,第6版。

② 江必新:《行政协议的司法审查》,载《人民司法》2016年第34期。

③ 参见此处简述。具体详见江必新:《行政行为效力判断之基准与规则》,载《法学研究》2009年第5期。

3. 效力判断结果

行政协议效力判断结果包括有效、无效、可撤销和效力待定。行政协议作为行政行为的一种,也存在可撤销状态。一般来说,行政协议可撤销包括两种情形:一是意思表示不真实;二是合法性欠缺。在司法实务中出现过“未生效力”的个别判例。[①] 本课题组认为,行政协议存在“效力待定”状态,尤其是在涉及行政机关合同主体能力欠缺的情形下。主要理由是:第一,行政协议契约性是适用民事合同效力审查要素的基础。就合同主体的行为能力而言,对行政机关行为能力的判定会转化为对其职权范围和职权边界的判定,超越职权或无行政主体资格可类比民事合同主体行为能力欠缺,在后果上可认定为在个别状况下的效力待定。第二,行政协议效力待定并不突破越权无效原则。设立越权无效原则的目的是防止公权滥用,超越职权侵害相对人利益,对行政机关作出的单方行政行为采用越权无效原则是符合限制公权目的的,行政协议兼具公私法性质,其实施并不必然是公权对私权的剥夺和限制,需要考虑合同相对人的信赖利益保护问题。因此,可参照民法权利能力理论,签约机关无权限或越权订立的行政协议,在有权行政机关授权、许可或事后追认的情况下,行政协议有效。

(五)审查内容

行政协议司法审查的内涵丰富,在沿用职权法定、程序合法、适用法律准确等整套行政行为合法性审查模式的基础上,将民事诉讼审理民事合同的裁判思路合理移植,围绕合法、合理、合约原则进行审查。

注意行政协议案件举证责任分配问题。行政协议兼具行政性与契约性,举证责任的分配也就需要细微的调整和平衡。[②] 根据不同情形采用不同的举证责任,是行政诉讼模式为主导、民事规则为辅助的特色模式,行政赔偿诉讼的举证模式早已如此。因此,行政协议诉讼的举证模式可以比照行政赔偿举证规则建立,对其行政性的行政行为,按照行政诉讼法的规定负举证责任;对其主要为民事性的契约行为,按照我国《民事诉讼法》承担举证责任。本课题组认为,鉴于行政协议兼具行政性与契约性的双重属性,不能简单分配举证责任,原则上对于行政协议合法性、行政优益权

---

① “温州市鹿城坚毅打火机厂诉温州市瓯海区人民政府梧田街道办事处合同案”,浙江省温州市瓯海区人民法院〔2014〕温瓯行初字第41号行政判决书。

② 参见龙凤钊:《房屋征收补偿协议的行政诉讼问题:以〈国有土地上房屋征收与补偿条例〉第25条为视点》,载《天津法学》2013年第3期。

行使等行政性的事项,由行政机关承担举证责任;对于行政协议履行争议等合约性事项,适用民事诉讼"谁主张、谁举证"的证据规则,具体举证责任分配还需结合个案具体分析。

行政协议相关行政行为的审查。在实践中,行政协议周边会存在与其相关的行政行为,常见的有土地房屋征收补偿协议中的征收行为,政府特许经营协议的行政许可行为,行政处罚行为后因和解达成的行政协议等,理论上包括行政行为后接续行政协议与行政协议后接续行政行为两种模式。就行政行为后接续行政协议,程明修教授运用"双阶理论"来分析前行政行为对后行政协议的影响,他提出,"在双阶法律关系中,两个阶段行为效力之判断,乃属彼此独立判断之制度",每一个法律行为或法律关系本有其个别服膺之法律秩序,虽然前一阶段行为之效力状态有可能因为满足判断后一阶段行为效力之要件要素而影响后一阶段行为效力之判断。但是基本上还是因为后一阶段法律制度适用的结果,而非前一阶段行为效力判断后必然会导致之结论。① 本课题组赞同上述各行为分别独立判定之观点。

本课题组认为,针对行政行为后续接行政协议模式,虽然理论界存在前行政行为因行政协议缔结而终结,前行政行为为后行政协议生效要件、交易基础、法律原因等不同观点,但其指向的实践操作方式几乎是一致的,具体视行政行为与行政协议两者的法律关联性、行政行为是否构成行政协议主要效力要件或合法要件等个案情况,立足于行政协议本身合法性与效力的判定而定,前行政行为无效或违法,行政协议则无效、失效、解除、撤销或终止等。针对行政协议后续接行政行为模式,同样需要立足于行政行为本身的合法性来审视行政协议与行政行为在违法性与效力上的关联性,如果行政协议属于后行政行为的主要构成要件,则行政协议的违法性会承继至行政行为。

(六)法律适用

德国有学者指出,行政合同法没有专门规定时,应该在考虑每个具体行政合同的基础上参照民事法律的相关规定。② 行政协议的契约性使行政协议效力认定参照私法规范成为可能,当然这也是公私法共通性的体现。因此,人民法院在审理行政协议案件中,在实体法方面,应当优先适用有关法律、法规或者规章的特别规定,没

---

① 参见程明修:《公私协力法律关系之双阶争讼困境》,载《行政法学研究》2015 年第 1 期。

② 参见[德]哈特穆特·毛雷尔:《行政法总论》,高家伟译,法律出版社 2000 年版,第 380 页。

有特别规定的,适用合同法。① 优先适用行政法律规范的目的在于审查行政机关的行政行为是否遵循了合法的要求,在涉及协议效力、要约承诺、当事人行为能力、是否履行、违约责任等时,可以参照适用民事实体法和民事诉讼法的相关规定。行政审判法官应当尽量克服公私法二元分野带来的心理障碍,在审理行政协议案件中大胆适用不违反行政法和行政诉讼法强制性规定的民事法律规范。

本课题组针对调研中收集的疑难条款进行如下重点探讨。

1. 是否区分效力性规范与管理性规范

在行政协议合法性和效力判断过程中,通常会面临我国《合同法》第 52 条第 5 款"违反法律、行政法规的强制性规定"的适用问题。民事审判将该条中的"强制性规定"划分为"管理性规范和强制性规范":管理性规范,是指法律及行政法规未明确规定违反此类规范将导致合同无效的规范;效力性规范,是指法律及行政法规明确规定违反该类规定将导致合同无效的规范,或者虽未明确规定违反之后将导致合同无效,但若使合同继续有效将损害国家利益和社会公共利益的规范。有观点认为,行政协议不需要继受管理型规范和效力型规范二分的模式,一来此种区分并不容易,二来行政协议本身就属于实现行政管理职能的手段,自然需要遵循管理型规范。本课题组认为,行政协议的行政性决定其应当遵循行政权力自我拘束原则,如果允许行政协议僭越既有的行政管理秩序,难免不符合行政实践的需求,因而行政协议效力判断时不需要再作管理型规范和效力性规范的区分。那么,行政法规位阶以下的"强制性规定"能否对行政协议形成约束?本课题组认为,机械地限定于法律、行政法规,是形式主义法治观念的产物。行政主体进行行政协议行为时,不得违反各层级规范中的强制性规范。如果合同效力无法衡平保护的法益,或者所保护的法益较轻,违反该规范的协议通常不予认定为无效,一般不认为属于强制性规定。

2. 我国《合同法》的约定解除与法定解除

我国《合同法》第 93 条规定了合同约定解除,该法第 94 条规定了合同法定解除的情形:(1)因不可抗力致使不能实现合同目的;(2)在履行期限届满之前,当事人一方明确表示或者以自己的行为表明不履行主要债务;(3)当事人一方迟延履行主要债务,经催告后在合理期限内仍未履行;(4)当事人一方迟延履行债务或者有其他

---

① 参见袁杰主编、全国人大常委会法制工作委员会行政法室编著:《行政诉讼法解读》,中国法制出版社 2014 年版,第 45 页。

违约行为致使不能实现合同目的;(5)法律规定的其他情形。

本课题组认为,对于约定解除的审查主要着眼于当事人是否形成一致合意。当事各方可能通过行政协议约定了行政机关具有与行政优益权相类似的权利,因为这样意定的权利是各方平等协商、讨价还价的结果,但本课题组认为此种权利不属于行政优益权,行政机关依此种约定行使协议解除权的行为,不属于行使行政优益权的行为。

在法定解除审查时要注意:

第一,法定解除权的消灭问题。我国《合同法》第95条规定,法律规定或者当事人约定解除权行使期限,期限届满当事人不行使的,该权利消灭。法律没有规定或者当事人没有约定解除权行使期限,经对方催告后在合理期限内不行使的,该权利消灭。该条虽未对"未催告"如何确定合理期限的情形作出规定,从法理上来说,行使解除权应当在合理期限内进行,如果默示愿意接受对方继续履行的,视为放弃了合同解除权。

第二,对于我国《合同法》第94条规定的迟延履行,应当是指无正当理由迟延履行构成违约,适用此条的前提条件是违约,如果履行抗辩权成立,则不构成违约,不适用该法第94条的规定。

第三,未履行主要义务的认定。对于何为合同主要义务需要根据合同内容判断,但从哪个方面判断仍不确定,有观点认为,从该义务是否阻碍合同目的判断,和部分履行比较相似,一般认为应从合同履行的量上(工程量、资金投入等)判断。

第四,我国《合同法》第94条第3项与第4项适用条件不同。迟延履行债务致合同目的落空的,不需要经过催告程序即可直接解除合同。

(七)裁判方式

我国《行政诉讼法》及其司法解释规定了5种裁判方式:一是确认有效判决。行政机关存在不依法履行或不按照约定履行协议,或存在单方变更、解除协议情况,且无正当理由的,人民法院可以根据诉讼请求判决确认协议有效、判决行政机关继续履行协议。二是判决采取补救措施。行政机关无法继续履行或者继续履行已无实际意义的,人民法院可以判决行政机关采取相应的补救措施。三是赔偿损失判决。行政协议未履行或履行不能给原告造成损失的,人民法院可以基于有效合同作出违约判决,也可以基于无效合同所造成的损害判决行政机关赔偿损失。四是确认无效判决。原告请求解除协议或者确认协议无效理由成立的,人民法院可以判决解除协议或者确认协议无效,并根据行政法和民事法律规定作出处理。五是补偿判决。行政机关因公共利益需要或者其他法定理由单方变更、解除协议,给原告造成损失的,人民法院可以判决行政机关依法给予补偿。

此外,课题组调研了几个普遍性疑问。

1. 行政协议能否使用调解书结案

行政协议案件属于我国《行政诉讼法》第 60 条规定的可以调解的行政案件,行政审判法官对此已达成普遍共识。行政协议的内容有双方当事人合意的结果内容,对于行政机关来说,存在自由裁量权的行使范围,因此,该条规定为行政协议适用调解方式解决纠纷提供了另一途径,至于调解空间则结合个案具体处理。然而值得注意的是,重庆市行政协议案件撤诉数不少,但以调解书结案仅有 2 件。本课题组经调研认为,行政协议的契约性属性,决定当事各方自由裁量空间相对传统行政行为来说更大,行政协议案件是调解程序适用率最高的案件类型,而调解书并非民事审判专属,行政协议案件采用调解书方式结案不存在法律障碍,行政审判法官根据当事人自愿的原则,在事实清楚的基础上,分清是非,进行调解后出具载明诉讼请求、案件事实和调解结果的调解书,也可为下一步进入执行程序打下基础,更能实现公平与效率的统一。

2. 行政机关超越职权订立行政协议如何裁判

我国《行政诉讼法》第 70 条第 4 项规定,行政行为超越职权的,人民法院判决撤销或部分撤销,并可以判决被告重新作出行政行为;该法第 75 条规定,行政行为有实施主体不具有行政主体资格或者没有依据等重大且明显违法情形,原告申请确认行政行为无效的,人民法院判决确认无效。本课题组研究认为,裁判方式选择要根据个案具体分析,从当事人诉请、协议内容等方面根据行政协议审查原则综合考虑,力求法律效果和社会效果的统一。如果协议具有可分性,一般不轻易判决全部确认无效或全部撤销;如果涉及国家利益、公共利益,原则上考虑判决确认违法优先。

3. 协议无效情形下诉请要求履行协议或要求确认解除行为违法如何裁判

在司法实践中,当事人诉请要求履行协议或者要求确认行政机关单方解除行为违法,经审查发现涉案行政协议无效时存在多种裁判方式:在"本院认为"中表述因协议自始无效不再审查当事人要求履行协议或者其他内容的诉讼请求判决,确认协议自始无效;在"本院认为"中表述协议无效,隐含因协议无效不具有履行基础、请求履行协议理由不成立之意,判决驳回诉讼请求。本课题组认为,现行行政诉讼裁判方式的选择通常以对被诉行政行为司法评价为基础,综合考虑当事人诉请,尤其是涉及公共利益、国家利益的司法审查要慎重选择裁判方式。依据协议无效原因的不同,建议采取以下裁判方式:行政机关超越职权订立协议的,严重损害国家利益、公共利益或他人合法权益的,当事人诉请确认无效,判决确认无效;当事人违反国家限制性经营、特许经营以及法律法规禁止经营规定导致协议无效的,当事人诉请确认无效的,判决确认无效;当事人诉请要求履行协议,可选择判决确认无效、确认撤销,确认无效或撤销将会对国家利益、公共利益造成重大损害的,可以根据具体案情考虑选择判决确认违法或者驳回诉讼请求。

(八)责任承担

在司法实践中,关于行政协议案件中的赔偿标准是参照国家赔偿法的规定还是参照民事法律规范,是否应当对赔偿和补偿的情况进行区分处理等问题,仍存在较大争议。① 根据我国《行政诉讼法》第78条和最高人民法院《关于适用〈中华人民共和国行政诉讼法〉若干问题的解释》第15条的规定,行政机关不依法履行、未按照约定履行协议或者违法单方变更、解除行政协议对原告造成损失的,可以根据原告的诉讼请求判决被告赔偿损失;被告因公共利益需要或者其他法定理由单方变更、解除协议,给原告造成损失的,判决被告予以补偿。

本课题组认为,上述条文涵盖了行政机关的违约责任、违法责任和依公平责任原则承担的责任。行政机关因违反行政协议约定而产生的责任为违约责任;行政机关因违反法定义务而产生的责任为违法责任;法律基于公平原则要求行政机关承担的责任为公平责任。责任性质不同,责任承担方式及标准亦不同。

对行政协议违约责任的性质,学界存在诸多观点:一种观点认为,行政协议是公法上的合同,为何要承担私法上的责任,无论是行政机关或行政相对人,因违约而承担的责任均应为公法上的责任;②另一种观点认为,行政机关违约,一般只需要向相对人承担私法上的责任,行政相对人违约,既要向行政机关承担私法责任,还要承担公法上的责任。③ 本课题组研究认为,行政协议是公私融合的产物,其行政性与契约

---

① 参见江必新、梁凤云:《最高人民法院新行政诉讼法司法解释理解与适用》,中国法制出版社2015年版,第163页。

② 参见胡宝岭:《行政合同争议司法审查研究》,中国政法大学出版社2015年版,第270页。

③ 参见步兵:《行政契约履行研究》,法律出版社2011年版,第133页。

性并存,行政协议的约定更多的是当事人在法律框架下各方合意的产物,因此,违反行政协议的约定产生的违约责任,并不当然属于公法责任,违约要承担损害赔偿责任,损害赔偿责任的承担方式及赔偿标准主要参照民事损害赔偿责任予以适用:根据协议约定确定,没有约定的,原告请求赔偿包括协议履行后可获得利益的损失的,人民法院应予支持,但不得超过当事人订立协议时预见或者应当预见到的损失,法律、行政法规另有规定的除外;原告对损失有过错的,被告机关请求适当减轻其赔偿责任的,人民法院应予支持;对行政协议约定的赔偿标准、违约金产生争议的,可以适用我国《合同法》及其司法解释有关违约金的规定办理。在行政协议争议中,还存在大量的法定义务,行政机关的违法责任为公法责任,依据我国《国家赔偿法》第2条"国家机关和国家机关工作人员行使职权,有本法规定的侵犯公民、法人和其他组织合法权益的情形,造成损害的,受害人有依照本法取得国家赔偿的权利"的规定,行政机关承担行政赔偿责任,适用国家赔偿标准。当行政机关基于国家利益、公共利益需要或者其他法定理由单方变更、解除协议时,既不构成违约责任也不构成违法责任,是法律基于公平原则要求行政机关对原告的信赖利益损失承担行政补偿责任,行政补偿标准可参照协议约定而确定,但不得低于国家赔偿法规定的标准。

需要注意的是,是否赔偿可得利益损失,需要视行政协议的具体类型而定。行政协议由于特殊的公益目的,虽然在某些情况下可以兼容私人主体的盈利目的,但不得与公益发生冲突。以政府特许经营协议为例,如果允许政府特许经营协议按照协议约定赔偿或赔偿可得利益将极大危害纳税人权益进而危及公共利益,不符合利益平衡原则的司法裁量。因此,政府特许经营类协议原则上不考虑可得利益损失,只对直接损失进行赔偿。

五、土地房屋征收补偿协议案件突出问题研究

(一)前置征收行为对土地房屋征收补偿协议的影响

先征收、后补偿,这是法定征收补偿程序。然而在实践中,法院审查发现,部分土地房屋征收补偿协议并非完全符合此种情形,有的是征收范围之外的当事人主动要求"被征收"而订立征收补偿协议,有的是行政机关基于建设需要超征收范围订立征收补偿协议,有的是"先征后批"中订立的征收补偿协议,等等。

本课题组区分情形逐一探讨:一是"先征后批"。行政协议的主导性权利内容必

须具有法定的依据,行政主体不得在法律规定以外实施行政合同行为,法无明确规定不得随意设置和限制相对人的权利和义务,体现出"行政活动必须有法律依据"的法律保留原则。征收行为的合法性,会影响补偿协议的合法性与效力。在一审裁判前取得征收批文或作出征收决定的,视为对补偿协议效力的追认,补偿协议合法有效;在一审裁判前仍未取得征收批文或作出征收决定的,如果涉及国家利益、公共利益重大损害的,判决确认补偿协议违法,保留协议效果,责令行政机关采取补救措施。二是"超范围"。超范围订立的征收补偿协议,相对人主动要求订立协议且已履行完毕的,从维护既有法律秩序稳定和未造成私益损害的角度来说,宜判决确认违法保留协议效果,可责令行政机关采取补救措施;行政机关存在缔约过错的,如果涉及国家利益、公共利益重大损害的,判决确认协议违法,保留协议效果,责令行政机关采取补救措施。

(二)适格被告

本课题组认为,根据我国《土地管理法实施条例》第 25 条第 3 款"市、县人民政府土地行政主管部门组织实施征地安置补偿工作"的规定,签订土地征收补偿协议的法定职权机关是市县人民政府土地行政主管部门;根据《国有土地上房屋征收与补偿条例》第 4 条、第 5 条的规定,签订房屋征收补偿协议的法定职权机关是市、县级人民政府确定的房屋征收部门。因在征收实践中,法定实施机关和实际实施机关相分离,有的实际实施机关甚至不是行政主体,故在土地房屋征收补偿协议案件中,如何确定被告的问题显得尤为突出。如前文所述,本课题组认为可分情况处理:第一,法定实施机关与实际实施机关存在委托关系,应以法定实施机关为被告,原告以实际实施机关为被告起诉的,法院应进行释明并告知变更,经释明拒绝变更被告的裁定驳回起诉;第二,法定实施机关与实际实施机关不存在委托关系,原告以实际实施机关为被告,将该机关列明为被告,原告以法定实施机关为被告的,经释明拒不变更被告的裁定驳回起诉;第三,实际实施机关不是行政主体,且与法定实施机关不存在委托关系,该协议不是行政协议,不属于行政诉讼的受案范围。

六、土地复垦协议案件突出问题研究

(一)土地复垦流程梳理

土地复垦(农村建设用地复垦),是指依据土地利用总体规划、土地整理复垦开发规划,对依法取得的利用效益不高或废(放)弃的乡镇企业用地,农村公共设施用地、公益事业用地,农村村民住宅用地及特殊用地等,复垦为耕地或可转为耕地的园地及其他农用地的行为。[①] 重庆市的土地复垦是以重庆农村土地交易所为平台,规范城乡建设用地增减挂钩试点,完善农村土地整治,探索统筹城乡建设,而实施的一项创新性制度。从重庆市农村建设用地复垦制度的建立、完善过程来看,农村建设用地复垦显然包含一系列的行政行为,需要经过申请、复垦、验收、交易、支付5个阶段。其中涉及的主体繁多:除农民或者集体经济组织作为复垦申请主体外,及土地复垦管理的主体有乡镇人民政府、区县国土管理局、测绘审查机构、施工单位、市国土管理局、土地交易所、区县土地整治中心、市农村土地整治中心、有关银行及其区县支行、分理处。从重庆市土房局出台的流程指导意见看,每个管理主体在不同阶段都有相应的职责。土地复垦协议书是土地行政主管部门在履行土地行政管理职权过程中与农民或农村集体经济组织在协商一致,就农村闲置建设用地进行复垦,在双方承担的行政法上权利义务达成一致,并将达成一致的权利义务内容记载于土地复垦协议书上的双方行政行为。

(二)前置行政行为的审查

本课题组认为,各审批环节的履职行为单独可诉。原因在于:土地复垦协议行为是依申请而为的行政行为,在对申请人的申请进行审查时,按照前述的流程看,包括村社审查、乡镇审查、区县局接件等不同主体的审查行为,这些行为的不履行或者拒绝履行将导致申请人申请的终结,应当赋予相对人救济的权利,故上述履行审查职责的行为(积极拒绝和消极不作为)皆为可诉的行政行为。而行政机关在土地复垦过程中的其他行为属于土地复垦行为的过程性行为,不应赋予行政相对人救济的权利,以免影响行政效率。

(三)合法性审查内容

对土地复垦协议的合法性审查,应当按照重庆市土地复垦有关规定进行实体审查,程序审查则可以依据重庆市土房局制定的《优化农村建设用地复垦及地票交易流程方案》的程序予以审查。具体包括:(1)审查区县国土资源局受理材料完备性的审慎审查义务的履行情况。根据《优化农村建设用地复垦及地票交易流程方案》的规定,申请人提出土地复垦申请后,集体经济组织、乡镇人民政府先后必须对申请人申请复垦的闲置建设用地的权属、面积等自然状况和法律状态,申请人及家庭成员

① 参见《重庆市农村建设用地复垦项目管理规定(试行)》第2条。

身份信息，搬迁后去向的真实性等进行审核，镇人民政府还将审查结果予以公示，这些情况材料都将是区县国土局接件时必须审慎审查的内容。从收集的案例中可以看出，许多纠纷产生的根源就是区县国土局在接件审查时未尽到审慎审查义务，导致被复垦的土地存在权属争议，不符合申请复垦的条件，将不符合复垦申请条件的建设用地纳入复垦项目，并签订了复垦协议书，为复垦协议书的履行造成困难。(2)审查复垦土地测绘资料形成及测绘结果审慎审查义务的履行。(3)入库测绘结果的公示，协议签订的完整性等的审查义务的履行。(4)审查复垦项目实施方案的审查、备案以及复垦项目实施方案的履行。(5)审查复垦项目验收及程序完整性。(6)审查地票交易及价款拨付的程序合法性。上述6个方面的合法性审查是人民法院对土地复垦协议行为行政合法性审查的内容。其中，既有纯程序的审查，也有实体的审查，主要是监督行政机关在土地复垦中是否依"法"履行重庆市相关规范性文件规定的法定义务和土地复垦协议中约定的"法定"义务。

七、政府特许经营协议案件突出问题研究

从我国政府特许经营的立法和实践来看，理论上政府特许经营协议的范畴涵盖了行政许可法上的政府特许经营，也涵盖了PPP模式项下全部类型的政府特许经营，包括基础设施和公用事业以及其他项目。本课题组认为，政府特许经营协议内涵丰富，对其项下的各子类型协议的性质，理论、实务界均存在不同看法，[①]因此，不宜将纳入行政诉讼的政府特许经营协议的范围界定得过大，当前只将行政许可类政府特许经营协议纳入行政诉讼受案范围。

(一)适格原告

政府特许经营协议争议对利害关系人的判定依据主要为是否侵害其公平竞争权，公平竞争权的权能主要包括自由参加权、自由竞争权、机会平等权、请求国家保障权、失败救济权等。[②] 本课题组收集研究了国内各省市的政府特许经营协议相关案件，提出以下几类情形进行探讨。

---

① "辉县人民政府与河南新陵公路建设有限公司合同纠纷案"中，河南省高级人民法院和最高人民法院的裁定均作出于新行政诉讼法实施之后，两院均从民商事合同主体平等性以及意思自治角度对涉案特许经营协议予以分析，将其界定为民商事合同。

② 参见江必新主编:《行政诉讼法理解适用与实务指南》，中国法制出版社2015年版，第67页。

1. 多家公司组成联合体参加招投标活动，单个公司是否享有诉权

某些政府特许经营协议的建设项目可能涉及多个关联项目，如修建防洪堤坝涉及水利工程、河道矿山爆破、矿石资源处理等，在此种情况下，往往是多家具有不同资质的公司组成联合体参加招投标程序。若在协议履行过程中产生争议，单个公司是否有权对协议提起诉讼？本课题组认为，虽然是多家公司共同组成的联合体参与招标活动并以联合体名义中标，但是每个公司自身均系独立的民事主体，具备独立的诉讼行为能力，若在投标过程中亦就自身负责之工程部分进行单独报价，为了充分保障其合法权益，可以赋予其原告主体资格。

2. 非排他性特许经营权授予情形下的原告资格

本课题组在调研中发现，有些基础设施或公用事业的特许经营权具有非排他性，某些省市地方性法规甚至明文规定，"同一地域范围内的同一行业市政公用事业特许经营权，应当授予两个以上的经营者；但因行业特点和地域条件的限制，无法授予两个以上经营者的除外"。[①] 在此种情形下，在先政府特许经营协议当事人是否能够以在后协议侵害其合法权益为由提起诉讼？本课题组认为，在特许经营权的授予具有非排他性的情况下，政府依法将特许经营权分别授予两个及两个以上的经营者，未侵犯在先政府特许经营协议当事人的公平竞争权，其与在后协议没有法律上的利害关系，不具有原告资格。

（二）职权依据

我国有权订立政府特许经营协议的适格主体，既有政府授权的实施机关也有直接以地方政府名义的实施机关。《市政公用事业特许经营管理办法》第 4 条规定，"国务院建设主管部门负责全国市政公用事业特许经营活动的指导和监督工作。省、自治区人民政府建设主管部门负责本行政区域内的市政公用事业特许经营活动的指导和监督工作。省辖市、市、县人民政府市政公用事业主管部门依据人民政府的授权（以下简称主管部门），负责本行政区域内的市政公用事业特许经营的具体实施"。《基础设施和公用事业特许经营管理办法》第 7 条规定，"国务院发展改革、财政、国土、环保、住房城乡建设、交通运输、水利、能源、金融、安全监管等有关部门按照各自职责，负责相关领域基础设施和公用事业特许经营规章、政策制定和监督管理工作。县级以上地方人民政府发展改革、财政、国土、环保、住房城乡建设、交通运

① 参见《湖南省市政公用事业特许经营条例》（2008 年）第 14 条。

输、水利、价格、能源、金融监管等有关部门根据职责分工,负责有关特许经营项目实施和监督管理工作”,该办法第14条规定,“县级以上人民政府应当授权有关部门或单位作为实施机构负责特许经营项目有关实施工作,并明确具体授权范围”。各省市也以地方性法规或规章的名义出台了相关规定。

以燃气政府特许经营协议为例,除上述条文规定外,《天然气基础设施建设与运营管理办法》第5条第2款规定,“县级以上地方人民政府天然气主管部门负责本行政区域的天然气基础设施建设和运营的行业管理工作”。《重庆市天然气管理条例》第4条规定,“市经济委员会是本市天然气的行政主管部门,区县天然气行政主管部门负责辖区内的天然气管理工作”。据此,燃气特许经营权的授权主体为“县级以上地方人民政府有关行业主管部门或政府授权部门”。

(三)变更协议

政府特许经营协议的变更争议,主要集中在行政机关单方变更和行政相对人请求法院情势变更两个问题上。

1.行政机关单方变更

行政机关单方变更协议是行政优益权的体现之一,由于相应制约机制和程序性设计的缺失,导致行政机关单方变更极易发生现实异化。第一种观点认为,法定性是行政优益权的基本特征,行使单方变更权须有法律依据;第二种观点认为,行政机关在两种情形下可以行使单方变更权:一是有实体法的明确规定,二是基于公共利益需要或者其他法定事由;第三种观点认为,行政机关基于国家利益、社会公共利益和他人合法权益的需要,或者因不可抗力或者客观上不能控制的其他正当事由,可以行使单方变更权。

本课题组认为,行政优益权是无须行政相对人同意即可行使的单方性、单向性权力,在强制性上等同于传统行政行为,各国均强调严格限制行政单方变更权的适用范围。无论是法国行政法以公共利益为价值取向的行政本位单方变更模式,还是德国行政法以兼顾行政合同行政性与合意性的合同本位单方变更模式,均立足于不同价值点,在公权力与私权利的衡平上殊途同归。因此,对于行政机关行使行政优益权单方变更合同,要重点审查行政优益权的行使是否符合法定情形。有实体法依据的,适用形式审查标准,主要审查行政单方变更行为是否符合行政法律规范的规定,如行使是否满足法律规定的条件、权限、程序。这里的“实体法依据”,包括法律、法规、规章,原则上不认可规章以下规范性文件对单方变更权的授予。对于不具有实体法依据的,行政机关可以基于公共利益或其他法定事由行使单方变更权,此时,适用实体审查标准,审查公共利益或其他法定事由是否存在、是否符合比例原则、是否符合正当程序等。原则上不得因他人合法权益的需要而行使单方变更权。

2. 请求法院情势变更

最高人民法院《关于适用〈中华人民共和国合同法〉若干问题的解释(二)》(法释〔2009〕5号)第26条规定,合同成立以后客观情况发生了当事人在订立合同时无法预见的、非不可抗力造成的不属于商业风险的重大变化,继续履行合同对于一方当事人明显不公平或者不能实现合同目的,当事人请求人民法院变更或者解除合同的,人民法院应当根据公平原则,并结合案件的实际情况确定是否变更或者解除。这是合同法确定的民商事合同情势变更。但因我国行政立法并未引入"不可预见理论"或者情势变更原则,行政协议能否适用情势变更原则值得探讨。

本课题组认为,情势变更源于法律公平正义原则的要求,行政协议也可以要求情势变更的理论依据在于,由于当事人以外之客观因素产生了不可预见之变化,如坚持法律安定,将导致严重违反正义之事,必须寻找调整方法,使形式的正义(安定)与实质的正义得以兼顾。[①]。因此,在行政协议缔结后,因情势重大变更,非当时所能预料,而依原约定显示公平者,当事人之一方得请求他方适当调整合同内容。[②] 从某种程度来说,行政机关行使行政优益权是行政机关为维护公共利益作出的单方性的"情势变更"。因此,如果当事人不能通过协商一致进行变更,行政相对人可以起诉至法院要求判令变更。法院在审查是否适用情势变更原则时,要坚持严格履行情势变更的相关审核程序,注意合理区分情势变更与商业风险,[③]注意衡量风险类型是否属于社会一般观念上的事先无法预见、风险程度是否远远超出正常人的合理预期、风险是否可以防范和控制、交易性质是否属于通常的"高风险高收益"范围等因素,并结合市场的具体情况在个案中予以识别;在诉讼过程中要积极引导当事人重新协商订立协议,争取调解解决;也应按照最高人民法院《关于正确适用〈中华人民共和国合同法〉若干问题的解释(二)服务党和国家工作大局的通知》(法〔2009〕165号)

---

① 参见城仲模主编:《行政法之一般法律原则(一)》,台北,三民书局1999年版,第277~278页。

② 参见罗传贤:《行政法概要》,台北,五南图书出版公司2011年版,第155页。

③ 最高人民法院印发的《关于当前形势下审理民商事合同纠纷案件若干问题的指导意见》的通知(法发〔2009〕40号)第1条第3项规定"商业风险属于从事商业活动的固有风险,诸如尚未达到异常变动程度的供求关系变化、价格涨跌等。情势变更是当事人在缔约时无法预见的非市场系统固有的风险。"

的要求，严格理解、准确适用《关于适用〈中华人民共和国合同法〉若干问题的解释（二）》中第26条的规定，如果根据案件的特殊情况，确需在个案中适用的，应当由高级人民法院审核，必要时提请最高人民法院审核。

（四）权利义务承继

原特许经营权取得者订立协议后合并或分立的，合并或分立后的法人或其他组织如何承继政府特许经营协议的权利和义务。一种观点认为，此时可以适用我国《合同法》第90条“当事人订立合同后合并的，由合并后的法人或者其他组织行使合同权利，履行合同义务。当事人订立合同后分立的，除债权人和债务人另有约定的外，由分立的法人或者其他组织对合同的权利和义务享有连带债权，承担连带债务”的规定，属于新协议当事人的概括承受，合并后的法人或其他组织承继特许经营权，分立后的法人或其他组织除另有约定外连带承继。另一种观点认为，特许经营权的授予具有针对性与相对性，与申请人本身的资质和条件密切相关，政府特许经营协议不能等同于一般合同，此时不能简单适用我国《合同法》第90条之规定，即当然概括承继特许经营权，而应判定原特许经营权取得者因主体资格丧失，其特许经营权应当被收回。本课题组研究认为，后一种观点更加符合政府特许经营协议的性质与特点，其承继面临承继主体是否符合要求的问题，除协议另有约定外，合并或分立后的法人或其他组织应当通过行政许可或行政审批重新获得特许经营权，在其尚未取得特许经营权之前，并不当然成为政府特许经营协议的当事人。

八、构建“诉讼”型行政协议非诉执行制度

（一）行政协议非诉执行诉讼化改造之必要性

我国《行政诉讼法》第97条规定：“公民、法人或者其他组织对行政行为在法定期限内不提起诉讼又不履行的，行政机关可以申请人民法院强制执行，或者依法强制执行。”行政机关可否按照一般行政行为非诉执行的模式和程序，在协议相对人违约的情况下，就该行政协议申请人民强制执行？

从理论研究来看，主流观点认为，行政协议作为行政机关实施行政管理权的一种形式，本质上是行政行为的一种，基于行政协议本质上是一种行政行为的定性，行政机关对行政协议申请非诉执行与一般行政行为的非诉执行并无二致，也不存大的理论障碍问题，应当允许行政机关申请非诉执行。理由在于：（1）行政协议纠纷主要表现为行政主体违约或者相对人违约而导致的纠纷两种情况。如果行政主体违约，

协议相对人可以提起行政诉讼以保障其权益。[①] 但在司法实践中,常常出现协议相对人不起诉也不履约的情形,基于我国行政诉讼法的单向性设计,行政机关显然无法通过行政诉讼的方式实现其行政协议目的,如果不赋予其申请法院强制执行的权利,显然不公平。虽然在我国现行法律框架之内,行政机关的诉权无法实现,但基于协议原则,协议对双方当事人具有法律约束力,如果不履行协议,则应当承担违约责任。对于协议相对人来说,由于行政协议的行政性,其承担违约责任的方式则是行政机关通过申请法院强制执行,从而实现协议的目的。(2)申请非诉执行是行政主体地位平等化的要求。[②] "现代民主政治的发展逐渐抹平了行政法律关系中行政机关和行政相对人间不平等的特征,行政相对人的法律地位在现代行政法中获得了提升。"行政协议的契约性与行政性是对立统一的矛盾,二者在"平等性"上并非无争议。事实上,只要协议相对人在订立行政合同过程中,作为当事人一方的意志实质性地影响了合同内容和合同成立,就应该承认相对人具有相对平等的合同当事人地位。从合同法角度来看,这是合同要约、谈判和订立3个环节都有自主参与的制度设计,在一定程度上体现了行政合同平等性的一面,即订立合同的意志自主性。在行政合同的订立和救济上的"平等化",部分限制了行政优益权,主要是指行政优先权。行政合同的双重属性决定了行政主体的双重义务,一方面,行政主体要遵守一般合同的原则;另一方面,也要遵守行政法的一般原则,其中包括行政合同行为信赖保护原则的制约。这个"双重义务"在一定程度上限制和抵消了行政优先权。(3)基于行政管理的及时性、效率性要求也应当赋予行政主体申请执行行政协议的权利。在实践中的房屋征收、土地征用等行政管理领域中,协议相对人基于各种原因既不履行行政协议约定的义务、又不提起诉讼的情况多有发生,往往严重影响行政管理效益和社会经济建设的进程。

从本课题组对全市法院行政协议非诉执行司法实践的调研情况来看,不少法院按照一般行政行为非诉执行的模式和程序,对行政协议予以了非诉审查和执行,法律效果与社会效果总体较好,也无大的可操作性困难和障碍。因此,课题组认为,行政机关可以就行政协议申请非诉执行,在理论上和实践中均得以认可,目前并无

---

① 参见赵龙:《行政协议相对人违约行政机关可申请法院强制执行》,载《人民法院报》2015年4月16日,第7版。

② 参见龙凤钊:《行政行为的合作化与诉讼类型的多元化重构——以"拆迁条例"的征收补偿协议为例》,载《行政法学研究》2015年第2期。

争议。

虽然协议相对人对行政协议既不提起诉讼又不履行约定义务，行政机关可以申请人民法院强制执行的，人民法院也应当依法受理，但也必须看到，我国现行的《行政诉讼法》、《行政强制法》及最高人民法院《关于执行〈中华人民共和国行政诉讼法〉若干问题的解释》（以下简称《执行解释》）等关于非诉执行的制度设计主要针对的是一般行政行为，即主要考量的是行政行为的行政性。本课题组认为，现行的非诉执行制度并不完全适用于行政协议的非诉执行。行政协议除行政性特征外，还具有契约性的性质，即行政协议的签订是双方当事人的合意，行政协议不是行政命令，不是行政主体单方的意思表示，而是协议双方在自愿平等的基础上进行协商的结果，任何一方均不得把自身的意志强加给对方，双方当事人均受到行政协议的约束。行政协议生效后，任何一方均不得违反协议规定，否则违约方应承担相应责任。[①] 协议相对人不履行协议的情况比较复杂，与一般的非诉执行案件有很大的不同，审查程序也应当有别于其他非诉执行案件。因此，本课题组认为，行政协议的非诉执行在申请条件、审查标准、审查原则、审查方式等方面都应当作出有别于一般行政行为非诉执行的制度安排。行政协议非诉执行在模式和程序上应当是对现行非诉执行制度进行诉讼化改造，以体现行政协议非诉执行自身的特点和规律，这种诉讼化改造能更好地解决行政协议非诉执行司法实践中关于申请条件、审查程序、审查标准、审查原则、审查方式等方面遇到的具体困难和问题，有利于平衡行政协议双方当事人的权利义务，能更好地化解现行非诉执行制度固有的效率低下的缺陷，使行政机关不能通过行政诉讼得到的救济，可以通过行政协议的非诉执行得以救济。为实现此目的，本课题组认为完全有必要对现行的非诉执行制度进行诉讼化改造。

（二）行政协议非诉执行诉讼化改造中的主要问题

1. 启动依据

根据前述内容，行政机关是可以就行政协议申请人民法院强制执行的，那么其启动的依据是基于法律的规定，还是行政协议双方当事人的约定？从课题组的调研结果来看，主要有两种观点。

一种观点认为，其启动依据是法律的规定，即我国《行政诉讼法》、《行政强制法》及《执行解释》等关于非诉执行制度的相关法律规定。因此，行政机关的申请应

---

① 参见梁凤云：《行政协议案件的审理和判决规则》，载《国家检察官学院学报》2015 年第 4 期。

当符合我国《行政诉讼法》第 97 条“公民、法人或者其他组织对行政行为在法定期限内不提起诉讼又不履行的，行政机关可以申请人民法院强制执行，或者依法强制执行”规定的条件，尤其重要的是应满足协议相对人 6 个月起诉期限届满的法定条件。

另一种观点认为，其启动依据是根据行政协议当事人双方的明确约定。行政协议双方当事人明确约定一方在约定期限内不履行约定义务，行政机关一方即可申请人民法院强制执行的，行政机关才可以申请人民法院执行。协议相对人可以通过约定处分其诉权，是否行使法律赋予的诉权，可以由协议相对人决定。因此，协议相对人在约定期限内不履行约定义务的，行政机关即可按照约定申请法院强制执行，无须等待 6 个月起诉期限届满后再提出申请。

本课题组认为，行政协议的非诉执行应当有别于普通的非诉执行，普通的非诉执行具有效率低下的固有缺陷，应当对此予以改造。结合法律规定、司法实践观点和行政管理效率的需要，行政协议的非诉执行在制度安排上应当首先尊重行政协议双方当事人的约定，即行政协议明确约定公民、法人或者其他组织一方在约定期限内不履行约定义务，行政机关即可申请人民法院强制执行的，则没有行政强制执行权的行政机关可以自约定的履行期限届满后即可向人民法院申请强制执行，无须满足相对人“在法定期限内不提起诉讼”的条件。在没有约定的情况下，即按照我国《行政诉讼法》第 97 条“公民、法人或者其他组织对行政行为在法定期限内不提起诉讼又不履行的，行政机关可以申请人民法院强制执行，或者依法强制执行”以及《行政强制法》第 53 条“当事人在法定期限内不申请行政复议或者提起行政诉讼，又不履行行政决定的，没有行政强制执行权的行政机关可以自期限届满之日起三个月内，依照本章规定申请人民法院强制执行”的规定办理。

2. 申请条件

关于行政机关申请非诉执行的条件，《执行解释》第 86 条规定：“行政机关根据行政诉讼法第六十六条的规定申请执行其具体行政行为，应当具备以下条件：（一）具体行政行为依法可以由人民法院执行；（二）具体行政行为已经生效并具有可执行内容；（三）申请人是作出该具体行政行为的行政机关或者法律、法规、规章授权的组织；（四）被申请人是该具体行政行为所确定的义务人；（五）被申请人在具体行政行为确定的期限内或者行政机关另行指定的期限内未履行义务；（六）申请人在法定期限内提出申请；（七）被申请执行的行政案件属于受理申请执行的人民法院管辖。”我国《行政强制法》第 54 条规定：“行政机关申请人民法院强制执行前，应当催告当事人履行义务。催告书送达十日后当事人仍未履行义务的,行政机关可以向所在地有管辖权的人民法院申请强制执行;执行对象是不动产的,向不动产所在地有管辖权的人民法院申请强制执行。"

本课题组认为,行政协议的可执行性,应当与其可诉性一致,即该行政协议依法属于可以提起行政诉讼的行政协议范围。一是我国《行政诉讼法》第12条第1款第11项关于可诉行政协议的范围即"认为行政机关不依法履行、未按照约定履行或者违法变更、解除政府特许经营协议、土地房屋征收补偿协议等协议的"规定较原则,可诉行政协议的范围还有待进一步明确和拓展;二是在我国《行政诉讼法》第97条"公民、法人或者其他组织对行政行为在法定期限内不提起诉讼又不履行的,行政机关可以申请人民法院强制执行,或者依法强制执行"的规定中,实际上已隐含了申请执行的行政行为应当具有可诉性的条件。因此,本课题组认为,行政机关向人民法院申请执行行政协议应当符合下列条件:(1)该行政协议依法属于可以提起行政诉讼的行政协议范围;(2)该行政协议成立并已经生效;(3)申请机关是签订行政协议的行政机关;(4)被执行人是行政协议所确定的义务人或者其义务继受人;(5)行政机关已经依法催告被执行人履行义务仍未履行;(6)申请机关在法定期限内提出书面申请;(7)行政协议执行案件符合人民法院非诉行政执行案件的管辖规定。

3. 审查标准及内容

关于行政机关申请非诉执行的审查标准及审查内容,《执行解释》第95条规定:"被申请执行的具体行政行为有下列情形之一的,人民法院应当裁定不准予执行:(一)明显缺乏事实根据的;(二)明显缺乏法律依据的;(三)其他明显违法并损害被执行人合法权益的。"该解释第93条规定:"人民法院受理行政机关申请执行其具体行政行为的案件后,应当在30日内由行政审判庭组成合议庭对具体行政行为的合法性进行审查,并就是否准予强制执行作出裁定;需要采取强制执行措施的,由本院负责强制执行非诉行政行为的机构执行。"从这两条规定来看,针对行政行为采用的是"无重大明显违法"的合法性审查标准,行政行为只要不具备3个"明显"的情形,原则上应认可其合法性,人民法院一般应裁定准予执行该行政行为。显然,该合法性审查标准较行政诉讼程序的审查标准要求较低,也更宽松。由于行政协议除具备行政性的特征外,还兼具契约性,因此,申请执行行政协议的案件,其合法性审查标准应当接近诉讼程序审查标准,其审查内容应当不限于合法性,还应当审查其效力性,即行政协议是否生效,宜采用合法有效性审查标准。行政协议不具备合法有效性标准的,人民法院裁定不予执行。因此,本课题组认为,行政协议执行申请符合下列条件的,人民法院才予以作出具有执行内容的准予执行裁定:(1)行政协议合法有效,即协议主体合法、订立协议的程序合法、协议内容合法;(2)作为协议一方的公民、法人或者其他组织无正当理由违反协议约定不履行约定义务,而行政机关已经履行约定义务;(3)协议内容明确且具有可执行性;(4)行政机关申请法院强制执行前已履行了催告程序。

行政协议有下列情形之一的,人民法院应当裁定不予执行:(1)订立行政协议严重违反法定程序或者正当程序的;(2)行政协议明显违反行政管理目的,或超越实现行政管理目的必要程度,严重损害被执行人合法权益的;(3)行政协议的内容违反法律禁止性规定的;(4)行政协议的执行必然造成案外人合法权益重大损害的;(5)其他应当裁定不予执行的情形。

4. 审查方式

关于行政机关申请非诉执行的审查方式,我国《行政强制法》第 57 条规定:"人民法院对行政机关强制执行的申请进行书面审查,对符合本法第五十五条规定,且行政决定具备法定执行效力的,除本法第五十八条规定的情形外,人民法院应当自受理之日起七日内作出执行裁定。"《执行解释》第 93 条规定:"人民法院受理行政机关申请执行其具体行政行为的案件后,应当在 30 日内由行政审判庭组成合议庭对具体行政行为的合法性进行审查,并就是否准予强制执行作出裁定;需要采取强制执行措施的,由本院负责强制执行非诉行政行为的机构执行。"即现行非诉执行制度规定了"组成合议庭进行书面审查"的方式。

本课题组认为,在行政协议的非诉执行中,虽然协议相对人已经丧失了起诉权和申请复议权,但考虑在行政协议纠纷中,行政相对人不履约的情况相对复杂,从有利于全面查清案件事实、准确把握法律适用、注重保护协议相对人合法权益的角度出发,应当给予协议相对人表达意见的机会,人民法院对行政协议非诉执行的审查方式应当全面采用类似行政诉讼开庭的听证方式进行审查,即人民法院行政审判庭应当组成合议庭采取听证方式对行政机关的执行申请进行审查,充分听取被执行人和行政机关的意见,必要时也可以听取其他利害关系人的意见。同时,本课题组认为,听证应依照下列程序进行:(1)在听证日的 3 日前,向听证当事人送达听证通知书,告知举行听证的时间、地点;(2)除涉及国家秘密、商业秘密或者个人隐私外,听证公开举行;(3)听证可由合议庭或者主审法官主持;(4)听证当事人认为合议庭成员符合法律、法规关于回避情形规定的，有权申请回避；(5)在举行听证时，先由行政机关就协议主体是否合法、订立协议的程序是否合法、协议内容是否合法合理、双方履行协议的情况等提供事实依据和法律依据，然后由被执行人申辩和质证；(6)听证应当制作笔录，并交听证当事人审核无误后签字或者盖章。

5. 审查期限

关于非诉行政执行案件的审查期限，根据《执行解释》第 93 条的规定，人民法院应当在受理申请执行具体行政行为的案件后 30 日内审查作出是否准予执行的裁定。我国《行政强制法》从提高法院审查案件的效率考虑，该法第 57 条明确规定书面审查并作出执行裁定的期限为受理之日起 7 日。该法第 58 条规定，人民法院发现有下列情形之一的，在作出裁定前可以听取被执行人和行政机关的意见：(1)明显缺乏事实根据的；(2)明显缺乏法律、法规依据的；(3)其他明显违法并损害被执行人合法权益的。人民法院应当自受理之日起 30 日内作出是否执行的裁定。从我国《行政强制法》的立法本意来看，其第 57 条、第 58 条规定的“七日”和“三十日”均为除斥期间，不存在期间中止、中断和延长的问题。《执行解释》第 93 规定“三十日”的期限随着新《行政诉讼法》的出台，将不再适用，应遵循法律的明确规定。此外，最高人民法院《关于办理申请人民法院强制执行国有土地上房屋征收补偿决定案件若干问题的规定》第 4 条规定：“人民法院应当自立案之日起三十日内作出是否准予执行的裁定；有特殊情况需要延长审查期限的，由高级人民法院批准。”鉴于行政协议的非诉执行审查较普通非诉执行的审查内容更多、更复杂，审查程序也必须听证，相对用时较长，宜原则性地规定 30 日的审查期限。即人民法院应当自受理之日起 30 日内作出是否准予执行的裁定；有特殊情况需要延长审查期限的，报市高级人民法院批准。

6. 执行救济

我国《行政强制法》第 58 条第 3 款规定：“行政机关对人民法院不予执行的裁定有异议的，可以自收到裁定之日起十五日内向上一级人民法院申请复议，上一级人民法院应当自收到复议申请之日起三十日内作出是否执行的裁定。”最高人民法院《关于办理申请人民法院强制执行国有土地上房屋征收补偿决定案件若干问题的规定》第 7 条规定：“申请机关对不准予执行的裁定有异议的，可以自收到裁定之日起十五日内向上一级人民法院申请复议，上一级人民法院应当自收到复议申请之日起三十日内作出裁定。”即申请机关不服不准予执行裁定的，可以申请复议，而被执行人因对行政行为有复议权、诉讼权,则未赋予其对人民法院作出的准予执行裁定有异议时的复议权。本课题组认为,在行政协议非诉执行中,协议相对人已经丧失了对行政协议提起诉讼的权利,从双方当事人权利救济的平等性,有利于保障协议相对人的合法权益考虑,应当赋予协议相对人对人民法院准予执行裁定的复议权。即公民、法人或者其他组织对人民法院准予执行裁定有异议的,可以自收到裁定之日起 15 日内向上一级人民法院申请复议;上一级人民法院应当组成合议庭对复议申请进行审查,并于收到复议申请之日起 30 日内作出是否准予执行的裁定。

反思与超越：不动产登记行政案件怎么审

——关于不动产登记行政案件法律适用问题的调研报告

重庆市高级人民法院、重庆市第一中级人民法院、重庆市垫江县人民法院、西南政法大学课题组*

近年来，随着房地产市场的快速发展，不动产登记类行政案件也呈逐年增长的趋势。我国《物权法》的出台，标志着我国不动产登记已经形成一个比较统一的制度与理论构架。但我国《物权法》的规定大都较为原则，虽对不动产登记的效力、登记原则、审查方式、责任承担等问题作出了明确规定，但是如何在行政法层面对登记进行规制尚存欠缺。且此类案件大多与民事案件相关联，相关法律规范仍需完善，进而导致同一法院有时会出现判决不一致的情形，不同法院对纠纷的解决效果也存在较大差异。为解决司法实践中的这个重大问题，由重庆市高级人民法院行政庭牵头，重庆市第一中级人民法院行政庭、垫江县人民法院和西南政法大学行政法学院相关人员共同参与的课题组承担了重庆市高级人民法院2009年度的重点调研课题——“关于不动产登记行政案件法律适用问题的研究”。

---

* 课题主持人：樊非。课题组成员：王彦、刘兴旺、谭宗泽。

一、当前不动产登记行政诉讼案件的特点和主要问题

(一)不动产登记行政案件的特点

1.案件数量增长快,案件类型多样

以重庆市渝中区人民法院(以下简称渝中区法院)为例,渝中区法院2004年受理的不动产登记行政案件仅4件,2005年上升为5件,2006年、2007年保持平稳,2008年上升为10件,2009年渝中区法院受理了以“瑞奇大厦系列案件”为代表的不动产登记案件共85件左右。从收集的112份裁判文书样本可以发现,以不动产登记纠纷为由提起的行政诉讼通常见于以下几种情形:(1)不服登记机关作出的不予受理登记申请决定、不予登记决定或认为登记机关拒绝履行登记职责的;(2)认为登记机关审查不严,进行错误登记的,包括认为登记机关错误进行不动产物权转移登记、变更登记、撤销登记、注销权属证书等情形;(3)与不动产登记相关的信息查询、测绘、行政处罚等问题引发的争议。此外,涉及登记的行政赔偿案件也大量涌现,尤其是2009年渝中区法院受理的吴某等22人分别起诉85件登记行政赔偿案件,涉及赔偿金额上亿元,分3种类型:一是权利人因登记机关为“一房多卖”办理登记,财产被司法处置导致缩水,从而引发的行政赔偿案件;二是因房地产交易所工作人员与一方当事人合谋串通,伪造申请材料办理登记而引发的行政赔偿案件;三是因登记机关被蒙骗或疏于审查致登记错误而引发的行政赔偿案件。这些不动产登记行政诉讼案件涉及相关法律、法规和规章众多,审判工作难度较大。

2.登记机关败诉率较高

在112份裁判文书样本中,判决撤销登记行政机关的行政行为有27份,确认违法15份,总计42份,约占总样本数的37%,略高于2008年全市行政案件36%的被告平均败诉率。败诉的原因集中,大多因为登记机关忽视实体审查和违反法定程序所致。譬如,登记机关在有明确房屋共有人的情况下,进行登记时遗漏登记共有人[(2008)津法行初字第42号];或者登记机关因审查不严导致登记错误,给真实权利人的权利造成损害[(2008)江法行初字第63号];或者登记程序违法,没有履行登记审查的必要手续,或未进行必要的实地勘查,造成登记事项账实不符[(2009)铜法行初字第11号];或者擅自删减登记程序,尚未初始登记的不动产,却被登记机关直接进行了转移登记[(2009)长行初字第6号];或者登记机关审查不严,对有产权争议的房屋予以错误登记[(2009)渝三中法行终字第13号]。另外,因不动产的基础民

事法律关系发生改变，导致原来的登记与客观情况不符而被人民法院撤销的情形也不在少数，而这类案件中的行政行为是否应被撤销，人民法院的合法性审查如何与登记机关对登记事项的审查衔接，登记机关与人民法院存在较大分歧，登记机关往往口服心不服[（2008）中区行初字第138号]。

3. 行政争议与民事争议交织，审理时间拖延

在112份样本文书中，约有28份行政裁判文书与民事争议交织，这些交织现象增加了审判难度，极易造成几种审判结果的冲突，令行政审判法官备感困惑，让当事人徒增讼累，司法权威和法院的公正形象亦由此受到损害。相当多的房产登记行政案件起诉是由民事权益之争而引起的，当事人提起不动产登记行政诉讼，实质是对民事权益被登记机关确认不服。例如，在“张某兵诉市土房局房屋登记案”中，张某兵自己出资建房，而后与儿子张某军共同向房地产登记机关申请办理了房屋所有权证，该房屋所有权证上的记载为父子二人各占房屋所有权50%的份额。张某兵在老伴去世后再婚，因此与张某军产生纠纷。张某兵认为儿子不孝，便向人民法院提起行政诉讼，请求撤销与张某军的房屋共有权证。而张某军则提起民事确权诉讼，要求分得价值一半房屋的财产。人民法院在审理登记行政案件时，鉴于张某兵与张某军的民事确权诉讼已经立案，遂裁定中止行政案件的审理，等待民事诉讼审理结果，导致行政案件的审理延迟了很长时间。

4. 法律规定不健全，某些案件裁判结论标准不一

从样本中可以看到，法院与登记行政机关在一些问题上存在严重分歧，这与房产登记的法律规定不够规范有关。如对登记机关的登记行为应是作形式审查还是必须进行实质审查的问题、登记人员的过失责任与赔偿后果的关系认定问题、起诉期限问题等，因缺乏明确、具体、统一的规定，登记行政机关与人民法院对相类似的案情有着不同的结论，甚至不同法院之间可能会作出截然不同的裁判结果。譬如，在“肖某诉梁平县土房局房屋登记案”中，肖某在婚姻关系存续期间以自己名义登记集资房一套，其在与李某离婚时，法院判决把集资房留给了李某。但此后2年李某都未到房管部门进行房产变更登记，之后，肖某将此房卖给第三人王某军。李某持离婚判决要求撤销房管部门给王某军办理的房屋登记，房管部门称，该集资房系肖某所有，肖某向第三人王某军转让房屋，登记机关只要审查肖某是房屋所有权人以及其与王某军转让协议的真实性就应办理过户登记，而李某与肖某是否离婚，财产分割如何，如果李某不主动向登记机关申请变更登记，登记机关是不可能主动将这

些内容纳入登记审查范围的。显然，登记机关对登记事项的审查标准与人民法院对客观事实的查明结果存在差距，且相关法律规定也不明确，致使案件裁判结论不一。

（二）审理不动产登记行政案件存在的主要问题

1. 受案范围问题

不动产登记行政案件的审理对象包括两类：一类是房屋登记行为，是指不动产登记机关对不动产物权的设立、变更、转让和消灭等依法进行审查，并记载于不动产登记簿的行为；另一类是与房屋登记相关的行为，是指不动产登记机关颁发权属证书、查询、复制登记资料、房价评估、收费等不会改变不动产物权登记簿状况但与房屋登记行为相关的行为。有人认为，要明确登记行政案件受案范围，就要正确确定审理对象，而只有设定权利和对已有权利进行限制的房屋登记行为才能作为登记行政案件的审理对象，不改变不动产物权登记簿记载状况但与房屋登记行为相关的行为，对当事人的权利义务不产生实际影响，因此，不能成为登记行政案件的审理对象。也有人认为，将登记和颁证割裂的做法不妥，尽管不动产登记自记载于不动产登记簿生效，但登记程序仍应自颁发不动产权属证书时才算结束，没有权属证书就没有对外产生公示效力的具体载体，因此，不主张将颁发权属证书的行为排除在登记行政案件受案范围外。此外，对不动产更正登记、异议登记、预告登记和查封登记等行为是否可能改变不动产登记簿的状况，是否属于登记行政案件受案范围也存在争议。

2. 原告资格问题

从诉讼法律制度的原理来说，之所以要确定原告资格，主要目的在于防止滥诉，减少国家解决争议的成本，促成法律关系的稳定。根据司法实践的经验，不动产登记行政案件的原告主要涉及相邻权人、继承权人、公司股东、集体经济组织成员、业委会、承租人、共有权人、债权人、抵押权人等。那么，从多大范围上确定原告资格，不仅涉及法律要对哪些人提供司法救济，还关系我国现阶段对登记行政行为可以实现的监督力度。因此，原告资格的确定需要与相关法律规范衔接一致。当前，共有权人、抵押权人、继承权人、公司股东、相邻权人的原告资格争议较少，争议主要集中在债权人、承租人、业委会的原告资格上。另外，基于对我国《物权法》与《合同法》的不同理解，建筑工程承包人基于优先权而获得的对登记行政行为提起行政诉讼的原告资格是否仍有效，也存在不同看法。

3. 起诉期限问题

目前存在两种观点：一种观点认为，不动产登记行为作为一种依申请的行政行为，登记机关不必也不应告知权利人诉权和起诉期限，更无法通知利害关系人，因此，对该类行政纠纷应适用我国原《行政诉讼法》第39条的规定，"……应当在知道作出具体行政行为之日起三个月内提出"。另一种观点认为，不动产登记行为属于行政行为，登记机关的制式房产所有权证书，没有相应的关于诉权和起诉期限的项目，因此，在没有告知诉权和起诉期限的情况下，就应当执行最高人民法院《关于执行〈中华人民共和国行政诉讼法〉若干问题的解释》的有关规定，即"行政机关作出具体行政行为时，未告知公民、法人或者其他组织诉权或者起诉期限的，起诉期限从公民、法人或者其他组织知道或者应当知道诉权或者起诉期限之日起计算，但从知道或者应当知道具体行政行为内容之日起最长不超过2年"，对当事人不知道该具体行政行为内容的，"其起诉期限从知道或者应当知道该具体行政行为内容之日起计算"，超过20年的，"人民法院不予受理"。在"蒋某某诉重庆市土房局颁证案"[(2009)碚法行初字第19号]中，人民法院以蒋某某从颁证之日起就知道具体行政行为内容，至提起行政诉讼时已超过起诉期限为由裁定驳回起诉。

4. 不动产登记审查标准的问题

关于不动产登记的审查标准，存在形式审查与实质审查两种意见的争论，甚至对于何谓形式审查、何谓实质审查也存有争议。有人从登记审查的范围对两者进行界定，认为形式审查就是仅审查登记申请的手续是否合法、提供的申请材料是否齐备，实质审查不仅要审查登记申请在手续上是否合法，还要审查登记事项是否与实体法上的权利关系一致，甚至实体法上的权利关系是否有效。有人则从登记机构的调查权限上界定两者，形式审查只进行书面审查，而实质审查是指登记机构接受了登记申请之后，应当对登记内容进行询问和调查，以确保登记内容的真实性。还有人认为，登记机构的审查权限如果及于不动产变动原因关系的，就是实质审查；反之，就是形式审查。我国《物权法》出台后，大家曾对不动产登记审查标准的规范寄予厚望，但该法既没有试图界定什么是实质审查，什么是形式审查，也没有规定不动产登记机构应进行实质审查还是形式审查，致使在司法实践中操作迄今不能统一。

5. 不动产登记机关承担赔偿责任问题

我国《物权法》第21条规定："当事人提供虚假材料申请登记，给他人造成损害的，应当承担赔偿责任。因登记错误，给他人造成损害的，登记机构应当承担赔偿责任。登记机构赔偿后,可以向造成登记错误的人追偿。”在审判实践中,因不动产所有权转移登记、用益物权转移登记及抵押权登记造成所有权、用益物权及抵押权丧失,受害人有权主张赔偿。但是,这种损害通常属于多因一果的损害后果,登记行政机关应当如何承担责任,存在不同观点。另外,我国《物权法》第21条规定的追偿机制存在严重缺陷,其与行政诉讼法与国家赔偿法的冲突,使人们对登记赔偿的性质也产生了巨大争议。因此,对于行政民事混合侵权赔偿案件,不动产登记机关究竟在什么时候、什么情况下承担赔偿责任,承担赔偿责任的范围有多大,承担的是何种性质的责任?在我国《物权法》和司法解释未作出明确规定前,必须对实践作出回应。

6. 不动产登记行政案件与民事权属案件交叉问题

对行政与民事争议的交叉案件的处理极为棘手,而这一方面的问题在不动产登记案件中体现得尤为突出,其症结在于基础民事争议与登记行为互为条件和结果,行政案件中的登记行为必须以基础民事法律关系的审查为基础,涉及不动产权属争议的民事法律关系的确定,又受制于登记行为的公定力与公信力,在既有矛盾之上,行政与民事审判又局限于各自的审理裁判权限的范围,似乎使案件的审理均需要以另一性质的诉讼结果为依据,如此一来,当事人不断地进行循环诉讼,而法院始终审查不到案件的要害,争议与纠纷无法化解。在司法实践中,当事人一方面就基础民事法律关系进行民事诉讼;另一方面对登记行政行为提起行政诉讼,究竟是先行后民还是先民后行?在实践中做法不一。另外,在行政案件中,接受人民法院合法性审查的具体行政行为在交叉的民事案件中的证据效力如何认定,民事审判能否径行否定作为证据的具体行政行为的合法性,这些问题解决得不好,将直接导致民事与行政裁判的对立。

7. 不动产登记行政诉讼案件判决方式问题

对于登记机关的登记发证行为,如事实清楚、证据充分、程序合法、适用法律正确,应采用何种判决方式?有人认为,应使用确认判决。其理由是,登记行为是以登记机关最终发放的证件即所有权证或他项权证来体现其效力的,该证件也是登记机关的具体行政行为的载体,而证件的效力也是当事人争议的最终落脚点,故应对该证件的效力作出合法或有效的确认。也有人认为,应以驳回诉讼请求的判决代替维持判决,因为登记机关对民事法律关系的内容是无权审查的,很可能导致登记行为由于民事法律关系的无效而失去其存在的基础。如果法院以司法审查的标准判决维持了登记机关的行为,会给以后民事审判否定房产权民事法律关系后的执行,或是行政机关自行纠正登记行为带来障碍。也有人认为,用维持判决比较合适。因为我国现行《行政诉讼法》确定的行政审判审查标准是具体行政行为的合法性,而非确定审查原告的诉讼请求是否受到法院的支持,因此,以驳回原告的诉讼请求代替维持判决有违行政诉讼法关于审查对象的原则性规定。用确认判决也不合适,因为确认判决只有在被诉具体行政行为违法或者无效时才能真正体现其救济功能。

综上所述,当前不动产行政案件审理困难的症结在于:由于对不动产登记行为的性质及其特点认识不清、态度不明确,致使登记责任主体概念模糊,对由此派生出来的追责机制的研究自然难以深入,进而影响司法裁判技术的运用发挥。因此,如果不从理论上对这些问题给予明确回答,将无法跟上我国《物权法》开创的公民权利保护新形势的发展步伐。

二、我国不动产登记的性质

(一)界定不动产登记性质的必要性

不动产登记,是指为实现一定的行政管理目的,确认不动产权利及维护交易安全,由国家专门的登记机关根据登记权利人的申请,依法对不动产物权的取得、变更、丧失等相关事项记载于专门登记簿并颁发权利证书的行为。对于不动产登记行为的性质,可谓众说纷纭。由于法律对不同性质行为的调整存在很大差异,因此,准确界定不动产登记的性质,对确定和完善我国不动产登记制度来说极其必要。

1. 界定不动产登记的性质是解决法律适用问题的基础

法律行为根据行为的性质,可以分为公法行为和私法行为。公法行为,是指具有公法效力、能够产生公法效果的行为,如立法行为、行政行为、司法行为。私法行为,是指具有私法性质和效力,产生私法效果的行为,如民事法律行为、商法行为等。对于不同性质的行为,法律的调整目的、调整方式、救济方式等有所差异,因而适用不同的法律。对于公法行为,“法无授权皆禁止”,法律对其调整的目的是规范和制约国家权力的行使。因而公法行为必须由有权机关在严格的法律授权范围内作出,因此,法律调整的方式是对行为的方式、方法、时限和步骤作出明确规定,法律对公法行为的调整带有法定性和强制性。公法行为造成他人损害的,由国家承担责任,受害人得以申请国家赔偿的方式行使赔偿请求权,若是因行政行为违法造成相对人损害的,则可以通过行政复议、行政诉讼、行政赔偿的途径进行救济。对于私法行为,“法无禁止皆自由”,法律对其调整的目的是保障和促进公民行为的自由。因此,私法行为只要不违反法律的强制性禁止规定,不损害社会公共利益,行为主体可以自主决定为或不为一定行为。法律对私法行为的调整则体现出主体自由性。私法行为由行为人本身承担责任,受害者一般通过民事诉讼的方式请求侵害人承担赔偿责任。

2. 界定不动产登记的性质可以为今后不动产登记立法提供指导思想

虽然在我国《物权法》以及其他单行法律中都有对不动产登记的规定,但仍缺乏统一性、完整性,因此,制定统一的不动产登记法已经开始受到关注。而准确界定我国不动产登记行为的性质,是指导该立法的基本问题:对公法行为应以规定和制约不动产登记机构行为为指导思想设置我国的不动产登记制度;对私法行为应以保障和促进行为主体更好地行使不动产登记权利为指导思想设置不动产登记制度。由此可见,对不动产登记性质的界定直接涉及规范适用法律规范的性质以及登记错误的法律救济途径与法律责任的承担,还涉及今后不动产登记法的立法思路,因而在理论上有必要予以明确。

(二)法律学界对不动产登记性质的分歧

目前,法律学界对不动登记性质主要有3种观点。

第一种观点主张“私法行为说”,认为不动产登记是一种民事行为。支持该观点的学者的主要论据为:[①]第一,从制度价值上来看,不动产登记的制度设计主要是为了维护个人私权;第二,从登记行为的启动及内容上来看,不动产登记程序是由当事人的申请而启动的,不动产登记必须在当事人申请的范围内作出,而登记请求权属于私权;第三,从登记的效力上来看,不动产登记产生的是私法效果;第四,从救济程序上来看,因登记行为引起的诉讼为民事诉讼。

第二种观点主张“公法行为说”,认为不动产登记行为是登记机关依据职权所实施的行政行为。[②] 支持该观点的学者一般从以下角度进行分析:第一,不动产登记体现的是国家公权力对物权设立及变动的干预;第二,不动产登记具备公法行为的强制性和法定性;第三,不动产登记符合行政行为的主体要素、职能要素、效果要素;第四,不动产登记的公信力实际上就是行政行为公定力的表现。在此观点之下,一部

① 参见崔建远等:《中国房地产法研究》,中国法制出版社1995年版,第238页。

② 参见姜明安:《行政法与行政诉讼法》,北京大学出版社、高等教育出版社2005年版,第282~287页。

分学者将其归于行政确认行为，另一部分学者将其视为一种行政许可行为。

第三种观点主张“混合说”，即不动产登记既具有明显的私法意义上的功能，又具有强烈的公法意义上的功能，兼具公法和私法行为两种性质。[①] 也有学者认为，应当从不动产登记的不同阶段确定不同性质，在申请登记环节是私法行为，在登记审查环节是公法行为。

（三）不动产登记是行政行为

本课题组认为，第三种观点实际上是回避了对不动产登记公私法性质的判断，造成了一定程度的混乱，不利于在实践中的法律适用和纠纷解决。而第一种观点所采用的论据也是难以成立的：第一，维护私权的行为是私法行为的逻辑是不成立的。尽管不动产登记制度的服务对象主要针对私法领域，但也无法排除其公法属性，国家权力的存在及行使的根本目的就在于维护公民的个人权利和自由，不能以登记的目的具有私法性质就确定登记行为属于私法行为。实际上，在私法中设定公法制度，这已成为私法立法的发展趋势，这是因为“在经济生活上，因经济生活的自由放任主义发生变化，公法的要素在种种形态上随之而日益加强的结果，法律对于经济上之买卖的个人相互间的法律关系，已不单视之为个人间的关系，同时亦为个人与国家间的法；不单在请求保护时依司法权加以之保护，同时还把那义务看作公法上的义务，更进而依行政权去监督那义务的履行”。[②] 第二，虽然不动产登记程序由当事人申请启动，但当事人的申请并不能产生登记的法律效果。程序启动的意思表示不等于行为的意思表示，登记请求权的性质并不能决定登记行为的性质。第三，登记行为虽然是针对不动产物权的变动而设定的，但是登记行为并不是赋予该物权的变动以私法效果，而是对该私法行为能否产生物权变动的法律效果进行确认。第四，对性质的界定是选择救济途径的前提，而以救济途径作为支撑“私法行为说”的论据，无疑是本末倒置，犯了循环论证的错误。况且在我国司法实践中已经出现因登记行为引起的纠纷通过行政诉讼解决的趋势，将不动产的登记行为定性为私法行为在理论上是说不通的，也不符合我国的司法实践。

本课题组认为，基于不动产交易在国民经济及人民生活中的重要性和特殊性，国家行政机关通过不动产登记行为对不动产交易进行适当干预和必要监控，既可以

---

① 参见申卫星：《从〈物权法〉看物权登记制度》，载《国家检察官学院学报》2007 年第 3 期。

② 王克稳：《我国不动产登记中的行政法问题》，载《法学》2008 年第 1 期。

支持不动产交易的发展,维护交易秩序,也可以为国家治理活动收集重要信息。因此,不动产登记的实质是国家意志对不动产权利的干预,是一种行政行为。

首先,不动产登记具备行政行为的主体、职权、效果等各要素。(1)从主体上来看,行政行为必须是行政主体所实施的行为,根据我国现行法律、法规和规章,不动产登记的实施主体是行政机关;(2)从职权上来看,行政行为必须是行使行政权的行为,现行法律、法规和规章授予不动产登记机关进行审查、记载、颁发证书等职权,同时登记机关负有接受申请人的申请,对合法申请给予登记的义务,如果登记机关没有依法履行自己的职责,就应担负相应的法律责任;(3)从效果上来看,登记行为的作出会产生一定的法律效果,我国《物权法》第 9 条规定:"不动产物权的设立、变更、转让和消灭,经依法登记,发生效力;未经登记,不发生效力,但法律另有规定的除外。"由此可见,登记对不动产物权的设立、变更、转让和消灭具有决定性作用,即登记具有决定不动产物权变动能否生效的效力。法律效果的另一个突出表现就是登记所具有的公信力,而这种公信力实质上就是行政行为公定力在不动产登记中的体现,"行政行为的公定力,是指行政行为一经作出,即对任何人推定为合法、有效而予尊重的法律效力。行政行为的这一法律效力是民事法律行为所不具有的"。我国《物权法》第 16 条规定:"不动产登记簿是物权归属和内容的根据。"该法第 17 条规定:"……不动产权属证书记载的事项,应当与不动产登记簿一致;记载不一致的,除有证据证明不动产登记簿确有错误外,以不动产登记簿为准。"由此可见,不动产登记行为是具有公定力的。登记簿上登记的权利人被推定为真正的权利人,即使登记错误,因依赖该登记而进行交易的人,法律仍然承认其具有与真实的物权相同的法律效果,并且该登记行为在未经法定有权机构依法定程序撤销之前,仍然有效。①

其次,不动产登记符合行政行为的从属法律性、强制性、单方性。(1)行政行为的从属法律性,是指行政权的来源是宪法和法律,行政机关行使行政权的行为必须符合宪法和法律的规定,我国《物权法》第 6 条规定:"不动产物权的设立、变更、转让和消灭,应当依照法律规定登记。"由此可见,登记机关的行为应当严格依照法律规定的方式、权限、步骤进行,这便是公法行为所遵循的"法无授权皆禁止"。(2)从我国《物权法》第 6 条也可以看出,我国实行强制登记制度。登记并非源于当事人的自愿委托而是直接源于国家行政权,申请人必须依法向登记机关申请登记,否则其不

---

① 参见王泽鉴:《民法学说与判例研究》(第二册),中国政法大学出版社 1997 年版,第 28 页。

动产的相关权利便得不到法律的有效保护。当事人并没有自主选择登记与否的自由,不动产登记的强制性是其不同于私法行为最明显的特征。(3)一般而言,私法行为体现的是各方主体的一致意思表示,而行政行为是行政主体的一种单方面意思表示。不动产登记中最主要意思表示是不动产登记机构是否准予登记的意思表示,虽然属于依申请的行政行为,也并没有改变其单方性。

(四)不动产登记是行政确认行为

在明确不动产登记的行政行为属性后,本课题组认为,不动产登记属于行政行为中的行政确认行为。这里需要厘清行政确认与行政许可行为之间的区别。行政确认,是指行政主体依法对行政相对人的法律地位、法律关系或者有关法律事实进行甄别,给予确定、认可、证明或否定并通过法定形式予以宣告的具体行政行为;行政许可,是指在法律规范一般禁止的情况下,行政主体根据行政相对人的申请,经依法审查,作出准予或不准予其从事特定活动的行政行为。

两者在实践中往往容易混淆,但其区别也是明显的:第一,对象不同。行政确认,是指对行政相对人既有法律地位、法律关系或者有关法律事实的确定和认可,主要是指对身份、能力和事实的确认;行政许可的行为对象是行政相对人进行某种一般禁止的权利或资格,主要是作为性的行为。第二,法律效果不同。行政确认是对既有的身份、能力、事实的确定和认可,其法律效果具有前溯性,对今后仅是一种预决作用;而行政许可的法律效果具有后及性,行政相对人经许可后便可从事某种一般禁止的行为。

不动产登记是登记机关通过审核并颁发权利证书对不动产权属法律关系的确认,该权利证书就是证明权利人合法拥有不动产权利真实性、合法性的凭证,正符合行政确认的行为特征,不同于行政许可赋予权利的特性。我国《行政许可法》制定初期的征求意见稿也确实将不动产登记规定为行政许可行为,后来为立法机关否定。最终我国《行政许可法》采用了狭义的行政许可,只将行政许可局限于对禁止解除的、赋权性的行政行为,而排除了行政确认等广义的行政许可类型。国务院法制办公室也已经在《行政许可法疑难问题解答》中指明,产权登记、机动车登记、抵押登记等不是行政许可行为,并且不动产登记本身并不创设权利、义务,仅是对某种事实状态进行公示,起到的是一种确认作用。由此可见,不动产登记行为的行政确认属性已不容置疑。

三、不动产登记制度与效力模式、审查标准的逻辑关系

(一)对3种不动产登记制度的分析

不动产登记制度,是指涉及不动产登记所有环节和因素的总和。由于不动产登记制度决定一国的社会财产秩序,因此,各国均制定了专门的立法予以规范。综观各国规定之特点,可将全世界的不动产登记制度大致分为契约登记制度、权利登记制度、托伦斯登记3种,每种登记制度中的登记效力也各有不同。

1. 契约登记制度

契约登记制度首创于法国,又被称为“法国登记制度”。该制度以物权变动中的债权意思主义为理论基础,即只需当事人意思表示一致订立契约即可发生不动产物权变动的效力,是否登记由当事人自行决定,且不登记并不影响物权变动的效力。但如果当事人签订契约后又进行了登记,则该权利就有了对抗第三人的效力,登记只是对抗要件而非生效要件。由此可见,契约登记制度中采用的是“登记对抗主义”。对登记机关来说,登记机关只对当事人申请登记的手续进行形式审查,对契据内容是否真实、是否有瑕疵则在所不问。该种登记不具有公信力,对于登记簿上已经记载的权利事项,公众不可推定具有确定的效力,如果出现第三人对此存在异议,仍依据实体法确定该权利的归属。目前,采用此制度的国家除法国外,尚有日本、意大利、比利时、西班牙、美国大部分州。

2. 权利登记制度

权利登记制因首创于德国,故又称为“德国登记制度”。该制度以物权变动中的形式主义为理论基础,不动产物权的变动除当事人的意思表示外,还必须经过登记程序才能取得物权变动的效力。登记是作为物权变动生效的必要条件,具有公信力,登记簿记载的事实,即使与真实状态不符或在实体法上存在登记原因有瑕疵,公众也完全可以推定其具有确定的效力。由此可见,该制度采用的是“登记生效主义”。登记机关应当对申请进行实质审查,不仅审查登记手续在形式上是否齐备,还要对不动产变动的原因与事实是否符合、有无瑕疵等予以审查,经审查无误后,方可予以登记。目前,采用此制度除德国外,还有荷兰、奥地利、匈牙利、南斯拉夫等国家。①

---

① 参见黄克伟:《不动产登记的理论与实务》,国家行政出版社1998年版,第27页。

3. 托伦斯登记制度

托伦斯登记制度又称“澳洲登记制度”、“登记发证制度”或“地券交付制度”，此制度为托伦斯爵士于1858年首创。其基本特点是首先由政府进行一次土地总清理，将土地按照自然区划作成不动产登记簿或土地登记簿，然后让土地的权利人“对号入座”，即按照土地的权利人确定其权利的“地籍”总登记。后来的不动产物权变动则在此基础上进行变更登记。实行托伦斯登记制，政府并不强制当事人申请登记，而是由当事人自己决定，但是对于已经登记的不动产权利，在以后的转移和变更中，未经登记不发生效力。登记机关对当事人的登记申请进行实质性审查，并创设赔偿基金会对因登记机关登记错误而受损的权利人予以赔偿。由此可见，托伦斯登记制与权利登记制采用的“登记生效主义”基本相同，区别在于托伦斯登记制采取任意登记制、设置赔偿基金会、登记发证制度[在登记后制作土地权利证书(地券)一式二份，一份交申请人保存，作为确认权利的证明，一份由登记机关保存，以备编成登记簿。土地权利书状为登记人享有登记的土地权利的凭证，当权属状态发生变化时，登记申请人应将旧地券交回，由登记机关重新颁发新地券]。目前，除澳大利亚采用此制度外，还有英国、加拿大、爱尔兰、新西兰、菲律宾、马来西亚和美国的10余个州等也采用此制度。

研究发现，虽然不动产登记制度有3种，但由此派生出来的效力模式却只有两种：一是登记对抗模式；二是登记生效模式。登记对抗模式的优点在于：一是尊重当事人的意思自由，国家干预程度低；二是登记方式灵活，手续和程序简便，因而减少了交易成本，有利于交易便捷；三是对登记机关和登记人员的素质要求不高，政府负担较轻。而其缺点在于任意登记和形式审查削弱了登记的公信力，不利于定分止争和维护交易安全，因此，采取登记对抗主义的国家通常均辅以一套完备的相关配套制度来弥补其缺陷。而登记生效模式的优点在于：一是便于明晰物权变动及其归属，充分保护物权权利人的利益；二是登记具有公信力，有利于保护第三人利益和保障交易安全，并有助于减少纠纷时的举证困难；三是有利于国家从宏观层面收集有关不动产的信息，加强管理和监控。登记生效模式的弊端在于妨害当事人意思自治，且交易成本过大、效率较低，且对登记机关和人员素质要求相当高、政府负担较重。

不同的登记效力模式，决定了对不动产登记的审查可以分为实质审查和形式审查。在登记生效模式中，登记机关对登记事项实行实质审查；在登记对抗模式中，登记机关对登记事项实行形式审查。所谓实质审查是指登记机关必须就申请人所提交的材料的真实性承担实质调查和验收的义务。所谓形式审查是指登记机关仅就当事人所提交的书面材料进行审查,如果材料本身没有瑕疵,而不讨论材料实质上是否存在虚假问题,就可以依据材料所显示的内容进行登记。实质审查和实行形式审查各有利弊。实质审查的优点在于:第一,适应了市场经济发展初期的要求。在市场经济发展初期,整个社会面临从计划经济向市场经济的转型。如果对登记的事项不进行实质审查,极易造成欺诈现象。第二,有利于保护交易当事人的合法权益。在实践中,由于登记机关不实行实质审查,常常发生登记错误,而使交易当事人蒙受损害。如果建立实质审查制度,就可极大地减少交易当事人受到的损害,保护交易当事人的合法权益。第三,有利于强化登记机关的责任感。登记的实质审查主义与登记机关的责任是联系在一起的,如果实行形式审查则在发现登记错误以后很难确定登记机关的责任。而在实行实质审查以后,因登记机关的故意或过失导致登记错误,造成相对人损失时,登记机关应有义务进行赔偿,以强化登记机关的责任感,消除登记错误。第四,有利于强化登记的公示和公信功能。如果登记内容经常发生错误,交易当事人就会经常依据错误信息发生交易,而过多的登记错误会使人们越来越不愿意去查阅登记簿,从而降低登记的公示和公信功能,造成交易的极大障碍,并使真正的权利人受到损害,尤其是使没有过错的、无辜的人遭受损害。实质审查的弊端表现为:第一,将造成公权力对私权利的侵扰和过分干预。目前,大部分国家的登记机关为行政机关,登记行为表现为一种行政行为,将审核权利人的实体法律关系作为物权变动的生效要件将限制权利人的意思自治。第二,加大申请人的交易成本负担,延缓不动产交易效率,违反不动产登记的服务宗旨。由于实质审查要求对实体法律关系是否成立进行认定,因而必然增加了审核的内容,同时,登记机关为避免登记错误、遗漏而仔细审查,必然拖延登记速度,影响物的流通。而采用形式审查这种方法的优点在于,公权力不干预私权利,登记的效力仅依当事人意思自治,登记并无公信力,仅有对抗力,故登记效率很高但成本低,由此产生的弊端亦不少。登记的是否为真实权利,一般交易相对人无从知晓,未登记的物权虽已产生却无对抗力,这样对交易的安全极为不利。另外,不得对抗第三人的范围应如何确定,也是一个难题。

(二)我国对不动产登记制度的选择

根据上述分析,我国也应当根据自身的经济制度、社会信用、交易习惯等确定不动产登记制度。学界对于“登记对抗模式”和“登记生效模式”的选择展开了广泛的争论,在我国《物权法》出台以前,对于不动产登记效力的法律规定也较零散、混乱。我国2007年《物权法》的出台对此进行了明确规定,该法第6条规定:“不动产物权的设立、变更、转让和消灭,应当依照法律规定登记。”该法第9条规定:“不动产物权的设立、变更、转让和消灭,经依法登记,发生效力;未经登记,不发生效力,但法律另有规定的除外。”由此可见,我国采用了以登记生效模式为原则的效力模式。

同时,鉴于我国的实际情况,我国《物权法》对不动产物权登记的效力也作出了例外规定,主要分为两类:一是我国《物权法》第28条至第30条规定的非依法律行为而发生物权变动的情形。主要包括以下3种情形:(1)因人民法院、仲裁委员会的法律文书或人民政府的征收决定等,导致物权设立、变更、转让或者消灭的,自法律文书或人民政府的征收决定等生效时发生效力;(2)因继承或受遗赠取得物权的,自继承或受遗赠开始时发生效力;(3)因合法建造、拆除房屋等事实行为设立或消灭物权的,自事实行为成就时发生效力。这些物权的变动是因法院判决、政府征收决定、继承或遗赠以及合法建造等直接发生效力,因此,不必遵循依法律行为而进行的物权变动所应进行的一般公示。但为了保障交易秩序与安全,我国《物权法》第31条规定:“依照本法第二十八条至第三十条规定享有不动产物权的,处分该物权时,依照法律规定需要办理登记的,未经登记,不发生物权效力。”对此,世界许多国家和地区立法皆作出了限制性规定,即当事人于登记之前所取得的不动产物权,非经登记,不得处分。二是考虑与现行法律规定相衔接的实际需要,我国《物权法》没有对依法律行为而进行物权变动的不动产物权的设立、变更、转让和消灭一概规定为必须经依法登记才发生效力。如我国《物权法》第121条第1款规定,“土地承包经营权自土地承包经营权合同生效时设立”;该法第129条规定:“土地承包经营权人将土地承包经营权互换、转让,当事人要求登记的,应当向县级以上地方人民政府申请土地承包经营权变更登记;未经登记;不得对抗善意第三人”;该法第158条规定:“地役权自地役权合同生效时设立。当事人要求登记的,可以向登记机构申请地役权登记;未经登记,不得对抗善意第三人。”因此说明在一些具体情况下的不动产物权变动采用了“登记对抗模式”。

另外,我国不动产登记中实行的“登记发证制度”与托伦斯登记制大体一致。在实行登记时,登记机关在将不动产权利记载于登记簿的同时也发给不动产权利人权属证书。权利人在有了权属证书以后,利害关系人只需查看权属证书的内容,而不一定要到登记机关查阅登记簿,从而方便了权利人及与之交易的第三人。登记是不动产公示的一种方式和制度;发证则是在登记的同时,登记机关发给权利人的权利凭证,这种权利凭证仅证明登记机关有此一项权属状况的记载,它并不能流通,如房屋所有权转移并不能以当事人之间交付的权属证书为准。登记的法律效力是来自登记机关的登记簿,如果权属证书的记载与登记簿不一致时,应当以登记簿的记载为准。①

综上所述,我国《物权法》综合借鉴了 3 种登记制度的因素,对不动产登记的效力采用了以"登记生效模式"为原则,以"登记对抗模式"为例外的模式。这既符合我国经济发展现状和市场信用状况,也尊重了长期的交易习惯,同时也兼顾了法律的衔接与稳定性,是适应目前实际的正确选择。基于我国登记制度的原则框架,确立对登记事项的多元化审查标准势所必然,即形式审查和实质审查分别适用于我国各类登记事项中,甚至是同一登记事项的不同阶段,用任何单一的立场和方法解决登记审查标准的问题都有悖于我国登记制度发展的客观实际。

四、两种审查标准的界定与运用

在具体的不动产登记活动中,登记机关或人民法院究竟适用形式审查还是实质审查,一直争论不休,甚至对于何谓形式审查、何谓实质审查也存有争议。有的学者从登记审查的范围对二者进行界定,认为形式审查就是仅审查登记申请的手续是否合法、提供的申请材料是否齐备,实质审查不仅审查登记申请的手续是否合法,还要审查登记事项是否与实体法上的权利关系一致,甚至审查实体法上的权利关系是否有效。有学者则从登记机构的调查权限上界定二者,形式审查只进行书面审查,而实质审查是指登记机构接受了登记申请之后,应当对登记内容进行询问和调查,以确保登记内容的真实性。还有学者认为,登记机构的审查权限如果及于不动产变动原因关系的,就是实质审查;反之,就是形式审查。

在理论上争论不休,在实践中也各行其是。通过调研各地资料,发现登记机关对不动产登记的审查存在多种模式。(1)深圳模式。深圳市房地产登记审查主要采取的是窗口处理加形式审查的方式。登记机关只需要对登记申请人是否提交了必

① 参见王达、于静:《物权法中不动产登记的行政法效力及其赔偿问题(下)》,载《中国房地产》2007 年第 8 期。

需的文件及文件是否真实作表面性审查,无须对申请背后的实体法律关系加以审查。这主要是出于行政效率的考虑,而且房地产交易中心的登记审查人员均系外聘的社会人员,未经任何专业法律培训,不具备发现实体法律关系瑕疵的能力。这样的审查方式显然很难保证申请材料的真实性,权利人的信赖利益受到损害的风险增加。(2)丹江口模式。该市国土资源局的审查人员在审查过程中要经过3个步骤。第一,程序审查。主要就本机关对登记有无管辖权,登记申请以及相关文件是否符合法律规定的形式要件,证明文件的真实性、登记申请的内容是否与援引证书等证明文件的内容相吻合,申请人或其代理人是否具有完全行为能力、资格是否适合进行审查。第二,产权审查。主要审查登记义务人的权利是否与登记簿上的权利相吻合,权属来源是否合法,产权是否存在争议和分歧。第三,技术审查。主要就面积、界址是否清楚、相邻土地权利人是否签字等进行全面审查。(3)柳州模式。该市国土资源局在审查申请材料的真实性时,多要求申请人进行公证,即不仅要对申请材料在形式上是否完备进行审查,还要对申请背后的法律关系进行审查。例如,夫妻共同所有的房屋,登记时一般多以夫妻一方的名义进行登记,但在转移时登记机关多要求另一方出具相关证明。但在事实上,由于信息不对称,登记机关对实体法律关系缺乏发现能力,只是尽最大可能对申请进行审查,难以彻底。总体来说,目前,登记审查为形式审查还是实质审查本身就存在模糊不清的标准,在实务中操作各异,也容易引起登记机关与人民法院的矛盾。一些登记机关认为已对不动产登记申请尽了应有的审查义务,人民法院不应以超出登记机关审查能力以外的事实否定登记的合法性,造成登记机关与人民法院对同一登记事项的审查标准产生严重冲突,给司法审查带来困难。

本课题组认为,要准确界定不动产登记的审查标准,还得从我国《物权法》中找依据。从我国《物权法》第12条的规定来看,不动产登记机构的审查事项主要有:一是查验当事人提供的证明文件和必要材料;二是在必要时可以就登记事项询问申请人;三是认为申请登记的不动产有关情况需要进一步证明的,可以要求申请人补充材料,必要时还可以实地查看不动产的情况。对该条规定的不动产登记审查模式是采实质审查还是形式审查在理解上有不同认识,在全国人大法工委民法室编写的《物权法释义》一书中,其作者认为,我国《物权法》并未对此作出明确规定,“既没有试图界定什么是实质审查,什么是形式审查,更不去回答《物权法》要求不动产登记机构进行实质审查还是形式审查"。[①] 因此,只有从体系解释的角度把握物权法的精神实质。前文已讲到,不同的登记效力确立了不同的不动产登记制度,而不同的审查标准决定了不同的登记效力。实行契约登记制度的,登记机构适用形式审查标准,产生登记对抗效力。实行权利登记制度的,登记机构适用实质审查标准,故登记生效。我国《物权法》第 9 条规定:"不动产物权的设立、变更、转让、消灭,经依法登记发生效力,未经登记,不发生效力",该条原则上明确了我国不动产登记的效力为登记生效,基于此,可以得出结论:我国的不动产登记制度主要实行权利登记,审查标准适用实质审查,在其他方面实行契约登记,审查标准适用形式审查。

根据我国《物权法》第 12 条的规定,可以研究所谓实质审查的内涵是什么。第一,从审查的材料来看,包括了我国《物权法》第 12 条规定的权属证明材料和标明不动产情况的材料以及其他必要材料。权属证明材料主要是指权利设立、变更、转让和消灭的证据材料,包括不动产物权设立、转让、变更、消灭合同,以及人民法院或者仲裁机关的生效法律文书,这实际上已经表明我国《物权法》规定的登记审查不仅是在形式上对提交材料的审查,还要查验这些材料的真实性。第二,从登记机构可以询问登记申请人来看,说明登记审查要以确保登记内容的真实性为目的,可以对登记的内容进行询问,以了解不动产物权的实际情况。第三,登记机构在必要时还可以实地查看不动产,实际上赋予登记机构以调查职权,只有在实质审查模式下,登记机构才有调查职权。第四,实质审查赋予登记机构更大的审查权力,其目的就在于确保登记的准确性,减少登记的错误。而形式审查,由于仅是审查材料数量种类是否齐备,外观形式是否符合规定,是否遵循法定申报程序,并不涉及保证登记真实正确的问题。当然,登记机关履行形式审查职责并不意味可以放弃合理的注意义务。所谓合理注意义务是指除作为不动产登记职能部门的一定专业性要求外,登记机关及其工作人员作为普通"理性人"在履行职责时应该具有的注意义务。例如,登记机关工作人员在审查不动产转移登记申请人提交的转让协议时,应当注意到有转让人的签名或印章,而且这种签名或印章,至少在表面上看不出伪造的痕迹,如果任何有理性的人均可发觉协议的真实性问题而登记机关工作人员未能发觉的,就应当视为未尽到合理的注意义务。再如,对于申请人提交的权属证明材料,即使从形式上审查已经符合法定要件,但是如果登记机关已经通过其他途径得知权属证明材料存在

① 胡康生主编:《中华人民共和国物权法释义》,法律出版社 2007 年版,第 245 页。

伪造的可能，就不能对其真实性和合法性问题视而不见，而应进行更深程度的审查。在“倪某诉重庆市土房局房屋转移登记案”中，法院在承认申请材料存在伪造的可能的情况下，仍驳回了倪某的诉讼请求，此做法值得商榷。

此外，根据我国《物权法》的表述，所谓实质审查并不包括对基础民事法律关系的审查，即排除对物权变动原因关系的审查。因为审查原因关系与登记机关的职能是相冲突的。我国不动产物权登记是一种行政确认行为，行政确认仅是对现有法律事实和法律关系的确认，并不具有解决纠纷的功能。在我国现行立法中找不到不动产登记机关可以审查民事实体法权利关系即不动产物权变动原因关系的规定，相反，却存在“房屋所有权不清的，暂缓登记”“因房屋产权引起的纠纷，可由当事人共同协商解决，也可申请房地产仲裁机构或诉请法院裁决”的规定。法律法规并未赋予不动产登记机关在查清物权变动原因关系，在确认不动产权属后，作出准予或不予登记决定的权力。因此，只要不动产登记机关对申请人提供的相关证明材料手续是否真实合法，材料是否齐备进行审查，并在力所能及的范围内对材料的真实性和有效性给予合理注意义务，即完成了物权法所规定的登记机关的实质审查义务。

需要注意的是，登记机关在实质审查中是否应当排除对债权合同审查的问题。从立法的角度来看，我国《物权法》第 11 条规定，当事人申请登记，应当根据不同登记事项提供权属证明和不动产界址、面积等必要材料。相较于《物权法（草案）》（六审稿）第 11 条的规定，正式出台的《物权法》中明确删除了“合同”两字，这充分反映出立法者排除审查债权合同的努力。但是，由于物权行为理论在我国仍然未被普遍接受，立法者的这一努力是否奏效，尚难下结论。当然，排除对债权合同的审查，而只审查包含在登记申请中的物权合意，不但可以大大减轻登记机关的审查负担，而且由于其判断登记错误的标准不再依靠复杂多变的债权合同，而是依赖透明中性的物权合同，这样就可以大大限缩“登记错误”的范围，减少登记机关错误赔偿的责任。所以在实践中，很多地方的登记机关早已在审查中明确排除了对债权合同的审查，而是由当事人双方在登记机关当场填写房屋权属移转的申请书；其内容也很简单，仅仅表明卖方同意将房屋所有权移转给买方或者为他方设定他物权。这实际上是贯彻了单纯审查物权合意而不审查债权合同的做法。本课题组就此问题曾经向土地登记机关的工作人员作过调研，大部分登记人员都迫切希望和要求不去审查债权合同。譬如，在办理涉外抵押登记时，其抵押合同约定按照国外法确定合同效力，而中国登记人员无法知晓国外法究竟是如何规定的，如果不排除合同效力的审查，并且按照合同效力判断登记是否错误,登记机关将不堪重负。所以,他们强烈呼吁不动产登记一定要排除对合同的审查。本课题组认为,从不动产登记实际出发,登记机关不能完全排除对合同的审查,但应仅限于合同能否证明物权的变动,毕竟通过合同转让物权是登记的一个主要原因。但是,决定合同有效性、合法性的内容部分,并非登记机关的审查范围,登记机关不能也无力判断这个理应由争议解决机关处理的问题。这种理解与立法者当初删掉草案中有关"合同"表述的想法是一致的。

基于我国不动产登记制度的多元构架,决定了不同的登记事项须采取不同的审查标准,譬如,实行权利登记制度的事项中采实质审查标准,而实行契约登记制度的事项中采形式审查标准。但是,同一事项的不同登记阶段是否适用不同的审查标准,很少有人仔细研究。在这次调研中发现,我们国内已有学者注意到工商初始登记与工商变更登记的区分,循着这条思路,本课题组认为,不动产的初始登记与变更登记确实存在不可忽视的区别。所谓不动产初始登记是指登记机关对申请人享有某项不动产物权的权利确认,是行政机关的一个主观意思表示,并有意通过行使职权将这种意思表示转化为直接产生法律效果的行为。而不动产变更登记,并不包含行政机关的意思表示,只是登记机关以观念方式作出的一种准行政行为,代表其对客观事实的认知与判断。登记机关变更登记的内容是对申请人权利享有与处置情况进行核实、登录,本身并不包括登记机关的意志作用。即不动产变更登记行为并没有为行政相对人直接设定行政法上的权利与义务,且变更登记产生何种法律效果是由法律法规直接作出规定的,行政机关的主观意思表示不具有决定意义。因此,本课题组认为,对于不动产初始登记应进行实质审查,对于变更登记以形式审查为原则。作为首次把不动产纳入登记系统的初始登记,是以后其他登记的源泉和基础,不仅要做到账账相符,更要做到账实相符,因此,按照我国《物权法》第12条的规定,登记机关应当履行查验、询问、如实及及时登记以及实地查看等职责,以保证不动产物权的真实性、合法性。而不动产变更登记时,申请人应当对申请文件、材料的真实性负责。登记机关审查变更登记行为时,只是对所需材料是否完整和齐备、是否符合法定形式进行审查,而对于材料的真实合法性,登记机关并无法定职责进行鉴别,也不能渗入自己的意志进行评判。因此,不动产变更登记仅推定登记机关作出变更登记所依据的材料符合法律的形式规定,而并不等于推定变更登记行为所记载的权利状况具有真实性,登记随时准备因相反证据的出现而再次变更。从我国《物权法》专门建立了不动产登记的异议登记制度的规定可以看到,立法者将纠正变更登记与客观状况不符的任务主要交给司法机关通过民事诉讼来解决，而不是让登记机关通过履行更严格的审查标准来杜绝，因为只有先解决民事权利义务变更的合法有效性问题，才能解决变更登记行为的合法性问题。

五、不动产登记错误的责任归属

（一）不动产登记赔偿责任的性质及归责原则

登记赔偿责任的性质，各国或地区规定不一。例如，根据德国《土地登记条例》等法律的规定，由于登记机构的原因发生登记错误，可以根据民法典中关于违反职务义务的责任的规定，由受到损害的权利人请求登记机构赔偿。赔偿范围适用民法损害赔偿法的规定，包括可得利益。赔偿只限于金钱，不适用恢复原状。赔偿金源于国库。显然，德国是将登记行政视为国库行政，登记赔偿责任属于民事责任；而根据我国台湾地区"土地法"的规定，因登记错误遗漏或虚伪致受损害者，由该地政机关负损害赔偿责任。但该地政机关证明其原因应归责于受害人时，则不在此限。这里的登记赔偿责任属于行政法律责任。

为了增强登记机关及其工作人员的责任心，使当事人的合法权益免受不当损害，我国物权立法针对不动产登记规定了两种应当赔偿的情形，同时确立了不动产登记错误赔偿的连带责任原则。我国《物权法》第21条规定："当事人提供虚假材料申请登记，给他人造成损害的，应当承担赔偿责任。因登记错误，给他人造成损害的，登记机构应当承担赔偿责任。登记机构赔偿后，可以向造成登记错误的人追偿。"虽然该条规定确立了我国物权登记责任，但并未明确不动产登记赔偿责任的性质是民事赔偿责任还是国家赔偿责任。

对于我国登记赔偿责任的性质，学界与司法实务界观点不一。有的学者从不动产登记是民事主体请求登记机关作出登记的行为出发，认为申请行为在本质上为相对人的表意行为，不属于法律行为，具有程序法行为特质，因而基于登记申请的虚假申请资料而发生的登记错误致人损害的，应当属于共同侵权，登记机关承担损害赔偿责任；[①]而司法实务界持另一种意见认为，不动产登记是以国家的公信力为不动产交易提供法律基础的行为，如果登记机关审查不严，造成损害的，应当承担相应赔偿责任。行政许可法规定，因登记机关未尽审查注意义务，未尽完善履行其法定职责，

① 参见屈茂辉：《不动产登记申请的法理与规则》，载《法学研究》2007年第2期。

应当承担行政赔偿责任。[①] 本课题组认为,以上观点仅抓住不动产登记性质多重特点中的一个,得出的结论难免会脱离不动产登记的本质属性。

根据行政法与行政诉讼法理论,不动产登记行为的主体是依法律法规授权行使登记职权、履行登记职责的行政主体,不动产登记行为是根据法定程序对特定对象作出的具体行政行为,由此产生的法律责任就应当属于行政责任,那么相应的错误登记赔偿责任的性质就属于行政责任中的国家赔偿责任。但登记行为与一般的行政行为相比又具有其特殊性:第一,登记行为属于物权行为不可缺少的组成部分,是镶嵌在不动产民事法律行为之中的行政行为;第二,登记行为是一种复合行为或者说是双方行政行为,需要行政相对人的积极参与配合才能完成相关登记。从某种意义上来说,登记法律关系主体均是登记行为的主体;第三,登记行为是不动产流转的中介行为,既确认不动产的物权权属关系,又面向社会提供相关的交易信息与权属信息,为物权流转提供保障,其中任一环节产生的纠纷都能与登记行为产生联系,但需要区分直接关系和间接关系;第四,不动产登记从属于物权变动公示原则、区分原则,而支持这些原则的,是物权行为理论,而不是行政授权、行政确权,物权变动的"权源"属于民众,而不是政府的公共权力,所以应当将不动产登记理解为当事人不动产物权发生变动意思表示推动的结果。[②] 因此,在某种程度上,登记行为也具有一定的民事属性,这也是我国《物权法》第21条规定的初衷。但应当看到,在没有建立起相应配套制度前,该法第21条的规定与民众对登记赔偿的认知及司法实践现实脱节,因为若将该条规定的赔偿责任的性质定为民事侵权责任,并让登记机关与侵权人承担连带责任是很困难的,司法界迄今没有产生一件这样的案例就是明证。此外,根据我国国家赔偿法的规定,行政机关承担了国家赔偿责任之后,可向负有故意或者重大过失的公务员、受委托组织或个人追偿。如果这种登记机关赔偿之后可向造成错误登记的共同侵权人追偿责任视为国家赔偿责任,也是不符合现行行政诉讼与国家赔偿理论和规定的。而将登记赔偿责任确定为国家赔偿责任,既有理论依据,又可利用现有的解决机制,不会因重大认识转折导致行政和民事审判的受案混乱,这就是我们坚持登记错误责任归属的国家赔偿性质的根本原因。

在明确不动产登记的性质为国家赔偿性质后,其归责原则也就相应确定了。根

---

① 参见杨临萍:《行政审判中的物权观念》,载《人民司法(应用)》2007年第17期。

② 参见孙宪忠:《我国物权法中物权变动规则的法理评述》,载《法学研究》2008年第3期。

据我国国家赔偿法的规定,国家赔偿实行违法归责原则,而不能实行过错归责原则。当然,对行政行为的违法性应作广义理解,除违反法律、法规、规章的具体规定外,还应包括违反诚实信用、公序良俗、权利滥用禁止、应尽合理的注意义务等抽象的法律原则。本课题组之所以赞成不动产登记损害赔偿实行违法归责而不是过错归责,除由国家赔偿法的基本归责原则所决定外,还有一个原因是为了避免在诉讼中主观认定方面的困难,以减轻行政相对人的证明责任。

(二)登记机关承担赔偿责任的分类

对于不动产登记机关登记错误的赔偿方式,在司法实践存在以下几种做法。

1. 承担连带责任

是指因登记错误给当事人造成损害的,当事人提出赔偿请求时,由登记机关先赔偿全部损失,然后登记机关再向民事侵权行为人追偿其所应当承担的份额,可以称为连带责任。由于不动产登记机关的行政赔偿有国家赔偿金作为保障,因此这种做法有利于切实保护受害当事人的合法权益。但是,让登记机关承担连带责任并没有解决登记机关和民事侵权人的责任分担问题,而且登记机关向民事侵权行为人追偿缺乏相应的制度保障。我国《国家赔偿法》只规定了赔偿义务机关代表国家向赔偿请求人支付赔偿费用后,可以责令负有故意或重大过失的公务员、受委托的组织或个人负担部分或全部赔偿费用,而未对民事侵权加害人的追偿予以规定。因此,我国《物权法》第 21 条规定的追偿机制,虽具有前瞻性,但面临与我国《国家赔偿法》的衔接难题,在实践中操作不畅。

2. 承担份额责任

是指法院根据案件的具体情况,依据自由裁量权确定登记机关应当承担的责任份额,判令其赔偿相应的损失,这是目前司法实践中较通行的一种做法。它的一个间接依据就是最高人民法院《关于公安机关不履行法定行政职责是否承担行政赔偿责任问题的批复》(〔2001〕法释第 23 号)的规定,“由于公安机关不履行法定职责,致使公民、法人和其他组织的合法权益受到损害的,应当承担行政赔偿责任。在确定赔偿的数额时,应当考虑不履行法定职责的行为在损害发生过程和结果中所起的作用等因素”。这就要求法院在处理登记错误案件时,应充分考虑登记机关在损害后果发生过程中所起作用的大小,来确定其所应承担的赔偿数额。应当看到,实行按份责任虽有司法解释的依据,但这一制度将登记机关应承担的赔偿数额完全交由法院酌情确定,缺乏较详尽的法律依据,而且法院的自由裁量权过大,势必增加社会对法院裁判的压力。

3. 承担补充赔偿责任

即受害人原则上应先以对民事侵权人提起民事诉讼方式来寻求救济,当该程序不能满足当事人的救济要求或赔偿不能得到履行时,受害人才可以提起行政赔偿诉讼,由登记机关承担行政赔偿责任。人民法院一般做法是告知受害人可以同时提起民事诉讼和行政赔偿诉讼,然后先中止行政赔偿诉讼,等待民事诉讼结果,视民事诉讼的结果确定登记机关是否承担补充赔偿责任。这种做法单纯站在行政审判角度看比较简单,但从整个法院的工作全局来看,这种做法耗时非常长,且证据收集也成为问题,不利于查清事实。因此,有的法院采取一种新的模式,即让原告以不动产登记机关为被告,以民事侵权人为第三人提起行政赔偿诉讼,法院可以判决民事侵权人承担直接赔偿责任,不动产登记机关承担补充赔偿责任的方式。支撑这种模式的间接依据是最高人民法院《关于贯彻执行〈中华人民共和国行政诉讼法〉若干问题的意见》(已于2000年3月10日失效)第19条的规定,即公民、法人或者其他组织对行政机关与非行政机关共同署名作出的处理决定不服,向人民法院提起行政诉讼的,应以作出决定的行政机关为被告,非行政机关不能当被告。但侵犯公民、法人或者其他组织合法权益,需要进行赔偿的,人民法院可以通知非行政机关作为第三人参加诉讼。

显然,从连带责任、份额责任到补充责任,登记机关承担的行政赔偿责任越来越轻。那么,登记机关究竟应承担什么样的赔偿责任?本课题组认为,不能一概而论,应具体情况具体分析。根据我国国家赔偿法的规定,行政机关承担赔偿责任须满足4个要件:行政主体、行政行为、损害后果、因果关系。其中,行政行为与损害后果之间的因果关系直接影响登记机关承担赔偿责任的方式。通过研究调查收集的案例材料,结合不动产初始登记与变更登记对审查标准的要求,根据登记行为与当事人的权利损害的联系紧密程度,本课题组认为,应当区分情形对登记机关的登记责任作出规定:(1)申请人如实提供申请材料并无过错,登记机关错误登记,因此造成权利人财产损失的。登记机关的违法登记行为与权利人损害之间存在直接因果关系,登记机关应承担全部赔偿责任。例如,登记机关把房屋的界址、面积以及属性登记错误,使当事人在拆迁补偿时受到损失。(2)申请人存在提供虚假材料、骗取登记的故意,登记机关存在未尽合理的审查义务或违反法定程序等违法情节,但二者不存在行为的关联性,即错误登记不是由于登记机关与申请人的共同故意造成的。此种情形属于民法侵权行为理论中的原因竞合,不构成共同侵权。登记机关承担按份责任,仅对其违法行为造成的损害承担赔偿责任。但是,如果登记机关已尽到合理审查义务,则不承担赔偿责任。(3)登记机关与申请人恶意串通,当事人提供虚假材料,登记机关故意放弃审查职责,登记错误由登记机关与申请人共同造成,构成共同侵权,权利人的损害是由违法的行政行为与民事侵权行为共同造成,登记机关应与民事侵权行为人承担连带赔偿责任。(4)登记机关无正当理由拒绝履行或拖延履行登记职责。由于拒绝履行或拖延履行登记职责属于行政不作为,不作为本身并不是损害结果发生的原因,损害结果可能是由于第三人等原因造成,登记机关拒绝或拖延履行法定职责只是加大了损害发生的盖然性,即如果登记机关依法、及时履行法定职责,则极有可能避免损害的发生。在此种情形下,应以加害人的赔偿责任为主,登记机关承担补充责任。(5)因物权变动原因导致不动产登记不真实的,登记机关不承担赔偿责任。物权变动的原因有事实行为(我国《物权法》第30条规定:"因合法建造、拆除房屋等事实行为设立或者消灭物权的,自事实行为成就时发生效力。")民事法律行为(买卖、互易、抵押、赠与、遗赠)行政行为(行政征收、行政许可)司法行为(人民法院的生效裁判导致物权变动并不代替物权公示,生效裁判仍然需要通过不动产登记完成公示)。这类情况往往在登记时不动产物权与真实状况是相符的,但因法定事由物权发生变化,登记机关顺应这种变化进行新的登记,并不意味着登记机关要为过去的登记承担责任。

登记机关不承担责任的情形,除因物权变动原因导致不动产登记不真实,登记机关的登记行为与损害后果不存在直接因果关系外,因司法处置导致损害后果的,登记机关即使有违法行为,原告也有损害事实,但损害事实与登记违法行为之间并没有直接因果关系,登记机关也不承担责任。譬如,在瑞奇系列案中,瑞奇公司假造材料,骗取登记机关注销原房屋购买者的房屋预售登记后,又一房多卖,事发后瑞奇大厦被司法处置,原来价值10亿元的房产司法拍卖后仅值4亿多元,第三人起诉登记机关赔偿损失,其实房屋在第三人名下并未变动,虽然登记机关对原房屋购买者有违法注销行为,但与第三人的损失没有直接的因果关系,第三人的损失是因司法处置带来的,因此,登记机关不承担赔偿责任。

六、对不动产登记案件中行民交叉争议的再认识

行政与民事争议交叉案件的处理极为棘手,面对行民交叉案件的大量涌现,理

论界和司法实务界从不同的角度提出了解决此类案件的操作方式和制度架构的思路。就实际操作层面而言,主要有分开审理、一并审理、并行审理3种模式。就具体的制度和程序设置问题,主要提出了民事与行政平行诉讼模式、行政附带民事审理模式和行政、民事争议交叉案件审理机制3种模式。这些处理思路和程序设计对进一步分析行民交叉案件的特点,把握程序设置价值取向以及形成处理此类案件的可行性作法与制度建构具有积极的推动作用。本课题组认为,对不动产登记案件行民交叉问题应当采行民事与行政平行诉讼模式加以解决,其理由如下。

(一)实行民、行平行诉讼模式解决不动产行、民交叉争议,是物权统一登记原则的体现

我国物权法确立了不动产经登记机关登记确立权属的原则,不动产权属状况的变动经登记后生效,这是不动产登记行为的独立性和公信力的体现。当事人对经登记后的不动产发生权属争议,诉至法院,行政诉讼受到审查范围(具体行政行为合法性)的限制,不能决断登记行为所确认的基础民事法律关系,对登记具有决定性作用的还在于对基础民事法律关系的判断与确认上。因此,仅从形式上审查登记行为的合法性,并不能从根本上解决当事人之间的权属争议。

(二)实行民、行平行诉讼模式解决不动产行、民交叉争议,是物权变动区分原则的体现

一般而言,债权变动仅为物权变动的充分条件,非其必要条件。也就是说,原因行为的生效与物权变动的生效依据不同的要件确定,原因行为不必然导致物权变动的发生,同时也不能以物权变动否定原因行为的效力;相反,物权行为被视为履行原因行为的结果,原因行为的瑕疵将直接影响物权变动的效力。据此,我国物权区分原则将债权与物权进行区分,维护不动产交易买受人的债权请求权,又并未割断原因行为与登记行为之间的必要条件关系,维护不动产实际权利人的权利,同时设置了善意第三人制度,保障不动产登记的公信力,维护不动产交易安全。在处理行民交叉问题时,如果涉及不动产归属的实质争议时,就应当依据区分原则,通过民事途径解决,而不应局限于不动产权属登记的证载状况。

(三)不动产登记权证的性质决定了只有民事审判才能从根本上解决涉及不动产的实质争议

不动产登记的内容是基于民事法律关系的不动产权属状况。就其效果而言,登记行为依据法律规定产生权利公示公信的效果,这种效果的根源与意义并不在行政法上,而在于民法之中。基于不动产登记的物权程序属性,登记所记载的权利人仅在法律上被推定为真正的权利人,证书仅是记载一定法律事实或法律行为的文书,其作用是证明这种法律事实或法律行为曾经发生。至于这类证书的有无和存在与否,并不能直接决定实体的法律关系的存在与否。因此,人民法院在查明事实的基础上,有权作出新的权属确认判决,从根本上解决不动产权属争议。

基于以上理论分析,反省司法实践中的一些传统做法,确有值得深思改进之处。实际上,在不动产登记案件中,有相当部分是物权的基础民事法律关系纠纷因不动产登记的事实转移于登记程序中,并被当事人以登记机关审查不严、导致登记错误为由将民事争议转化为公法意义上的行政争议,这种转化的合理性是值得商榷的。登记只具有不动产物权变动公示公信作用,不享有行政许可或行政确权的功能,登记的性质决定了登记机关有限的审查职责,无权对作为登记的基础民事法律关系进行审查判断。法院对登记行为的司法审查标准应当与登记机关对登记申请的审查标准一致,尽管因基础民事法律关系的问题可能导致登记错误,造成登记权利与真实权利的偏差,但问题的根源并不在于登记机关的登记行为,行政诉讼对登记行政行为进行合法性审查无法从根本上解决争议。因此,当当事人一方面就基础民事法律关系进行民事诉讼;另一方面又对登记行政行为提起行政诉讼,究竟是先行后民还是先民后行?现在看来,如果从物权区分原则出发,这类纠纷就根本不涉及行民交叉问题,因为所谓先行后民或者先民后行,是指两类性质的案件互为前提,一个案件以另一个案件的审理结果为依据。而实际上,登记行政行为合法与否与基础民事法律关系的调整并没有必然联系。登记机关只要履行了查验申请人提交的不动产权属证明材料,并就有关登记事项进行询问,或者到现场实地查看,在力所能及的范围内对有关材料的真实性、有效性尽到必要的注意义务,那么这个登记行为就是合法的,人民法院就应当支持;反之,就应当否定。这种思路较好地解决了长期以来为人所诟病的,由于登记机关对登记申请的审查标准与人民法院对登记行为的审查标准不一致,造成登记机关无论有无登记违法行为皆败诉的问题。当然,由于基础民事法律关系的改变必将反映并最终导致不动产登记内容的改变,但这种改变应通过行政程序或民事诉讼程序来完成,用行政诉讼程序来解决不动产物权登记的"账实不符"已经不适应形势的发展。这个思路已经在我国《物权法》中得到肯定。我国《物权法》确立的更正登记与异议登记制度,与民事诉讼相结合,形成解决此类争议的完备途径。我国《物权法》第 19 条规定:"权利人、利害关系人认为不动产登记簿记载的事项错误的,可以申请更正登记。不动产登记簿记载的权利人书面同意更正或有证据证明登记确有错误的,登记机构应当予以更正。不动产登记簿记载的权利人不同意更正的,利害关系人可以申请异议登记。登记机构予以异议登记的,申请人在异议登记之日起十五日内不起诉,异议登记失效。异议登记不当,造成权利人损害的,权利人可以向申请人请求损害赔偿。”根据我国《物权法》的规定,如果权利人或利害关系人认为登记错误的,可以申请更正登记,如果更正登记不了,可以申请异议登记,异议登记成立后,就暂时阻断登记物权的公信力,防止善意第三人取得不动产物权。异议登记后应立即提起民事诉讼,从根本上解决基础民事法律关系纠纷。在人民法院裁判后,权利人可持法院裁判文书向登记机关申请更正登记,使真实权利与登记权利归于一致。可以说,在我国《物权法》颁布实施后,当事人对此类纠纷提起行政诉讼要求法院撤销权属证书已不具有实质意义。

需要强调的是,在因物权变动导致不动产登记错误的纠纷中,虽我国《物权法》对纠纷解决机制作出新安排,使民行交叉案件处理机制不再具有现实意义,但并不意味着我国《物权法》排除了所有行民交叉的可能,仍有一些案件需要通过行民交叉处理机制来解决。譬如,当事人之间进行不动产物权交易行为,第三人以其中一方当事人是未成年人,不具有民事行为能力为由,提起民事诉讼主张交易无效。主张交易有效的另一方当事人为达到交易目的,必然向人民法院提起行政诉讼,要求撤销第三人所提交的证明该当事人为未成年人的身份证或户口簿,这时就存在行民交叉问题,且行政案件的审理结果是民事法律行为成立的前提。这里,还需要讨论的一个问题是,在民事诉讼中作为证据的具体行政行为,民事诉讼能否进行合法性判断?本课题组认为,在明确登记不同阶段适用不同审查标准的前提下,通过形式审查或实质审查形成的证据对民事诉讼具有不同的拘束力。对于形式审查行政行为,由于行政主体未对事实材料真实性进行审查,故行政行为内容的真实性是不能确定的。那么,该行政行为在内容的真实性方面对民事诉讼当然就不具有约束力,民事诉讼可以对形式审查行政行为所包含民事法律关系的真实性直接进行审查判断,不受形式审查行政行为在形式上所确认的民事法律关系的拘束。实质审查行政行为是行政主体对事实材料真实性和效力进行判断后所作出的,该行政行为所确认的法律关系已经行政主体的意思表示加以实质性确定,非经行政机关自我纠正或行政诉讼由人民法院作出裁判,民事诉讼不能径行改变或者否定。因此,民事诉讼中遇到登记机关通过实质审查形成的证据,只能中止审理,不能径行作出判断。

七、不动产登记行政案件的其他问题

(一)受案范围问题

本课题组认为,不动产登记行政案件的受案范围属于行政诉讼受案范围的一个方面,虽有特殊性,但仍要受行政诉讼受案基本规律的制约。在理论上可以将不动产登记案件划分为“登记行为”和“与登记相关的行为”,但两种行为的划分并不基于其可诉性。两种行为包含的具体情形不同,其可诉性也相异。作为设定权利或对已有权利进行限制的“登记行为”来说,一般具有可诉性,像预告登记这类为保全一项以将来发生不动产物权变动为目的登记行为。因交易基础行为与不动产物权变动是两种相互联系又彼此独立的法律事实,在基础行为有效成立但登记尚未完成的期间,债权人虽依据基础行为享有债权请求权,但该权利并不具有限制或禁止作为物权人的债务人处分物权的效力,一旦债务人处分了作为基础行为标的的物权,就必然导致债权人的物权变动目的落空。为减少以不动产物权变动为内容的债权人的交易风险,促使债权请求权得以实现,法律上设立预告登记制度。因此,登记机关作出的预告登记行为应受法院司法审查,对登记机关预告登记的瑕疵或拒绝、怠于行使预告登记职责造成相对人财产权益的损害给予司法救济。但同样属于“登记行为”的异议登记的可诉性却值得研究。由于申请异议登记,无须提供必要的法定证明文件,登记机关也不存在何种审查职责。只要当事人申请,异议登记即可完成。我国《物权法》规定异议登记错误给权利人造成损害的,由申请人承担赔偿责任,因此,尽管异议登记行为也系登记机关作出的具体行政行为,但其并未对相对人权利产生实际影响,登记机关也不负担损害赔偿责任,故异议登记并不具有可诉性。需要注意的是,登记机关无正当理由拒绝履行或拖延履行异议登记职责,给真实权利人造成损害的,真实权利人向人民法院提起行政诉讼,应属行政诉讼受案范围,登记机关也应承担因此而造成的国家赔偿责任。

“与登记行为相关的行为”,如查询、复制登记资料、房价评估、收费等,不会改变不动产物权登记簿记载状况,对当事人的权利义务不产生实际影响,一般不可诉,但登记机关拒绝或拖延颁发以及错误颁发不动产权属证书的行为,行政相对人要求登记机关履行颁证职责,属于受案范围。此外,不动产权利人、利害关系人向登记机关申请查询、复制登记资料,登记机关予以拒绝、拖延提供登记资料,或者应当提供的登记资料不完整的,其依法向人民法院提起行政诉讼,也属于受案范围。

（二）原告资格问题

1. 房屋承租人不具有原告资格

有观点认为，房屋承租人由于享有对所租住房屋的优先购买权，应当具有起诉房屋转移登记的原告资格。本课题组认为，承租人享有的优先购买权无非是对所有权处分权能的一种法定限制，如果所有权人无视该限制而处分房屋，则法律可以科以其对承租人承担一种损害赔偿责任，责任标准相当于所有权人与承租人签订房屋买卖合同后所有权人拒绝履行的违约责任。换言之，优先购买权的效力仅仅是一种指向所有权人的债权效力，而不具有指向房屋的物权效力，因此，承租人不应具有起诉房屋转移登记的原告资格。从现实情况来看，如果赋予承租人因享有优先购买权而具有可以起诉转移登记资格，意味着要求登记机关在办理每一个登记前要查清房屋是否有承租人以及是否经过承租人同意，这个审查标准对登记机关来说要求太高。

2. 一般债权人不具有原告资格

有观点认为，如果登记机关对不动产的登记行为影响了债权人对债务人债权的行使，应当赋予债权人对该登记行政行为提起行政诉讼的原告资格。本课题组认为，一般债权人对登记行为不具有提起行政诉讼的原告资格。因为一般债权人对债务人包括土地、房屋等不动产没有优先权，登记行为可能影响债权人实现债权，但二者之间没有必然的因果关系。债权人债权的实现根本上取决于债务人的履约能力。换言之，一般债权人与登记机关的登记行为没有法律上的利害关系，除非有证据证明债务人与第三人以及登记机关串通，恶意逃债，在这种特殊情况下，债权人具有原告主体资格。

3. 已交付购买商品房的全部或大部款项的买受人、建筑工程承包人具有原告资格

我国《物权法》第230条规定，债务人不履行到期债务，债权人可以留置已经合法占有的债务人的动产，并有权就该动产优先受偿。有观点认为，物权法只规定留置动产的债权人具有优先权，排除了留置不动产的建筑工程承包商的优先权，因此，建筑工程承包人不具有原告资格。本课题组认为，我国1999年制定的《合同法》在第286条规定："发包人未按照规定支付价款的，承包人可以催告发包人在合理期限内支付价款。发包人逾期不支付的，除按照建设工程的性质不宜折价、拍卖的以外，承包人可以与发包人协议将该工程折价，也可以申请人民法院将该工程依法拍卖。

建设工程的价款就该工程折价或拍卖的价款优先受偿。”其规定了建筑工程承包人对所占有的建筑物享有优先权。此外,最高人民法院《关于建设工程价款优先受偿权问题的批复》(法释〔2002〕16 号)规定:(1)人民法院在审理房地产纠纷案件和办理执行案件中,应当依照我国《合同法》第 286 条的规定,认定建筑工程的承包人的优先受偿权优于抵押权和其他债权。(2)消费者交付购买商品房的全部或者大部分款项后,承包人就该商品房享有的工程价款优先受偿权不得对抗买受人。从该规定可以看出,已交付购买商品房的全部或者大部分款项的买受人的权利优先于建筑工程承包人的优先受偿权,建筑工程承包人的优先受偿权优先于抵押权。而抵押权属于担保物权,担保物权人对不动产登记行为可以提起行政诉讼。比抵押权优先的建筑工程承包人的优先受偿权、已交付购买商品房的全部或者大部分款项的买受人的权利,受到不动产登记具体行政行为侵害时,其权利人对登记机关的登记行为当然可以提起行政诉讼。

(三)起诉期限问题

不动产登记行政案件涉及起诉期限的有两种情形:一是利害关系人对登记机关为他人不动产权属登记的行为不服,向人民法院提起行政诉讼,请求撤销该登记;二是申请人认为登记机关给自己的登记颁证存在错误,侵害自己的合法权益,向人民法院提起行政诉讼,请求撤销该登记行为。前一种情形的起诉期限比较明确,适用我国《行政诉讼法》和相关司法解释就可以解决。但后一种情形就比较困难,因为不动产登记行为属于授益行为,申请人从登记机关的行政行为中获得利益,不可能从授益之日就此提起诉讼,这有违常理。往往是经过若干时期后,先前授益行为的某些问题瑕疵才被暴露,例如,当初登记的不动产权属的界址、面积和方位存在错误,当事人在拆迁补偿时才发现,显然如果不纠正错误的登记,当事人的合法权益就得不到保护。因此,在不动产登记中,登记机关无论对申请人还是第三人都没有告知诉权和起诉期限的可能,即使告知了,只要当事人不认为登记侵犯其合法权益,也没有起诉的动因。在这种情形下,要保护当事人的合法权益,确定起诉期限的起算点至关重要。根据我国原《行政诉讼法》第 39 条的规定,公民、法人或者其他组织直接向人民法院提起诉讼的,应当在知道作出具体行政行为之日起 3 个月内提出。由于制定行政诉讼法的时代背景,该法第 39 条的规定更多地适用于对行政处罚等制裁行为的起诉,对于授益行为的起诉考虑较少。本课题组认为,有必要规定当事人对不动产登记的起诉期限自知道或应当知道合法权益被侵害之日起计算,因为只有当事人知道自己的合法权益被登记行为所侵害,才有向人民法院起诉的动因。这个规定看似与我国《行政诉讼法》第 39 条的规定不一致,实则合乎行政诉讼法的内在逻辑。因为虽然该法第 39 条规定的是从知道作出具体行政行为之日起计算,但事实上,对于制裁行为来说,当事人从行政机关作出具体行政行为之日就是其知道自己的合法权益被侵害之时。因此,我国《行政诉讼法》第 39 条的规定已暗含了当事人的起诉期限从知道合法权益被侵害之日起计算。本课题组认为,规定起诉不动产登记行为的期限自申请人知道或者应当知道其合法权益受到侵害之日起计算,考虑到其不知道诉权和起诉期限的因素,可将起诉期限延长至知道或应当知道其合法权益受到侵害之日起的两年内。这样规定是符合我国《行政诉讼法》和相关司法解释的基本精神的。

(四)裁判方式问题

不动产登记行政案件可适用的裁判方式较多,维持(撤销)判决、驳回诉讼请求判决、履行判决、确认判决都是可能的裁判方式,具体要视案情而定。需要注意的是,由于登记作为不动产物权的公示方式,其体现的公信力在很大程度上关系交易秩序的稳定,而司法审查的最终效果无法对物权的真实权利状况进行表态,因此,法院在行政诉讼的裁判方式选择方面尤需审慎。首先,裁判应针对登记行为的合法性进行判断,不宜对不动产权属凭证进行处理,譬如,判决撤销房屋所有权证是错误的;其次,慎用维持或撤销判决,尽管登记行为合法但并不能排除因基础民事法律关系问题导致的登记权利与真实权利不一致的状态,维持判决将阻碍不动产登记机关更正登记,恢复真实权利。同理,尽管登记程序存在瑕疵,但不能否定登记的权利即为真实权利的情况,而撤销登记会打破不动产物权的公示,使财产处于无主状态,有可能危及交易稳定,限制财产正常流转。

鉴于不动产登记的特殊性,人民法院在选择裁判方式上应对确认判决倾注更多精力。尤其是物权争议源于基础民事法律关系的变动,因登记行为转化为行政争议,当事人要求人民法院对登记行为进行合法性审查时,登记机关因权限问题无法触及基础民事法律关系争议,但充分履行了法定职责,登记行为符合法律规定,人民法院不宜判决维持,可判决确认登记行政行为合法。虽然这种确认绝不意味着对物权归属的确认。反之,登记行为存在违反审查要件、程序瑕疵等问题,法院也不应判决撤销,可依法作出确认登记行为违法的判决,但这同样不意味着对真实物权的否认。一方面,确认判决使人民法院可对登记行政行为进行合法性判断;另一方面,则保留了登记行政行为的效力，给民事诉讼解决基础民事法律关系争议留下空间，直至当事人持相关民事裁判文书申请登记机关变更。此外，确认判决对当事人的意义还在于，因登记行为违法而可能形成的登记机关国家赔偿责任就此形成，为当事人获得损害赔偿扫清障碍。

第四章　行政审判案例指导与参考

挂靠人通过特定关系人聘用的人员因工伤亡由被挂靠单位承担工伤保险责任

——“全浩公司诉长寿区人社局工伤行政确认案”

尹 洁* 王 乐**

裁判要旨

个人挂靠其他单位对外经营,若无证据证明挂靠人明确反对其特定关系人聘用人员驾驶挂靠车辆,其特定关系人聘用的人员因工伤亡的,被挂靠单位为承担工伤保险责任的单位。

案号

一审:(2016)渝0115行初49号

二审:(2016)渝01行终580号

再审:(2017)渝行再5号

案情

再审申请人(原审第三人):张某某。

---

* 重庆市高级人民法院行政审判庭副庭长。

** 重庆市高级人民法院民事审判第二庭审判员。

被申请人（一审被告、二审被上诉人）：重庆市长寿区人力资源和社会保障局（以下简称长寿区人社局）。

被申请人（一审原告、二审上诉人）：重庆全浩汽车运输有限公司（以下简称全浩公司）。

被申请人（原审第三人）：罗某甲。

2011 年 1 月 27 日全浩公司与罗某甲签订《普通货车挂靠经营合同》，该合同约定：罗某甲提供渝 A7S8 × ×号货车一辆挂靠于全浩公司经营，挂靠经营期限从 2011 年 1 月 27 日至该车按国家规定报废时止；罗某甲在挂靠经营期间自主经营，自负盈亏，享有劳动用工权等。罗某乙从 2007 年 7 月起成为重庆市永川区朱沱镇农贸市场个体经营户，经营范围为农副产品销售、饮食、粮食收购，系罗某甲之父。2014 年 11 月 25 日 17 时 5 分许，张某某受罗某乙聘请驾驶该车运粮，由泸州往永川方向行驶，行驶至永川区永泸路龙羽大道路口发生交通事故，致使其全身多处受伤，经重庆医科大学附属永川医院诊断为：闭合性腹部损伤、脑挫伤、右眼视网膜震荡伤、双肺肺挫伤、双侧肋骨骨折、尾椎骨折等。2015 年 3 月 20 日重庆市永川区公安局交通巡逻警察支队出具的《道路交通事故认定书》中载明：渝 A7S8 × ×号货车所有人为重庆全浩汽车运输有限公司，张某某承担此次交通事故的同等责任。2015 年 10 月 26 日长寿区人社局受理张某某工伤认定申请，同日作出工伤认定举证通知书，并送达全浩公司。2015 年 12 月 10 日长寿区人社局作出长寿人社伤险认决字［2015］906 号《认定工伤决定书》，该决定书载明：张某某受到的事故伤害属于工伤认定范围，予以认定为工伤。全浩公司于 2015 年 12 月 14 日签收该决定书，不服其决定遂向法院提起行政诉讼。

审　判

重庆市长寿区人民法院经审理认为，罗某甲提供渝 A7S8 × ×号货车一辆，挂靠于全浩公司，该车所有人登记为全浩公司。虽然罗某甲未聘请张某某驾驶该车，但罗某甲对该车自主经营，有管理权和控制权，且罗某乙系罗某甲之父，罗某乙聘请张某某驾驶该车运货，其形成的聘用关系应视为罗某甲与张某某形成聘用关系，故张某某在运输中发生交通事故受伤，应当适用最高人民法院《关于审理工伤保险行政案件若干问题的规定》第 3 条第 1 款第 5 项规定，判决驳回原告的诉讼请求。

全浩公司不服,提起上诉。

重庆市第一中级人民法院经审理认为,张某某系受罗某乙聘请驾驶渝 A7S8××号货车运输粮食的过程中发生交通事故受伤,罗某乙是具有用工主体资格的个体工商户,经营范围为农副产品销售、饮食、粮食收购。故罗某乙聘请张某某驾驶其提供的车辆运粮,系安排张某某从事其经营范围内的工作,此时张某某属于个体工商户罗某乙的雇工。张某某受伤时是在为罗某乙工作,并非为全浩公司从事对外营运业务,且没有证据证明事发前挂靠人罗某甲明知或默许罗某乙聘请张某某驾驶渝 A7S8××号货车,长寿区人社局以全浩公司为用人单位,认定张某某受到的事故伤害为工伤属于认定事实不清。遂判决:(1)撤销重庆市长寿区人民法院(2016)渝0115行初49号行政判决;(2)撤销长寿区人社局于2015年12月10日作出的长寿人社伤险认决字(2015)906号《认定工伤决定书》;(3)责令长寿区人社局于本判决生效之日起60日内重新作出行政行为。

张某某不服申请再审。

重庆市高级人民法院经审理认为,在案证据材料能够锁定的事实是,发生交通事故当日张某某由罗某乙出面聘请驾驶罗某甲的渝 A7S8××号货车,张某某在驾驶该货车运输粮食的过程中发生交通事故受伤。综合全案现有证据材料,在没有证据证明罗某甲明确反对其父亲罗某乙出面聘请张某某驾驶挂靠车辆渝 A7S8××号货车进行粮食运输的情况下,宜推定罗某乙系经过罗某甲同意后聘请张某某,该行为的法律效果宜判定视为张某某与罗某甲之间形成聘用关系,长寿区人社局作出张某某受伤属于工伤的工伤认定决定,从结果上来看并无不当。遂判决:(1)撤销重庆市第一中级人民法院(2016)渝01行终580号行政判决;(2)驳回全浩公司的诉讼请求。

评　　析

最高人民法院《关于审理工伤保险行政案件若干问题的规定》第3条第1款第5项规定,个人挂靠其他单位对外经营,其聘用的人员因工伤亡的,被挂靠单位为承担工伤保险责任的单位。该案在案证据证明,发生交通事故当日张某某系由罗某乙出面聘请驾驶罗某甲的挂靠货车渝 A7S8××号车辆运输粮食,在运输粮食的过程中发生交通事故受伤。当事各方对该事实均无异议。该案的争议焦点是全浩公司是否为承担张某某工伤保险保险责任的单位。这涉及两个问题的裁量:第一,如何认定罗某乙出面聘请张某某驾驶罗某甲挂靠货车行为的法律效果;第二,非由挂靠人直接聘用的人员能否适用最高人民法院《关于审理工伤保险行政案件若干问题的规定》第3条第1款第5项的规定。

对于该焦点问题,存在3种观点:

第一种观点认为,罗某乙系罗某甲之父,罗某乙聘请张某某驾驶该车运货,其形成的聘用关系应当视为罗某甲与张某某形成聘用关系。

第二种观点认为,罗某乙是具有用工主体资格的个体工商户,经营范围为农副产品销售、饮食、粮食收购,罗某乙聘请张某某驾驶其提供的车辆运粮系安排张某某从事其经营范围内的工作,且没有证据证明事发前挂靠人罗某甲明知或默许罗某乙聘请张某某驾驶渝A7S8××号货车,故张某某属于个体工商户罗某乙的雇工。

第三种观点认为,罗某乙系具有用工主体资格个体工商户的事实不能成为绝对排除罗某甲与张某某之间可能形成聘用关系的客观阻却因素。罗某乙出面聘请张某某驾驶渝A7S8××号车进行粮食运输是经罗某甲授意、经罗某甲同意或其擅自使用车辆的客观事实,因罗某乙在事故发生时不幸离世,依据该案现有证据材料已经无法查明。基于罗某乙与罗某甲存在父子关系,在特定关系背景下若无相反证据,对罗某乙出面聘请张某某驾驶渝A7S8××号货车的行为宜推定为经罗某甲同意。

该案判决采纳了第三种观点。在客观事实具有不可还原性时,需要法官通过证据规则和自由心证以更好地结合案件具体情况来形成法律事实,而司法自由裁量权的行使,应当注重司法裁判与自由裁量权行使过程和结果符合社会常识和普通人伦理观念,通过个案正义实现司法公正。在该案中,罗某乙个体工商户的经营范围为农副产品销售、饮食、粮食收购,并不包括货车运输,罗某乙个体工商户不具有聘请张某某驾驶货车进行货车运输的用工主体资格。罗某甲自述其在父亲罗某乙家洗澡时不慎将车钥匙遗落,罗某乙是私自拿走车钥匙聘请张某某开车进行粮食运输。该陈述系罗某甲一人所言,并无其他证据材料能够支撑。相反,罗某甲系渝A7S8××号车的实际所有人,应当对其所有的货车进行管理,包括聘请驾驶员。因此,该案判决从以下5个基点进行司法裁量,认为在无证据证明罗某甲反对其父亲罗某乙出面聘请张某某驾驶挂靠车辆渝A7S8××号货车进行粮食运输的情况下,应推定罗某乙系经过罗某甲同意后聘请张某某,该行为的法律效果应判定为张某某与罗某甲之间形成聘用关系,适用最高人民法院《关于审理工伤保险行政案件若干问题的规定》第3条第1款第5项的规定，由全浩公司对张某某承担工伤保险责任。

第一，被挂靠单位的管理责任。《道路运输条例》第34条规定，道路运输车辆应当随车携带车辆营运证，不得转让、出租。无论从事客运经营还是货运经营，都要求具备一定条件，向道路运输管理机构提出申请以取得道路运输经营许可证，鉴于行政许可的性质，道路运输经营许可证不得转让、出租。所谓机动车的挂靠是指为了满足车辆运营管理上的需要，个人将自己出资购买的机动车挂靠于某家具有运输权的公司，向该公司缴纳或不缴纳一定的管理费用，由该公司为挂靠人代为办理各种法律手续，并以该公司的名义对外进行运输经营。因此，机动车挂靠的实质是具有道路运输经营许可证的被挂靠单位向不具备道路运输经营资格的挂靠人非法转让、出租道路运输经营许可证的行为。该行为违背行政许可、规避国家有关行业准入制度，法律上对此持否定评价。对于不合法的行为本应禁止，但是鉴于社会现状无法完全禁止，因而要求被挂靠单位承担更多的法律责任。同时，被挂靠单位通过挂靠车辆的运行获得利益，既得的利益不限于收取管理费，也不限于经济利益。被挂靠单位通过挂靠车辆获益，既要对挂靠人的经营管理行为负责，也要承担对挂靠车辆及其驾驶员的监督管理职责，若其疏于履行监督管理职责，就要承担法律责任，工伤补偿责任的承担就是用经济手段促使被挂靠单位加强对挂靠车辆监督管理的重要法律手段。在该案中，全浩公司作为渝A7S8××号货车的被挂靠单位，在法律上负有管理挂靠车辆、控制营运风险的义务、能力和可能性，若因其疏于对挂靠车辆的管理，任由他人随意使用或随意聘请驾驶员驾驶渝A7S8××号货车从事道路运输，应当承担由此可能产生的法律责任。

第二，挂靠人的管理义务。车主对于其所有的车辆负有管理义务，而较于一般小汽车，作为从事道路运输的货车危险更大、风险更高，货车车主的管理义务应相应增大。挂靠车辆的实际所有人，对于挂靠车辆的运营、使用、驾驶人员的聘用等事项应当尽到必要的管理义务，在进行货车运营、使用、借用、租赁等活动时对使用人的状况及如何使用的行为都应尽到必要的注意义务，如果未尽上述管理义务，则必然在一定程度上构成危险的来源。在该案中，罗某甲是渝A7S8××号货车的实际所有人，是该货车实际、直接的运营使用者，负有对渝A7S8××号货车的管理义务，罗某甲应当将渝A7S8××号货车置于其有效的控制范围内，在聘用他人驾驶挂靠车辆时应做到严格审查，若因其疏于对渝A7S8××号货车的有效控制，任由他人随意使用渝A7S8××号货车或者任由他人随意聘请驾驶员驾驶渝A7S8××号货车从事道路运输,应当承担由此可能产生的法律责任。

第三,特定关系背景下意思表示的推定。未经允许使用他人车辆,如果是在存在特定关系的当事人(如家人、亲戚)之间发生的擅自驾驶车辆或擅自聘请驾驶员驾驶车辆,在此种情形下,他人的驾驶行为或他人擅自聘请驾驶员驾驶的行为虽然事先没有经过所有人的同意,但在一般情况下并不违背所有人可得知或可推知的意思表示,即是说,若使用人向所有人请求,可以推知所有人没有拒绝。在该案中,罗某乙系罗某甲之父,结合罗某甲陈述该案事故发生之前亦有罗某乙在罗某甲知情的情况下多次自行聘请驾驶员驾驶渝 A7S8××号货车进行粮食运输的先例,可以推知罗某乙聘请张某某驾驶渝 A7S8××号货车的行为并不会违背罗某甲的意愿,即是说,在罗某乙与罗某甲存在父子关系的特定关系背景下,在没有证据证明罗某甲明确反对罗某乙聘请驾驶员的情况下,对罗某乙出面聘请张某某驾驶渝 A7S8××号货车的行为宜推定为罗某甲同意。

第四,工伤认定中举证责任的分配。在工伤认定程序中,负主要举证责任的是用人单位,职工也要承担一定的举证责任。根据《工伤保险条例》第 14 条、第 15 条和第 18 条的规定,职工承担的举证责任具体来说一般包括:提供证明与用人单位之间存在劳动关系的证据;提供证明职工在事故中受到了伤害的证据;提供证明工伤事故是因工作原因造成的,或者其伤害属于法律行政法规规定的工伤情形等的证据;提供劳动者的医疗诊断证明或者职业病诊断证明书。在挂靠经营关系中,聘用的人员与被挂靠单位之间形成拟制劳动关系,这是对《工伤保险条例》将劳动关系作为工伤认定前提的一般规则之外的特殊情形处理。根据《工伤保险条例》第 19 条的规定,职工或者其近亲属认为是工伤,用人单位不认为是工伤的,由用人单位承担举证责任。即是说,社会保险部门在进行工伤认定时,如果用人单位否认工伤的,应由用人单位承担举证责任,如果用人单位拒绝举证或者所举证据不能否定工伤事实,将承担对己不利的后果。在该案中,张某某在工伤认定行政程序中向长寿区人社局提交了工伤认定申请表、身份证、驾驶证、从业资格证、全浩公司基本情况、道路交通事故认定书、证人证言、普通货车挂靠经营合同、住院病案、入院证、出入院记录等证据,上述证据能够证明渝 A7S8××号货车系罗某甲挂靠在全浩公司的挂靠车辆、张某某在驾驶渝 A7S8××号货车进行粮食运输的过程中发生交通事故受伤的事实,已经尽到了《工伤保险条例》所规定的职工应当承担的举证责任。全浩公司在工伤认定程序中则提交了道路交通事故认定书、普通货车挂靠经营合同、(2015)永法民初字第03706号民事判决、(2015)永法民初字第02551号民事判决、(2015)渝五中法民终字第05414号民事判决、情况说明和营业执照复印件,拟证明张某某与全浩公司不存在劳动关系且张某某也不是罗某甲聘请或雇佣的驾驶员。全浩公司的上述证据,如前所述,仅能证明事故当日张某某系由罗某乙出面聘请开车运粮,并不能排除罗某乙的行为是经罗某甲授意或同意的可能性,不能排除罗某甲与张某某之间形成聘用关系的可能性,不能排除张某某的驾驶行为系以全浩公司的名义从事货物(粮食)运输业务的可能性。因此,在张某某已经尽到其应当承担的举证义务的基础上,全浩公司否认张某某受伤系工伤,而其举示的证据不能推翻或否定张某某工伤的事实,此时应由全浩公司承担举证不能的不利后果。

第五,劳动者权益的保护。《工伤保险条例》以“保护劳动者的合法权益”作为立法宗旨,其立法精神在于最大限度地保护主观无恶意的劳动者因工作或在与工作相关活动中遭受事故伤害或者患职业病后能够获得医疗救治、经济补偿和职业康复的权利。在工伤认定中,对于事实认定和法律适用方面存在争议的案件,在作出最终抉择时,应当以对劳动者的倾斜保护作为选择的出发点。在该案中,罗某乙与罗某甲是一家人,罗某乙出面聘请张某某驾驶罗某甲的渝A7S8××号货车进行粮食运输,对张某某来说,其无法区分谁是货车实际所有人、谁是他的实际聘用人,在依据现有证据材料仍然存在事实争议的情况下,应当从有效保护受伤劳动者合法权益的角度进行考虑和判断。同时,挂靠关系中由被挂靠单位承担工伤保险责任,其立论基础之一即在于有效保护弱者职工的权益,因为在此类案件中车主所雇的司机与被挂靠单位、车主相较,处于弱势地位,如果车主所雇的司机在工作中受到伤害,不能认定其为工伤,在车主没有足够的财产赔偿其损失的情况下,该司机的利益就不能得到充分有效的保障。申言之,如果车主允许他人聘用的司机驾驶挂靠车辆因工伤亡,该“他人”聘用的司机与车主直接聘用的司机相比,更加处于弱势地位,其合法权益应当得到法律更大限度的保护。

职工维护国家利益和公共利益见义勇为受到伤害的视同工伤

——“涪陵志大物业公司诉涪陵区人社局工伤行政确认案”

刘　芸*　陈立洋**

裁判要旨

职工见义勇为，为制止违法犯罪行为而受到伤害的，属于《工伤保险条例》第15条第1款第2项规定的为维护公共利益受到伤害的情形，应当视同工伤。

案　　号

(2013)涪法行初字第00077号

案　　情

原告：重庆市涪陵志大物业管理有限公司（以下简称涪陵志大物业公司）。

被告：重庆市涪陵区人力资源和社会保障局（以下简称

---

* 重庆市涪陵区人民法院行政审判庭审判员。
** 重庆市第三中级人民法院研究室调研科科长。

涪陵区人社局)。

第三人:罗某某。

罗某某系原告涪陵志大物业公司保安。2011年12月24日罗某某在涪陵志大物业公司服务的圆梦园小区上班(24小时值班)。上午8时30分左右,在兴华中路宏富大厦附近有人对一过往行人实施抢劫,罗某某听到呼喊声后立即拦住抢劫者的去路,要求其交出抢劫的物品,在与抢劫者搏斗的过程中,不慎从22步台阶上摔倒在巷道拐角的平台上受伤。罗某某于2012年6月12日向被告涪陵区人社局提出工伤认定申请。涪陵区人社局当日受理后,于2012年6月13日向罗某某发出《认定工伤中止通知书》,要求罗某某补充提交见义勇为的认定材料。2012年7月20日罗某某补充了见义勇为相关材料。涪陵区人社局核实后,根据《工伤保险条例》第14条第7项之规定,于2012年8月9日作出涪人社伤险认决字〔2012〕676号《认定工伤决定书》,认定罗某某所受之伤属于因工受伤。涪陵志大物业公司不服,向法院提起行政诉讼。在诉讼过程中,涪陵区人社局作出《撤销工伤认定决定书》,并于2013年6月25日根据《工伤保险条例》第15条第1款第2项之规定,作出涪人社伤险认决字〔2013〕524号《认定工伤决定书》,认定罗某某受伤属于视同因工受伤。涪陵志大物业公司仍然不服,于2013年7月15日向重庆市人力资源和社会保障局申请行政复议,重庆市人力资源和社会保障局于2013年8月21日作出渝人社复决字〔2013〕129号《行政复议决定书》,予以维持。涪陵志大物业公司认为涪陵区人社局的认定决定适用法律确有错误,罗某某所受伤依法不应认定为工伤。遂诉至法院,请求判决撤销《认定工伤决定书》,并责令被告重新作出认定。另查明,重庆市涪陵区社会管理综合治理委员会对罗某某的行为进行了表彰,并作出了涪综治委发〔2012〕5号《关于表彰罗某某同志见义勇为行为的通报》。

审　　判

重庆市涪陵区人民法院经审理认为,被告根据第三人提供的重庆市涪陵区社会管理综合治理委员会《关于表彰罗某某同志见义勇为行为的通报》,认定罗某某在见义勇为中受伤,事实清楚,证据充分。罗某某不顾个人安危与违法犯罪行为作斗争,既保护了他人财产及生命的安全,也维护了社会的治安管理秩序和法律的尊严,应当予以大力提倡和鼓励。虽然罗某某不是在工作地点、因工作原因受到的伤害,但其受伤符合《工伤保险条例》规定的视同工伤的情形。并且《重庆市鼓励公民见义勇为条例》第19条、第21条明确规定见义勇为受伤视同工伤性质,享受工伤待遇,最大限度地保障劳动者的合法权益,符合《工伤保险条例》的立法精神,应予适用。因此,被告认定罗某某受伤视同因工受伤适用法律正确。遂判决:驳回原告诉讼请求。

评　析

职工见义勇为旨在排除国家利益和公共利益所面临的紧迫危险而受到伤害的,应视同工伤。理解和参照适用该案的裁判要点,需要注意把握以下问题。

一、遵循视同工伤条款的文义解释规则

视同工伤条款规定:职工"在抢险救灾等维护国家利益、公共利益活动中受到伤害的",视同工伤。从立法技术上来看,这是一条列举与概括相结合的例示规则。从性质上来看,这是一条概括性条款,其中,"抢险救灾"是列举式规定,而"等"字后面的内容是对前面列举对象未能穷尽的一种概括性规定。根据例示规则原理,例示与概括虽相互区分,但又同在一个上位概念之下,因而它们具有某种一致性。但这种一致性并非例示与概括所指事项或事实层面的相似性,而应理解为价值层面的一致性,否则会导致概括标准的窄化甚至虚化,进而使概括立法毫无必要。进言之,立法对例示与概括的划分正是基于它们的对象在事实特征上的差别,或者说概括指示的事项不在例示的对象范围,却位于例示事项所体现的中心价值范畴之内。

在该案中,视同工伤条款通过例示规则树立了中心价值:为排除国家利益和公共利益所面临的紧迫危险而受伤,国家为其提供法律保护。这一中心价值也延伸于规则的概括部分,概括所指事项在事实特征上虽不同于例示事项,但只要符合相同的价值标准,也应为规则适用的对象。

该案事发时间和地点为:2011年11月24日上午8时30分左右,兴华中路宏富大厦附近。据查,兴华中路为涪陵区主干道,而宏富大厦更是处于商业中心区域,人流量相当大,因此,突发刑事犯罪是在光天化日之下,且在闹市区,若不加以及时制止,不仅公民财产权受到即时损害,而且公共治安秩序的受侵扰将很难弥补,在社会心理当中造成的恶劣影响很难修复。只有果断采取措施才能遏制犯罪,彰显社会治

安秩序的庄敬与严肃。因此,事发当时社会治安和社会公共利益面临的危险的严重性、紧迫性和突发性是显而易见的。从行为人的目的来看,其挺身而出,并非基于自身利益的考虑,其行为效果或目的,一是直接保护其他公民的人身和财产安全,二是对受侵扰和妨害的社会治安秩序予以维护。行为人为排除公共利益所面临的紧迫危险而受伤,国家理应为其提供法律保护和救济。

二、应当符合视同工伤制度的立法目的

如前所述,立法者通过视同工伤条款表达的中心价值为:为排除国家利益和公共利益所面临的紧迫危险而受伤,国家为其提供法律保护。严格来讲,劳动者抢险救灾、见义勇为等维护国家或者公共利益的行为,并不必然发生在工作地点,也未必是在工作时间,更非劳动者的工作职责范围,无论从哪个方面都不符合“工伤”的语意“射程”,立法者将这类情形另行处理,规定为视同工伤并享受工伤待遇,意在彰显社会对优良传统和高尚行为的推崇。

三、应当注意见义勇为与视同工伤的区别

需要明确的是,见义勇为行为与视同工伤并不存在必然联系。

作为日常用语,见义勇为,即看到正义的事情奋勇地去做,语出《论语·为政》之“见义不为,无勇也”。作为法律术语,是指自然人在履行法定职责或特定义务之外,为保护国家、公共的或他人的利益,与各种违法犯罪作斗争、抢险救灾的正义之举。①从这个定义可以看出,见义勇为包含抢险救灾,也与民法上的无因管理密切相关。如此一来,由判例所提炼的裁判要旨对视同工伤条款作了合目的的扩张解释。

视同工伤条款只明确了抢险救灾行为应受法律救济的地位,对于制止犯罪而受伤害能否获得救济不明确,这个案例对此作出了合情合理合法的回答。

当然也会有疑问:视同工伤明文只规定了“抢险救灾”行为,为何要突出“见义勇为”,正当性何在?除严格遵循法律解释方法外,更深刻的正当性根源在于道德指引。该案体现了审判工作对社会普遍价值的认同,有助于提升司法裁判的社会认同感和公信力。

其实,无论救助对象是谁,见义勇为关键强调的是行为人在不具有法定职责或

---

① 曾大鹏:《见义勇为立法与学说之反思》,载《法学论坛》2007年第2期。

义务的情形下,积极主动、不顾个人安危对他人人身安全实施救助的良知实践。该案将见义勇为与视同工伤的制度效能整合起来,揭示出二者在法律和逻辑上的联系,该案虽然没有涉及见义勇为的司法认定,但诉诸视同工伤条款的字义及立法目的足以建构起视同工伤和见义勇为的内在关联,这也为见义勇为的司法保护提供了更有力的帮助。司法是讲道德的,该案是又一例证。

从视同工伤条款的字面意思来看,很明显对见义勇为视同工伤的范围作了限缩,即将见义勇为的受益对象明确限定在国家和社会公共利益,排除救助他人等使私人受益行为视同工伤的可能性。这也说明,视同工伤和见义勇为毕竟有所区别。见义勇为和视同工伤制度的连接,一方面体现了经济主体所肩负的社会保障义务;另一方面为避免过度加重企业负担,也不宜将所有的见义勇为行为都纳入视同工伤的救济框架。

行政机关应对政府信息不存在承担举证责任

——"罗某某诉彭水县地方海事处政府信息公开案"

王　宏*　刘津坤**

裁判要旨

在审理行政机关以政府信息不存在为答复的案件中,行政机关应对政府信息不存在承担举证责任。若行政机关未提交尽到合理搜索义务的证据或作出合理说明,则对行政机关作出的政府信息不存在的主张不予支持。

案　　号

一审:(2015)彭法行初字第00039号

二审:(2015)渝四中法行终字第00050号

案　　情

原告:罗某某。

被告:重庆市彭水苗族土家族自治县地方海事处(以下

* 重庆市第四中级人民法院环境资源审判庭审判员。

** 重庆市第四中级人民法院刑事审判庭法官助理。

简称彭水县地方海事处)。

罗某某是兴运2号船的船主,在乌江流域从事航运、采砂等业务。2014年11月17日罗某某通过邮政特快专递向彭水县地方海事处邮寄书面政府信息公开申请书,内容为:"1.公开彭水县港航处、海事处的设立、主要职责、内设机构和人员编制的文件。2.公开下列事故的海事调查报告等所有事故材料:兴运2号在2008年5月18日、2008年9月30日的2起安全事故。"彭水县地方海事处于2014年11月19日签收后,未在法定期限内对罗某某进行答复。罗某某于2015年1月8日向彭水县人民法院提起行政诉讼。2015年1月23日彭水县地方海事处作出(2015)彭海处告字第006号《政府信息告知书》,载明:一是对申请公开的彭水县地方海事处的内设机构名称等信息告知罗某某获取的方式和途径;二是对申请公开的海事调查报告等所有事故材料经查该政府信息不存在。彭水县人民法院于2015年3月31日对该案作出(2015)彭法行初字第00008号行政判决,确认彭水县地方海事处在收到罗某某的政府信息公开申请后未在法定期限内进行答复的行为违法。2015年4月22日罗某某以彭水县地方海事处作出的(2015)彭海处告字第006号《政府信息告知书》不符合法律规定,且与事实不符为由提起行政诉讼,请求撤销《政府信息告知书》,并判令彭水县地方海事处向罗某某公开海事调查报告等涉及兴运2号船的所有事故材料。2015年9月18日彭水县地方海事处作出(2015)彭海处撤字第005号《撤销决定书》,以查找资料程序存在瑕疵为由,决定撤销其作出的(2015)彭海处告字第006号《政府信息告知书》,罗某某仍坚持诉讼。

审　　判

彭水县人民法院经审理认为,根据最高人民法院《关于审理政府信息公开行政案件若干问题的规定》第5条第5款规定,"被告主张政府信息不存在,原告能够提供该政府信息系由被告制作或者保存的相关线索的,可以申请人民法院调取证据"。罗某某并未提供其申请公开的政府信息由彭水县地方海事处制作或保存的相关线索。罗某某提供的《乌江彭水县水电站断航碍航问题调查评估报告》中第33页彭水县水上交通事故汇总表只是一个统计表,并不能直接证明海事调查报告等所有事故材料存在以及由彭水县地方海事处制作或保存,罗某某亦未提交其他证据证明其申请公开的海事调查报告等信息由彭水县地方海事处制作或保存,彭水县地方海事处对罗某某的政府信息公开申请已经履行了法定告知义务。遂判决驳回罗某某的诉讼请求。

罗某某不服,提起上诉。

重庆市第四中级人民法院经审理认为,根据交通运输部《内河交通事故调查处理规定》的相关规定,彭水县地方海事处作为彭水县的海事管理机构,负有对彭水县行政区域内发生的内河交通事故进行立案调查处理的职责,其在事故调查处理过程中制作或者获取的,以一定形式记录、保存的信息属于政府信息。罗某某提交了兴运2号船于2008年5月18日在彭水高谷长滩子发生整船搁浅事故以及于2008年9月30日在彭水高谷煤炭沟发生沉没事故的相关线索,而彭水县地方海事处作出的(2015)彭海处告字第006号《政府信息告知书》第2项告知罗某某申请公开的该项政府信息不存在,仅有彭水县地方海事处的自述,没有提供印证证据证明其尽到了查询、翻阅和搜索的义务。故彭水县地方海事处作出的(2015)彭海处告字第006号《政府信息告知书》违法,应当予以撤销。因二审审理期间,彭水县地方海事处主动撤销了其作出的(2015)彭海处告字第006号《政府信息告知书》,罗某某仍坚持诉讼,故被诉行政行为应当被确认违法。遂判决:(1)撤销彭水县人民法院作出的(2015)彭法行初字第00039号行政判决;(2)确认彭水县地方海事处于2015年1月23日作出的(2015)彭海处告字第006号《政府信息告知书》违法。

评　　析

该案的争议焦点为:彭水县地方海事处以政府信息不存在为由作出的《政府信息告知书》是否合法。在政府信息公开行政案件之中,信息不对称的现象普遍存在,一般而言,行政机关处于信息优势地位,而政府信息公开申请人(原告)一般处于信息劣势地位,法院也与原告一样,处于相同的劣势地位。在实践中,政府信息不存在是行政机关处理公开申请的一种答复方式,在信息不对称的现实状况之下,法院对于该类案件的裁判进路会对当事人的实体利益造成较大影响,亟待进一步厘清。通过该案的审理进路梳理及厘定,以对行政机关政府信息不存在的答复进行合法性审查提供经验遵循。

一、判断行政机关是否具有制作或获取涉案政府信息的职责

根据《政府信息公开条例》第2条的规定,政府信息是指行政机关在履行行政管

理职能过程中制作或者获取的,以一定形式记录、保存的信息。在审理行政机关以政府信息不存在为答复的案件中,应当明确行政机关是否具有制作或获取涉案政府信息的职责,同时,这也是政府信息是否存在的前提条件。若行政机关不具有相应职责,就没有合理理由和机会制作或获取该政府信息。以上述案例为例,根据交通运输部《内河交通事故调查处理规定》的相关规定,彭水县地方海事处作为彭水县的海事管理机构,负有对彭水县行政区域内发生的内河交通事故进行立案调查处理的职责,其在事故调查处理过程中制作或者获取的,以一定形式记录、保存的信息属于政府信息。据此,即可断定彭水县地方海事处具有制作或获取涉案政府信息的职责。但若行政机关能够说明其不可能制作或获取信息的,如申请公开的信息不属于被告的职权范围,无合理理由和机会制作或获取政府信息,在此情况下无须进一步提供证据。

二、行政机关应对政府信息不存在承担举证责任

我国《行政诉讼法》第 34 条第 1 款规定:“被告对作出的行政行为负有举证责任,应当提供作出该行政行为的证据和所依据的规范性文件。”在该案中,《政府信息告知书》第 2 项告知罗某某申请公开的该项政府信息不存在,该告知书系彭水县地方海事处作出的行政行为,故彭水县地方海事处应当对政府信息不存在承担举证责任。但仅有彭水县地方海事处的自述,其并未提供印证证据证明其尽到了查询、翻阅和搜索的义务,故应当认定彭水县地方海事处并未完成其举证责任。但行政机关对政府信息不存在应当承担何种举证责任,是准确审理此类案件的关键。在司法实践中,一般以被告提供其已经尽到合理搜索义务的证据材料或合理说明为判断标准。被告主张政府信息不存在的,必须提供相应的证据材料或对其查找经过作出合理说明来证明其已尽到合理的搜索义务,没有提供相关检索或工作记录的,法院对其“政府信息不存在”的主张,不予支持。此外,法院主要应从检索的数据库包含的信息材料是否全面、检索方法是否妥当、检索人员的工作流程是否完备等方面判断行政机关是否已尽到合理的搜索义务。

三、法院可以要求原告提供政府信息存在的证据或线索

虽然行政机关对政府信息不存在承担举证责任,但一味要求行政机关达到客观真实的证明标准并不符合诉讼所追求的价值目标。如前所述,行政机关是否完成举

证责任,卸下举证负担,应以行政机关是否尽到合理的搜索义务为判断标准。如果行政机关举证证明其尽到了合理的搜索义务或作出了合理说明,法院经过上述审查仍无法确定涉案政府信息不存在的,法院可以要求原告提供被告已制作或获取并保存涉案政府信息的相关线索,原告具有补充举证责任。如果原告不能提供任何相关线索,法院则可以认定涉案政府信息不存在。如果行政机关未能举示相关证据材料或作出合理说明,且原告提供了政府信息存在的证据或线索的情况下,人民法院可以判令被告重新作出相应的具体行政行为,亦可依申请根据原告提供的线索调取证据;若行政机关主动撤销行政机关的行政行为,原告仍坚持诉讼的,应确认其之前作出的具体行政行为违法。在该案中,罗某某提交了兴运 2 号船于 2008 年 5 月 18 日在彭水高谷长滩子发生整船搁浅事故以及于 2008 年 9 月 30 日在彭水高谷煤炭沟发生沉没事故的相关线索,但彭水县地方海事处在该案二审审理期间主动撤销了其作出的(2015)彭海处告字第 006 号《政府信息告知书》。鉴于此,法院判决撤销原判,并确认彭水县地方海事处于 2015 年 1 月 23 日作出的(2015)彭海处告字第 006 号《政府信息告知书》违法。

社会保障行政部门对职业病诊断鉴定材料具有审核义务

——“长田坎矿业公司诉荣昌区人社局工伤行政确认案”

沈远清[*]　海　蕊[**]

裁判要旨

社会保障行政部门应当按照有关法律法规规章的规定，对职业病诊断鉴定材料是否依法取得及符合国家相关规定进行审核。

案　　号

一审：(2016)渝 0153 行初 19 号

二审：(2016)渝 05 行终 482 号

案　　情

原告：重庆市荣昌县长田坎矿业有限责任公司（以下简称长田坎矿业公司）。

---

* 重庆市荣昌区人民法院行政审判庭审判员。

** 重庆市荣昌区人民法院行政审判庭法官助理。

被告:重庆市荣昌区人力资源和社会保障局(以下简称荣昌区人社局)。

第三人:唐某某。

唐某某系原国营长田坎煤矿职工,1989 年 9 月因工受伤,1992 年 12 月 3 日经原县煤管局同意工残退休,领取了退休证。1998 年长田坎煤矿进行改制,同年 10 月 19 日长田坎矿业公司成立。2015 年 3 月 6 日重庆市职业病防治院向唐某某出具《职业病诊断证明书》,诊断结论为矽肺壹期;2015 年 5 月 13 日重庆市南岸区职业病诊断鉴定委员会作出了职业病鉴定书(首次),鉴定结论为煤工尘肺壹期。诊断证明书和鉴定书载明的用人单位均为“长田坎矿业公司”,职业病危害接触史载明的工作单位均为“原长田坎煤矿”。2015 年 6 月 3 日唐某某向荣昌区人社局申请工伤认定。荣昌区人社局受理后,于 2015 年 7 月 16 日向长田坎矿业公司送达举证通知书,同年 7 月 26 日,长田坎矿业公司提交关于唐某某申请认定工伤情况的异议书,提出:长田坎矿业公司不是申请人唐某某的用人单位;唐某某系 1984 年 6 月经原国营长田坎煤矿招收为临时掘进工,1989 年 9 月其因工受伤丧失劳动能力退出工作岗位,1992 年 12 月 3 日经批准办理了退休手续,唐某某的用人单位是原国营长田坎煤矿。荣昌区人社局收到该异议后未再作调查核实,于 2015 年 8 月 4 日作出荣人社伤险认决字〔2015〕797 号《认定工伤决定书》,决定书列明用人单位为长田坎矿业公司,认定结论为:唐某某受到的职业病伤害,符合人力资源社会保障部《关于执行〈工伤保险条例〉若干问题的意见》(人社部发〔2013〕34 号)第 8 条、《工伤保险条例》第 14 条第 4 项之规定,予以认定为工伤。长田坎矿业公司不服,诉至法院。

审　　判

重庆市荣昌区人民法院经审理认为,根据《工伤保险条例》第 5 条第 2 款之规定,荣昌区人社局依法具有对本辖区内的企业职工受伤是否构成工伤进行认定的法定职责。劳动者与用人单位存在劳动关系和诊断鉴定证明材料是工伤认定的必要条件,因此该案焦点在于对劳动关系的确定和职业病诊断鉴定的审核。

关于对劳动关系确定,唐某某与长田坎矿业公司是否存在劳动关系,荣昌区人社局和唐某某提供的证据仅能证明其系原国营长田坎煤矿职工并已于 1992 年退休,不能证明其与 1998 年成立的长田坎矿业公司存在劳动关系。在该案中,长田坎矿业公司始终否认与唐某某存在劳动关系,职业病诊断鉴定材料中载明的用人单位均为“长田坎矿业公司”,职业病危害接触史载明的工作单位均为“原长田坎煤矿”,诊断鉴定机构已明知用人单位与职业病危害接触史工作单位不同,根据我国《职业病防治法》第 49 条第 1 款“职业病诊断、鉴定过程中,在确认劳动者职业史、职业病危害接触史时,当事人对劳动关系、工种、工作岗位或者在岗时间有争议的,可以向当地的劳动人事争议仲裁委员会申请仲裁”的规定以及《职业病诊断与鉴定管理办法》(卫生部令第 91 号)第 23 条“在确认劳动者职业史、职业病危害接触史时,当事人对劳动关系、工种、工作岗位或者在岗时间有争议的,职业病诊断机构应当告知当事人依法向用人单位所在地的劳动人事争议仲裁委员会申请仲裁”的规定,职业病诊断机构应在受理或作出结论时,对劳动关系不明确或存在明显争议的,由当事人先行处理。因此,该案中的诊断鉴定书载明的用人单位等内容不能直接作为认定的依据,需要依据有关规定和证据作进一步识别判定。

关于对诊断鉴定审核,《工伤保险条例》第 19 条规定,“……对依法取得职业病诊断证明书或者职业病鉴定书的,社会保险行政部门不再进行调查核实”;《工伤认定办法》第 13 条规定,“社会保险行政部门在进行工伤认定时,对申请人提供的符合国家有关规定的职业病诊断证明书或者职业病诊断鉴定书,不再进行调查核实。职业病诊断证明书或者职业病诊断鉴定书不符合国家规定的要求和格式的,社会保险行政部门可以要求出具证据部门重新提供”,两者所要求的适用条件分别规定为“依法取得”“符合国家有关规定”,并赋予社会保险行政部门“可以要求出具证据部门重新提供”职权,所以具体运用时,社会保险行政部门对此具有审核的职责和义务,应当按照有关法律法规规章的规定对诊断鉴定材料是否依法取得并符合国家规定进行审核,对经审核能够确认系依法取得且符合国家规定才能适用“不再进行调查核实”的规定,被告对申请人提交的职业病诊断鉴定书内容均不予调查核实的理解不符合法律规定。

综上所述,荣昌区人社局所适用《工伤保险条例》第 14 条第 4 项的内容,经查,为关于工伤认定的一般规定,仅规定为患职业病应该认定为工伤;人力资源社会保障部《关于执行〈工伤保险条例〉若干问题的意见》(人社部发〔2013〕34 号)第 8 条之规定,其适用前提并非是无须审查职工与用人单位的劳动关系。荣昌区人社局在申请人提供的职业病诊断鉴定关于用人单位内容明显存在疑点争议和当事人提出异议情形下,以职业病诊断证明结论不再进行调查核实,径行作出认定长田坎矿业公司系用人单位的工伤认定行政决定,属认定事实不清、主要证据不足、适用法律错误,依法应予撤销。遂判决:(1)撤销被告荣昌区人社局于2015年8月4日作出《认定工伤决定书》(荣人社伤险认决字〔2015〕797号);(2)限令被告荣昌区人社局在本判决生效后60日内重新作出行政行为。

唐某某不服,提起上诉。

重庆市第五中级人民法院经审理,判决:驳回上诉,维持原判。

评　　析

劳动者患职业病的工伤认定涉及劳动者权益与劳动社会保障行政管理秩序,既有社会保险法体系规定的内容又有职业病防治法体系规定的内容,其认定程序和证据要求与职业病诊断鉴定过程及结果紧密相关。因此,职业病诊断鉴定既属于卫生行政管理确定的诊断鉴定机构对人体功能的医学专业判断,又具有劳动人社部门劳动保障的行政管理内容,其适用中因相互交叉引起的问题和困惑难以回避,以该案中就《工伤保险条例》第19条“对依法取得职业病诊断证明书或者职业病鉴定书的,社会保障行政部门不再调查核实”之规定的理解和运用引起的争议时有发生,结合该案,作者以劳动保障工伤认定和医疗机构职业病诊断鉴定的法律规则,就职业病诊断鉴定“依法取得”作分析如下。

第一,《工伤保险条例》第18条规定,提出工伤认定申请应当提交与用人单位存在劳动关系(包括事实劳动关系)的证明材料和医疗诊断证明或者职业病诊断证明书(或者职业病诊断鉴定书);该条例第19条规定“对依法取得职业病诊断证明书或者职业病鉴定书的,社会保险行政部门不再进行调查核实”;人力社保部《工伤认定办法》第13条规定,“社会保险行政部门在进行工伤认定时,对申请人提供的符合国家有关规定的职业病诊断证明书或者职业病诊断鉴定书,不再进行调查核实。职业病诊断证明书或者职业病诊断鉴定书不符合国家规定的要求和格式的,社会保险行政部门可以要求出具证据部门重新提供”。从以上规则可以发现,其主要是对职业病在工伤认定中相关职权、程序、证据等行政程序内容的规定,但明显不包括职业病诊断鉴定方法、标准、结果。

第二,我国《职业病防治法》规定,“职业病诊断标准和职业病诊断、鉴定办法由国务院卫生行政部门制定。职业病伤残等级的鉴定办法由国务院劳动保障行政部门会同国务院卫生行政部门制定”,“职业病诊断应当综合分析下列因素……承担职业病诊断的医疗卫生机构在进行职业病诊断时,应当组织三名以上取得职业病诊断资格的执业医师集体诊断。职业病诊断证明书应当由参与诊断的医师共同签署,并经承担职业病诊断的医疗卫生机构审核盖章”。这些规定主要是针对职业病的诊断鉴定方法过程和诊断鉴定机构人员资质,以保证作出符合要求的专业判断。

第三,我国《职业病防治法》第49条第1款规定,“职业病诊断、鉴定过程中,在确认劳动者职业史、职业病危害接触史时,当事人对劳动关系、工种、工作岗位或者在岗时间有争议的,可以向当地的劳动人事争议仲裁委员会申请仲裁”;《职业病诊断与鉴定管理办法》(卫生部令第91号)第23条规定,“在确认劳动者职业史、职业病危害接触史时,当事人对劳动关系、工种、工作岗位或者在岗时间有争议的,职业病诊断机构应当告知当事人依法向用人单位所在地的劳动人事争议仲裁委员会申请仲裁”;针对当事人对劳动关系、工种、工作岗位或者在岗时间有争议的、用人单位不提供或者提供相关材料存在异议等问题,《职业病诊断与鉴定管理办法》规定,一是可向劳动人事争议仲裁委员会申请仲裁;二是可以提请安全生产监督管理部门督促用人单位提供;三是提请安全生产监督管理部门进行调查;四是经督促仍不提供档案等资料或者提供资料不全的,职业病诊断机构应当酌情作出职业病诊断结论。以上规范对可能出现的当事人对劳动关系、工种、工作岗位或者在岗时间争议及用人单位不提供或者提供相关材料存在异议,作出了解决处理程序,这些规范不仅为权利义务各方安排了解决争议的路径,亦为诊断鉴定结果的后续审查行政机关安排了职责和义务。因此,该案在职业病诊断鉴定内容明显存在疑点争议和当事人提出异议情形下,人力社保部门不再进行调查核实而径行作出认定,当属认定事实不清、履职不到位。

综上所述,从社会保险法体系和职业病防治法律体系规定的内容可知,人社部门对劳动保障行政认定、医疗机构对职业病诊断鉴定的判定,各具职权与优势,有关规则均已立法认可,行政裁决与司法诉讼时亦应予遵守,解决相关规范冲突时应对规范进行全面解读并针对适用。本文认为,对“依法取得职业病诊断证明书或者职业病鉴定书”,对“依法取得”判断标准可分为实体和程序两部分,一是实体上职业病诊断鉴定是卫生医疗机构依法作出的专业判断,社会保障行政机关在对工伤认定中,对职业病诊断鉴定结论直接采信,无须也无权再作审查;二是程序上职业病诊断鉴定的程序启动、主体资质、形式过程、争端处置等事项仍属劳动保障行政机关依法审查的内容。

公安机关出具的《出警经过》不属行政诉讼的受案范围

——“朱某某诉重庆市公安局北碚区分局《出警经过》案”

向　品*

裁判要旨

公安机关在出警时出具的对当事人权益不产生实际影响的《出警经过》,其性质为公安机关履行出警职责过程中对发生事情经过的记载,不具有可诉性。

案　号

一审:(2015)碚法行初字第00154号

二审:(2016)渝01行终114号

案　情

原告:朱某某。

被告:重庆市公安局北碚区分局。

吴某某系原告朱某某雇工。2015年5月21日经吴某某

* 重庆市北碚区人民法院行政审判庭审判员。

报警后,重庆市公安局北碚区分局黄桷派出所向吴某某出具《出警经过》。《出警经过》载明:2015 年 5 月 21 日 14 时许吴某某到派出所报称,因自己不愿意搬出修理厂宿舍被伍某某打了。接到报警后民警与吴某某一道去往修理厂,经了解,2014 年 8 月吴某某在修理厂上班时受伤,要求老板解决却一直未果,因吴某某受伤后未上班,现老板多次要求吴某某搬出宿舍,吴某某一直不搬,伍某某便将吴某某的东西从宿舍搬了出来,在搬的过程中,吴某某进行阻挡并与伍某某发生拉扯,现场工作人员证实没有人打吴某某,只是将他拉开,民警告知吴某某如系工伤可向劳动部门或法院申请仲裁。后吴某某以《出警经过》为证据向法院提起诉讼,要求朱某某等人连带支付人身损害赔偿金。朱某某认为《出警经过》中阐述的"……在修理厂上班时受伤要求老板解决一直未果……"的内容与事实不符、损害了其权益,遂起诉至法院要求撤销《出警经过》。

审　　判

重庆市北碚区人民法院经审理认为,原告朱某某的诉讼请求是撤销被告重庆市公安局北碚区分局向案外人吴某某出具的《出警经过》。经审查,《出警经过》载明的内容是北碚区分局民警在履行出警职责过程中对发生事情经过的叙述,并非北碚区分局对外行使行政职权而作出的能够产生行政法律效果的行为,且对当事人权益不产生实际影响。故原告的起诉不符合我国《行政诉讼法》第 2 条的规定,不属于人民法院行政诉讼案件受案范围。遂裁定:驳回原告朱某某的起诉。

朱某某不服,提起上诉。

重庆市第一中级人民法院经审理,裁定:驳回上诉,维持原裁定。

评　　析

该案的争议焦点是《出警经过》是否可诉,目前,存在两种观点:

一种观点认为,《出警经过》从内容上来看应属行政证明,具有公定力,对原告的权益可以产生实际影响,因此是可诉的具体行政行为。在实践中,在"李某某等不服长汀县公安局城关派出所出具的《出警情况》《出警经过》行政确认案"中,法院以主要证据不足为由判决撤销。在"蔡某某诉郑州市森林公安分局荥阳派出所行政证明案”中,法院判决撤销被告出具的证明。在“王某诉徐州市泉山区人口和计划生育局案”中,法院驳回原告的诉讼请求。

另一种观点认为,《出警经过》不是身份证明,也非财产证明,亦非对某种事实的证明,公安机关出具《出警经过》时并不知道吴某某会将其作为证据使用,宜将其理解为公安机关工作人员出警情况的说明,其陈述“……在修理厂上班时受伤要求老板解决一直未果……”是北碚公安局民警在履行出警职责过程中对发生事情经过的叙述。当事人事后将其作为证据在民事案件中接受审查,至于是否采信,其决定权在法院。故而,《出警经过》并未对相对人权利义务产生实际影响。

笔者认为,第二种观点更可取,理由在于。

第一,《出警经过》是应吴某某要求出具,是对出警情况的说明。《110 接处警工作规则》第 24 条规定,“处警民警到达现场后,应当根据有关规定对警情妥善处置。处警结束后,应当及时将处警情况向 110 报警服务台反馈,并做好处警记录。处警结果需要制作法律文书的,按有关规定办理。”在该案中,被告系应吴某某要求出具《出警经过》(公安机关一般不会主动提供)。按照《110 接处警工作规则》要求,公安民警处警结束后如实将处警情况记录在“110”报警服务台中。对存在治安违法行为的行为人,公安机关需依法制作行政处罚决定书。如果对最后的处罚结果不服,相对人或利害关系人可以向人民法院提起行政诉讼。如果公安机关本该对违法行为人作出行政处罚,却未对其予以处理,利害关系人可以行政不作为起诉。

第二,未对相对人权利义务产生实际影响的行为不可诉。《出警经过》并不像《行政处罚决定》那样认定违法事实和确定违法责任,仅是对执法活动的客观描述,而并非结论,无起诉的必要。人民法院对于相关案件事实的认定,要结合案卷材料和证据规则综合判断,并非朱某某主观臆测的只凭国家机关出具的公文,罔顾其他。朱某某若认为《出警经过》对其不利,应积极寻求其他证据来支持其诉称主张,而非起诉《出警经过》。如未能举示对其有利证据,则需承担举证不利的后果。而这种后果并非行政机关出具《出警经过》直接造成,亦非行政诉讼法所指称的“对相对人权利义务造成实际影响”。

第三,提高行政机关执法自信的需要。国务院《关于国家行政机关和企事业单位社会团体印章管理的规定》第 25 条规定,“国家行政机关和企业事业单位、社会团体必须建立健全印章管理制度,加强用印管理,严格审批手续。未经本单位领导批准,不得擅自使用单位印章”。一般而言,无论是行政证明还是说明,只要加盖行政机关印章,就推定其反映的内容是符合客观实际的。这是建设诚信政府的需要,也是社会互信的需要。如若对行政机关出具的公文,相对人不服其内容,均通过行政诉讼要求纠正,则各类诉讼的审理期限必将延长,行政机关的公文效力将处于不确定状态,不利于维护政府公信力。可以预见,申请人申请出具相应公文时,执法机关可能会犹豫,更加细致地查看各项数据,影响行政效率;即便出具了相应说明或证明,申请人或第三人还是会担心被撤销。

社区戒毒不是强制隔离戒毒必经的前置措施

——"袁某某诉重庆市公安局江北区分局强制隔离戒毒决定案"

江朝丽[*]　张家齐[**]

裁判要旨

社区戒毒不是强制隔离戒毒的前置程序。对通过社区戒毒难以戒除毒瘾的吸毒成瘾严重人员，公安机关直接作出强制隔离戒毒决定的，人民法院应予支持。

案　　号

(2014)江法行初字第00053号

案　　情

原告：袁某某。

被告：重庆市公安局江北区分局。

2013年11月24日15时许，袁某某在江北区山水景园

[*] 重庆市江北区人民法院行政审判庭庭长。

[**] 重庆市江北区人民法院实习法官助理。

小区外一公共卫生间向其左手肌肉注射了约0.1克海洛因。2014年11月25日江北区花园村派出所民警接到举报称,有人在江北区山水景园小区附近吸毒,即组织警力赶往现场将准备采取注射方式吸毒的袁某某传唤到花园村派出所接受调查,并对该吸毒案件予以受理。警察从袁某某手中提取到一次性针管一支,内有刚兑好的毒品海洛因;袁某某尿液用吗啡检测试纸检测呈阳性。随后,重庆市公安局江北区分局民警又对袁某某的身体进行检查,发现其左手手掌上留有注射后的针眼1个,右边臀部发现针眼3个。又经公安机关查明,袁某某曾于2004年8月3日因吸毒成瘾被重庆市公安局江北区分局决定强制戒毒3个月。2013年11月25日花园村派出所依据《吸毒成瘾认定办法》第8条的规定,认定袁某某吸毒成瘾严重。2013年12月5日重庆市公安局江北区分局作出《强制隔离戒毒决定书》,认为袁某某吸毒成瘾严重,符合我国《禁毒法》第38条第2款、第47条第1款的规定,未有该第39条第1款规定的情形,决定对袁某某强制隔离戒毒2年。袁某某不服重庆市公安局江北区分局作出《强制隔离戒毒决定书》,遂诉至人民法院,称社区戒毒是强制隔离戒毒的前提条件,自己未经社区戒毒不能被公安机关决定适用强制隔离戒毒,请求法院撤销《强制隔离戒毒决定书》。

审　　判

重庆市江北区人民法院经审理认为,根据我国《禁毒法》第38条的授权规定,被告重庆市公安局江北区分局作为所在辖区的公安机关具有作出本案所诉强制隔离戒毒决定的主体资格及行政职权。原告曾于2004年被强制戒毒,现于2013年11月24日再次注射毒品,被告依据《吸毒成瘾认定办法》第8条的规定,认定原告吸毒成瘾严重,并据此依据我国《禁毒法》第38条第2款的规定作出《强制隔离戒毒决定书》,适用法律正确。在被告作出《强制隔离戒毒决定书》前,告知原告享有陈述申辩权,并依法向原告进行送达,程序合法。对于原告所持"社区戒毒作为强制隔离戒毒的前提条件必须先于强制隔离戒毒被适用"的主张。合议庭认为,该条款规定公安机关直接作出强制隔离戒毒决定的条件是吸毒成瘾严重,而条文中关于"通过社区戒毒难以戒除毒瘾"的表述,仅是对吸毒成瘾严重程度的描述和说明,社区戒毒并非是直接作出强制隔离戒毒必经的前置措施,应该把"达到通过社区戒毒难以戒除毒瘾的吸毒成瘾严重程度"与"经过社区戒毒的行政强制措施"这两个容易混淆却又意义重大的表述严格区分。原告袁某某曾于2004年因吸毒成瘾被公安机关决定强制戒毒3个月,又于2013年再次以注射方式使用毒品,说明其已经达到吸毒成瘾严重,通过社区戒毒难以戒除的严重程度,再次对其适用社区戒毒措施已无实际意义。故原告该项诉讼理由,缺乏法律依据,依法不予采纳。遂判决:驳回原告的诉讼请求。

评　　析

对于原告所持"社区戒毒作为强制隔离戒毒的前提条件必须先于强制隔离戒毒被适用"的主张不予支持,理由如下。

第一,"通过社区戒毒难以戒除毒瘾"是"吸毒成瘾严重"的程度性说明。我国《禁毒法》第38条第2款规定,公安机关直接作出强制隔离戒毒决定的条件是吸毒成瘾严重,而条文中关于"通过社区戒毒难以戒除毒瘾"的表述,仅是对吸毒成瘾严重程度的描述和说明,社区戒毒并非直接作出强制隔离戒毒必经的前置措施,应该把"达到通过社区戒毒难以戒除毒瘾的吸毒成瘾严重程度"与"实际经过社区戒毒的行政强制措施"这两个容易混淆却又意义重大的表述严格区分。

第二,认定"吸毒成瘾严重"的标准于法有据、清楚明确。既然认定吸毒成瘾严重是公安机关直接作出强制隔离戒毒决定的关键,那么明晰何为"吸毒成瘾严重"、厘清"吸毒成瘾"与"吸毒成瘾严重"之间的边界就显得十分必要。我国《禁毒法》第31条第3款中提到,吸毒成瘾的认定方法,由国务院卫生行政部门、药品监督管理部门、公安部门规定。作为我国《禁毒法》的执行性配套法规,2011年公安部、卫生部制定《吸毒成瘾认定办法》给公安机关吸毒成瘾认定工作提供了规范统一的吸毒成瘾和吸毒成瘾严重的认定标准。该办法第8条规定,吸毒成瘾人员具有下列情形之一的,公安机关认定其吸毒成瘾严重:(1)曾经被责令社区戒毒、强制隔离戒毒(含我国《禁毒法》实施以前被强制戒毒或者劳教戒毒)、社区康复或者参加过戒毒药物维持治疗,再次吸食、注射毒品的;(2)有证据证明其采取注射方式使用毒品或者多次使用两类以上毒品的;(3)有证据证明其使用毒品后伴有聚众淫乱、自伤自残或者暴力侵犯他人人身、财产安全等行为的。

该案原告袁某某曾因吸毒成瘾被公安机关决定强制戒毒3个月,又于2013年再次以注射方式使用毒品。原告所具情状都符合前述条文第1项、第2项规定,应当依法认定为吸毒成瘾严重，这就构成了公安机关作出强制隔离戒毒决定的基础性条件。

第三，社区戒毒旨在充分利用社区资源，最大限度教育、挽救那些吸毒时间不长、成瘾程度不深、本人有戒毒意愿且具备家庭监护条件的吸毒人员。从禁毒法规定的关于强制隔离戒毒的法定情形来看，立法者倾向对公安机关第一次发现的吸毒成瘾人员先使用社区戒毒这一方式。如果主张“社区戒毒作为强制隔离戒毒的前提条件必须先于强制隔离戒毒被适用”，就意味着公安机关在每次作出强制隔离戒毒决定之前，都需要先责令戒毒人员接受社区戒毒，倘若吸毒人员仍然没有戒除毒瘾，才能决定适用强制隔离戒毒措施，这显然与禁毒法创设社区戒毒的宗旨相左。

综上所述，具有法定职权的江北公安分局根据袁某某曾被强制戒毒而又再次注射毒品的情况，依据我国《禁毒法》第 38 条第 2 款之规定，对袁某某作出适用强制隔离戒毒措施的决定是符合法律规定的。

违法转包中的“因工伤亡”不应限缩理解

——“佳瑞电梯公司诉江北区人社局工伤行政确认案”

景　象*

裁判要旨

最高人民法院《关于审理工伤保险行政案件若干问题的规定》第3条第1款第4项中“从事承包业务”时因工伤亡，系描述劳动者从事工作现状而非固化其受伤的情境，适用该项不应局限于“从事承包业务”的字面意义。

案　号

一审：(2015)江法行初字第00081号

二审：(2015)渝一中法行终字第00332号

案　情

原告：重庆佳瑞电梯有限公司（以下简称佳瑞电梯公司）。

被告：重庆市江北区人力资源和社会保障局（以下简称江北区人社局）。

---

* 重庆市第一中级人民法院行政审判庭审判员。

第三人:邱某。

佳瑞电梯公司于2013年5月6日与张某签订《电梯承包安装协议书》,将江津区德感邦泰花园电梯安装工程分包给张某,并由张某负责具体工作安排。2013年7月20日张某雇佣石某某、邱某某等人到德感鼎邦小区工地安装搬运电梯。2013年7月25日上午6时许,邱某某搭乘石某某的摩托车从江津区李市镇前往单位工地(江津区德感鼎邦小区)的上班途中,于江津区李市镇双河桥106省道59公里400米处发生交通事故死亡。经重庆市江津区公安局交通巡逻警察支队认定,事故属石某某操作不当所致,邱某某无责任。2014年7月21日邱某某之女邱某向江北区人社局申请工伤认定,该局依法于2014年8月5日受理,根据前述被告所举示的证据并经调查核实,于2014年10月17日作出江人社险认决字〔2014〕第2206号《认定工伤决定书》,认定邱某某属因工受伤(死亡)。佳瑞电梯公司不服该工伤认定决定,向重庆市人力资源和社会保障局提出行政复议申请,市人社局于2015年2月4日作出维持原具体行政行为的复议决定。佳瑞电梯公司仍不服,提起诉讼,请求撤销该工伤认定决定。

审　　判

重庆市江北区人民法院经审理认为,根据最高人民法院《关于审理工伤保险行政案件若干问题的规定》第3条第1款第4项的规定,用工单位违反法律、法规将承包业务转包给不具备用工主体资格的组织或自然人,该组织或自然人聘用的职工从事承包业务时因工伤亡的,用工单位为承担工伤保险责任单位。《工伤保险条例》第14条第6项规定,职工在上下班途中,受到非本人主要责任的交通事故的,应当认定工伤。在本案中,原告佳瑞电梯公司将电梯安装工程业务分包给不具备用工主体资格的张某,张某再雇佣邱某某进行电梯安装具体工作。综合全案证据,可以认定邱某某系上班途中发生交通事故死亡,佳瑞电梯公司应对邱某某死亡后果承担工伤保险责任。因此,被告江北区人社局作出工伤认定,事实清楚、证据充分、程序合法,符合法律规定。遂判决:维持江北区人社局的《认定工伤决定书》。

佳瑞电梯公司不服,提起上诉。

重庆市第一中级人民法院经审理认为,本案的争议焦点是佳瑞公司与死者邱某某是否存在劳动关系,邱某某是否在上下班途中遭遇非本人主要责任的交通事故死亡，江北区人社局适用法律是否正确。江北区人社局举示的《工伤认定申请表》《道路交通事故认定书》，重庆市江津区交通巡逻警察支队询问周某某、杨某、赖某某、石某某笔录及证明，身份证复印件，佳瑞公司举示的《电梯承包安装协议书》，重庆市江津区公安局交通巡逻警察支队于2013年7月25日对石某某的询问笔录等证据，能够证明佳瑞公司将电梯安装工程业务分包给不具备用工主体资格的张某，张某再雇用邱某某进行电梯安装具体工作。2013年7月25日6时许，邱某某搭乘石某某驾驶的摩托车前往重庆市江津区德感鼎邦小区工地的上班途中，于江津区李市镇双河桥106省道59公里400米处发生非本人主要责任的交通事故当场死亡。依照最高人民法院《关于审理工伤保险行政案件若干问题的规定》第3条第1款第4项的规定，用工单位违反法律、法规将承包业务转包给不具备用工主体资格的组织或自然人，该组织或自然人聘用的职工从事承包业务时因工伤亡的，用工单位为承担工伤保险责任的单位。该项从有利于保护劳动者的角度，确立了承担工伤保险责任的单位。因此，该项的目的在于避免劳动关系烦琐纷争导致劳动者无法获得相应的工伤待遇赔偿，而非为违法转包中的工伤认定设置特定范畴。故该项中的“因工受伤”，应当涵盖《工伤保险条例》中各类认定工伤的情形，而不应局限于从事承包业务时遭受的伤害才能予以工伤认定。在本案中，佳瑞公司应当承担工伤保险责任，江北区人社局依照《工伤保险条例》第14条第6项作出的《认定工伤决定书》正确。遂判决：驳回上诉，维持原判。

评　　析

最高人民法院《关于审理工伤保险行政案件若干问题的规定》于2014年9月1日施行，各地法院对其适用尚不统一，该案即涉及对最高人民法院《关于审理工伤保险行政案件若干问题的规定》第3条第1款第4项的理解问题，该项规定，“社会保险行政部门认定下列单位为承担工伤保险责任单位的，人民法院应予支持……（四）违反法律、法规规定将承包业务转包给不具备用工主体资格的组织或者自然人，该组织或者自然人聘用的职工从事承包业务时因工伤亡的，用工单位为承担工伤保险责任的单位”。在该案中，佳瑞电梯公司诉讼理由之一即为劳动者系上下班途中发生交通事故受伤，并非“从事承包业务时因工伤亡”，故其不应承担工伤保险责任。但究其该项的立法本意，“从事承包业务时因工伤亡”系描述劳动者从事工作现状而非固化其受伤的情境,对其适用不应局限于"从事承包业务"的字面意义。

一、延续既有规范是该项的设置初衷

最高人民法院《关于审理工伤保险行政案件若干问题的规定》第3条第1款第4项所规定的内容早已经由规范性文件所确立,如2005年5月25日《关于确立劳动关系有关事项的通知》(劳社部发〔2005〕12号)第4条"建筑施工、矿山企业等用人单位将工程(业务)或经营权发包给不具备用工主体资格的组织或自然人,对该组织或自然人招用的劳动者,由具备用工主体资格的发包方承担用工主体责任"的规定。人力资源和社会保障部(人社部发〔2013〕34号)《关于执行〈工伤保险条例〉若干问题的意见》第7条规定,"具备用工主体资格的承包单位违反法律、法规规定,将承包业务转包、发包给不具备用工主体资格的组织或自然人,该组织或者自然人招用的劳动者从事承包业务时因工伤亡的,由该具备用工主体资格的承包单位承担用人单位依法应承担的工伤保险责任"。从该规范的立法渊源层面来看,在最早确立该项内容的《关于确立劳动关系有关事项的通知》中,仅对企业性质作出区分,并未限缩劳动者工伤的范畴。

二、保护劳动者权益是该项的立法本意

探究法律规范之目的,首先应明确该法律规范所要调整的各种利益,然后才能寻求其法律上的判断标准。最高人民法院《关于审理工伤保险行政案件若干问题的规定》第3条第1款系对双重劳动关系、派遣、指派、转包和挂靠关系5类比较特殊的工伤保险责任主体作出具体规定。其中,第4项针对的是违法转包情形,主要涉及用工单位、不具备用工主体资格的自然人、组织及劳动者三方利益。在面临各方当事人对劳动关系极易产生争议的情况下,该项从有利于保护劳动者的角度,确立了承担工伤保险责任的单位。因此,该项的目的在于避免劳动关系烦琐纷争导致劳动者无法获得相应的工伤待遇赔偿,而非为违法转包中的工伤认定设置特定范畴。故该项中的"因工受伤"应当涵盖《工伤保险条例》中各类认定工伤的情形,而不应局限于从事承包业务时遭受的伤害才能予以工伤认定。

三、及时赔付劳动者是该项的实质要求

从字面意义上理解该项,"从事承包业务因工受伤"承接前文中"用工单位违反

法律、法规规定将承包业务转包给不具备用工主体资格的组织或者自然人",正因为劳动者从事的工作系该承包业务,才能将用工单位和不具备用工主体资格的组织或者自然人连接起来;若劳动者因从事其他业务受伤,则不能由前述用工单位承担工伤保险责任。由此,从事承包业务受伤,系描述劳动者从事工作现状而非固化其受伤的情境。从最高人民法院《关于审理工伤保险行政案件若干问题的规定》第3条第2款"前款第(四)、(五)项明确的承担工伤保险责任的单位承担赔偿责任或者社会保险经办机构从工伤保险基金支付工伤保险待遇后,有权向相关组织、单位和个人追偿"之规定可以得出,最高人民法院《关于审理工伤保险行政案件若干问题的规定》第3条第1款第4项明确由具有用工主体资格的单位承担工伤保险责任,是出于现实考量,即为了及时给予受伤劳动者以救济;但在最终的责任承担上,实际侵权人仍应承担其赔偿责任,而此时追偿人系具备用工主体资格的单位或者社会保险经办机构,如此责任分配正是为了减轻在劳资双方中天然处于弱势地位劳动者的负担。

四、该案的现实指导意义

从现实境况来看,违法转包中的劳动者应当受到平等对待。一般情况下的工伤认定,须以用工单位和劳动者之间存在劳动关系为其成立的前提,但最高人民法院《关于审理工伤保险行政案件若干问题的规定》第3条第1款第4项属于"拟制劳动关系",这是对劳动关系作为工伤认定前提的一般规定之外的特殊情形处理。① 由此,虽然《工伤保险条例》第14条第1款第6项规定的是"职工"在上下班途中受到非本人主要责任的交通事故伤害认定为工伤,但并不因此即将违法转包中与用人单位不具备劳动关系的劳动者排斥在外,更不应局限于"职工"之名而无视其劳动者之实,导致其应有权益遭受损失。另外,用工单位违法转包的情形在现实生活中大量存在,如建筑行业中的工程层层转包,直至项目组、包工头的现状层出不穷,成为常态。劳动者往往是通过个体之间的介绍去工地做工,一般仅能知晓工地位置、项目名称和发钱工头,对真正的用人单位、用工关系等情况无法了解。一旦事故发生,由于从业人员流动性较大,证人证言也较难收集,在有关单位均不承认招用受伤劳动

---

① 参见杨科雄:《解读〈最高人民法院关于审理工伤保险行政案件若干问题的规定〉》,载《行政与执行法律文件解读》2014年第9期。

者的情况下,受伤劳动者常处于孤立无援的局面。在此情境下,若将违法转包中被聘用劳动者的工伤认定范畴局限于"从事承包业务"时受伤,最高人民法院《关于审理工伤保险行政案件若干问题的规定》的救济目的则难以实现。

图书在版编目(CIP)数据

行政审判热点与难点：理论探索·实务指引·案例参考/杨临萍主编. -- 北京：法律出版社，2020
ISBN 978-7-5197-4351-2

Ⅰ. ①行… Ⅱ. ①杨… Ⅲ. ①行政诉讼－审判－研究－中国 Ⅳ. ①D925.318.4

中国版本图书馆 CIP 数据核字(2020)第 050911 号

行政审判热点与难点:理论探索·实务指引·案例参考
XINGZHENG SHENPAN REDIAN YU NANDIAN:
LILUN TANSUO·SHIWU ZHIYIN·ANLI CANKAO

杨临萍 主编

策划编辑 沈小英 陈 妮
责任编辑 陈 妮 毛镜澄
装帧设计 李 瞻

出版 法律出版社
总发行 中国法律图书有限公司
经销 新华书店
印刷 中煤(北京)印务有限公司
责任校对 王沁陶
责任印制 吕亚莉

编辑统筹 法治与经济出版分社
开本 710 毫米×1000 毫米 1/16
印张 22.75
字数 397 千
版本 2020 年 11 月第 1 版
印次 2020 年 11 月第 1 次印刷

法律出版社/北京市丰台区莲花池西里 7 号(100073)
网址/www.lawpress.com.cn
投稿邮箱/info@lawpress.com.cn
举报维权邮箱/jbwq@lawpress.com.cn

销售热线/400-660-8393
咨询电话/010-63939796

中国法律图书有限公司/北京市丰台区莲花池西里 7 号(100073)
全国各地中法图分、子公司销售电话:
统一销售客服/400-660-8393/6393
第一法律书店/010-83938432/8433
西安分公司/029-85330678
重庆分公司/023-67453036
上海分公司/021-62071639/1636
深圳分公司/0755-83072995

书号:ISBN 978-7-5197-4351-2

定价:100.00 元